本书系国家社科基金一般项目"新见隋唐碑志与西北民族、边疆史研究"（编号：19XZS021）结项成果

本书出版获"陕西师范大学优秀著作出版基金"资助

Research on Newly Discovered Epigraphs and
Northwest History (Northern Dynasties to Tang Dynasty)

新见碑志与
西北史（北朝至唐）研究

李宗俊 著

中国社会科学出版社

图书在版编目（CIP）数据

新见碑志与西北史（北朝至唐）研究 / 李宗俊著. —— 北京：中国社会科学出版社，2025.4. —— ISBN 978-7-5227-4492-6

Ⅰ. K239.207

中国国家版本馆 CIP 数据核字第 2024N2B391 号

出 版 人	赵剑英
选题策划	宋燕鹏
责任编辑	王正英　宋燕鹏
责任校对	王文源
责任印制	李寡寡

出　　版	中国社会科学出版社
社　　址	北京鼓楼西大街甲 158 号
邮　　编	100720
网　　址	http://www.csspw.cn
发 行 部	010-84083685
门 市 部	010-84029450
经　　销	新华书店及其他书店
印　　刷	北京明恒达印务有限公司
装　　订	廊坊市广阳区广增装订厂
版　　次	2025 年 4 月第 1 版
印　　次	2025 年 4 月第 1 次印刷
开　　本	710×1000　1/16
印　　张	23
字　　数	323 千字
定　　价	126.00 元

凡购买中国社会科学出版社图书，如有质量问题请与本社营销中心联系调换
电话：010-84083683
版权所有　侵权必究

前　言

　　中古时期，对中国历史来说是一个由大乱到大治的时期，也是一个由大分裂到大统一的时期。在这个宏大的历史背景下，民族关系错综复杂，民族斗争此起彼伏，胡汉关系、华夷关系便构成研究中古史的一条主线。陈寅恪所谓"外族盛衰之连环性及外患与内政之关系"的论述，正是将中国中古史置于族群变动与内外互动语境中进行讨论的先例。然而，中国中古史的研究，往往又掣肘于史料的缺乏与不足，新成果的涌现已经越来越依赖于新出土文献。与正史资料的滞后、讹误和窘促相较，石刻碑志资料明显具有原始性、真实性和丰富性的特点，研究碑志或利用碑志研究该时期的历史与文化，近年已经蔚然成风。

　　迄今为止，有关中古史的碑志文献已经汗牛充栋，见诸史书者北朝时期如匈奴、鲜卑、柔然等民族，唐代如突厥、党项、吐谷浑、回鹘、吐蕃、粟特等民族或其族裔，均有相关碑志出土或发现，许多史料价值很高。许多民族至今活跃在今之西北地区。民族源流、王统世系、家族传承的信息，传递着华夏一体、胡汉融合、开放包容的民族历史与民族品格；纵横捭阖、浴血沙场的文字，印证着历代君臣开拓边疆、维护统一、惨淡经营的艰辛。看似零散的信息，其实皆为吉光片羽，串联起来就是一条璀璨夺目的项链，大大丰富和推进着中古史的研究。

　　民族与边疆问题是复杂的，近年来似乎是十分敏感的话题，但无论是处于怎样的立场，只要我们是抱着客观求真的态度去深挖，最终会发现一个不容置疑的事实：那就是我中华民族的确是多元一体的，各民族你中有我，我中有你，是不可分割的。今天的中国疆域是历史形成的，包括近代史上被外敌侵占或被迫分裂的领土在内的我国领土，为历史上各民族团结集中和历代王朝苦心经营并先后传承下来的。古代碑志中所记载姓氏的变更，跟身份的认同有很大的关系，而身份的界定往往要诉诸对自己祖先的认识，许多姓源的层累上溯，几乎无一不是在不断强化华夏身份认同、获取共同远祖认同的过程；而无数边帅军将的墓志，在其煊赫战功的背后，透露出的不仅是民族关系、军事战争的信息，更是历代王朝惨淡经营边疆的历史事实，这些对于中国疆域的历史形成无疑都是最具说服力的信证。也正是基于这一点，对民族碑志，特别是对近年来新出土的碑志材料的清理、以碑志文献深入理解和审视中古时期边疆族群、民族关系、边疆变动、边疆经略，势必对中国边疆学的构筑有不可小觑的社会价值与意义。

　　新发现的碑志尚在陆续公布，亟待继续整理与研究。对每个碑志人物生平事迹、家族源流、民族交往、军事战争等重要问题应该或微观拾遗、补缺，或宏观发覆、决疑，尽可能多地激活新文献所含的历史文化信息，这是碑志研究的使命也是史学研究的无穷魅力所在。近年来本人在新见墓志的统计与考察中倾注了很多精力，2019年申请到国家社科项目的资助，就碑志研究撰写了三十余篇文章，因篇幅所限，在此结集者有二十四篇，除个别尚未公开外，大部分已经公开发表。其中关涉吐蕃的几篇文章，计划收入正在完成的另一部著作。

　　北朝以来的胡汉关系与文化传承，对于隋唐时期的民族关系、文化习俗影响深远，为此前四篇即是选取了北朝的《沮渠憨墓志》《北魏源延伯墓志》《隋郁久闾可婆头墓志》《隋豆卢贤墓志》《唐豆卢弘毅墓志》等墓志的研究，是从姓氏变化、家族世系、民族关系的变化等方面做了考察。

　　隋唐时期是一个民族大融合的时期，在中原王朝中加入了许多周边民族，通过《吐谷浑喜王慕容智墓志》《唐回鹘葛啜王子墓志》《唐回纥人李秉义与移建勿二墓志》《唐张茂宣墓志》《唐贺鲁子琦夫人啜剌氏墓志考释》《唐铎地直侍墓志》《唐萨孤吴仁墓志》《唐史乔如墓志》等墓志的考察，可以看出，有吐谷浑王子、回鹘王子、突厥、铁勒等民族上层人士或后裔。他们的身世及生平事迹，对于解释中华民族的多元构成大有帮助，对于许多边疆民族关系与政治、军事斗争的复杂内幕均有裨益。

隋唐时期与周边民族政权关系复杂，先后变化很大，为了维护中原王朝的大一统，边疆民族战争频仍，曾经任职边将的文臣武将的墓志，如《隋大将军辛瑾墓志》《唐元礼臣墓志》《唐司马逸客墓志》《唐史从及墓志》《李行素墓志》《唐丞相孙偓墓志》《〈唐李无亏墓志〉二题》等，涉及唐代有关重要边将家族世系或人物的重要事迹，对于探明边疆关隘道路、民族关系、宗教发展的重要信息，保留了许多有关政治、军事及民族关系、边疆经略的历史信息，个别如《释童真墓志铭》《杨卓墓志》等又包含了隋唐统治者与宗教人士的复杂关系及世俗与宗教的矛盾和斗争，总之这些珍贵的碑志文献，均具有证史、补史的巨大作用。

碑志涉及的领域十分广泛，本书涉及的内容十分有限，而且所涉问题与有关论述未必确当，望专家同仁不吝赐教。

李宗俊
2024 年 3 月 18 日

目　　录

《沮渠憼墓志》与北凉政权相关问题 …………………………（1）
《北魏源延伯墓志》与北朝源氏考 ……………………………（20）
新出《隋豆卢贤墓志》与《唐豆卢弘毅墓志》跋 ……………（33）
《隋郁久闾可婆头墓志》与柔然王族相关问题 ………………（47）
《唐元礼臣墓志》与相关边疆史事考 …………………………（60）
《唐史乔如墓志》及相关问题再考 ……………………………（84）
《唐乔梦松墓志》相关问题考 …………………………………（105）
《吐谷浑喜王慕容智墓志》及相关问题考 ……………………（127）
《唐回鹘葛啜王子墓志》反映的几个问题 ……………………（149）
唐回纥人李秉义与移建勿二墓志跋 ……………………………（160）
《唐张茂宣墓志》考释 …………………………………………（171）
《唐贺鲁子琦夫人啜剌氏墓志》考释 …………………………（187）
《唐铎地直侍墓志》考释 ………………………………………（198）
《隋大将军辛瑾》墓志考释 ……………………………………（208）
《唐萨孤吴仁墓志》与雁门萨氏源流考 ………………………（218）
《唐司马逸客墓志》跋 …………………………………………（243）
首任河西节度使与《凉州大云寺碑》相关问题再考 …………（257）
《唐故容管经略招讨处置等使李行素墓志》跋 ………………（273）
《唐陆耽墓志》考释 ……………………………………………（283）
《唐丞相孙偓墓志》考释 ………………………………………（299）

《释童真墓志铭》与隋朝二帝崇佛相关问题 …………………（317）
《杨卓墓志》与唐代帝陵的风水理念等相关问题 ……………（341）
《唐李无亏墓志》二题 ……………………………………………（355）

《沮渠憝墓志》与北凉政权相关问题

　　沮渠憝墓志是洛阳千唐志斋博物馆收藏的一方墓志，据志文称志主"薨于伊阙"，伊阙在今洛阳市区南约24米处的龙门，可知该志应出土于洛阳龙门。该志《全唐文补遗·千唐志斋新藏专辑》《洛阳出土墓志目录续编》《洛阳出土少数民族墓志汇编》《南北朝墓志集成》[①]均有著录。志主沮渠憝为北凉王室沮渠氏后裔，卒于北魏孝明帝正光二年（521）。对此墓志，学界已有相关研究成果[②]，但窃以为此墓志在北凉政权及其王室相关问题的研究中弥足珍贵，已有研究涉及的一些问题可进一步推进考实，更多问题还需深挖、揭覆。为引述的方便，兹将志文移录并标点如下：

　　故凉州武威太守沮渠憝之墓志
　　公讳憝，字伏念，凉州武威人也。其先沙州刺史、河西王蒙逊之苗胄。高祖提，以分枝景极，识度渊凝，授凉州牧、敦煌伯；祖双，袭爵。值百六运穷，日月改照，遂归大魏。被赐

[①] 吴钢：《全唐文补遗·千唐志斋新藏专辑》，三秦出版社2006年版，第436—437页；洛阳市文物管理局编：《洛阳出土少数民族墓志汇编》，河南美术出版社2011年版，第263页；洛阳市文物考古研究院编，周立主编：《洛阳出土墓志目录续编》，国家图书馆出版社2012年版，第5页；王连龙编撰：《南北朝墓志集成》上，上海人民出版社2020年版，第197页。

[②] 杨荣春：《沮渠牧犍与北凉政权》，《昌吉学院学报》2017年第6期；朱艳桐：《北魏至唐沮渠氏踪迹钩沉——以墓志碑刻、西域文书为中心》，《中国边疆史地研究》2019年第4期。

女郎，霍光之宗胤。公禀纯和之气，生而雅正，志亮高明，圣世板召武威太守，辞疾疗养，神不降德。岁次辛丑，时年五十九，薨于伊阙。右带高丘，左傍洪流，傲游栖息，闲居之处，而以为墓。记述铭颂，其辞曰：

公之立德，唯贞唯洁。文雄武健，雅志超世。威猛难犯，慈柔多悦。性若松竹，寒霜守节。三阳代谢，四序流速。灾风暴扇，枉折梁木。缟素号悼，哀动山岳。铭记千载，永传道俗。①

一 志主身世与北凉王位之争

志主沮渠愍，字伏念，凉州武威人，史书不见记载。志文谓："其先沙州刺史、河西王蒙逊之苗胄。"明言志主为北凉王室后裔，其祖先沮渠蒙逊为北凉沮渠氏政权的创立者，与史书契合无疑。只是，接下来志文所提志主高祖与祖父，不显见于史书，据学者的已有考证，疑其高祖提，曾为沮渠蒙逊世子的沮渠菩提，"很可能'凉州牧'沮渠提就是世子沮渠菩提，或是死后被追封为'凉州牧'，或是子孙后代不满沮渠菩提被罢世子的妄称"②。那么，沮渠提究竟是不是沮渠菩提，其"凉州牧"之称号究竟是怎么来的？

关于沮渠蒙逊晚年选定的世子沮渠菩提，《魏书·沮渠蒙逊传》《晋书·沮渠蒙逊载记》均未提及，前者记：北凉"延和二年（433）四月，蒙逊死，遣使监护丧事，谥曰武宣王……第三子牧犍统任，自称河西王，遣使请朝命"③。后者称：蒙逊"以元嘉十年（433）死，时年六十六，在伪位三十三年。子茂虔立，六年，为魏

---

① 前引诸书将"值百六运穷"句之"六"字释为"水"，古代以百六为厄运；将"缟素"之"缟"释为"淄"，缟素是白色丧服，而淄素为僧素之意。
② 朱艳桐：《北魏至唐沮渠氏踪迹钩沉——以墓志碑刻、西域文书为中心》，《中国边疆史地研究》2019年第4期。
③ 《魏书》卷99《卢水胡沮渠蒙逊传》，中华书局1974年版，第2206页。

所擒，合三十九载而灭"①。这里两处均未提及沮渠蒙逊临终选定世子沮渠菩提事。但此事《宋书·大且渠蒙逊传》有记，后又见于《资治通鉴》宋文帝元嘉十年（433）②。前者详记北凉几番改立世子事：自沮渠蒙逊举兵张掖、杀段业，"自称车骑大将军，建号永安元年（401）"以后，南朝晋安帝义熙二年（406）大败西凉国主李暠，六年又攻破南凉秃发傉檀盘踞的武威，八年继杀武威人焦朗，同年沮渠蒙逊迁都姑臧"自号大都督、大将军、河西王，改称玄始元年（412），立子正德为世子"。但至南朝景平元年（423），在与柔然的战争中，沮渠正德"轻骑进战，军败见杀"，蒙逊"乃以次子兴国为世子"。南朝元嘉六年（1429），蒙逊征枹罕（今甘肃临夏），其新立世子沮渠兴国又为西秦乞伏炽盘所擒，后又被大夏赫连定灭西秦时所得。随后，元嘉八年（1431），为躲避北魏拓跋焘的征伐，赫连定以兴国为质欲渡过黄河北趋北凉之际，"济未半，为吐谷浑慕瑰所邀，见获，兴国被创数日死"③。在这期间，沮渠蒙逊曾向西秦乞伏炽盘"赎兴国，送谷三十万斛，竟不遣，蒙逊乃立兴国母弟菩提为世子"④。不得已，蒙逊更立子菩提为世子，之后也是得到南朝刘宋的承认，"（元嘉）九年，以菩提为冠军将军、河西王世子"⑤。但随后一年，沮渠蒙逊卒。上引史书又记："十年四月，蒙逊卒，时年六十六。私谥曰武宣王。菩提年幼，蒙逊第三子茂虔时为酒泉太守，众议推茂虔为主，袭蒙逊位号。"⑥ 此处之蒙逊第三子茂虔，上引《魏书》称为"牧犍"，读音近。另据《十六国春秋·北凉录》载："沮渠茂虔，蒙逊之第三子也。初为酒泉太守，后迁敦煌。"⑦

---

① 《晋书》卷129《沮渠蒙逊载记》，中华书局1974年版，第3199页。
② 《资治通鉴》卷122宋文帝元嘉十年（433），中华书局1956年版，第3848页。
③ 《宋书》卷98《氐胡·沮渠蒙逊传》，中华书局1974年版，第2413—2415页。
④ 《宋书》卷98《氐胡·沮渠蒙逊传》，第2415页。
⑤ 《宋书》卷98《氐胡·沮渠蒙逊传》，第2415页。
⑥ 《宋书》卷98《氐胡·沮渠蒙逊传》，第2415页。
⑦ （北魏）崔鸿撰，（清）汤球辑补，聂溦萌等点校：《十六国春秋辑补》，中华书局2020年版，第145页。

说明"牧犍"即"茂虔",实为一人无疑,先后任北凉酒泉太守与敦煌太守。如果仅仅依靠史书以上所记,不难得出以下结论:沮渠蒙逊在前世子兴国被俘,赎而不得的情况下,只好另立子沮渠菩提为世子,不料仅仅过了一年,沮渠蒙逊便年迈薨逝,在强敌环伺的背景下,北凉贵族为了保全政权,只好改推年长且先后担任酒泉太守与敦煌太守的沮渠茂虔为主,令其袭蒙逊位号。在这个过程中,北凉政权似乎并没有发生喋血内讧之事,而是以和平的方式交接的。

今志文所记,志主高祖沮渠提,即上引史书所记的沮渠菩提,因在中古文献中人物名字简写的情况比比皆是,毋庸置疑。在北凉佛教盛行的背景下,人人皆知"提"即"菩提",而"菩提"一词是梵文 Bodhi 的音译,佛经中为觉悟、智慧,用以指人豁然开悟,顿悟真理,达到超凡脱俗的境界。另外,志主家族投魏与北凉降魏的时间也是吻合的。志文反映,志主高祖官爵凉州牧、敦煌伯,后来敦煌伯的爵位传于其子沮渠双。志主祖父沮渠双继承爵位之后,才是志主家族投降北魏,所谓:"祖双,袭爵,值百六运穷,日月改照,遂归大魏。"也就是说,志主高祖死后传爵位于其子沮渠双,再到沮渠双投降北魏,这中间是有一个过程的。而史书明确记载,沮渠蒙逊卒于公元 433 年,北魏灭北凉是在公元 439 年,也就是沮渠蒙逊卒而王位变更以后,又过了六年才是北魏灭北凉,上引《晋书·载记·沮渠蒙逊》就称:"子茂虔立,六年,为魏所擒。"[1] 由此说明,志文所记与史书所记史事在时间上,以及事件发生的先后顺序上都是吻合的。

以上考证说明,志主高祖沮渠提确为沮渠菩提,为北凉废除王位继承权的蒙逊世子。由此,便印证、揭出一段不为史书明确记载的北凉宫廷内幕与北凉王室在北魏遭遇不幸的一段经历。结合上引史书所记,志主高祖得授爵位至死后传位志主祖父,再到北凉投降北魏,中间仅仅隔了 6 年时间。因志主高祖沮渠菩提被立为世子之

---

[1] 《晋书》卷129《沮渠蒙逊载记》,第3199页。

际，应该已经成年。因志文又反映，仅仅过了六年，应该是北凉王室投降北魏以后，志主祖父沮渠双随即得到北魏赐婚，所谓"祖双，袭爵，值百六运穷，日月改照，遂归大魏，被赐女郎，霍光之宗胤"，进一步说明投魏之际，志主的祖父已经成年。另外，由志文可知，志主沮渠憝薨于辛丑年，北凉降魏后，北魏辛丑年有文成帝拓跋濬和平二年（461）与孝明帝元诩正光二年（521）。考虑到北魏太延五年（439）北凉始降北魏，而志主去世"时年五十九"，显然志主沮渠憝卒于孝明帝元诩正光二年（521），则其生于北魏和平四年（463）。而志主出生的和平四年（463），距离北魏灭北凉的时间也仅仅过了 24 年。问题是，在这 24 年中，先后要经历北魏给志主祖父赐婚，到志主父亲出生，又等到志主父亲成年以后才生志主。可见，在北凉投降北魏之际，志主的祖父至少已经在能够生育子女的十四、十五岁以上，如果志主的高祖在世，已经至少在三十岁以上。再往前推 6 年，至沮渠蒙逊卒，北凉改立沮渠茂虔为主之际，志主的高祖至少已经二十四五岁矣。则史书所记昔日北凉称世子菩提年幼，而改推时为酒泉太守的蒙逊第三子茂虔为主的理由似乎颇为勉强。结合志文反映志主高祖菩提在北凉投降于北魏之际，较沮渠茂虔年幼的沮渠菩提已经死亡，说明北凉昔日王室内部发生的这一王位继承人选的改易，并非史书所记的那么风平浪静与合情合理，很可能也是经过了艰难的选择，甚至是经过了内部的残酷斗争。也许，正是在大敌压境而内部竞争激烈的背景下，志主高祖沮渠菩提迫于沮渠茂虔一党的压力，拱手让出了王位继承权，也因此暂时保全了性命。志文在提及其高祖菩提时，不言其生平，仅记："高祖提，以分枝景极，识度渊凝，授凉州牧、敦煌伯。"如此简要点出其最重要也是最敏感的职任以后，再不做任何交代，显然是为北凉避讳的春秋笔法，是一种委婉含糊或刻意遮掩、隐晦的表达。

无独有偶，按照墓志撰写惯例，志文在陈述志主先祖、高祖及祖父之名讳、事迹后，必述其父考，但不知为何又是缺而不书，这在同时期的墓志中是绝少见到的现象。结合志文前面对于北凉时期的王位变故与其家族的遭遇之遮掩与隐晦，笔者以为此也是撰写者的刻意隐晦，其中必有隐情。再考察北魏灭北凉以后，北凉王沮渠茂虔率北凉王室成员投降，连同凉州民三万余家被迁往北魏都城平城，后在北魏度过了八年以后，北魏太平真君八年（447），茂虔被人告发匿藏国库珍宝和叛国谋反等罪，被北魏世祖拓跋焘赐死，又以"姊妹皆为左道，朋行淫佚"等罪名，"赐昭仪沮渠氏死，诛其宗族，唯万年及祖以前先降得免"①。幸存的北魏东雍州刺史沮渠秉，冀、定二州刺史沮渠万年，广武公沮渠祖，后来也以谋逆的罪名被北魏斩杀。由此，志主父亲应该也是在这期间被北魏罗织罪名斩杀的北凉王室成员之一，其名讳或许亦见于史书。志主家族罹难，留下的深刻记忆，至志主卒时，因仍旧处在北魏统治之下，其墓志中对其父名讳及事迹隐而不书，应该同样是因为不便书写。但今由志主沮渠憨墓志可知，经过北魏的多次清洗斩杀之后，至北魏后期，仍有北凉王室成员幸存。志主之所以得以幸存，可能是北魏清洗北凉王室之际志主尚年幼的缘故。而沮渠憨可谓"沮渠氏孤儿"，其名"憨"，字"伏念"，"憨"本意指忧患、痛心的事，引申为爱抚、抚养；"伏念"谓退而自省，思过，也有暗自思念先人之意，可见都有深意，就是对家族遭此不幸的影射。而志主生前所谓"板召武威太守"，也仅是一虚衔，并无印绶与实任，可见直至北魏末年，对其家族并未信任重用。

二 史书相关记事反映的北凉复杂外交

前文已考，志主高祖沮渠提，即沮渠菩提，为被北凉废除王位继承权的蒙逊世子。遗憾的是，如此重要人物与事迹，《魏书·沮渠蒙逊传》《北史·北凉沮渠氏传》《晋书·沮渠蒙逊载记》皆无记载。《晋书》与《北史》为唐人所修，史料应该来自前代史书，无

---

① 《魏书》卷99《沮渠蒙逊传》，第2208—2209页。

记自可理解；《资治通鉴》宋文帝元嘉十年（433）有记，应该也是对《宋书·大且渠蒙逊传》及南朝有关史书的继承。匪夷所思的是，《魏书》的作者魏收为北朝史官，竟然有此疏漏。相反，南朝史官沈约所修《宋书·大且渠蒙逊传》却记载凿凿。魏收（505—572）是北齐的史官，尽管魏收的人品和行事多遭时人或后世诟病，所修史书被称为"秽史"，赵翼就抨击《魏书》"党齐毁魏，褒贬肆情，则其曲笔可知也"①。但就此无关其褒贬的正常记事来说，《魏书》成书之时离北魏灭亡也不过20年左右时间，不应有此重要史事人物的疏漏。深入考察，《宋书·大且渠蒙逊传》记事多出《魏书·沮渠蒙逊传》很多，不仅记载了北凉废世子菩提事件，几乎所有关于北凉的同一记事都较《魏书》详细得多，史料亦丰富得多。《宋书》以资料丰富而著称于史林不虚，《宋书》的作者沈约（441—513），一生历仕南朝宋、齐、梁三朝，曾自称"少好百家之言，身为四代之史"②。但从时空来说，尽管沈约生活的年代较魏收更接近北凉，但北凉与南朝之间并非毗邻，而且相距很远。那么，当时沈约所处的南朝是何以得到有关北凉的如此详细的信息的，其史料是哪里来的？

深究此问题，其实正好反映出北凉与南朝曾有紧密的关系，昔日北凉因严峻、险恶的周边环境而与南北朝诸政权建立了复杂而微妙的外交关系。

众所周知，北凉沮渠氏政权为十六国后期由世居张掖卢水（今黑河）流域的卢水胡沮渠蒙逊建立的一个河西地方政权。北凉建国之初，仅据有河西地区，东面的吕氏后凉政权尚在，西边与之同时建立了敦煌李暠政权，南边青海湟中地区同时建立了鲜卑南凉政权，另外还有占据河州、兰州、陇西等地的鲜卑西秦政权。河西之外，向东有关中的姚兴后秦政权与关中北部的大夏政权，以及占据今山

---

① （清）赵翼撰，王树民校正：《廿二史札记校正》，中华书局1984年版，第263页。
② 《梁书》卷33《王筠传》，中华书局1973年版，第487页。

西、河套地区而势欲扫除六合的北魏政权。正是在这样的背景下，沮渠蒙逊统治的三十多年中，他励精图治，"跨有河西，虽戎夷猾夏，自擅荒服，而财力雄富，颇尚礼文"①。当时就连北凉敌国西凉大臣张显，在给李歆上疏进谏时都称赞蒙逊，说："沮渠蒙逊，胡夷之杰，内修政事，外理英贤，攻战之际身均士卒，百姓怀之，乐为之用。臣谓殿下非但不能平殄蒙逊，亦惧蒙逊方为社稷之忧。"② 事实确实如此，在外交关系上，北凉就奉行了远交近攻与南北合纵的实用外交与多元外交。先是投靠后秦姚兴以夹攻后凉吕隆，当吕隆归附后秦以后，又联合南凉政权共攻后凉吕隆，最终迫使后凉吕隆降后秦而离开河西。赶走后凉吕隆以后，蒙逊随即与南凉秃发傉檀反目，经数年争战，至穷泉（今永昌县境）大战，攻破傉檀，又杀武威人焦朗，北凉玄始元年（412），蒙逊迁都姑臧（今武威），"自号大都督，大将军，河西王"③。随即，北凉歼灭南凉，并转而西向，与西凉李暠、李歆父子为争夺酒泉、敦煌而展开多年的激烈战争。北凉玄始九年（420）七月，沮渠蒙逊伐西凉，怀城（今甘肃张掖市境）一战，李歆大败；后二年歼灭坚守敦煌的李恂，西凉灭亡。自此占据了整个河西、河湟流域，声威远及西域，"西域三十六国皆称臣贡献"④。

需要赘述的是，对于北凉最后攻灭西凉敦煌太守李恂事，《宋书·大且渠蒙逊传》亦有记：永初三年（420）七月，北凉攻占西凉都城酒泉，杀西凉国主李歆等兄弟三人以后，"歆弟敦煌太守恂，自称大将军。十月，蒙逊遣世子正德攻恂，不下。三年正月，蒙逊自往筑长堤引水灌城，数十日，又不下。三月，恂武卫将军宋丞、广武将军张弘举城降，恂自杀，李氏由是遂亡"⑤。对此，敦煌文书P.2005《沙州都督府图经》"一所故堤"条有引《十六国春秋》所

---

① 《宋书》卷98《氐胡·沮渠蒙逊传》，第2418页。
② 《资治通鉴》卷118恭帝元熙元年（419），第3728页。
③ 《宋书》卷98《氐胡·沮渠蒙逊传》，第2413页。
④ 《宋书》卷98《氐胡·沮渠蒙逊传》，第2414页。
⑤ 《宋书》卷98《氐胡·沮渠蒙逊传》，第2414页。

记与之互印互证，而且更为详细：

> 右在州东北一百廿步。按《十六国春秋》，嘉兴四年（420），西凉王李歆为且［沮］渠蒙逊战败于酒泉东怀城，歆死国灭。其弟恂为敦煌太守，与诸子弃敦煌奔于北山。蒙逊以索元绪行敦煌太守，绪行险恶，失于人心，郡人宋承义、张弘以恂在郡有惠政，密遣招恂，九月率数千骑入于敦煌，索（元）绪东奔，宋承义等推恂冠军将军、凉州刺史。蒙逊遣子德政率众一万攻恂，恂闭门不战。至五年春，蒙逊率众二万攻敦煌，遗恂书，论以兴亡之运。恂不答。二月，三面起堤，以水灌城，恂使壮士千人，连板为桥，潜欲决堤，悉为蒙逊所擒，将佐等劝恂曰："今水弥盛，东军来者相继，虽有熊武之士，决战无所，宜遣使降，因以击之。"恂遣使请降，逊不许。左长史宋承义、武卫将军张弘等开门降逊，恂自杀。其堤多毁灭，唯东面其趾步存。①

据此，西凉国灭以后，西凉敦煌太守李恂随即也放弃了敦煌。但在敦煌的西凉子遗因念李恂旧恩而里应外合，密谋赶走北凉任官，重新招西凉李恂恢复敦煌太守，一度恢复了西凉在敦煌的统治。随之北凉沮渠蒙逊先是遣世子德政率兵一万攻打李恂，次年蒙逊又亲自率众两万前来。从其先"遗恂书，论以兴亡之运。恂不答"，不得已，才三面起堤，以水灌城，最终令李恂众叛亲离，被迫自杀。由此，充分表现出蒙逊在战争中采用攻心为上的智慧与巧用水淹的战术，以及及时铲除，不留战争遗患的战略眼光。因此，更加印证《宋书》记事之准确、可信。

继上文，就在北凉沮渠蒙逊父子南征北战，惨淡经营河西之际，占据代北的北魏已经强势崛起，中原北方逐渐被北魏统一，在这样

---

① 录文参见：唐耕耦、陆宏基编《敦煌社会经济文献真迹释录》第一辑，书目文献出版社 1986 年版，第 8—12 页。

的背景下，沮渠蒙逊及时示好北魏且频频遣使向其朝贡外，还遣子安周入质北魏。但雄才大略的沮渠蒙逊很清楚，在众多的外交关系中，北魏只是北凉暂时的盟友，也是潜在的最大对手。正因此，在交好北魏的同时，暗地里蒙逊又及时向东晋南朝朝贡结好，甚至拉拢南朝与之共同进攻北魏。早在东晋安帝义熙十一年（415），沮渠蒙逊就已经遣使到达益州，向东晋上表称藩，并明确提出希望配合东晋北伐北魏，所谓"若六军北轸，克复有期，臣请率河西戎，为晋右翼前驱"①。义熙十四年（418），蒙逊再次遣使到达东晋建康，"奉表称蕃，以蒙逊为凉州刺史"②。当时东晋南朝为了对付北魏，也是大搞合纵连横，而且也是希望借助对方之力来牵制甚至是帮自己消灭北魏政权，所以在与北凉封赏结盟的同时，曾一并拉拢北凉敌国西凉李歆政权，对其一并实施封赏。

最终因蒙逊消灭西凉李歆，占据了整个河西走廊，而南朝刘宋代晋以后，刘宋王朝又继续不断封赏蒙逊，与之结盟，最终"进蒙逊侍中、都督凉、秦、河、沙四州诸军事、骠骑大将军、领护匈奴中郎将、西夷校尉、凉州牧、河西王，开府、持节如故"③。而北魏世祖拓跋焘，亦是雄才大略之主，为完成统一北方的伟业，他也是奉行远交近攻的策略，在进攻大夏之前，也是拉拢北凉，及时遣使"拜蒙逊为假节，加侍中，都督凉州、西域羌戎诸军事，太傅，行征西大将军，凉州牧，凉王"④。其实，该时期北凉沮渠蒙逊政权在交好南朝与北魏的同时，还交好关中北部的大夏政权，甚至还交好西南的吐谷浑与仇池杨氏政权，为此还与羌族酋豪通婚，并通过这些政权越境与南朝紧密互动往来。

但北凉在军事与外交上的纵横捭阖，最终不能阻止实力更为强劲的北魏兼并、西进的步伐。前文已论，北凉世子沮渠兴国在征伐

---

① 《晋书》卷129《沮渠蒙逊载记》，第3197页。
② 《宋书》卷98《氐胡·沮渠蒙逊传》，第2414页。
③ 《宋书》卷98《氐胡·沮渠蒙逊传》，第2414页。
④ 《魏书》卷99《沮渠蒙逊传》，第2205页。

西秦时被乞伏炽盘所擒，后又被大夏赫连定灭西秦时所得，赫连定以兴国为质欲渡河攻北凉，又遭到吐谷浑慕璝所邀，沮渠兴国身受重创而死，而这一系列的连锁战争，起因却均为北魏拓跋焘的西征与北凉沮渠蒙逊为抢占地盘的仓促东进。正因此，在北凉的外交关系中，北凉因惧怕北魏的兼并，表面上频频遣使朝贡，表示臣服北魏，在上表中还极尽谦卑之能事，而北魏对之也是暂时隐忍，甚至极力笼络，双方还互通婚姻。北魏世祖遣使迎蒙逊女为夫人，第三子牧犍继统以后，又尚北魏世祖妹武威公主，但双方对于彼此的真实意图还是清楚的。在这种情况下，北凉对其与南朝的关系可能看得更重要，往来更频繁，表现得也更真实，自玄始十年（421），北凉遣使称藩刘宋，自此三年一贡未曾间断，而且入贡、请封、报聘无不请命于刘宋。今由《宋书·大且渠蒙逊传》可知，有关北凉的信息，就连世子更易这种军国秘事，南朝都能及时获报。沮渠菩提被立世子事南朝随后获报后，次年蒙逊卒与茂虔篡立，同年南朝又获报，获报后南朝都是及时册封，之后在南朝史书中留下的记载也是清清楚楚。但《魏书》所记北凉事，或缺略不载，或极其简略。而正因为昔日北凉对待北魏与南朝的关系有别，北魏也是心知肚明，当蒙逊卒后六年，北魏渐次消灭其他几个北方政权，北魏太延五年（439），北魏太武帝拓跋焘在"遣尚书贺多罗使凉州，且观虚实"之后，果断御驾亲征，一举攻灭北凉。出兵前在公开的榜文中就公开明确谴责北凉："既荷王爵，又受伪官，取两端之荣，邀不二之宠。"① 至此，昔日北凉与北魏表面上的密切关系，以及北魏同样为了暂时麻痹甚至利用对方而与之通婚和好的演戏，方拉上帷幕。

有意思的是，北凉灭亡以后，北凉王室与南朝的关系仍没有停止。公元439年，北魏灭北凉之际，沮渠茂虔（牧犍）弟沮渠无讳与沮渠安周二人逃出，后从酒泉、敦煌出发，西度流沙，先至鄯善，后占据高昌，在高昌一带建立了北凉高昌政权，兄弟二人相继为王，

---

① 《魏书》卷99《卢水胡沮渠蒙逊传》，第2207页。

直至被北方柔然攻灭，在西域又存在了近二十年之久。而《宋书·大且渠蒙逊传》对这近二十年史事的记载还是比较详细，其中就详记到北魏二次围攻酒泉之际，留守酒泉的无讳从弟沮渠天周率众守城的悲壮一幕。经过长时期艰苦卓绝的坚守之后，"十月，城中饥，万余口皆饿死，天周杀妻以食战士；食尽，城乃陷，执天周至平城，杀之"①。可见，在北凉亡国以后，其残余政权在河西、西域的斗争情况，南朝还是得知的。说明双方仍然保持着密切的联系，并继续得到刘宋封赏。是书还明确记到，在北凉灭亡后三年，大约为南朝元嘉十九年至二十年（442—443）之间，沮渠无讳遣其常侍范儁到达南朝都城建康，献方物，并得到宋高祖刘裕的颁诏嘉奖，仍封其为"凉州刺史、河西王"。随后，无讳卒，安周代立，同样得到南朝刘宋王朝的封赏，南朝元嘉二十一年（444）所颁赐诏书中，一再赞赏他们："克绍遗业，保据方隅"，"虽亡士丧师，孤立异所，而能招率残寡，攘寇自今"②。显然，这段时间北凉王室与南朝的关系仍在继续，北凉遗绪还在希望得到南朝的声援和支持，而南朝之所以继续不遗余力地声援北凉，也是在希望其能重整旗鼓以掣肘北魏，甚至期望与之夹攻北魏。当然，北凉政权之所以结好南朝，除了主要为寻求战略上的臂助之外，也是与视东晋南朝为汉魏中原王朝的正统所在与汉文化的继承者等因素有关，为此双方曾经在文化上有密切交往。上引《宋书·大且渠蒙逊传》就记："十四年，茂虔奉表献方物，并献《周生子》十三卷，《时务论》十二卷，《三国总略》二十卷，《俗问》十一卷，《十三州志》十卷，《文检》六卷，《四科传》四卷，《敦煌实录》十卷，《凉书》十卷，《汉皇德传》二十五卷，《亡典》七卷，《魏駮》九卷，《谢艾集》八卷，《古今字》二卷，《乘丘先生》三卷，《周髀》一卷，《皇帝王历三合纪》一卷，《赵斐传》并《甲寅元历》一卷，《孔子赞》一卷，合一百五

---

① 《宋书》卷98《氐胡·沮渠蒙逊传》，第2417页。
② 《宋书》卷98《氐胡·沮渠蒙逊传》，第2417—2418页。

十四卷。茂虔又求晋、赵《起居注》诸杂书数十件,太祖赐之。"可见,"颇尚礼文"的北凉政权与南朝在文化上的交流还是十分密切,也可见北凉对于汉魏以来汉文化的继承和推进,贡献还是很大的。

三 北凉王室沮渠氏之源流世系

志主家族沮渠氏,史书记源于张掖临松卢水胡,其先为匈奴左沮渠,遂以官为氏,"世居卢水为酋豪"。临松郡,约在今张掖南卢水(今黑河流域)一带。但自魏晋以来,所谓"胡"的范围很广,不一定限于匈奴。为此,前贤姚薇元先生在其著《北朝胡姓考》将之考证为小月氏中的羯胡,所谓:"前考羯族乃匈奴治下之月氏族,今沮渠氏既为月氏,又曾服属于匈奴,是所谓'卢水胡'者,亦即'羯胡'之异称耳。《南齐书·魏虏传》,称卢水胡盖吴为羯胡,可证。"[①] 姚薇元之后,学界尚有多人论及此问题。[②] 那么,卢水胡是不是羯胡,羯族又是否为月氏?

据姚氏考,卢水胡之名,始见于《后汉书·邓训传》,其中记:

> (章帝)元和三年(86),卢水胡反畔,以训为谒者,乘传到武威,拜张掖太守。章和二年(88),护羌校尉张纡诱诛烧当种羌迷吾等,由是诸羌大怒,谋欲报怨,朝廷忧之。公卿举训代纡为校尉。诸羌激忿,遂相与解仇结婚,交质盟诅,众四万余人,期冰合渡河攻训。先是,小月氏胡分居塞内,胜兵者二三千骑,皆勇健富强,每与羌战,常以少制多。虽首施两端,汉亦时收其用。时迷吾子迷唐,别武威种羌合兵万骑,来至塞下,未敢攻训,先欲胁月氏胡。议者咸以羌胡相攻,县官之利。

[①] 姚薇元:《北朝胡姓考》,中华书局2007年版,第394页。
[②] 关于"卢水胡"的族属问题,除姚薇元之外,周一良(《北朝的民族问题与民族政策》)、唐长孺(《魏晋杂胡考》)、陆庆夫(《略论五凉的民族分布及融合途径》)、高荣(《论汉魏十六国时期河西的卢水胡》)等史学家都曾论及。

训曰："不然。今张纡失信，众羌大动，经常屯兵，不下二万，转运之费，空竭府帑，凉州吏人，命县丝发。原诸胡所以难得意者，皆恩信不厚耳。今因其迫急，以德怀之，庶能有用。"遂令开城及所居园门，悉驱群胡妻子内之。由是湟中诸胡皆言"汉家常欲斗我曹，今邓使君待我以恩信，开门内我妻子，乃得父母"。咸欢喜叩头曰："唯使君所命。"训遂抚养其中少年勇者数百人，以为义从。①

这里，称卢水胡反叛，东汉朝廷派邓训前去任张掖太守，又因张纡诱诛烧当羌而激怒众羌，当羌族各部合力来攻之际，小月氏胡首当其冲受到威胁，于是邓训力排众议，毅然接纳受到威胁的小月氏群众进城躲避，小月氏人大为感动，从此听命于邓训。文章至此似乎与开头相呼应，卢水胡反叛，邓训施以恩信令其归附，并为其所用。由此，似乎卢水胡即为小月氏，姚氏考证似有所据。但此处是否也可以理解为小月氏只是"诸胡"之一呢？毕竟文中并没有将二者画等号。

其实，关于卢水胡的记载，还有早于《后汉书·邓训传》的记事，此见于《后汉书·西羌传》多处，其中载：

（建初）二年（77）夏，迷吾遂与诸众聚兵，欲叛出塞。金城太守郝崇追之，战于荔谷，崇兵大败，崇轻骑得脱，死者二千余人。于是诸种及属国卢水胡悉与相应，吴棠不能制，坐征免。②

这里所记，已经提到卢水胡之名，但没有提及小月氏，所记事也是因西羌叛乱而引起远在张掖属国的卢水胡人的呼应，但这里的西羌主要为金城郡境内者，而卢水胡却在张掖郡境内，后者归属国

---

① 《后汉书》卷16《邓训传》，中华书局1965年版，第609—610页。
② 《后汉书》卷87《西羌传》，第2881页。

都尉所管。从这条材料可知,卢水胡与西羌有别,而且说明参加反叛的羌胡种类繁多。

其次,姚氏所考还依据沮渠蒙逊曾经所述其祖先事迹。据《晋书·沮渠蒙逊载记》,蒙逊曾述其先世功绩曰:"昔汉祚中微,吾之乃祖,翼奖窦融,保宁河右。"① 而查考《后汉书·窦融传》,西汉末年,窦融见天下大乱,独谓兄弟曰:"天下安危未可知,河西殷富,带河为固,张掖属国精兵万骑,一旦缓急,杜绝河津,足以自守,此遗种处也。"于是窦融设法取得更始帝刘玄委任,出为张掖属国都尉,得以西去保据河西。窦融初到河西"抚结雄杰,怀辑羌虏,甚得其欢心,河西翕然归之"。后建武八年(32)夏,光武帝"车驾西征隗嚣,融率五郡太守及羌虏小月氏等步骑数万,辎重五千余两,与大军会高平第一"②。姚氏引二书相关记述,认为沮渠蒙逊所言"翼奖窦融"之"乃祖",即后者所记"融率五郡太守及羌虏小月氏等步骑数万"句中的小月氏③。其实,后者所记这一句也可以理解为羌、虏及小月氏乃三股势力。应该断句为:"融率五郡太守及羌、虏、小月氏等步骑数万,辎重五千余两,与大军会高平第一。"如此则这里所谓的"虏",才是昔日蒙逊所言"翼奖窦融"之其先祖。

史书记载确实将小月氏也称胡,但其与匈奴有别。《后汉书·西羌传》称:"湟中月氏胡,其先大月氏之别也。旧在张掖、酒泉地,月氏王为匈奴冒顿所杀,余种分散,西逾葱领(岭)。其羸弱者南入山阻,依诸羌居止,遂与共婚姻。及骠骑将军霍去病破匈奴,取西河地,开湟中,于是月氏来降,与汉人错居。虽依附县官,而首施两端。其从汉兵战斗,随势强弱。被服饮食言语略与羌同,亦以父名母姓为种。其大种有七,胜兵合九千余人,分在湟中及令居。又数百户在张掖,号曰义从胡。"④ 可见,小月氏又称湟中月氏胡,分

---

① 《晋书》卷129《沮渠蒙逊载记》,中华书局1974年版,第3189页。
② 《后汉书》卷23《窦融传》,第795—809页。
③ 姚薇元:《北朝胡姓考》,第393页。
④ 《后汉书》卷87《西羌传》,第2899页。

居在湟中至令居（今永登），在张掖者仅百户，之所以又称"义从胡"，应该就是与前引邓训事迹有关。匈奴在史书中也称胡，"胡"和"虏"有时混用，但凡是称虏者必指北方民族。

其实，《南齐书·魏虏传》称卢水胡盖吴为"羯胡"，应该是渊源有自。据史书反映，自后汉以来，中经三国、魏晋、十六国、北朝，卢水胡始终出现在文献中，而且不仅在张掖境内出现，还在武威、陇东，以及今陕西渭北、关中，四川西北部等地都有活动。说明卢水胡乃匈奴各部中规模不小的一支。对于降汉以来张掖郡一带的胡人情况，其中《汉书·地理志》记载了王莽改制时，张掖郡管辖十县的改名，其中三县改名都带一"虏"字，改"删丹"为"贯虏"，"骊靬"为"揭虏"，"番和"为"罗虏"①。这里的"揭虏"应该就是后世的"羯虏"，亦即《晋书·石勒载记》称其"上党武乡羯人也。其先匈奴别部羌渠之胄"；《南齐书·魏虏传》称卢水胡盖吴为"羯胡"者。王莽改制张掖郡所管三县的名称，应该都是因境内有所谓的"虏"，他们应该又是所谓"卢水胡"人的一部分，而张掖郡卢水流域的所有卢水胡人，应该都是降汉的匈奴人及曾役属于匈奴的其他胡人。正因为张掖境内小月氏人仅有百户，大部分的居民应该是汉朝移民与降汉的匈奴人，西汉占据河西以后，曾置张掖属国，同时还分出张掖居延属国，并置属国都尉，就是为了主要管辖张掖郡境内的匈奴人，以及部分曾经役属于匈奴的小月氏人等胡族。而史书中同样不见将小月氏又称"羯虏"者。张掖属国辖地包括今张掖市、山丹县南之大黄山（焉支山）、山丹军马场等处及相邻的民乐县、肃南裕固族自治县东南部以达鲜水上游的祁连山区。这些由属国都尉所管的居住在卢水流域的匈奴人，被称卢水胡或羯虏，应该为匈奴裔，为匈奴的一支，应该与小月氏无关。

再追溯秦汉之际，匈奴族原有一虚渠部，东汉时匈奴分裂为南、北两个部分以后，虚渠部归附北匈奴，北匈奴西迁以后，该部是否

---

① 《汉书》卷28《地理志》，中华书局1962年版，第1613页。

有滞留于河西张掖境内者，以部号"虚渠"为姓氏，后语讹为"沮渠"，因暂时不能考实，存疑。但仅就蒙逊祖先曾担任匈奴且渠之官来说，有学者研究，"且渠一官，向由匈奴贵族担任，他族任此官的，史书上未之见……因此卢水胡可以推断为匈奴族的一支"①。

结合史书记载与学界已有研究②，北凉王室沮渠氏的世系传承基本清楚。但沮渠蒙逊家族的早期世系，《魏书·沮渠蒙逊传》《北史·北凉沮渠氏传》《晋书·沮渠蒙逊载记》均无记载，而上引《宋书·大且渠蒙逊传》记载较详，其中记："蒙逊高祖晖仲归，曾祖遮，皆雄健有勇名。祖祁复延，封狄地王。父法弘袭爵，苻氏以为中田护军。蒙逊代父领部曲，有勇略，多计数，为诸胡所推服。"③

至十六国北凉政权建立前后，沮渠家族为当时河西大族，人才辈出，其中蒙逊的上一代有：曾任后凉西平太守的蒙逊伯父沮渠罗仇，任后凉三河太守的蒙逊伯父沮渠麹粥，蒙逊从叔酒泉太守沮渠益生等。

至沮渠蒙逊一辈有：曾任段业辅国将军的蒙逊兄沮渠罗成，曾任折冲将军、湟河太守的蒙逊弟沮渠汉平，建忠将军、都谷侯沮渠挐，蒙逊堂兄镇军将军、张掖太守、和平侯沮渠伏奴，蒙逊从弟金山太守成都，蒙逊从弟鄯善苟子（疑为两人）。

至蒙逊子侄辈，有蒙逊初立世子沮渠正德，蒙逊二立世子兴国，蒙逊三立世子菩提，以及最后继承王位的蒙逊第三子茂虔（牧犍），另有蒙逊子沮渠奚念、沮渠秉，蒙逊从子沮渠日归、沮渠颇罗，茂虔第六弟仪德，从弟沮渠天周，以及建立高昌政权的茂虔弟沮渠无讳和沮渠安周等。

至蒙逊孙子辈，有茂虔兄子沮渠祖、沮渠万年，茂虔弟子沮渠双，茂虔从子丰周，以及玄孙辈的志主沮渠憨等。

---

① 林幹：《匈奴史》，人民出版社2010年版，第213页。
② 参阅杨荣春《沮渠牧犍与北凉政权》，《昌吉学院学报》2017年第6期；朱艳桐《北魏至唐沮渠氏踪迹钩沉——以墓志碑刻、西域文书为中心》，《中国边疆史地研究》2019年第4期，等文。
③ 《宋书》卷98《氏胡·沮渠蒙逊传》，第2412页。

北凉灭亡以后，直至隋唐时期，沮渠氏人物在史籍文献中不多见，主要见于高昌、西域一带。北凉政权灭亡以后，以沮渠无讳和沮渠安周为首的北凉遗众辗转西迁入吐鲁番地区建立北凉高昌政权，被柔然攻灭以后，其王室后裔在西域的活动散见于吐鲁番文书者有：沮渠僧救、沮渠意达、沮渠进达、沮渠憙仁、沮渠足住，以及一位女性人物沮渠氏。见于大谷文书者有：俎（沮）渠酉达、俎（沮）渠武意、俎（沮）渠定仁、俎（沮）渠元裕①。另外，在吐鲁番出土的且（沮）渠封戴墓表②，墓主卒于北凉高昌承平十三年（455）。

对于以上散见于文献的隋唐时期之沮渠氏，学界多有统计，其中《隋伊穆及妻沮渠氏墓志》所载："夫人沮渠氏，平原琮之女……以大隋开皇六年（586）十一月廿日合葬。"③平原应该是隋代的平原郡，沮渠琮可能为平原郡郡守，或者因该郡有沮渠氏一支活动而有是称。

另外，对于仅见于中原内地的沮渠智烈，宋代赵明诚作《金石录》曾录有其书写的三通碑，二碑为奉旨而立，表明沮渠智烈之书法造诣得到唐高宗朝的推崇。其中《奉先观老君像碑》全称《大唐洛州济源县宗姓奉为高宗天皇大帝于奉先观敬造太上老君石像碑》碑末记："朝散郎上骑都尉泸水沮渠智烈书，雍州富平县人赵文素镌。垂拱元年（685）岁次乙酉十二月壬申朔四日乙亥□□□□建。"④这

---

① 以上统计还参考了以下著述：王宗维《金城麹氏的活动及其族属问题》，《兰州学刊》1986年第5期；陆庆夫《十六国时期五凉地区的人口迁徙》，《丝绸之路史地研究》，兰州大学出版社1999年版，第125页；李方、王素编《吐鲁番出土文书人名地名索引》，文物出版社1996年版，第210—211页；董永强《四至八世纪吐鲁番的胡姓与民族》，陕西人民出版社2010年版，第60页；石墨林编《〈大谷文书集成〉（贰）（叁）人名地名索引——附录与其他吐鲁番文书互见的人名地名》，《魏晋南北朝隋唐史资料》第二十、二十二辑，武汉大学出版社2003年、2005年版，第295、242页；朱艳桐《北魏至唐沮渠氏踪迹钩沉——以墓志碑刻、西域文书为中心》，《中国边疆史地研究》2019年第4期。

② 张铭心：《吐鲁番出土"且渠封戴墓表"的性质以及无纪年高昌墓砖的年代问题——以高昌墓砖的起源问题为中心》，《新疆师范大学学报》（哲学社会科学版）2006年第2期。

③ 赵君平编：《邙洛碑志三百种》，中华书局2004年版，第35页。

④ （宋）赵明诚：《宋本金石录》卷4，中华书局1991年版，第90—93页。录文参见陈垣编纂，陈智超、曾庆瑛校补《道家金石略》，文物出版社1988年版，第70—71页。

里留下了其任职与其对源出卢水胡及北凉王室后裔的认同。沮渠智烈的主要活动时间在唐高宗时期，主要活动地点在河南，很可能是志主沮渠憨之后裔。

最后，对于隋唐之际的北凉王室沮渠氏的去向，目前学界尚有一种说法，即隋唐之际的高昌王族麹氏同北凉卢水胡沮渠氏为前后相承的关系①，因读音"沮渠"促读似乎确实为"麹"，而且高昌王朝建立之际的人口来源与政权基础，主要就是源于北凉遗民及他们的支持。但北朝麹氏早已见诸史端，而且史书记载麹氏高昌政权的创立者麹嘉，"嘉字灵凤，金城榆中人"，似乎"沮渠氏"与之很难扯上关系。那么究竟后来是北凉王室后裔子嗣断绝还是出于对他们匈奴裔身份的刻意隐瞒而改姓，尚待新资料的发现。

（本文原载于《甘肃社会科学》2022 年第 1 期）

沮渠憨墓志

---

① 李志敏：《关于麹氏高昌王族族属问题》，《西域研究》1998 年第 3 期。

《北魏源延伯墓志》与北朝源氏考

　　北魏源延伯墓志，近年出土于洛阳市孟津县，因书法为近年发现的魏碑精品，受到文史与书法界的广泛关注。该墓志图版见载于《洛阳新获七朝墓志》，据是书介绍，志文正文共二十七行，满行二十七字。志高五十九厘米，宽五十八点五厘米，青石质，有界格①。志文标题《魏故使持节都督凉州诸军事平北将军凉州刺史浮阳县开国伯源侯墓志铭》。根据志文序言可知，该墓志由时任豫州刺史的志主叔父源子恭撰写。兹将志文释录并标点如下：

　　　魏故使持节都督凉州诸军事平北将军凉州刺史浮阳县开国伯源侯墓志铭
　　　　君讳□，字延伯，凉州西平人也。其先，神元皇帝有昆曰讬后跋达阡，略地河西，遂王凉州。君其后也。积世绵绵，自小而大，迄高祖秃发褥但，为乞伏炽槃所灭。曾祖太尉，避难东归，还复旧京，即拜为西平侯，后改封陇西王。祖司徒，父仪同。君应天淑姿，承家休庆，忠孝内发，仁信外彰，孝养尽于二亲，逊第率于乡党。覩述经艺，与齿俱成。俭于多言，礼于赈施。年十五，辟司空参军事。及其长也，壮气冲心，雄猛恢廓，志荡瑕秽，心□拨乱。正光之季，蚌起高阙，祸延夏壤。

---

① 齐运通编：《洛阳新获七朝墓志》，中华书局2012年版，第28页。

考仪同，时牧夏蕃，为贼围逼，朝廷即拜君威远将军西征。统军横戈，静暴挥剑，摧敌功效，并立朝野，有闻于时。时州城被围，首尾二年，粮廪既竭，民人相食，长蛇满道，一（室）援莫至。仪同留君守城，自率将士诣东夏取粮。贼众我寡，为贼所虏。复授持节龙骧将军、行夏州事、当州都督，但胡戎叛涣，纵毒疆场，质父招子，巡城约降。君弈世忠贞，废亲忧国。父有陵虺之敕，子执伍员之略，拜书长号，拔剑奋勇，率御在城，身自挫敌，令群胡丧胆。蚁徒冰泮，夏岳既全，父亦无恙。圣上以君忠孝并著，功济隆崇，遂开国浮阳，爵班三等。复除谏议大夫、持节、冠军将军、北讨都督，所在克捷，退迩清夷。降年不永，秀而不实，春秋廿有四。以孝昌三年，岁次丁未，十二月庚寅朔、廿七日丙辰，卒于冀州行阵之中。于是主上有或毁之痛，邦国有殄悴之哀。依许男故礼，优以殊赏，追赠使持节、平北将军、凉州刺史。越以永安元年，岁次戊申，十一月甲寅朔八日辛酉，祔葬于皇祖惠公旧山之所。于时，季父子恭，作牧豫州，任限边城，弗获。临志遥想坟柏，北望摧裂。聊题厥状，铭之玄石，其词曰：

天鉴有魏，叠构重基。本枝百世，惟君诞兹。总辔腰剑，唯命所之。胡凶克殄，戎竖用微。眇眇弱龄，丕丕济时。乃牧夏岳，兼掌戎武。升彼岵山，瞻望严父。孝心烈烈，泣涕如雨。烽烟无滥，言禄其依。回车北顾，启土浮阳。龙蟠行阵，虎翼□方。经略广设，奇兵始张。神其未遂，奄丧员良。辞此华幕，适彼玄堂。临冗悼慄，眷言孔伤。身徂名逸，传之无疆。

一　源延伯父子事迹与统万城保卫战

志主源延伯与其父源子雍，在《魏书·源贺传》皆有附传。据史传，志主家族本出自南凉王室秃发氏之后，南凉政权灭亡后，志主曾祖源贺投靠北魏，受魏武帝赐姓为源氏。志主父源子雍，史称："少好文雅，笃志于学，推诚待士，士多归之。自秘书郎，除太子舍人、凉州中正。肃宗践阼，以宫臣例转奉车都尉，迁司徒属。转太中大夫、司徒司马。除恒农太守，迁夏州刺史。"①而志文所记志主父子主要事迹，正是从其父源子雍任夏州刺史开始。

对于志主源延伯早年事迹，上引其父传称："长子延伯，出后从伯。"也就是说源延伯自幼过继于其英年早逝的伯父为子而名"延伯"。随后志文称："君应天淑姿，承家休庆，忠孝内发，仁信外彰……后十五，辟司空参军事。及其长也，壮气冲心，雄猛恢廓，志荡瑕秽，心口拨乱。"对于志主早年参军，史书其传称："初为司空参军事。时南秦民吴富反叛，诏以河间王琛为都督，延伯叔父子恭为军司。延伯为统军，随子恭西讨，战必先锋。子恭见其年幼，常诃制之而不能禁。"②彼此印证可知，志主文武双全，作战勇敢，十五岁即被征辟得授司空参军事。"司空参军事"一职应该是司空府的军事参谋或幕僚。至于当时南秦民吴富反叛与志主为统军随叔父源子恭出征平叛事，以及每每先锋杀敌的事迹志文缺载，史志正可互为补正。

接下来，志文记载了关乎志主父子生死的一场战争，与史书记载彼此互补可知，这是一场气壮山河的夏州统万城保卫战。因史书没有记载战争爆发的确切时间，而志文没有记载是与什么人作战，加之对于整个战争过程志文记载更为详细，二者又可互印互补，对于我们完整认识这段历史又大有裨益。对于该事件发生的时间与起因，志文谓："正光之季，衅起高阙，祸延夏壤。考仪同，时牧夏蕃，为贼围逼，朝廷即拜君威远将军西征。"正光是北魏孝明帝元诩的第三个年号，共计近五年。此时期正是北魏后期胡灵太后擅权秉政之际，由于激烈的阶级矛盾与统治阶级内部的尔虞我诈，导致六

---

① 《魏书》卷41《源贺传附源子雍》，中华书局1974年版，第929页。
② 《魏书》卷41《源贺传附源延伯》，第931页。

镇之乱于正光五年（524）爆发。沃野镇民匈奴人破六韩拔陵借"高阙戍主，率下失和"而杀死戍主率先起兵。起义爆发以后，很快蔓延至北魏北方沿边六镇及志主父源子雍镇守的夏州，所以志文谓"衅起高阙，祸延夏壤"。对于当时夏州响应破六韩拔陵的暴动，史书明确记载："时沃野镇人破落汗拔陵首为反乱，所在蜂起。统万逆胡，与相应接。子雍婴城自守。"①

这里志文所称的"贼"及史书所谓的"夏蕃"或"统万逆胡"，其实就是响应沃野镇民匈奴人破六韩拔陵的起义者。至于这些人的族属，因考察此前夏州统万城的历史，该地曾为汉魏以来投降中原王朝的南匈奴所据，十六国时曾建立过有名的赫连勃勃大夏政权。赫连勃勃去世后，大夏政权于公元531年被北魏太武帝拓跋焘所灭。此后，北魏于大夏旧地设置夏州，州治所即大夏旧都统万城。则志文所谓"夏蕃"或"统万逆胡"，应该正是大夏政权灭亡以后遗留的南匈奴人，而由此可知其势力至此依然很大。

那么，这场因夏州南匈奴人为响应六镇起义而发起的围攻统万城的起义暴动，具体过程如何呢？结合志文与史书所记可知，当时匈奴人完全包围了北魏控制下的统万城，战争异常激烈，志文谓"首尾二年，粮廪既竭，民人相食"，可谓旷日持久，斗争极其残酷。在兵尽粮绝，援军不至的情况下，时任夏州刺史的志主父亲源子雍奋不顾身，亲自率兵突出重围，外出运粮搬兵，而留下了时任威远将军的儿子源延伯率领军民继续坚守统万城。结果源子雍终因"贼众我寡，为贼所虏"。紧急之际，朝廷下诏委任源延伯接任其父，志文谓："复授持节龙骧将军、行夏州事、当州都督"，令其率众继续坚守城池。"但胡戎叛涣，纵毒疆场，质父招子，巡城约降。君弈世忠贞，废亲忧国。父有陵妣之敕，子执伍员之略，拜书长号，拔剑奋勇，率御在城，身自挫敌，令群胡丧胆。蚁徒冰泮夏岳既全，父亦无蘫。"志文此处意即：在大敌当前，敌人以其父为人质，对其

---

① 《魏书》卷41《源贺传附源子雍》，第929页。

威逼利诱，但源延伯不徇私情，以国家的重托与全城军民的安全为己任，坚守不降，并亲自出战，令敌人频频丧胆，最终迫使敌军罢兵解围而去。此举不仅保全了全城军民，而且迫使对方不敢加害其父。对于志主父子在这场保卫战中奋不顾身的事迹，上引史书志主父源子雍传的记载也十分感人。其中记："子雍婴城自守，城中粮尽，煮马匹而食之……子雍虽被囚执，雅为胡人所敬，常以民礼事之。子雍为陈安危祸福之理，劝阿各拔令降。阿各拔令将从之，未果而死。拔弟桑生代总部众，竟随子雍降。"① 这里志主父子的英勇果敢与智慧又是跃然纸上。尤其志主父源子雍被敌所执以后，竟然抓住机会，向对方宣讲叛乱利弊，最终成功策反对方，不仅保全了自己性命，还解除了敌人对统万城的包围。同样，对于作为儿子的志主不徇私情，激励军民坚守城池的事迹，史书亦可印证，其中记：

> 子雍在夏州，表乞兵援，诏延伯率羽林一千人赴之，城斗野战，勇冠三军。子雍之向东夏，留延伯城守，付以后事。延伯与士兵共分汤菜，防固城隍。及子雍为胡执，合城忧惧，延伯乃人人晓谕曰："吾父吉凶不测，方寸焦烂，实难裁割。但奉命守城，所为处重，若以私害公，诚孝并缺，诸君幸得此心，无亏所寄。"于是众感其义，莫不励愤。朝廷闻而嘉之。除龙骧将军，行夏州事，封五城县开国子，食邑三百户。卒能固守。及后刺史至，延伯率领义众还赴子雍，共平黑城。在瓦棠桥战，先锋陷阵，身擒维摩。及至白水，首摧阿非。②

可见，志主以国家为先，关键时刻不辜负国家与亲人的重托，激励军民坚守城隍，最终赢得了胜利。正因此，志主随之得到朝廷

---

① 《魏书》卷 41《源贺传附源子雍》，第 929 页。
② 《魏书》卷 41《源贺传附源子雍》，第 932 页。

特别嘉奖，"除龙骧将军，行夏州事，封五城县开国子，食邑三百户"①，墓志亦称"复授持节、龙骧将军、行夏州事、当州都督"。这是志主在率领军民坚守统万城之际所授。但志文随后记，在这次保卫战取得胜利以后，"圣上以君忠孝并著，功济隆崇，遂开国浮阳，爵班三等。复除谏议大夫、持节、冠军将军、北讨都督，所在克捷，遐迩清夷。于是主上有或毁之痛，邦国有殄悴之哀。依许男故礼，优以殊赏，追赠使节平北将军、凉州刺史。越以永安元年（528），岁次戊申，十一月甲寅朔八日辛酉，祔葬于皇祖惠公旧山之所"。但据上引其传可知，在统万城保卫战取得胜利以后，又追随其父平定黑城叛乱，随后又随父南征，平定关中华州、白水一带的叛乱。而且先后在瓦棠桥之战、白水之战中，都是由志主先锋陷阵，擒拿康维摩，击败阿非军。而且正是在这些战斗结束以后，志主随父进京受赏，所谓："随子雍至都，进爵浮阳伯，增封百户，为谏议大夫，假冠军将军、别将。"但墓志称为"复除谏议大夫、持节、冠军将军、北讨都督"，考虑到志主当时是随父出征，身份应该是别将。

至于志主最后的牺牲，志文谓："降年不永，秀而不实，春秋廿有四。以孝昌三年（527），岁次丁未，十二月庚寅朔、廿七日丙辰，卒于冀州行阵之中。"这里记载了其牺牲的时间与年龄，以及牺牲的地点，朝廷的追赠，而上引史书其传明确记："随子雍北讨。与葛荣战殁，时年二十四。赠持节、平北将军、凉州刺史，开国如故。"② 可知，志主父子为平定葛荣叛乱的主要将领，志主因此而战殁，年仅二十四岁。而志主父子雍，上引其传又记，在这次出征以后，"至阳平郡东北漳曲，荣率贼十万来逼官军。子雍战败被害，年四十。朝野痛惜之。赠车骑大将军、仪同三司、雍州刺史，公如故。永安中，重赠司空，谥曰壮穆"③。从志文谓志主逝后"祔葬于皇祖

---

① 《魏书》卷41《源贺传附源延伯》，第932页。
② 《魏书》卷41《源贺传附源延伯》，第932页。
③ 《魏书》卷41《源贺传附源延伯》，第931页。

惠公旧山之所"句,"惠公"是源贺次子源怀的谥号,可知本墓志出自河南洛阳源氏家族墓地。另外,同一地点还出志主弟源模墓志,巧合的是与志主同时同地下葬,墓志撰者也似为同一人。志文称:"君讳模,字士则,凉州西平人也。司徒惠公之孙,车骑、仪同之子……十有二辟为司空参军事……天不吊善,早逝斯哲,即以其孝昌二年(526)岁在丙午七月十三日遘疾如陨……追赠尚书郎中……以永安元年(528)岁次戊申十一月甲寅朔八日辛酉,窆于司徒墓左、北芒南岗之所馆。"①说明源延伯弟源模于孝昌二年(526)遇疾夭折以后,永安元年(528)与源延伯一起,由其叔父源子恭等人迁葬于其祖茔。

二　源姓渊源与其家族在北朝的传承

源姓本出自汉魏之际由塞北迁居河西的鲜卑秃发部,该家族从十六国北朝至唐代可谓贵胄。对于该家族的源出,志文称:"凉州西人也。其先,神元皇帝有昆曰讬后跋达 玠 ,略地河西,遂王凉州。君其后也。"此与史书所记基本一致。史书记载:"秃发乌孤,河西鲜卑人也。其先与后魏同出。八世祖匹孤率其部自塞北迁于河西。其地东至麦田、牵屯,西至湿罗,南至浇河,北接大漠。"②则志文之讬后跋达 玠 ,"达 玠 "应即"匹孤"。其活动范围大致包括今青海、宁夏及甘肃部分地区。引人注意的是,志文这里称志主始祖名"讬后跋达 玠 "为神元皇帝之昆。"昆"即兄,而神元皇帝,即北魏皇室追认的始祖拓跋力微,则鲜卑秃发部与鲜卑拓跋部之始祖原本为兄弟。志文铭文部分亦称:"天鉴有魏,叠构重基。本枝百世,

---

① 图版见齐运通编《洛阳新获七朝墓志》,中华书局2012年版,第29页。录文参见官万瑜《邙洛近年出土冯聿、源模、张懋三方北魏墓志略考》,《中原文物》2012年第5期。

② 《晋书》卷126《载记·秃发乌孤》,中华书局1974年版,第3141页。

惟君诞兹。"也是含蓄点出了二者同源共出之史实。对于鲜卑秃发部与北魏皇族拓跋部同源之说，《晋书》卷二一六《秃发乌孤载记》《魏书》卷九九《秃发乌孤传》及《太平御览》卷二一六引崔鸿《十六国春秋·南凉录》等均有记载。而鲜卑拓跋部也正是在拓跋力微时期开始兼并鲜卑诸部而发展壮大，其间"迁于定襄之盛乐（今内蒙古和林格尔县土城）"，随后开始有其确切纪年。

鲜卑秃发部迁于河西以后，至秃发乌孤五代祖树机能开始著称于世，史书称树机能："壮果多谋略，泰始中，杀秦州刺史胡烈于万斛堆，败凉州刺史苏愉于金山，尽有凉州之地，武帝为之旰食。"[①] 树机能后来因领导饥民反晋斗争兵败被杀。

鲜卑秃发部至秃发乌孤为首领时期开始建国称王。秃发乌孤最初依附后凉吕光政权，"循结邻好"，"不事争战"，势力渐盛，后凉曾先后"遣使署为假节冠军大将军、河西鲜卑大都统、广武县侯"与"广武郡公"、"征南大将军、益州牧、左贤王"。但随着秃发乌孤破乙弗、折掘，征服意云鲜卑，以及筑城廉川堡之后，自"（东晋）隆安元年（397），自称大都督、大将军、大单于、西平王，赦其境内，年号太初（397—399）"[②]。秃发乌孤又封其弟秃发利鹿孤为骠骑将军，傉檀为车骑将军，初建了南凉政权。继而治兵广武，攻取金城，又趁后凉衰弱，郭广、杨轨反氏之际，取得洪池岭南五郡（广武、西平、乐都、浇河、湟河）之地，改称武威王，三年（399）徙都乐都（今青海省乐都县）。建和二年（401），利鹿孤继位后改称河西王，迁都西平（今西宁）。次年，利鹿孤卒，弟傉檀立，更号为凉王，还都乐都，改元弘昌，史称南凉。

南凉立国十七年后被西秦乞伏炽磐所灭。对此志文有记曰："迄高祖秃发褥但，为乞伏炽槃所灭。"这里的"褥但"应即"傉檀"的异译，二者的中古音应该是相同的。原来秃发傉檀时期，河西地

---

① 《晋书》卷126《载记·秃发乌孤》，第3141页。
② 《晋书》卷126《载记·秃发乌孤》，第3142页。

区崛起了另外两个政权，一个是建都敦煌的西凉李暠政权，另一个是以张掖为基地的卢水胡人沮渠蒙逊建立的北凉政权。为了与之抗衡，秃发傉檀一度投靠于以关中为中心的后秦姚兴政权，姚兴派人任命秃发傉檀为车骑将军、广武公。义熙三年（407），秃发傉檀率兵攻打沮渠蒙逊，结果秃发傉檀大败而归。随着他的穷兵黩武，后秦亦很快与之反目，加之位处关中北部的赫连勃勃大夏政权与兰州一带的鲜卑乞伏氏建立的西秦政权也把矛头指向了南凉。北魏神瑞元年（414），"乞伏炽磐乘虚袭乐都，克之，执傉檀子虎台以下"，傉檀被迫放下武器，向西秦投降，次年，被西秦鸩杀，南凉政权灭亡。

南凉政权灭以后，傉檀少子贺东投北魏，志文亦有记曰："曾祖太尉，避难东归，还复旧京，即拜为西平侯，后改封陇西王。"其实，昔日南凉灭亡后，源贺是由北凉辗转至北魏，而且一同投奔至北魏的有傉檀兄子秃发樊尼、傉檀少子保周与破羌（源贺）、俱延子覆龙、鹿孤孙副周、乌孤孙承钵等南凉宗室子孙。只不过后来保周等因反叛被迫自杀，之后见于史册的南凉宗室仅有破羌（源贺）与其子孙。

志主曾祖源贺，原名秃发破羌，史书记载在其投靠北魏后，得到北魏太武帝拓跋焘的赏识，赐姓"源氏"，并赐爵"西平侯"，后在拓跋焘亲征凉州的过程中立功，"赐名贺，拜典中尚书"。其后，在北魏高宗拓跋濬与高祖孝文帝即位的过程中均有翼戴之功，而且居官忠贞，所以官拜太尉，死后被孝文帝赠以侍中、太尉、陇西王印绶，谥号"宣"，陪葬于金陵。

鲜卑秃发部因与北魏皇族拓跋部同源，其王子投靠北魏后，由魏太武帝赐其姓源氏。对此学界有人提出异议，认为源贺投靠北魏后，太武帝并未赐姓"源"，而是接纳他为宗室成员，即赐姓"拓跋"[①]。

[①] 罗新：《北魏直勤考》，氏著《中古北族名号研究》，北京大学出版社2009年版，第85—86页。

此的确是值得关注的一个问题,因它不仅是源氏家族的改姓问题,也牵涉《魏书·序记》有关叙事的可信度问题。《魏书·源贺传》记载,昔日南凉秃发氏灭亡后,在其王子贺投靠北魏之际,北魏世祖拓跋焘曾谓贺曰:"卿与朕源同,因事分姓,今可为源氏。"《新唐书·宰相世系表》源氏条亦记:"源氏出自后魏圣武帝诘汾长子疋孤。七世孙秃发傉檀,据南凉,子贺降后魏,太武见之曰:'与卿同源,可改为源氏。'"唐林宝撰《元和姓纂》卷十亦记:"河西鲜卑也。与后魏同出,圣武帝诘汾长子疋孤,神元时率部众徙河西。"清代钱大昕《廿二史考异》卷二十二云:"案秃发之先,与元魏同出,秃发即拓跋之转,无二义也。古读轻唇音如重唇,故赫连佛佛即勃勃,发从友得声,与跋音正相近。魏伯起书尊魏而抑凉,故别而二之,晋史亦承其说。"[1]而今由上引碑志与史书相互印证,以及古今学者的一致认同,说明南凉秃发氏与北魏拓跋氏同源之说,应该并非空穴来风。而志文所记的秃发部之始祖"讬后跋达孙"应该就是秃发乌孤之八世祖匹孤,其名中之"讬后跋"应即"拓跋",后者当是省略了中间的浊音,而"达孙"应为"匹孤"二字之异写。其实,仅源氏的改姓来说,如果说源贺当年仅仅只是被魏武帝接纳为宗室成员,而被赐姓为拓跋,那么在太和年间(477—499)改定姓氏时,作为宗室的该家族,应该一如北魏其他宗室一样,改为"元氏"才对,怎么会改为与之有别的"源氏"呢?再者,如果说源氏家族改姓"源"并非在魏太武帝时代,而应该在魏孝文帝太和二十年(496)颁布改定姓氏诏之后,那么有关太武帝所谓"卿与朕源同,因事分姓,今可为源氏",这些话也就成了无稽之谈。再查考史书,《魏书·高祖纪》所记,早在孝文帝延兴元年就称:"冬十月丁亥,沃野、统万二镇敕勒叛。诏太尉、陇西王源贺追击,至枹

---

[1] (清)钱大昕:《廿二史考异》卷22《晋书五》,方诗铭、周殿杰校,上海古籍出版社2004年版,第388页。

罕，灭之，斩首三万余级。"① 也就是说，应该是早在孝文帝颁诏改定姓氏以前所出官方档案或史料中，源贺之姓已经为"源"，而非"秃发"。正因此，笔者认为，史书关于源氏得姓的史事，应该是出自该家族的家世谱牒，是符合北魏太武帝拓跋焘时期结束十六国而统一北方以后，鲜卑人各方面学习中原文化，着力塑造正统形象，以巩固其统治的历史背景，鲜卑人改从汉姓的风气从那时候已经开始，而绝非太和年间（477—499）孝文帝改定姓氏以后附会上去的。相反，在北朝至唐代注重门阀的时代，该家族正是因为出自南凉王室后裔的身份，又兼具北魏皇族共同的渊源而数世荣耀。尤其称道的是，北朝源氏的汉化很深，而且应该很早。南凉政权的建立者秃发利鹿孤建国伊始就大力吸收汉文化②，接受祠部郎中史暠的建议，以田玄冲、赵诞为博士祭酒，以教胄子，至南凉灭亡之际的源贺投魏以后"拜典中尚书"而历任高职，说明颇具文化修养，临死之际给家人的遗训更显"大儒长者风度，深得儒家道德观、价值观要谛"③。正因此，整个北朝源氏家族人才辈出，文武兼备，几朝显赫，仅仅北朝源氏家族进入《魏书》《北齐书》《隋书》《北史》等正史的人物就有二十多人。

源贺之后，其三子分别为：长子延，早卒，官赠凉州刺史、广武侯，谥曰简。源延有子名鳞，袭爵；第三子源奂官至长乐太守，无子；最有名的是源贺次子源怀。源怀即志主祖父，志文称其官至司徒，其实是死后追赠司徒。源怀受父爵，先后官拜征南将军、典中尚书，尚书左仆射、加特进，车骑大将军、凉州大中正，雍州、夏州等州刺史，居官清正而且多次上奏指正时弊，得到皇室倚重，一生多次被委任为主将率军征伐，北魏世宗"三年六月卒，年六十

---

① 《魏书》卷7《高祖纪》，第135页。
② 周伟洲：《南凉与西秦》，陕西人民出版社1987年版，第45页。
③ 郭锋：《北朝隋唐源氏家族研究——一个少数民族汉化士族家族门第的历史荣衰》，《中国社会经济史研究》2002年第3期。

三……赠司徒、冀州刺史……谥惠公"①。其中源怀在孝文帝时一度担任凉州大中正一职，在他之后，源氏家族陆续有多人担任凉州大中正，说明北魏时期该家族在凉州一带还有很大的家族势力，也因此为北魏有效控制凉州发挥了很大作用。

源怀兄弟之后，史书记载主要是其七子，分别为：规、荣、徽、玄谅、子雍、子恭、纂。最有名者首先为其少子源子雍，源子雍长子即志主源延伯，《魏书·源贺传》后附其父子传。今结合志文与史传，其父子事迹前文已考。

在志主父子之外，源怀诸子中比较有名的还有本墓志的撰写者，即志主的叔父源子恭，史书亦有传记。志文曰："于时，季父子恭，作牧豫州，任限边城，弗获。临志遥想坟柏，北望摧裂。聊题厥状，铭之玄石。"据史书记载，源子恭一生文武兼备，不仅献策进谏，武功卓著，东魏封新城县开国子，北齐为齐献武王军司。另外，源子恭之弟源纂，北魏"员外散骑侍郎，累迁征虏将军、通直散骑常侍、凉州大中正，转太傅少卿"②，后遇害于河阴之变。

北魏分裂以后，源氏家族亦遭到极大冲击，大批子弟在战乱中死去。之后较为出名的有：历仕东魏、北齐、北周、隋多职的源彪；历仕东魏、北齐，官至太尉长史的源文举；隋朝莒州刺史源文宗、刑部侍郎源师、上将军源雄等。尤其源纂子源雄，历仕北魏、西魏、北周、隋四朝，功勋卓著，官至上柱国，名重一时。

在唐代，该家族更是人物辈出，据统计，"唐初中期的150年里，源氏家族连续四五代仕至高官，先后出现宰相1人，中央、地方高级官员30多人，其中源乾曜出任宰相十多年，其子源复任华州刺史，源弼任工部郎中"③。

---

① 《魏书》卷41《源贺传附源怀传》，第928页。
② 《魏书》卷41《源贺传》，第937页。
③ 赵宗福：《鲜卑源氏家族文化史考述》，《中原文化研究》2018年第6期。

源延伯墓志

(本文原载于《唐都学刊》2021年第2期)

新出《隋豆卢贤墓志》与《唐豆卢弘毅墓志》跋

豆卢贤与豆卢弘毅墓志，为西安市文物考古研究院近年在泾渭新城一处隋唐墓葬的清理挖掘中发现。豆卢家族在北朝至唐身份颇为显贵，但史书中对其家族的世系传承记载较为混乱。今由此二墓志的发现，又为该家族的世系传承及相关史事增添了新史料。

一

豆卢贤墓志，包括志盖一方，覆斗形，盝顶边长59厘米，正中篆书4行，16字："大隋故通议大夫大理卿楚公豆卢公志"，四周线刻青龙、白虎、朱雀、玄武四神像，四刹为二方连续蔓草纹。志文正方形，边长72厘米，四周壸门线刻十二生肖像，图案均造型优美、錾刻精细。志文正书共35行，满行35字，共1171字。兹将志文迻录并标点如下：

大隋故通议大夫大理卿楚国公墓志铭
秘书省校书郎萧德言撰　并书
公讳贤，字突厥，昌黎大棘城人，本姓慕容，燕文明皇帝皝之后也。辽东建国，王迹初基；漳邺徙都，帝图斯盛。既而时遭崇替，运属推移，改族豆卢，臣于讬跋。曾祖长，周赠柱国大将军、少保、涪陵郡开国公。属天下之三分，会诸侯之八百,故得奋飞步骤,匡赞经纶。

祖宁,周柱国大司寇、尚书左仆射、太保、都督同、敷、宜、华、蒲、虞、陕、汾、熊、绛十州诸军事、同州刺史、楚昭公。状貌魁奇,雄略渊济,协规太祖,缔搆艰难。若乃平窦泰之军,摧沙苑之阵,江南楼船之战,凤州叛氐之捷,故以书勋王府,无俟详言。

父勣,上柱国、散骑常侍、邛、渭、邵、相四州刺史,信、夏、利三州总管,雍州牧、楚襄公。爰自涪陵,世作师保,莫不以刚毅处职,鼎正居宗。洎我襄公,风格逾峻。故以无求资放,见惮萧曹。初公总管利州,值王谦作难,公乃婴城以挫其锐,追犇以扼其喉。平谦之勋,公居其最,世著诚节,见于斯矣。

维公风韵清举,神情秀拔,伯喈倒屣,寔谓王公之孙;仲达嗟称,信乎荀令之子。池龙之种,自然感会风云;威凤之生,即见谐和律吕。开皇元年,选为东宫亲卫,俄转千牛备身。关云长情义既亲,常须自卫;隽不疑㩜具为备,安可离身。公之此授,差无惭德。十二年二月诏授仪同三司,年甫弱冠,早袭台阶;良归冢嫡,少登衮职,足骇单于。十四年十月蒙授左武卫车骑将军。许褚之勇,始膺斯授;韩增之贵,乃赍此荣。自非望美基兹,才称果毅,岂得登斯勇爵,司扈禁闱。十七年出为使持节显州诸军事、显州刺史。郭伋驻马,恐失信于童儿;朱博停车,果发奸于老吏。善政异绩,足见于兹。廿年二月袭爵楚国公,食邑一万户。承家开国,既资负荷之才;继世子民,即见象贤之贵。大业元年正月十一日,入为大理少卿。具备两造,必哀敬于五辞;丕弊十恶,犹勿喜于三刺(判)。刘德断狱,每有平反;陈宠决疑,常多全济。三年四月转为鸿胪少卿,典客秦官,胪陈汉职;荣均四至,掌实九宾。于是译官物辨,归义式序,望冯敬而授踪,跨崔林而高视。其年四月,更授朝请大夫，前至九月又迁左侯卫护军郎将。列侯奉朝，且光朔望；郎将式道，即护众军。五年六月，进位通议大夫，犒勤之赏也。既而魏臣叹其三壬，秦医嗟其六气。擢足未据于津要，交臂已失于光阴。大业六年四月三日奄然薨逝，时年四十三。呜呼哀哉！以今九年岁次癸酉三月乙亥朔十日甲申，归葬于京兆郡泾阳县之洪渎原。礼也！

维公器宇渊冲，德业韶茂，敬亲就养之道，庶曾参之用情；事君隐犯之仪，抱史鱼之高节。加以友爱兄弟，尽和乐之耽；笃好宾游，极投胶之致。至于五日归休，必于四郊驰驿，坐客恒满，终宴不疲。乍飞金谷之文，或纵雕龙之辩。若乃从容献替，委他莅职，不吐不茹，维慎维清。刺举宣威，吏多免去，士师折狱，民自不冤。斯可谓显显之名臣，断断之良佐。而四公之后，杨循挺公才而不至；二相之子，韦安有相器而莫登，而弗永其命。呜呼，惜矣！玄甲遵途，丹旐启路，惨山足之风飚，结陇首之烟雾。折高坟之宿草，埋修埏之晓树；驰山阳之车马，恸颍川之宾故。凑黄肠其已毕，掩玄庐而永固。呜呼哀哉！乃为铭曰：

七泽沃壤，三江奥区，彼美乐土，公之建都。踵位师保，世祚膏腴，匪勋匪德，俦能宅诸。阴籍高华，问望隆重，性情仁惠，风神义勇。白王信深，黄金诺重，名以孝立，位由诚宠。入卫轩陛，巡警台谔，出临岳牧，深慎四知。堂堂容止，抑抑威仪，水苍照曜，山玄陆离。射月祸盈，夹日妖生，鼎沦泗水，剑没丰城。下泉已锢，高台乾倾，空余衰柳，依依故茔。

二

豆卢弘毅墓志，包括志盖一方，覆斗形，盝顶边长60厘米，四刹为二方连续蔓草纹，正中4行，16字："大唐故凤州司马楚国公豆卢君墓志铭"。志文内容呈四边形，长68厘米，高70厘米，四周为二方连续忍冬纹。志文正书共 26 行，满行 27 字，共 652 字。兹将志文迻录并标点如下：

大唐故凤州司马豆卢君墓志铭并序

君讳弘毅，字善义，河南洛阳人也。璿源浩汗，导习坎而澂澜；玉叶扶疏，邑朔云以布族。魏氏言违龙漠，冠十姓以摽华；肇适驰街，总八方而高视。自兹厥后，靡替家声。曾祖宁，魏使持节大将军、太保、楚国公，威雄玉帐，位践星阶，云梦高四履之封，兰锜肃八屯之禁；祖勋，使持节（节）、雍州牧、北道元帅，楚国襄公。风驰三辅，化偃百城，出鸡塞而先鸣，徇狼山而贾勇；父贤，隋使持节、显州刺史、大理少卿，楚国公。建旗莅职，伴贾君之露冕；理狱平反，踵于公之听讼。君袭燕岩之遗庆，资奔水之长灵；神志虚融，风韵都雅；子孝之性，素叶天经；鸣谦之怀，式遵大易；不以夷险改操，不以喜愠宅心；识照几先，鉴穷物表。属炎精摽秀，天瘥在辰，爰应义旗，招慰宛叶，蒙授罗山县令，俄迁尚乘直长。抚字一同，声华三异，驭镳云于帝皂，控绝景于阊门，又授始州录事参军，又转荆王府士曹。爰弼藩维，绳纪式叙；言陪兰坂，政绩弥芳。又授凤州司马，又行潘阳令。仁而能断，刚而不猛；敦本息末，禁止令行。方期申酉之年，邀两童以馈药，而膏肓之疾，婴二竖以成灾，以咸亨三年十月廿六日终于洛阳，春秋八十。夫人卫氏，河南人也。腾芬兰薄，孕质珠川。操履端凝，志识明悟。四德光备，六行聿修；言适德门，作嫔君子。既而松萝涧茂，琴瑟乖调；鸾镜栖尘，鹓机挂网。以咸亨四年五月三日终于京所，即以咸亨四年八月二日合葬于咸阳洪渎原，礼也。长子虔奉庭闱，亚闻诗礼，载践霜露，俯恸几筵。卜远戒辰，殡阶祖奠，惧陵谷之迁徙，恐丹青之歇灭，敬题玄石，式志幽泉。其词曰：

崐墟玉尘，河首金津。降渐精贶，代载英仁。显祖令孝，魏宰隋臣。远祥余庆，诞德照邻。资忠事主，履孝奉亲。温恭贡性，简易饬身。脱落嚣俗，高尚道真。言遵渭涘，云正洛滨。昊苍不吊，歼我良人。梁楚举案，冀垄如宾。遽伤偕老，未厌芳辰。一从物化，俄变荒榛。同穴义举，合祔礼申。白杨飚急，青松雾涒。一归大暮，春非我春。

豆卢贤，在《隋书》与《北史》之其父豆卢勣传有记载，豆卢弘毅则在新旧《唐书》中无载。豆卢贤的祖父为西魏、北周名将豆卢宁。史传记载，豆卢宁自北魏末年随陇西王尔朱天光进入关中，后跟随李弼率众归顺宇文泰，在奉迎孝武帝元修西迁，以及西魏、北周时期的历次重大战事中，屡立战功，迁大将军、开府仪同三司、尚书右仆射，封为武阳郡公，名列"十二大将军"之一，周武帝保定五年（565）薨于同州，时年六十六，赠太保、同鄜等十州诸军事、同州刺史，谥曰昭①。对此，豆卢贤墓志称："祖宁，周柱国大司寇、尚书左仆射、太保、都督同、敷、宜、华、蒲、虞、陕、汾、熊、绛十州诸军事、同州刺史、楚昭公。"对此，墓志与史书所记基本一致。

豆卢贤的父亲为豆卢勣。豆卢勣早年受业于国子学，历仕西魏、北周、隋，"魏大统十二年（546），太祖以勣勋臣子，封义安县侯。周闵帝受禅……改封丹阳郡公，邑千五百户"②，此后历任邛、渭等州刺史，入隋后先后任利州、夏州总管，开皇十年（590）卒，时年五十五。豆卢贤事迹见于《隋书·豆卢勣传》，称豆卢勣死后，"子贤嗣，官至显州刺史、大理少卿、武贲郎将"③。笔者以为豆卢贤、豆卢弘毅父子墓志在以下几个方面，可资补正史书或有助于推

---

① 《周书》卷19《豆卢宁传》，中华书局1971年版，第308—311页。
② 《隋书》卷39《豆卢勣传》，中华书局1973年版，第1155页。
③ 《隋书》卷39《豆卢勣传》，第1157页。

进相关问题的研究：

其一，豆卢氏之源出与改姓。豆卢家族的源流问题，长期以来颇受学界关注。对此，豆卢贤墓志谓："本姓慕容，燕文明皇帝皝之后也。辽东建国，王迹初基；漳邺徙都，帝图斯盛。既而时遭荣替，运属推移，改族豆卢，臣于讬跋。"这里尽管委婉含蓄，但已经点出了豆卢氏因何而改姓豆卢的历史。

豆卢氏本姓慕容，慕容氏建立的燕国政权与北魏拓跋氏建立的北魏政权，曾互为不共戴天的敌国，并且前者最终被后者所灭。淝水之战后，前燕皇帝慕容皝之子慕容垂乘机脱离前秦，占领河北、山东等，于公元386年称帝，重建燕国，定都中山（今河北定州），即史书所称的后燕。就在慕容垂称帝的同一年，拓跋部首领拓跋珪也宣布重建代国，随后改国号为魏，史称北魏。北魏迅速联合西燕等对抗后燕。公元395年，即后燕攻灭西燕后一年，慕容垂命太子慕容宝率领步骑十万，北上伐魏。拓跋珪先是坚壁清野，后于参合陂奇袭，大败后燕，投降燕军全部遭"坑杀"，史称"参合陂杀俘"。就在后燕图谋报仇之际，慕容垂突然去世，北魏拓跋珪随即攻破中山城，后燕灭亡。后燕灭亡后，不过十年之间，北魏就将燕国残余悉数消灭。上引墓志对于该家族改姓的这段历史的隐晦，省略了前燕的灭亡及后燕的兴亡这一大段历史。应该是在后燕灭亡之际，其王室部分成员方才入魏，投靠鲜卑拓跋氏建立的北魏，从此改姓"豆卢"。

《北史·豆卢宁传》记载："其先本姓慕容氏，燕北地王精之后也。高祖胜，以燕。皇始初归魏，授长乐郡守，赐姓豆卢氏。或云北人谓归义为'豆卢'，因氏焉，又云避难改焉，未详孰是。"① 今有学者研究，慕容氏于魏初改姓为豆卢氏者确为慕容精之子②。豆卢

---

① 《北史》卷68《豆卢宁传》，中华书局1974年版，第2365页。
② 姜波：《豆卢氏世系及其汉化——以墓碑、墓志为线索》，《考古学报》2002年第3期。

氏于太和中（477—499）又一度改姓为卢氏。《新唐书·宰相世系表》记慕容精生两子：丑、胜；胜生鲁元。而"丑"与"鲁元"即《魏书》立传之卢丑与卢鲁元①。北魏皇始二年（397）后燕北地王慕容精为慕容麟所杀，同年，北魏道武帝拔中山、灭后燕。慕容精之子慕容胜率众归魏，授长乐郡守，改姓豆卢。由此，说明后燕政权被灭以后，有王室成员投降北魏，受北魏赐姓而改为"豆卢"，但并非所谓"避难"而改姓。应该说，此符合了"豆卢"乃"归义"之义。所以，墓志所谓"既而时遭荣替，运属推移，改族豆卢，臣于讬跋"，应该是符合历史事实的表述。

其二，志主家族世系与志主生平。豆卢家族投魏以后，随即建功立业，并开枝散叶。对于豆卢贤家族的祖先，豆卢贤墓志追溯到其曾祖父，谓："曾祖长，周赠柱国大将军、少保，涪陵郡开国公。"《隋书·豆卢勣传》称："祖苌，魏柔玄镇大将。"②《周书·豆卢宁传》称："父长……武成初，以宁著勋，追赠柱国大将军、少保、涪陵郡公。"③说明豆卢长，又名"苌"，即志主豆卢贤的曾祖父。

豆卢苌之后为其子豆卢宁，豆卢宁之子豆卢勣，分别为志主豆卢贤的祖父与父亲。对于他们的爵位，志文称豆卢宁为楚昭公，而称豆卢勣为楚襄公。这与二人史传可以互证，豆卢宁在北周武成初为同州刺史，因督诸军讨稽胡郝阿保、刘桑德有功，"迁大司寇，进封楚国公"，"谥曰昭"。而豆卢勣，史称"袭爵楚国公"，"谥曰襄"。显然豆卢勣爵位是承袭豆卢宁的楚国公，但死后的谥号为"襄"，所以志文称其为"楚襄公"。关于其父子爵位的传承，据《周书·豆卢宁传》，豆卢勣并非豆卢宁亲生子，而是过继的其弟豆卢永恩子，所谓："初宁未有子，养弟永恩子勣。及生子赞，亲属皆

---

① 李海叶：《〈新唐书·宰相世系表〉之"豆卢氏"源出考》，《中国边疆史地研究》2008年第4期。
② 《隋书》卷39《豆卢勣传》，第1155页。
③ 《周书》卷19《豆卢宁传》，中华书局1971年版，第309页。

请赞为嗣。宁曰：'兄弟之子，犹子也，吾何择焉。'遂以勣为世子。世以此称之。"①但据《隋书·豆卢勣传》，则不言豆卢勣为豆卢宁亲生之子，其中称："父宁，柱国、太保。勣初生时，周太祖亲幸宁家称庆，时遇新破齐师，太祖因字之曰'定东'。"②比较二传，应该是豆卢勣的确并非豆卢宁亲生之子，但也应该是襁褓之中就过继给了豆卢宁，正因此，才有周太祖亲为久不得子的豆卢宁登门致贺。当然，这些家庭内幕，显然是墓志不宜记载的东西，正好史书所记可为补充。

至于豆卢贤墓志列举豆卢宁戎马一生的主要经历，所谓："若乃平窦泰之军，摧沙苑之阵，江南楼船之战，凤州叛氐之捷，故以书勋王府，无俟详言。"平窦泰之军，指西魏大统二年（536）十二月，高欢派窦泰率军进入潼关西征西魏。次年，窦泰大军行至小关，遭到西魏丞相宇文泰的偷袭，全军覆没；沙苑之阵，指平窦泰军的同年十月，东魏丞相高欢亲率二十万大军攻打西魏，西魏丞相宇文泰采李弼之计，以不满一万人的军队，列伏兵于渭曲，经沙苑一战，一举击溃东魏军队，取得以少胜多的辉煌战绩；江南楼船之战，应指西魏攻灭南朝梁萧绎政权的江陵之战。侯景之乱以后，梁武帝第七子萧绎于江陵（今湖北江陵县）登基称帝，但西魏恭帝元年（554），宇文泰派于谨、杨忠等攻打江陵，一举攻灭。另据《周书·豆卢宁传》，西魏恭帝二年（555）豆卢宁因功被改封武阳郡公、迁尚书右仆射以后，又奉命平定了萧绎政权残余及武兴叛氐。所谓："梁将王琳遣其将侯方儿、潘纯陁寇江陵，宁与蔡祐、郑永等讨之，方儿等遁走。三年（556），武兴氐及固（查）〔道〕氐魏大王等，相应反叛，宁复讨平之。"③这里的武兴，即今陕西略阳县，三国蜀汉筑武兴城，后为氐族杨氏所据。北魏正始三年（506）置

---

① 《周书》卷19《豆卢宁传》，第310页。
② 《隋书》卷39《豆卢勣传》，第1155页。
③ 《周书》卷19《豆卢宁传》，第309—310页。

军镇，并置武兴县，西魏改名汉曲县。隋初改为凤州，大业三年（607）改称河池郡，唐朝再改为凤州，属山南西道。则所谓江南楼船之战与凤州叛氐之捷，应该是豆卢宁指挥的这几次战斗。以上均可与史书所记一一印证。

对于豆卢勣一生官爵，豆卢贤墓志称："父勣，上柱国、散骑常侍，邛、渭、邵、相四州刺史，信、夏、利三州总管，雍州牧、楚襄公。"此与《隋书·豆卢勣传》所记基本一致，至于史书特别提及的豆卢贤在王谦之乱中的表现，下文再论。总体来看，豆卢勣与其家族入隋以后，不仅备受重用，而且与皇家联姻，十分显贵，史载："开皇二年（582），突厥犯塞，以勣为北道行军元帅以备边。岁余，拜夏州总管。上以其家世贵盛，勋效克彰，甚重之。后为汉王谅纳勣女为妃，恩遇弥厚。"① 正因此，开皇十年（590）在豆卢勣病危之际，隋文帝及时将他征还京师，"诏诸王并至勣第，中使顾问，道路不绝"，病逝以后，"上悼惜久之，特加赗赠，鸿胪监护丧事，谥曰襄"②。

豆卢勣外，尚有其兄豆卢通，但豆卢通应为豆卢永恩的儿子，《隋书·豆卢勣传》称："通字平东，勣之兄也，一名会。"③

豆卢勣有子贤、毓、露三人，《隋书》有豆卢毓传，无豆卢贤传。仅在其父豆卢勣传后记载豆卢勣去世后，"子贤嗣，官至显州刺史、大理少卿、武贲郎将"④，至于其一生经历语焉不详。今由豆卢贤父子墓志可知，豆卢贤开皇元年（581）选为东宫亲卫，随后转千牛备身，十二年（592）二月诏授仪同三司，十四年（594）十月授左武卫车骑将军，十七年（597）出为使持节显州诸军事、显州刺史，直至开皇二十年（600）二月袭爵楚国公，食邑一万户。大业元年（605）又入为大理少卿。大业三年（607）四月，转为鸿胪

---

① 《隋书》卷39《豆卢勣传》，第1156页。
② 《隋书》卷39《豆卢勣传》，第1156—1157页。
③ 《隋书》卷39《豆卢勣传》，第1158页。
④ 《隋书》卷39《豆卢勣传》，第1157页。

少卿，又更授朝请大夫，九月又迁左候卫护军郎将。大业五年（609）六月，进位通议大夫。大业六年（610）四月三日薨逝，时年四十三，葬于京兆郡泾阳县之洪渎原。

梳理豆卢贤一生任官，开皇初（581年起）因任职东宫，之后很快升迁，但到了炀帝大业年间（605—618），职务降为大理寺、鸿胪寺的副职，官阶始终为五品至从四品的散官，尽管早在开皇二十年（600）已经袭爵楚国公，但前后职衔似乎明显受到隋朝皇储变更与国家政局变化的影响。

过去由史书可知的是，豆卢宁后裔至唐代已籍籍无名，唯有豆卢宁弟豆卢恩的后裔至唐依然人才辈出，最典型的就是豆卢钦望，唐中宗复位后，"以钦望宫僚旧臣，拜尚书左仆射、知军国重事，兼检校安国相王府长史，兼中书令、知兵部事、监修国史。钦望作相两朝，前后十余年"[①]。今由豆卢弘毅墓志又可知，在豆卢贤之后，有其子豆卢弘毅，豆卢弘毅之后又有其长子。

豆卢弘毅在唐朝官至凤州司马，由其墓志可知，隋唐之际，志主响应李渊起兵而投唐，所谓："爰应义旗，招慰宛叶，蒙授罗山县令，俄迁尚乘直长……又授始州录事参军，又转荆王府士曹……又授凤州司马，又行潘阳令。"宛指今河南南阳；叶在今叶县南；罗山县即今河南信阳罗山县。说明志主在早期投奔李唐以后，在南阳一带为唐朝的招降纳叛建有功绩，随之得授罗山县令。后所转尚乘直长，为殿中省尚乘局的小官。所谓荆王府士曹，荆王乃李渊之子李元景，王府士曹乃士曹参军事或司士参军事之类的下级官。后所授的始州录事参军与凤州司马，二职均为六品上下的基层武官，而唐代始州与凤州均隶属山南西道。

其三，豆卢氏与北周宇文氏的联姻及平定王谦之乱。在西魏、北周时期，因豆卢宁、豆卢勣父子追随宇文泰，功勋卓著而大受宠赏。随之，志主家族与北周、隋两朝皇室均结成了复杂的婚姻关系。

[①] 《旧唐书》卷90《豆卢钦望传》，中华书局1975年版，第2922页。

其中北周齐炀王宇文宪妻豆卢氏，即为豆卢勣的妹妹。《隋书·豆卢勣传》记北周明帝时，"齐王宪纳勣妹为妃，恩礼逾厚"。宇文宪为北周奠基人宇文泰第五子，史书记载，"宪素善谋，多算略，尤长于抚御，达于任使，摧锋陷阵，为士卒先，群下感悦，咸为之用"。武帝死后，周宣帝"以宪属尊望重，深忌惮之"①，最终于宣政元年（578）将其杀害，时年三十五岁，谥号齐炀王。

宇文宪被杀，豆卢勣及其家族自然被牵连，受到猜忌而处境不利。但随后在平定王谦之乱中，豆卢勣立功受赏，个人仕途及其家族的处境再度逆转。王谦之乱，是发生在北周末年，事关杨坚是否顺利禅代北周的重大事件。志文与史书互为印证可知，在杨坚准备倾覆北周之际，效忠宇文氏的益州总管王谦发动反对杨坚的叛乱，关键时刻，利州总管豆卢勣倒向杨坚一边。此举竟成为决定中央大军是否能够顺利入蜀，以及是否顺利平定叛乱的关键。正因此，在随后叛乱平息之后，杨坚颁诏对豆卢勣大加奖赏，诏曰："勣器识优长……巴蜀称兵，奄来围逼，入守出战，大摧凶丑。贞节雄规，厥功甚茂，可使持节、上柱国。赐一子爵中山县公。"②说明正是在北周宇文宪被杀，豆卢勣因家族受到牵连时，身为利州总管的豆卢勣在关键时刻倒向杨坚一边。豆卢勣如此，这一时期，身为北徐州刺史的豆卢通也是坚定地站在了杨坚一边。所谓："及高祖为丞相，尉迥作逆，遣其所署莒州刺史乌丸尼率众来攻。通逆击，破之。赐物八百段，进位大将军。"③后来豆卢通还得尚隋文帝妹昌乐长公主，备受荣宠。正是因为豆卢勣兄弟关键时候的态度，保全了他们个人仕途与整个家族的已有势力。

其四，豆卢氏与隋朝皇室联姻及平定杨谅之乱。豆卢勣、豆卢通在关键时刻倒向了杨坚，在隋朝建立以后，该家族自然备受荣宠，

---

① 《周书》卷12《齐炀王宪传》，第195页。
② 《隋书》卷39《豆卢勣传》，第1156页。
③ 《隋书》卷39《豆卢勣传附豆卢通》，第1158页。

并随之又与隋皇室结为婚姻。首先是汉王谅纳豆卢勣女为妃。上引史料提及，因豆卢勣立功受宠，开皇二年（582）后不久，隋文帝为汉王谅纳勣女为妃，恩遇弥厚。

其次是豆卢勣之兄豆卢通尚隋文帝妹昌乐长公主。前文提及，豆卢通在平定尉迟迥叛乱之后，因功于开皇初（581年起）晋爵南陈郡公，后得"尚高祖妹昌乐长公主，自是恩礼渐隆"①。

再次是炀帝的后宫有宫人豆卢氏。1925年洛阳城西后洞村出土一方豆卢宫人墓志，现藏西安碑林博物馆，其墓志云："宫人姓豆卢，京兆人也。上大将军、丰宁公孙……以大业九年（613）八月十九日感疾而终，时年廿有六。"②按照豆卢氏的去世时间与年龄，应该为炀帝后宫。但这里的"上大将军、丰宁公"是谁呢？窃以为，称"上大将军"者并非豆卢勣兄弟，而应该是其父豆卢宁，因北周府兵制下，全军"大将军凡十二人，每一大将军统二府，一柱国统二大将军，凡柱国六员"，而豆卢宁在"大统十六年（550），拜大将军"，位列十二大将军之一。另外，豆卢宁的名，尽管上引《周书》其传称："豆卢宁，字永安"，但应该是一如其弟豆卢恩的名一样，豆卢恩在正史中称其名为豆卢永恩，但碑志中却称豆卢恩，则豆卢宁应该亦称豆卢丰宁。由此说明，炀帝的宫人豆卢氏就是豆卢宁的孙女，又是豆卢勣或豆卢讚的女儿。

以上说明，进入隋朝以后，豆卢勣家族与隋朝皇室仍然缔结了重重婚姻，也是势力稳固。但在隋朝中期志主家族再次卷入皇家内讧，又经历了一次事关家族兴衰的事件，这就是隋文帝驾崩后爆发的汉王杨谅反叛事件。史书记载，当时因"汉王谅出镇并州，毓以妃兄为王府主簿"③，尽管史书记载，在汉王杨谅叛乱期间，志主兄弟审时度势，及时与其划清界限，不仅没有支持叛者，而且与之坚

---

① 《隋书》卷39《豆卢勣传附兄通》，第1159页。
② 洛阳古代艺术馆编，陈长安主编：《隋唐五代墓志汇编·洛阳卷》，天津古籍出版社1991年版，第100页。
③ 《隋书》卷39《豆卢勣传附子毓》，第1157页。

决斗争。在豆卢毓"苦谏不从"以后,又号召并州城军民反对杨谅,并一度将杨谅拒于城外,但终因斗争失败而被杨谅杀害,时年二十八。在这次关乎豆卢贤兄弟乃至家族政治前途的关键时刻,时任显州刺史的志主豆卢贤积极向炀帝进言:"臣弟毓素怀志节,必不从乱,但逼凶威,不能克遂,臣请从军,与毓为表里,谅不足图也。"帝以为然,许之。贤密遣家人赍敕书至毓所,与之计议。① 后杨谅反叛被平定以后,炀帝下诏褒奖豆卢毓:"毓深识大义,不顾姻亲,出于万死,首建奇策。去逆归顺,殉义亡身……赠大将军,封正义县公,赠帛二千匹,谥曰愍。"② 但不解的是,在豆卢贤墓志中只字未提此次事件,则他在杨谅反叛事件中的态度与表现,还是一个疑问。而且从志主豆卢贤随后的仕宦经历看,炀帝上台以后,豆卢贤的官阶不但没有升迁,相反明显有降。除了豆卢贤曾为废太子杨勇的僚属外,是否还有因为杨谅妃家人的缘故呢?毕竟隋炀帝上台以后,对于废太子杨勇与杨谅旧党的清洗和猜忌始终没有停止。

最后,豆卢贤墓志的撰写者为隋唐之际的一代大儒萧德言,此也是值得关注之处。萧德言出自南朝兰陵萧氏,由陈入隋,授校书郎。唐初授太子(李建成)洗马。贞观年间(627—649),授著作郎、弘文馆学士,协赞魏王李泰修撰《括地志》,后迁东宫(李治)侍读,册封武阳县侯,累迁秘书少监。贞观二十三年(649)致仕。唐高宗时加位银青光禄大夫。永徽五年(654)卒于家,享年九十七岁,获赠太常卿,谥为博,著有《萧德言集》三十卷。新旧《唐书》皆入《儒学传》。

---

① 《隋书》卷39《豆卢勣传附子毓》,第1157页。
② 《隋书》卷39《豆卢勣传附子毓》,第1158页。

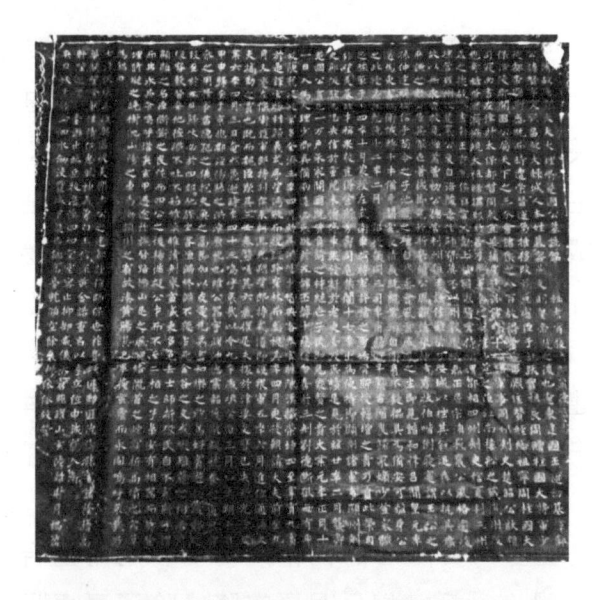

豆卢贤、豆卢弘毅墓志

(本文为与柴怡合写,原载于《考古与文物》2022 年第 1 期)

《隋郁久闾可婆头墓志》与柔然王族相关问题

郁久闾可婆头墓志为2005年陕西省文物考古队于西安市南郊长安区陕西师范大学后勤基地工地发现的一方墓志。目前志石保存在陕西省文物考古研究院。王其祎、周晓薇编著《隋代墓志铭汇考》有拓本、录文及附考①；周伟洲《胡族文物研究》亦有拓本、录文及考释②。陕西省考古研究院编《长安高阳原新出土隋唐墓志》载有出土信息、拓本及录文③。志石长、宽均25厘米，志盖盝顶，厚7厘米。志石四侧线刻一门十二辰图案。志盖四刹线刻四神与云花纹等。志盖阳刻篆书："隋大将军郁久闾公铭。"志文阴刻正书25行，满行25字，共计578字，有方界格。前贤成果不仅为学界提供了新资料，还对志文中一些官爵、地名进行了考释，贡献已多。兹谨将志文迻录并标点如下：

隋故大将军、九陇公郁久闾公墓志铭
　　公讳可婆头，京兆长安人。其先出自卫国楚公子间之后，导若水/而开源，跨轩台而启构，丽天形于星月，镇地象于山

---

① 王其祎、周晓薇编著：《隋代墓志铭汇考》，线装书局2007年版，第63—67页。
② 周伟洲：《新出土中古有关胡族文物研究》，社会科学文献出版社2016年版，第90—93页。
③ 陕西省考古研究院编：《长安高阳原新出土隋唐墓志》，文物出版社2017年版，第33页。

河，皆备尽缣/缃，可略而言也。自秦失其鹿，汉道未昌，中源榛梗，九州幅裂，显考/避乱，渐跨北垂（陲），明德重光，世君沙漠。茹茹主莫容可汗，则公之祖。曾/祖乌稽可汗。祖贺根，吐豆弗、俟利弗。父明臣，吐豆弗，并王子王孙/，世官世禄，信义行于殊域，威恩被其区宇。公挺鸾凤之姿，挟金虎/之气，远同韩、白，暗合孙、武。年十七，袭爵为吐豆弗。归齐，蒙授使持/节、沙州诸军事、沙州刺史、大贤真、备身、正都督，食平寰县干。寻加/伏波将军、假仪同三司。突厥寇扰，公手枭元恶，勋授仪同三司、安/德县开国公，邑五百户，赐物一千假（段）。三齐妖孽，四履横流，公六奇/暂陈，一鼓而灭，还拜左卫大将军。入周，例授上开府、九陇郡开国/公，寻加大将军。大隋肇历，除北道行军总管。开皇五年（585），授长州诸军事、长州/刺史。十年（590），拜北道行军元帅。方欲刻石燕然，勒兵姑/衍，斩温禺而衅鼓，尸日逐以染锷，而兴善无徵，抱施多爽，以二月/廿二日构疾，薨于齰州邸舍，春秋六十有二。魏丧郭嘉，晋亡羊祜/，方之宸悼，未足相逾。粤以开皇十二年（592）正月廿六日迁葬于京/兆之高阳原，礼也！灵輀戒路，旌斾启塗，百辟对而伤嗟，三军闻而/掩泪。贻诸不朽，须勒泉阴。铭曰：

赫赫宗源，于穆不已。滔滔江汉，南国之纪。爰暨龙庭，尚勗余祉。引/弓百万，岁历千祀。齐德远昌，寔始宾玉。衣冠是袭，福禄攸长。体资/智勇，性会诚良；腰明壬贝，身曜银章。爵冠通侯，家开莫（幕）府；具瞻王/佐，仪形公辅。城彼朔方，穷兹壮武；百身不赎，三军失抚。玄宫眇眇/，长夜漫漫；山坟寘寒，松槚深寒。不闻刁斗，长绝兵栏；如何大树，独/有铭刊。

一　柔然王族与鲜卑慕容氏之关系

志主郁久闾氏，名可婆头。志盖明言志主姓郁久闾氏，乃柔然王姓，却于志文开头称其为"京兆长安人"，说明其汉化已经很深。进而附会柔然王姓之源出，称"其先出自卫国楚公子闾之后"，又称秦末汉初九州分崩、中原混乱之际，其祖先因避乱而迁居北陲，所谓："其先出自卫国楚公子闾之后，导若水而开源……自秦失其鹿，汉道未昌，中源榛梗，九州幅裂，显考避乱，渐跨北垂（陲），明德重光，世居沙漠。"其实，这显然是一种攀附或伪托行为，以东周时的卫国作为郁久闾氏的源头，正是北朝后期至隋唐时期柔然贵族在汉化过程中对其郡望的改造与身份的认同，同样也是北魏汉化以来，胡汉民族融合，汉文化普遍得到各民族接受和延续的一种时代文化反映。

众所周知，郁久闾本为柔然王姓。柔然是我国两晋南北朝时期北方游牧民族建立的政权，公元3世纪末至6世纪中雄踞北方蒙古草原，曾长期与北魏对抗。传说柔然始祖名木骨闾，是鲜卑拓跋部的奴隶。其后人后来逐渐摆脱北魏的控制建立了政权，4世纪中叶起自称"柔然"，北魏太武帝改用音近而有贬义的蠕蠕；唐修《晋书·载记》称为"蠕蠕"；南朝称为"芮芮"；齐、周、隋史书中称"茹茹"。

志文接下来在述及志主祖先部分，其录文断句学界有争议。王其祎、周晓薇录文断句为："明德重光，世君沙漠茹茹主莫容可汗，则公之曾祖乌稽可汗。"周伟洲先生录文断句："明德重光，世君沙漠。茹茹主莫容可汗，则公之曾祖乌稽可汗。"陕西省考古研究院录文断句："明德重光，世君沙漠。茹茹主莫【慕】容可汗则公之曾祖，乌稽可汗，祖贺根吐豆弗、俟利弗。"其实结合下文称其"祖贺根，吐豆弗、俟利弗。父巨明，吐豆弗，并王子王孙，世官世禄，信义行于殊域，威恩被其区宇。"这里其父、祖与曾祖已明确，再往上溯只能是其高祖、始祖或祖。所以上文明显有扞格不通之处，志文"之"字后应该是至少脱一"祖"字，原句补遗后应该断句为："明德重光，世君沙漠。茹茹主莫容可汗，则公之祖。曾祖乌稽可汗。"称其祖为"莫容可汗"，"莫容"应即"慕容"。若如此，则该墓志为柔然民族乃至其王族之源出提供了一重要的线索，即柔然出自鲜卑，郁久闾氏可能源于鲜卑慕容氏。

慕容氏源于鲜卑族，出自汉朝时期鲜卑中部大人慕容，属于以官职称谓汉化为氏。《三国志》卷三十裴注引《魏书》记，东汉桓帝时期，鲜卑民族分为中、东、西三部，其中"从右北平以西至上谷为中部，十余邑，其大人曰柯最、阙居、慕容等，为大帅"[1]。在东晋十六国时期，慕容氏家族在北方地区先后建立了四大燕国，即前燕国、后燕国、西燕国、南燕国，持续辉煌了70余年。另外，同为草原民族的吐谷浑亦出自鲜卑慕容氏，《宋书·鲜卑吐谷浑传》记："阿柴虏吐谷浑，辽东鲜卑也。父弈洛韩，有二子，长曰吐谷浑，少曰若洛廆。若洛廆别为慕容氏。"若洛廆为前燕的建立者慕容皝之父，而吐谷浑拥马西行后，"西附阴山。遭晋乱，遂得上陇"，最后西迁至洮、岷与青海地区建国。虽然史书记载吐谷浑后裔以其祖先名为国号，但由史书及隋唐五代的敦煌文书、敦煌石窟有关壁画题记反映，许多吐谷浑人仍然以慕容为姓，说明吐谷浑王族本来也是以慕容为姓氏。

过去由于史料间阙，文献无征，学术界对于柔然民族之源出不甚清楚。《魏书·蠕蠕传》仅称其为"东胡之苗裔"。周伟洲先生考证言："可以说柔然是一个主要由鲜卑、敕勒、匈奴和突厥等组成的多氏族，多部落的部族。"[2] 但对于其王姓与王族始祖，《魏书·蠕蠕传》保留有一段颇具传说性的文字曰：

  始神元之末，掠骑有得一奴，发始齐眉，忘本姓名，其主字之曰木骨闾。木骨闾者，首秃也。木骨闾与郁久闾声相近，故后子孙因以为氏。木骨闾既壮，免奴为骑卒。穆帝时，坐后

---

[1] 《三国志》卷30《乌丸鲜卑东夷传》裴注引《魏书》，中华书局1959年版，第838页。

[2] 周伟洲：《敕勒与柔然》，广西师范大学出版社2006年版，第91页。

期当斩，亡匿广漠溪谷间，收合逋逃得百余人，依纯突邻部。木骨闾死，子车鹿会雄健，始有部众，自号柔然，而役属于国。后世祖以其无知，状类于虫，故改其号为蠕蠕。

"神元"为北魏始祖拓跋力微；"穆帝"为代王拓跋猗卢，乃神元帝拓跋力微之孙，桓帝拓跋猗㐌胞弟，曾统治拓跋部西部国土，后统一拓跋三部，公元316年被其长子拓跋六修所杀，北魏道武帝拓跋珪称帝后，追谥拓跋猗卢为穆皇帝。而由上引这段文字说明柔然始祖木骨闾与北魏始祖生活的时代大致相仿。其次，柔然王族始祖木骨闾，上引文称因其名与郁久闾声相近，故后子孙因以后者为氏。其实，若结合郁久闾氏源于鲜卑慕容氏的结论来看，"慕容"应即"慕郁"，应是"木骨郁"的蘁读。巧合的是，慕容氏最早的两位祖先，史书记载也并非有"慕容"之称，北燕的建立者慕容垂，史书记载"曾祖莫护跋""祖木延"，前者"魏初率诸部落入居辽西，从司马懿宣王讨平公孙渊，拜率义王，始建国于棘城之北"；后者"从毌丘俭征高丽有功，加号左贤王"①。莫护跋、木延与木骨闾，其实都是以"mo"或"mu"（汉语拼音）为姓，或者都是将"murong""muyu"简称为"mo"或"mu"为姓氏。而"莫""木""慕"其实都是他们在早期汉化的过程中的不同汉译，后来才统一约定俗成为"慕容"。

再者，由上引文可知，木骨闾原本应为鲜卑拓跋部的奴隶，因反叛以后依附于纯突邻部。纯突邻部，亦作纥突邻、纥豆陵，原称没鹿回部，游牧于意辛山（今内蒙古二连浩特西南），后为鲜卑拓跋力微所并，至代王拓跋猗卢时，复其部，改名为纥豆陵，登国五年（390）再次为拓跋魏击破，首领屈地鞬率部附拓跋珪，后改姓窦氏；亦巧合的是，拓跋部的始祖拓跋力微亦曾依附于该部，《魏书·序记》记拓跋力微继任部落酋长后："元年，岁在庚子。先是，西部

---

① 《魏书》卷95《徒河慕容廆传》，第2060页。

内侵，国民离散，依于没鹿回部大人窦宾。"① 另据上引文可知，木骨闾之后，其子车鹿会雄健开始拥有自己的部众，并开始自号"柔然"，但仍然依附于拓跋部。北魏世祖拓跋焘时，始贬称该部为"蠕蠕"。由此，说明柔然王族与北魏皇族拓跋部不仅二者皆属"东胡"系，而且很早就有密切之联系，同样说明二者应同有鲜卑之渊源不误。

也许正是因为有此渊源，史书有关记载似乎与之颇能印证。其一，史书如《魏书》等关于柔然词汇的释义都是以北魏国语，即鲜卑语来解释的，往往称"魏言……"说明柔然语与北魏国语同，皆为鲜卑语；其次，魏明帝朝，柔然可汗阿那瓌因内讧而投奔北魏，一次在魏明帝召见阿那瓌时，阿那瓌与之攀亲曰："臣先世源由，出于大魏。"魏明帝也是当即首肯曰："朕已具之。"阿那瓌进而言曰："臣之先，逐草放牧，遂居漠北。"② 此话一出，不知为何，魏明帝随即将话题引开。但这里魏明帝已经承认阿那瓌的攀附，即应该是承认了柔然出自鲜卑，柔然王族郁久闾氏与北魏王族拓跋氏具有共同的渊源。至于魏明帝随后要将话题引开的原因，首先可能是顾忌阿那瓌在道出自己祖先为游牧民族的同时，也要将北魏王族出自草原游牧民族的史实公之于朝堂，为了回避这一尴尬，于是魏明帝及时将话题引开。但有无其他因素呢？

前文提到，今结合上引史书与前人研究，可知柔然出自鲜卑应该为史实，而且结合该墓志可知柔然王族应该也是慕容氏之后。但魏晋之际，鲜卑慕容氏自辽西迁于辽东北。在北魏统一全国之际，慕容氏先后建立的几个政权却与拓跋部建立的代国及之后的北魏政权曾长期对峙，几番争衡。在慕容氏建立的几个政权中，除前燕被前秦所灭，西燕被后燕所灭；另外两个政权中，由慕容垂建立的后燕政权，很长时间为北魏的死敌。公元396年，北魏攻下后燕都城

---

① 《魏书》卷1《序纪第一》，中华书局1974年版，第3页。
② 《魏书》卷103《蠕蠕传》，第2299页。

中山（今河北定州），之后公元407年后燕被汉人冯跋建立的北燕所取代；后燕灭亡后，后燕皇室慕容德于公元398年率户4万南徙滑台，自称燕王，史称南燕。后来南燕国也是在北魏进攻之下偏安一隅，至公元409年被东晋刘裕所灭。可见，同为鲜卑所出的拓跋代国、北魏与慕容氏建立的后燕及南燕曾长期为敌，可谓世仇，其姓氏可能为北魏所忌讳。这可能也是魏明帝与阿那瓌谈话中及时将话题引开的另一原因，而且可能也是后来柔然王室在与北魏的建交中，隐瞒其姓氏源出的一大原因。这种现象与慕容氏的部分成员在被并入北魏以后改姓"豆卢"的情况应该也是一致的。豆卢氏原为鲜卑族慕容氏的一支，史书称后燕慕容苌降北魏，授长乐郡守，赐姓或自称豆卢（鲜卑语"归顺"的意思），其后代遂改姓豆卢，称为豆卢氏，后多改为卢氏。

现在考察志主父祖。其曾祖"乌稽可汗"，史书不见是称，但其读音与"吴提"相近，结合下文提及的柔然可汗世袭传承之辈分来看，志主与阿那瓌的辈分接近，其曾祖"乌稽"很可能即"吴提"，也是汉译的同音不同字。史书记载，柔然可汗吴提，号敕连可汗（429—444），即位以后与北魏改善关系，北魏太武帝延和三年（434）二月，柔然与北魏联姻，吴提可汗迎娶了北魏西海公主。此后北魏太武帝又迎娶吴提妹为夫人，后进其为左昭仪。柔然可汗吴提还曾遣其兄秃鹿傀及左右数百人向北魏朝贡，一次献马二千匹。魏太武帝拓跋焘大悦，对之班赐甚厚。但自太延二年（436）起，因漠北大旱，柔然与北魏再起干戈，此后连年争战。吴提可汗在北魏太平真君五年（444）前后去世。

志主祖父贺根，吐豆弗、俟利弗。吐豆弗，应即吐屯发，此称号后被突厥沿用，为监察之官，职司相当于唐代御史；俟利弗即俟利发或颉利发，为柔然官号，掌一方军政之权，父兄死，子弟继职，此称号以后也被突厥等民族政权沿用。

志主父臣明，吐豆弗，亦应为吐屯发，又为柔然监察之官。吐屯发、俟利发两官职一般均由柔然王族子弟担任①。可见志主父祖真可谓："并王子王孙，世官世禄，信义行于殊域，威恩被其区宇。"

若"乌稽"即"吴提"，由柔然可汗的世袭传承进而可知，志主应该比下文提到的柔然可汗阿那瓌高一辈，即他应该是阿那瓌的一堂叔。因吴提至阿那瓌之间，柔然可汗的世袭传承基本是清楚的。吴提之后为吐贺真（处罗可汗 444—464），吐贺真之后是那盖（候其伏代库者可汗 492—506），那盖之后是伏图（佗汗可汗 506—508），伏图之后是丑奴（豆罗伏跋豆伐可汗 508—520）丑奴之后是阿那瓌（敕连头兵豆伐可汗 520—552）。

二 志主生平及幸存的柔然王族

前文考证了志主家世源出，可知他的确为柔然王室成员，但他生活的年代却已为柔然政权的晚期至隋朝开皇年间（581—600）。由志文可知，志主卒于开皇十年（590），终年62岁，则他出生于公元529年，时为柔然可汗阿那瓌（敕连头兵豆伐可汗）执政时期。此时柔然政权已经趋向衰微。先是曾经一度大破高车而致国力强盛的丑奴可汗，因处置家事不当，被其母与大臣所杀，公元520年柔然立丑奴弟阿那瓌为主。但随即引起阿那瓌族兄，时为俟利发的示发的反对。史书记载，"（阿那瓌）立经十日，其族兄俟力发示发率众数万以伐阿那瓌，阿那瓌战败，将弟乙居伐轻骑南走归国。阿那瓌母候吕陵氏及其二弟寻为示发所杀，而阿那瓌未之知也。"②

阿那瓌因其国内讧而被迫流亡于魏后，曾受到魏明帝的厚待，封其为"朔方郡公、蠕蠕王，赐以衣冕，加之轺、盖，禄从仪卫，同于戚藩"③。后来，在北魏宰相元叉的帮助下，阿那瓌又得到魏明

---

① 参见罗新《柔然官职续考》，《中华文史论丛》2007年第1期；周伟洲《新出土中古有关胡族文物研究》，第92页；韩儒林《突厥官号研究》，氏著《穹庐集》，上海人民出版社1982年版，第304—325页。
② 《魏书》卷103《蠕蠕传》，第2298页。
③ 《北史》卷98《蠕蠕传》，第3260页。

帝的厚赐与资助而返回漠北复位。但在势力逐渐壮大以后，阿那瓌礼渐骄倨，不复称臣。加之时逢北魏分裂为东、西魏，继之又被北齐、北周接替，柔然一度势力十分强大，东魏、北齐与西魏、北周竞相与之和亲结好。史书记载："永安以后，雄据北方，礼渐骄倨，虽信使不绝，不复称臣。头兵尝至洛阳，心慕中国，乃置侍中、黄门等官；后得魏汝阳王典签淳于覃，亲宠任事，以为秘书监，使典文翰。及两魏分裂，头兵转不逊，数为边患。"①

但这次柔然势力的强盛却是昙花一现，就在柔然可汗阿那瓌礼渐骄倨之际，北方草原地区的天空已经开始发生巨变。此时，一个新的民族——突厥开始兴起。史书记载，"魏丞相泰遣酒泉胡安诺陀始通使于突厥。突厥本西方小国，姓阿史那，世居金山之阳，为柔然铁工。至其酋长土门，始强大，颇侵魏西边。安诺陀至，其国人皆喜曰：'大国使者至，吾国其将兴矣。'"② 史书将西魏与突厥联络的最早时间记为西魏大统十一年（545）。随即突厥在西魏的接应之下很快向东方发展，与柔然、北齐集团的矛盾急剧升级，最终北齐天保三年（552），"阿那瓌为突厥所破，自杀。其太子庵罗辰及瓌从弟登注俟利、登注子库提，并拥众奔齐。其余众立注次子铁伐为主"③。铁伐立不久，又被契丹所杀，随之其国人又先后立登注、库提为主。同年，突厥再度发起进攻，柔然举国奔齐，北齐文宣帝高洋"乃北讨突厥，迎纳蠕蠕，废其主库提，立阿那瓌子庵罗辰为主，致之马邑川，给其廪饩、缯帛。亲追突厥于朔方，突厥请降，许之而还。于是蠕蠕贡献不绝"。

志主年十七袭爵为吐豆弗（当年为公元545年），即吐屯发，为柔然官号，可能时年其父已经去世，志主在其本国袭爵。北齐天保三年（552）他已经二十四岁，应该就是在这一年突厥的两次进攻

---

① 《资治通鉴》卷158 武帝大同四年（538），中华书局1956年版，第4892页。
② 《资治通鉴》卷159 武帝大同十一年（545），第5019页。
③ 《北史》卷98《蠕蠕传》，中华书局1974年版，第3266页。

之下，他随同阿那瓌太子庵罗辰等柔然王族投靠了北齐。而且应该就是在这期间，年轻力壮的他效力疆场，与突厥奋战。志文谓："年十七，袭爵为吐豆弗。归齐，荣授使持节沙州诸军事、沙州刺史、大贤真、备身、正都督，食平寇县干。寻加伏波将军，假仪同三司。突厥寇扰，公手枭元恶，勋授仪同三司，安德县开国公，邑五百户，赐物一千假（段）。"这其中"沙州诸军事、沙州刺史、大贤真、备身、正都督"为北齐授官，大贤真，又见于《北史·恩幸·韩长鸾传》，罗新先生曾推测此官职为帐内亲信之类①，结合志主任此官时还兼有"备身"职务，似乎印证了这一推测。至于当时志主头衔为沙州诸军事、沙州刺史，此官职应为加官，或沙州为北齐安置柔然部众所设的新州。因当时的沙州尚不在北齐境内。这种胡汉官职混合的现象，是北齐官制中保留有大量北族因素的又一佐证。

接下来志文提及志主在北齐到北周为官立功的经历，其中曰："三齐妖孽，四履横流，公六奇暂陈，一鼓而灭，还拜左卫大将军。入周，例授上开府，九陇郡开国公，寻加大将军。"这里文字简略隐晦，无法确知志主是何时离开北齐入仕北周的。一种可能是北周灭北齐以后，志主转而入仕北周。但考虑到此前柔然与北齐反目的复杂关系，志主转而投靠北周的时间可能不会晚至北齐灭亡。而应该是另一种可能，即志主转而投靠北周的时间就在北齐与柔然反目之际。若如此，以上简略的表述，不仅仅牵涉其个人在北齐的短暂流亡以及随即又被迫流亡北周的经历，还牵涉柔然政权与其大多数王室成员的悲惨结局，牵涉北齐对柔然的背叛，以及西魏、北周因突厥的压力而大肆杀戮柔然流亡成员的事件。

前文提及，北齐天保三年（552），在突厥的猛烈攻击之下，柔然为突厥所破而可汗阿那瓌自杀。其余王室成员两次拥众奔齐。这是因为，在突厥兴起之前，作为草原霸主的柔然王室曾与中原两个政权竞相联姻结好，尤其后来与北齐的联姻，实际上是结成了针对

---

① 罗新：《柔然官职续考》，《中华文史论丛》2007年第1期。

北周与突厥的军事联盟。而突厥的东扩又与其和西魏、北周的结盟不无关系，某种程度上说，突厥就是应西魏、北周的请援而来。总之，突厥与西魏通婚结盟以后，随即公开与柔然反目，开始挑战柔然在漠北草原的霸主地位。随即柔然在突厥面前步步败退，逐渐由北齐仰仗的草原大国变为乞求北齐庇护的弱势政权，进而又变为流亡政权。正是在这样的背景之下，柔然王室成员才两次投靠北齐，寻求北齐的庇护。

但军事结盟的前提是彼此互为倚重，一旦一方丧失被依靠的价值，这个军事结盟的基础也就随即崩溃。柔然与突厥之间的军事冲突，因柔然的一败再败，逐渐变为北齐与突厥的正面交锋。在突厥的压力之下，北齐与柔然的联盟走到了尽头，随即北齐不顾与柔然联姻结盟的史实，竟然联合突厥主动去攻击和掳掠昔日盟友柔然。史书记，北齐天保五年（554）："三月，茹茹庵罗辰叛，帝亲讨，大破之，辰父子北遁。"最终，因北齐与柔然反目，柔然余部竟然被其昔日盟友北齐联合突厥绞杀。同年四月，茹茹寇肆州，北齐文宣帝高洋亲征，大破茹茹，"伏尸二十里，获庵罗辰妻子及生口三万余人"[1]。同年五月、六月高洋连续亲征，接连大破柔然余部。走投无路的最后一支柔然部众，后又为西魏出卖。史书记载："是时，蠕蠕既累为突厥所破，以西魏恭帝二年（555），遂率部千余家奔关中。突厥既恃兵强，又藉西魏和好，恐其遗类依凭大国，故使驿相继，请尽杀以甘心。周文议许之，遂收缚蠕蠕主已下三千余人付突厥使，于青门外斩之。中男以下免，并配王公家。"[2] 这批被西魏所杀的三千余柔然人，应该说大部分为柔然王族和上层贵族。

由以上史实，志主应该正是在北齐反目以后，以西魏恭帝二年（555）奔关中投靠西魏的千余家之一。而且就是因二十余岁的年龄，属于中男以下，才幸免于难。也许，因迫于突厥的压力，当时

---

[1]《北齐书》卷4《文宣本纪》，第58页。
[2]《北史》卷98《蠕蠕传》，第3267页。

西魏的确杀害了流亡其境的最后一批柔然人，但出于同情和怜悯，以"配王公家"的名义，才保留了他们中比较年轻的一部分。今由该志文可知，西魏、北周不仅没杀志主，而且对其"例授上开府，九陇郡开国公，寻加大将军"，对他还是继续提拔重用。而此应该也是随后西魏、北周在灭北齐以后，与突厥的关系又转而恶化的必然结果。至于隋初开皇年间（581—600）志主继续得到重用，更是因为隋初与突厥边疆斗争的需要，以及志主显赫的家世与其本人的文武才能得到了彰显，志文谓："大隋肇历，除北道行军总管。开皇五年（585），授长州诸军事、长州刺史。"开皇十年（590）又拜北道行军元帅，二月病死于幽州征途中，享年62岁。开皇十二年（592）正月，迁葬于长安南郊之高阳原，位于今陕西西安长安区南大居安村一带。

因有关记述柔然人后裔的文献资料十分有限，进入隋唐以后，涉及柔然王姓郁久闾氏的内容更为鲜见，这方墓志为研究柔然王族郁久闾氏的历史及其在隋唐时的延续发展提供了极为重要的线索。另外，赵万里先生《汉魏南北朝墓志集释》收录有出土于长安西郊的隋开皇六年（586）《郁久闾伏仁砖志》。其中谓："君讳伏仁，本姓茹茹……魏晋已来，世长漠北。阴山以北，丁零以东，地广兵疏，无非国有。高祖莫洛纥盖可汗……曾祖俟利弗，祖吐万度吐河入弗，父车朱浑，骠骑大将军、开府仪同三司、使持节、都督兖州诸军事、兖州刺史、太常卿。太和之时，值魏南徙，始为河南洛阳人也，改姓郁久闾氏。"莫洛纥盖可汗应即吴提可汗的父亲大檀，号牟汗纥升盖可汗（414—429），其曾祖以下无考。但显然这一支与可婆头一家支疏已远，而且早在北魏太和年间（477—499）已经随孝文帝迁都洛阳而定居河南，为早期投降北魏的柔然王族。

另外，尚有前些年在西安发现的《郁久闾浩墓志》，葬于开元十六年（728）的志主郁久闾浩为柔然后裔，而且籍贯亦署为"河南洛阳人"，证明入唐以降这支柔然王族在长安地区依然存在，志文中郁久闾氏几代人中除志主曾祖曾任"代州都督"外，多担任品阶不高的宿卫、州县官员及诸王属官等职,从墓志反映出的籍贯、名字、任职、婚媾、埋葬习俗、家族墓地等因素,可以清晰地发现其中柔然后裔汉化速度加快等一系列变化的轨迹,经过了百余年的变迁,这支数代居住在长安的郁久闾氏,除了其姓氏还保留有明显柔然的特征外,他们已基本汉化,融入汉族之中。

隋故大将军九陇公郁久闾公墓志

[本文原载于《石河子大学学报》(哲学社会科学版)2021年第4期]

《唐元礼臣墓志》与相关边疆史事考

　　浙江大学图书馆收藏的《唐元礼臣墓志》拓本①，其志文反映志石出土于西安市洪渎原，洪渎原亦名毕原、咸阳原，位于唐京兆府咸阳县北，在今陕西西咸新区空港新城一带。志石现藏地不详。盖顶篆书"大唐右卫将军凉州都督上柱国汝梁公元君墓志"，共5行，满行4字，共20字。志文39行，满行38字，总计1391字。镌刻于唐高宗显庆六年（661，同年三月改为龙朔元年）。笔者以为此墓志史料价值很高，不仅对于补正史书缺载的志主生平事迹与相关边疆史事大有裨益，而且对于辨明元魏宗室世系亦有重要的文献价值。谨将志文释录并标点如下：

　　大唐右卫将军凉州都督上柱国汝梁公元君墓志铭并序/
　　君讳礼臣，字恭诚，河南洛阳人也。轩丘肇庆，若水分源，流长派远；枝分叶散，扬声朔野。如鲁卫之匡，/□振藻洛滨；若列丹之佐魏，亲贤接武。钟鼎相晖，详诸史策，可略言矣。魏特进、乐安王景，即公之高/祖也。曾祖恺，魏鸿胪、宗正二卿，青、徐、复三州刺史。祖彻，魏吏部尚书，

---

　　① 参见浙江大学图书馆"中国历代墓志数据库"（种次号：ZUL-SX05-048）。据该数据库介绍，志盖65×66cm（含刹），墓志62×62cm，盖顶四周刻卷草纹，四刹刻四神，盖顶右下有斜裂一道。

周基、澧、虞三州刺史，隋上开府／仪同三司，蓬山郡开国公。父诠，周门正大夫，隋左勋卫骠骑将军，兴、婺、潍、陈四州刺史，平凉、犍为二／郡太守，汝梁郡开国公。并以国华时望，履道居贞，任兼文武，声彰出内。

公骍角檀奇，凤雏表质；青襟／谒蔡，已流赏于伯喈；髦发过钟，亦见称于士季。爰初揽辔，即有澄清之心。才弄旙旗，便怀将率之略／。沉深有识度，拓落多远谋。孝悌洽于闺庭，信义隆于宗党。芳猷自远，令望攸归。既而隋祚告终，群雄／竞逐，万方鼎沸，四海横流／。高祖太武皇帝，爰举义旗，拯斯涂炭，发迹晋水，廓定京师。顿纲求贤，焚林佇逸，首膺辟命，令事陇西／公府，既升储，即任千牛左右。于是陪游望苑（苑），奉清宴于西园。侍直尽堂箴，旅食于南馆。俄拜散五品／。贞观六年，授游击将军，寻奉诏策命西域突厥可汗。使还，除临泾府果毅都尉。俄迁勋卫郎／将。典兵兰锜，侍卫钩陈。勤恪表于公门，夙夜闻于官次。五岭之表，百越攸居，种类实繁，习俗生梗，威／怀之奇，允资明略，乃以公为窦州道行军总管。公奇正兼设，声实互陈。七纵七禽（擒），百战百胜。延陀雄／据广漠，回纥拥众沙场。虽修职贡，犹怀旅拒。公频使招携，光扬凯泽，莫不款開入侍，稽首来庭。及大／军伐辽，预陪銮跸，职惟御侮，任在中权。遂得卖勇阵前，先鸣战后。策勋行赏，蒙授上柱国。廿／一年，出为燕然副都护。俄兼行丰州都督府长史，封汝梁县开国子，食邑四百户。永徽二年，加授银／青光禄大夫，余并如故。三年迁使持节、都护，燕然、金微、幽陵、龟林、卢山、昆坚、瀚海、狼山八都督府，蹛林、榆溪、鸡田、鸡鹿、烛龙、新黎、浑河、皋兰、皋阙、浚稽、祁连十一州诸军事。公韦弦具举，勇略兼施，威武／以慴凶酋，惠爱以绥降附。异乎延寿，矫制而斩郅支；同彼仲升，申威以降广德。岂止于阗抱马，单于／脱帽而已哉。五年，蒙授使持节、都督胜州诸军事、胜州刺史。六年，转都督丰州诸军事、丰州刺史。绛/节频移，朱轩屡驾，莫不边烽虚候，戎俗谐和。显庆二年，授汾州刺史。俄转都督灵盐二州诸军事、灵/州刺史。突厥贺鲁肇乱交河，率其犬羊，侵轶藩部，遂使葱山结雾，蒲海扬波。真珠可汗僻处天涯，口/守忠节，逾越丑类，遣使通虔。皇上嘉其款诚，令公就加策命。贺鲁凶党，作梗中途，公环甲十/旬，转战千里，备常（尝）险阻，历践艰危。凭藉朝威，克旋无害。寻入为右卫将军，典兹二卫兼掌五/营。朝寄既隆，望实斯允。五年授瀚海道行军总管，统三阳之锐骑，总六郡之雄儿，出玉塞而/扬旌，历金微而曜武。杂类惶骇，望风稽服。虽复功成绝域，燕颔之相有徵；身没塞垣，马革之言无爽/。其年九月十二日暴疾，薨燕然。春秋六十有二。朝野惊嗟，吏人号慕。诏赠使持节、都/督凉甘肃伊瓜沙等六州诸军事，凉州刺史，仍给灵舆，将送还京。以六年岁次辛酉正月丁酉朔十/三日己酉，葬于雍州咸阳县奉贤乡德行里之洪渎原，谥曰壮公。礼也！惟公风神朗悟，仪表端庄；绝/鄙吝于匈（胸）襟，齐喜愠于容色；竭股肱以事主，尽心力之承亲。僚属依仁，朋交仰德。故得入参禁旅，出/总名藩；效绩三朝，立功万里。迈第公之殚虏迹，同伯初之洽胡情。善始令终，宦成名立者矣。嫡子越/王文学悰等，痛结终身，毁将灭性。恐陵谷之迁贸，惧徽烈之埋沉。敬讬琱镌，庶垂不朽。其词曰/：

寿业发系，朔野分疆。源深派远，业峻流长。封建维翰，既侯且王。载德无爽，承家有光。伊君挺生，特/钟灵庆。率由孝友，自然庄敬。兰室腾芳，玉山流映。徽容有序，德音无竞。青襟敬道，弱冠从戎。自家刑国/，移孝为忠。邀逢昌运，委质春宫。既参心膂，是谓君雄。入陪兰锜，出和戎狄。绕帐宣勤，穷源表/绩。实著官效，遂膺杨历。服冕攸加，苴茅是锡。榆关桉部，晋野寨惟。入陪武帐，出总兵机。朱轩方骋，丹/旆遄飞。生灵永谢，人事皆违。归路漫漫，泉途杳杳。爰谋龟策，将迁宅兆。藐是充穷，孺厘擗摽。幽房永/诀，夜台无晓/。

一 志主生平事迹与相关边疆史事

志主元礼臣，生平事迹传世文献有零星记载，今其墓志拓本的出现，不仅弥补志主在正史两《唐书》无传的缺憾，而且许多内容具有印证和补正唐代边疆史事的作用。

（一）初应义旗，任职太子府

志主出生于元魏宗室后裔，但由志文所谓"爰初揽辔，即有澄清之心。才弄旛旗，便怀将军率之略"，可知志主早年在隋末入伍，后又参加了唐高祖李渊的太原起兵，从此成为唐臣，所谓："既而隋祚告终，群雄竞逐……高祖太武皇帝，爰举义旗……首膺辟命"。而由"令事陇西公府，既升储，即任千牛左右"，可知志主参加义军以后，最初是归属陇西公府，为李建成的部下。这是因大业十三年（617）五月，李渊在太原起兵以后，至"六月癸巳，建大将军府，并置三军，分左右：以世子建成为陇西公、左领大都督"[①]。志主跟随李建成曾建功立业，所谓"既升储，即任千牛左右"。"千牛左右"，即千牛备身，为太子左、右内率属官，掌执千牛刀宿卫，隋朝置八员，为正七品的武官。这是因义宁二年（即武德元年）（618）五月李渊称帝，六月庚辰立世子建成为皇太子以后，志主也因功升迁为太子千牛备身。任职太子府，可谓是前途无限光明，所以志文言："于是陪游望菀（苑），奉清宴于西园。侍直尽堂簹，掞食于南馆。俄拜散五品。"望菀（苑）即博望苑，为汉武帝当年为卫太子所建，供其交接宾客之处，后亦泛指太子之宫；西园为汉上林苑的别名，泛指皇家宫殿园囿。侍直，为在宫廷内宿夜值班。堂簹应指

[①]《旧唐书》卷1《高祖纪》，中华书局1975年版，第3页。

太子的东宫。南馆为朝廷接待宾客之处。志主在李建成的太子府东宫任职应该是一直持续到武德九年（626）玄武门政变之后。

（二）出使西域，策命西突厥可汗

志主曾为太子李建成的部下，但并未因李建成的失败而大受牵连，应该是玄武门之变后能及时改换门庭的结果。贞观六年还受朝廷委派，出使西域。志文谓："贞观六年（632），授游击将军，寻奉诏策命西域突厥可汗。使还，除临泾府果毅都尉。俄迁勋卫郎将。典兵兰锜，侍卫钩陈。勤恪表于公门，夙夜闻于官次。"

贞观六年（632），唐朝派人出使西域策命西突厥可汗事，史书有载。因为是年，西突厥泥孰取代肆叶护可汗成为西突厥大可汗，并"遣使诣阙请降"，请求唐朝册封和承认，随即得到唐朝的允准，唐朝派遣使臣及时册命泥孰。《旧唐书》载："弥射在本蕃为莫贺咄叶护。贞观六年，诏遣鸿胪少卿刘善因就蕃立为奚利邲咄陆可汗，赐以鼓纛、彩帛万段……以贞观十三年（639）率所部处月、处密部落入朝，授右监门大将军。"①但《通典》在记载阿史那弥射的出生时，大部分与《旧唐书》所记同，唯独未载"贞观六年，诏遣鸿胪少卿刘善因就蕃立为奚利邲咄陆可汗，赐以鼓纛、彩帛万段"。而《旧唐书》与《通典》同时都记载了另一位名号、事迹颇与阿史那弥射相近的西突厥咄陆可汗泥孰，其中记："咄陆可汗泥孰者，亦称大渡可汗。父莫贺设，本隶统叶护。武德中，尝至京师。时太宗居藩，务加怀辑，与之结盟为兄弟。既被推为可汗，遣使诣阙请降。太宗遣使赐以名号及鼓纛。贞观七年（633），遣鸿胪少卿刘善因至其国，册授为吞阿娄拔奚利邲咄陆可汗。明年，泥孰卒，其弟同娥设立，是为沙钵罗咥利失可汗。"②《资治通鉴》《册府元龟》系册立

---

① 《旧唐书》卷194《突厥传》，第5188页。
② 《旧唐书》卷194《西突厥传》，第5183页；《通典》卷199《边防典·突厥》，中华书局1988年版，第5456—5457页。

事为贞观六年（632），是指刘善因出发时间，两唐书《泥孰传》之贞观七年（633），则是刘善因到达西突厥的时间，两种说法并不矛盾①。

由以上史书与碑志互证可知，志主元礼臣于贞观六年（632）奉诏出使西域，策命西域突厥可汗事不虚，但他这次出使应是与史书记载的刘善因出使为同一次出使。史书仅记刘善因出使，是因鸿胪少卿刘善因为鸿胪寺次官，唐朝为从四品上，而志主元礼臣出使前为授游击将军，为从五品下的武散官，则刘善因应为正使，而志主元礼臣应为副使。因为志主出使西域前为授游击将军为从五品的武散官，所以至出使回来以后，志文称："使还，除临泾府果毅都尉。俄迁勋卫郎将。"果毅都尉是唐折冲都尉的副职，临泾府应为上府，品级仍为从五品下。但不久升至勋卫郎将，勋卫郎将即亲勋翊卫羽林郎将，与左右千牛卫或左右监门卫中郎将，一同为正五品上，为府兵制下属于太子亲率卫队的次官。

（三）窦州道行军与从征辽东，蒙授上柱国

志主从泾府果毅都尉至勋卫郎将后，在七八年的时间里，应该是五品的中下级武官。其官履发生较大的变化，应该是被委任为窦州道行军总管开始的。志文谓："五岭之表，百越攸居，种类寔繁，习俗生梗，威怀之奇，允资明略，乃以公为窦州道行军总管。公奇正兼设，声实互陈。七纵七禽（擒），百战百胜。"五岭又称南岭，是中国南部最大山脉，亦有指在湖南、江西南部和广西、广东北部交界处的百越居地。

唐代的窦州地属岭南道，治所在今广东省信宜市镇隆镇，唐贞观年间属广州都督府管辖，永徽年间以后，以广、桂、容、邕、安南府，皆隶广府都督统摄，谓之五府节度使，名岭南五管。窦州自贞观六年（632）（前有称八年）以后始自南扶州改称窦州，史书记其沿革，原

---

① 薛宗正：《阿史那弥射生平析疑》，《民族研究》1985年第1期。

为"隋永熙郡怀德县。武德四年（621），置南扶州及五县。以獠反寄泷州。贞观元年（627）废，以所管县并属泷州。二年（628），獠平，复置南扶州，自泷州还其故县。五年（631）复废，县隶泷州。六年（632）复置，以故县来属。其年，改南扶州为窦州。天宝元年（642），改为怀德郡。乾元元年（658），复为窦州"①。可知，自唐初以来，广州都督府管辖的窦州，就因当地百越各洞獠民屡反，多次废州。永徽年间以后广府都督统摄五府，职权大为提升，中经天宝元年（742）、乾元元年（758），似乎再未见獠反或州废之事。

志文记载的志主元礼臣为窦州道行军总管的记事，稽考史书，《资治通鉴》贞观十四年（640）有记："三月，窦州道行军总管党仁弘击罗窦反獠，破之，俘七千余口。"这里记窦州道行军总管为党仁弘。对于党仁弘，史书记他为同州冯翊人（今陕西省大荔县），隋唐之际为武勇郎将。唐高祖起兵后，仁弘将兵两千余人，于蒲州（今山西永济）归附，从平长安，寻拜陕州总管。改瀛州刺史，封广都公。贞观初年（627），任南宁州都督，后迁戎州都督。又历窦州道州行军总管，迁广州都督，后因罪贬为庶人。

两相比较，党仁弘在任窦州道行军总管之前已经为南宁州都督或戎州都督，为三品武官，而元礼臣之前仅为正五品武官。可见窦州道州行军，元礼臣的品级低于党仁弘，他应该只是党仁弘的副官，为窦州道行军副总管，官阶在四品上下。

志文又记："及大军伐辽，预陪銮跸，职惟御侮，任在中权。遂得卖勇阵前，先鸣战后。策勋行赏，蒙授上柱国。"这是记贞观十九年（645）志主随太宗征辽东事，从所谓"任在中权"，"卖勇阵前"，及"策勋行赏，蒙授上柱国"等句看，其间志主不仅参谋决策，而且奋勇当先，杀敌立功，最终因功得授上柱国，为正二品。这里虽有夸大之处，但的确为志主得以升迁的一大机会。

---

① 《旧唐书》卷41《地理志》，第1723页。

（四）任职朔方与燕然都护府相关问题

元礼臣自得授上柱国以后，多年任职朔方，志文记这期间其任职为：

（贞观）廿一年（647），出为燕然副都护，俄兼行丰州都督府长史，封汝梁县开国子，食邑四百户。

（永徽）二年（651），加授银青光禄大夫，余并如故。

（永徽）三年（652）迁使持节、都护，燕然、金微、幽陵、龟林、卢山、昆坚、瀚海、狼山八都督府，蹛林、榆溪、鸡田、鸡鹿、烛龙、新黎、浑河、皋兰、皋阙、浚稽、祁连十一州诸军事。

（永徽）五年（654），蒙授使持节、都督胜州诸军事、胜州刺史。

（永徽）六年（655），转都督丰州诸军事、丰州刺史。

显庆二年（657），授汾州诸军事、汾州刺史。俄转都督灵盐二州诸军事、灵州刺史。

以上所记为志主于贞观廿一年（647）出任燕然副都护，以及随后于永徽、显庆年间任职朔方的履历。首先元礼臣此官履，关涉燕然都护府的始置问题。对于贞观廿一年元礼臣出任燕然副都护，可与史书有关记载互为印证。《旧唐书·回纥传》记："贞观二十二（648）年，吐迷度为其侄乌纥所杀。初，乌纥烝其叔母，遂与俱陆莫贺达干俱罗勃潜谋杀吐迷度以归车鼻。乌纥、俱罗勃，并车鼻之婿也，乌纥遂夜领骑十余劫吐迷度，杀之。燕然副都护元礼臣遣人绐乌纥云：'将奏而为都督，替吐迷度也。'乌纥轻骑至礼臣所，跪拜致谢，礼臣擒而斩之以闻。"① 由志文与史书所记互为印证可知，志主于贞观廿一年出任燕然副都护的事迹可信无疑，由此又为燕然都护府的始置及相关问题提供了重要信息。因据《资治通鉴》等记载，唐朝燕然都护府设置于贞观二十一年（647），首任都护为李素立，则始置之际的副都护应为志主元礼臣。但据新近发现的《任雅相墓志》②记载，首任燕然都护又为任雅相，出任时间为贞观二十年（646）。由此就产生了一个问题，究竟燕然都护府始置于何时，首任燕然都护究竟为何人？

考察该时期唐朝的北部边疆，自贞观四年（630）东突厥国灭亡以后，漠北地区的薛延陀与回纥政权开始强盛起来。随即薛延陀与唐朝的关系若即若离，甚至时而兴兵威逼，唐朝也开始反击，《旧唐书·太宗纪》明确记：贞观二十年（646）六月，唐朝"遣兵部尚书、固安公崔敦礼，特进、英国公李勣击破薛延陀于郁督军山北，前后斩首五千余级，虏男女三万余人"③。该年八月，唐太宗幸灵州，铁勒、回纥、拔野古等十一姓各遣使朝贡，并奏请"归命天子，乞置汉官"。九月，"甲辰，铁勒诸部落俟斤、颉利发等遣使相继而至灵州者数千人，来贡方物，因请置吏，咸请至尊为可汗。于是北荒悉平"④。

对此，《资治通鉴》贞观二十年（646）亦记："九月，上至灵州，敕勒诸部俟斤遣使相继诣灵州者数千人，咸云：'愿得天至尊为奴等天可汗，子子孙孙常为天至尊奴，死无所恨'……（十二月）戊寅，回纥俟利发吐迷度、仆骨俟利发歌滥拔延、多滥葛俟斤末、拔野古俟利发屈利失、同罗俟利发时健啜、思结酋长乌碎及浑、斛薛、奚结、阿跌、契苾、白霫酋长，皆来朝。庚辰，上赐宴于芳兰

---

① 《旧唐书》卷195《回纥传》，第5197页。
② 张维慎、郭宝书：《任雅相墓志考释》，《陕西历史博物馆馆刊》第28辑，三秦出版社2021年版，第161—182页。
③ 《旧唐书》卷3《太宗纪》，第58—59页。
④ 《旧唐书》卷3《太宗纪》，第59页。

殿，命有司厚加给待，每五日一会。"①

到了贞观二十一年（647），《旧唐书·太宗纪》又记，"是岁……又于突厥之北至于回纥部落，置驿六十六所，以通北荒焉。"②《资治通鉴》贞观廿一年亦记：夏四月，"丙寅，置燕然都护府，统瀚海等六都督、皋兰等七州，以扬州都督府司马李素立为之。素立抚以恩信，夷落怀之，共率马牛为献；素立唯受其酒一杯，余悉还之"③。

综上，贞观二十年（646）六月唐朝出兵薛延陀，八月唐太宗幸灵州，铁勒回纥、拔野古等十一姓各遣使朝贡，并奏请"归命天子，乞置汉官"，九月铁勒诸部遣使相继而至灵州者数千人，咸请至尊为可汗。十二月，戊寅，回纥俟利发吐迷度等来朝，太宗赐宴于芳兰殿。在此背景下，贞观二十一年（647），《旧唐书·太宗纪》记，"是岁……又于突厥之北至于回纥部落，置驿六十六所，以通北荒焉。"④ 说明贞观二十年为唐朝降服薛延陀后回纥等铁勒诸部纷纷来朝，唐朝开始修通道路驿站，着手准备对铁勒诸部的行政管辖。但直至该年十二月，史书记载的来唐朝贡的都是回纥等铁勒各部的俟利发或酋长，均未称他们是否为各部的都督或刺史，说明唐朝尚未颁授给他们唐朝的官职，唐朝的行政建置尚未施行，自然燕然都护府尚未设置。另外，从任雅相墓志反映的其职任官阶升迁的过程来看，他于贞观六年（632）出任延州临真县令，贞观十二年（638）授朝散大夫，十四年（640）迁灵州都督府长史，廿年授燕然都护，廿年检校丰州都督府司马，永徽元年（650）升太中大夫（从四品上），显庆三年（658）被称燕然都护、上护军升左骁卫将军。则贞观廿年（646）任雅相为燕然都护检校丰州都督府司马，而次年元礼臣为燕然副都护行丰州都督府长史，《通典·职官十五》："大唐

---

① 《资治通鉴》卷198 太宗贞观二十年（646），中华书局1960年版，第6239—6242页。
② 《旧唐书》卷3《太宗纪》，第60页。
③ 《资治通鉴》卷198 太宗贞观二十一年（647），第6246页。
④ 《旧唐书》卷3《太宗纪》，第60页。

州府佐吏与隋制同，有别驾、长史、司马一人。"原注："大都督府司马有左右二员，凡别驾、长史、司马，通谓之上佐。"① 官阶上来说任雅相还是朝散大夫，而元礼臣已经是上柱国、封汝梁县开国子，其官阶、爵位都要高于任雅相，职位反为副职，可见任雅相墓志此记不实，应为误记。由此说明，《资治通鉴》等关于燕然都护府设置于贞观廿一年（647）夏四月与首任燕然都护为李素立的记载可信无疑，相反《任雅相墓志》所记贞观二十年任雅相出任燕然都护的记载为误记，其出任燕然都护的时间应该是正史记载的高宗显庆二年（657）左右。

其次，关于唐前期燕然都护府所辖羁縻府州数。对于燕然都护府设置之初所辖的羁縻府州，《旧唐书·回纥传》：（贞观二十一年）（647）"太宗为置六府七州，府置都督，州置刺史，府州皆置长史，司马已下官主之。以回纥部为瀚海府，拜其俟利发吐迷度为怀化大将军兼瀚海都督。时吐迷度已自称可汗，署官号皆如突厥故事。以多览为燕然府，仆骨为金徽府，拔野古为幽陵府，同罗为龟林府，思结为卢山府，浑部为皋兰州，斛萨为高阙州，阿跌为鸡田州，契苾为榆溪州，跌结为鸡鹿州，阿布思为蹛林州，白霫为寘颜州；又以回纥西北结骨为坚昆府，其北骨利干为玄阙州，东北俱罗勃为烛龙州。于故单于台置燕然都护府统之，以导宾贡"②。《新唐书·回鹘传》在太宗幸灵州的次年（贞观二十一年）记："乃以回纥部为瀚海，多览葛部为燕然，仆骨部为金微，拔野古部为幽陵，同罗部为龟林，思结部为卢山，皆号都督府；以浑为皋兰州，斛薛为高阙州，阿跌为鸡田州，契苾羽为榆溪州，奚结为鸡鹿州，思结别部为蹛林州，白霫为寘颜州；其西北结骨部为坚昆府，北骨利干为玄阙州，东北俱罗勃为烛龙州；皆以酋领为都督、刺史、长史、司马，即故单于台置燕然都护府统之，六都督、七州皆隶属，以李素立为

---

① 《通典》卷33《职官十五·总论郡佐》，中华书局1988年版，第910页。
② 《旧唐书》卷195《回纥传》，第5196页。

燕然都护……请于回纥、突厥部治大涂（途），号'参天至尊道'，世为唐臣。乃诏碛南鸊鹈泉之阳置过邮六十八所。"① 比较《旧唐书·回纥传》与《新唐书·回鹘传》所记贞观二十一年（647）唐朝在漠北设置的六府七州，前者所记的金徽，后者记为金微；前者所记契苾，后者记为契苾羽；前者所记跌结，后者为奚结；前者所记阿布思为蹛林州，后者为思结别部为蹛林州。二者的相同之处是，在所记的六府七州之外，又多记了一府二州。即多记了结骨部所设的坚昆府，骨利干部所设的玄阙州，俱罗勃部设的烛龙州。如此上引两《唐书》实际已经记了七都督府九州。

以上说明，两《唐书》所记的除贞观二十一年燕然都护府所辖的回纥等六府七州外，又记了贞观二十一年八月增置的玄阙州，贞观二十二年（648）三月从瀚海都督府分出的烛龙州，以及贞观二十二年二月增置的坚昆都督府。也就是，截至贞观二十二年，燕然都护府管辖的应该是七都督府九州。今《元礼臣墓志》所记："永徽二年，加授银青光禄大夫，余并如故。三年迁使持节、都护，燕然、金微、幽陵、龟林、卢山、昆坚、瀚海、狼山八都督府，蹛林、榆溪、鸡田、鸡鹿、烛龙、新黎、浑河、皋兰、皋阙、浚稽、祁连十一州诸军事。"首先依据此记，可知《旧唐书》将"金微"记为"金徽"为误。另据《资治通鉴》所记，"跌结"应为"奚结"之误，而"阿布思"应即"思结别部"。由此记可知，至永徽三年（652）燕然都护所辖州府已经变为八都督府十一州，与上引两《唐书》所记，又多了一狼山都督府与浑河、祁连、浚稽、新黎等四州，而少了白霫部的寘颜州。综括碑志与史书可知，燕然都护府管辖的都督府州，从贞观二十一年（647）设置初的六府七州，到贞观二十二年（648）变为七府九州，到永徽元年（650）变为七府八州，再到永徽三年（652）变为了八府十一州。可见该墓志为燕然都护府具体所辖府州的数目及确切的名称，以及其与单于都护府的分管

---

① 《新唐书》卷217《回鹘传》，第6112—6113页。

情况等提供了新资料。

再者，对于史书记载单于都护府自永徽元年（650）已经设置的问题学界近年有异议①，由《通典·突厥中》与新旧唐书《突厥传》《资治通鉴》《唐会要》各书均记永徽元年（650）分置单于、瀚海（燕然）二都护府，此明确记载与当时的背景一致，而且从燕然都护府所辖府州的变动来看，这期间除了狼山都督府在设置之初曾归属单于都护府管辖，后因其地处漠北，按照二都护府以碛为界的原则，永徽三年（652）又划归于燕然都护府管辖外，其他如云中、桑乾二都督府、苏农等十四州自永徽元年（650）以来始终不归燕然都护府，而归单于都护府管辖，可见单于都护府早在永徽元年已经设置，设置初其治所在唐初的云内县［开元十八年（730）以后设的云州云内县，今山西大同境内］②，至龙朔三年（663）又移于秦汉云中古城（应为秦汉云中郡一古城而非云中郡治，即今和林格尔县西北土城子古城），改名为云中都护府，次年又复旧名（单于都护府）③。而桑乾都督府的设置亦应在永徽元年以前，上引史书有关龙

---

① ［日］岩佐精一郎：《突厥の復興に就いて》，和田清编：《岩佐精一郎遗稿》，岩佐伝一发行，1936年，第91—100页；［日］石见清裕：《単于都護府と土城子遺跡》，唐代史研究会编：《中國の都市と農村》，汲古书院1992年版，第391—424页；艾冲：《唐代安北都护府迁徙考论》，《陕西师范大学学报》（哲学社会科学版）2001年第4期；李丹婕：《瀚海都护府与瀚海都督府之辨——兼及唐前期管辖北方游牧部族势力的军政建制及其调整》，《民族研究》2019年第6期；郭桂坤：《唐瀚海、单于二都护府初置年代再考》，《中国历史地理论丛》2022年第3辑。

② 贞观十三年唐朝册李思摩为乙弥泥孰俟利苾可汗返回突厥旧地，"建牙于故定襄城"，但随之因薛延陀的攻击，"俟利苾可汗不能御，帅部落入长城，保朔州，遣使告急"。《元和郡县图志》云州云中县条亦记："贞观十四年（726），（自）朔州北界定襄城移于此，后为默啜所破，移百姓为朔州。开元十八年（730），置云中县，属云州。"可见，该地自隋至唐初为朔州云内县，自贞观十四年以后尽管李思摩入朝，但唐朝委派的宁朔大使与由唐朝扶植的突厥政权自云中定襄城移于此，一直存在至永徽元年（650）单于都护府成立。单于都护府之命名不仅与此沿革有关，也与境内县西北四十里有故单于台有关。

③ 具体考证参见李宗俊《唐代安北单于二都护府再考》，《中国史研究》2009年第2期；《新忽热古城与汉受降城及唐燕然都护府治所关系辨》，《中国边疆史地研究》2023年第1期。

朔三年（663）置的记载，应为一度侨治于朔方。

最后，从志主于显庆五年（600）"九月十二日暴疾，薨燕然"句，可知直至显庆五年，漠北都护府仍称燕然都护府，可见其改名为瀚海都护府的时间，确实到了正史记载的龙朔三年（663），《通典·突厥传》等有关永徽元年分置单于、瀚海二都护府的记载，确实是将龙朔三年燕然都护府所改的瀚海都护府名，误记在永徽元年了。

（五）平叛贺鲁及瀚海道行军

志主元礼臣从贞观二十一年（647）任职燕然副都护以后，多年任职朔方，历任燕然大都护，丰州、胜州、汾州等三州刺史，尤其自显庆二年（657）之后任灵、盐二州诸军事、灵州刺史，已经为唐朝北疆最重要的地方军政长官之一，可谓多年为唐朝所倚重的边疆大吏。随即，志主又有受命西域，参加平定阿史那贺鲁叛乱的经历。这里所谓"突厥贺鲁肇乱，交河率其犬羊，侵轶藩部，遂使葱山结雾，蒲海扬波"，正是西突厥阿史那贺鲁的叛唐事件。永徽二年（651），已经降唐的西突厥贵族阿史那贺鲁乘唐朝廷政权易代，高宗改变西域政策的有利时机，起兵叛唐。贺鲁"据咄陆可汗之地，总有西域诸郡，建牙于双河及千泉，自号沙钵罗可汗，统摄咄陆、弩失毕十姓"[1]。唐朝被迫开始大规模出兵征讨阿史那贺鲁，战争历时七年。

继之，志文谓就在阿史那贺鲁叛唐，侵扰西突厥各部之际，真珠可汗虽然地处边远，但对唐朝廷坚守忠节，尽然逾越叛军阻拦，向唐朝遣使献款，随即得到唐高宗的嘉赏，派遣志主前去册命，所谓："真珠可汗僻处天涯，口守忠节，逾越丑类，遣使通虔。皇上嘉其款诚，令公就加策命。"这里所记的真珠可汗，《唐会要》有记称："（永徽）四年（653）十二月，乙毗咄陆死，子颉苾达度设号

---

[1] 《旧唐书》卷194《突厥传》，第5186页。

真珠叶护，与沙钵罗有隙，寻为沙钵罗所并。"①此说明真珠可汗，乃原西突厥乙毗咄陆可汗之子，志文所谓的"侵轶藩部"，应该正是正史所记的遭到阿史那贺鲁的侵扰和兼并之事，而真珠可汗之父乃西突厥乙毗邻咄陆可汗，又作欲谷可汗、咄陆可汗，本为欲谷设，又作乙毗设，一度为西突厥北庭可汗。贞观二十年（646），唐朝支持西突厥的另一部乙毗射匮可汗彻底击败乙毗咄陆可汗，迫使其西遁，在阿史那贺鲁反唐之际，乙毗咄陆可汗已死，因尚未得到唐朝册封，所以传世文献记其称号仍为"叶护"。对于真珠可汗投唐与唐朝派遣志主元礼臣出使册命事，史书有关记载更为翔实。《册府元龟》永徽六年（655）有记：

（永徽）六年，遣礼臣往西突厥册拜颉苾达度设为可汗。颉苾达度设者，咄六可汗之子也。初为珍珠叶护，与其父不遵朝化。及贺鲁之叛，咄六死后，方遣使归顺，频表请兵诛讨贺鲁，故有此授焉。礼臣至碎叶城西，贺鲁兵拒之，不得前。又，真珠未（叶）护部下庐帐并被贺鲁兼并，人众寡弱，不为群夷所附。礼臣遂不册而归。②

据此，珍珠叶护与其父咄陆可汗（咄六可汗）一度也是不遵唐化，据研究早年逃亡至吐火罗的乙毗咄陆可汗曾与自称"沙钵罗可汗"的贺鲁连兵，"处月、处密及西域诸国多附之"。但很快乙毗咄陆可汗死，其子珍珠叶护因与贺鲁发生了尖锐的冲突，甚至兵戈相向，显然不排除他们之间的矛盾与争夺汗位有关③。由上引文可知，阿史那贺鲁反叛是从永徽二年爆发，而唐朝派元礼臣前去册封是在永徽六年（655）前后，这时间正是唐朝全力出兵西域镇压贺鲁之

---

① 《唐会要》卷94《西突厥》，第2008页。
② 《册府元龟》卷964《外臣部·册封二》，中华书局1960年影印本，第11340页。
③ 吴玉贵：《突厥汗国与随唐关系史研究》，第395页。

际，说明唐朝派志主前去册立珍珠叶护就是在利用其与贺鲁之间的矛盾，及时分化瓦解，并进而联合对付贺鲁。

永徽六年（655），志主元礼臣前去册命真（珍）珠可汗，但"至碎叶城西，贺鲁兵拒之，不得前"，这是因为"真珠未（叶）护部下庐帐并被贺鲁兼并，人众寡弱"，"礼臣遂不册而归"，可见唐朝这次试图通过册命珍珠叶护为可汗，试图与之联合对付阿史那贺鲁的计划并未实现。志文所谓"贺鲁凶党，作梗中途，公环甲十旬，转战千里，备常（尝）险阻，历践艰危"，正是志主出使途中受到阿史那贺鲁阻遏而备尝艰辛的写照。而对于出使的结果，志文仅记"凭藉朝威，克旋无害"，这里含糊其词，结合史书所记来看，显然也是没有完成出使使命的委婉表达。

志主出使册命珍珠可汗，因阿史那贺鲁叛军的阻挠而作罢，但对于阿史那贺鲁的这场反叛，史书记显庆二年（657），唐朝第三次用兵西域："擢定方伊丽道行军大总管，率燕然都护任雅相、副都护萧嗣业、左骁卫大将军瀚海都督回纥婆闰等穷讨。诏右屯卫大将军阿史那弥射、左屯卫大将军阿史那步真为流沙道安抚大使，分出金山道"①，最终唐朝于显庆二年（657）平定了阿史那贺鲁的叛乱。而志主出使册命珍珠可汗未果回朝以后，志文记"寻入为右卫将军，典兹二卫兼掌五营"，说明志主一度任右卫将军，负责京城宿卫。

元礼臣任右卫将军不久，志文又记："五年授瀚海道行军总管，统三阳之锐骑，总六郡之雄儿，出玉塞而扬旌，历金微而曜武……"即显庆五年（660），元礼臣又作为瀚海道行军总管奉命出师，此次出征是否可与史书互为印证呢？

对于这次出师远征，史书没有明确记载。从志文来看，应该还是向朔方或西北方出兵。所谓"六郡之雄儿，出玉塞而扬旌，历金微而曜武"，其"六郡"乃汉代六郡，《汉书·地理志》颜师古注："六郡谓陇西、天水、安定、北地、上郡、河西。""玉塞"乃玉门关

---

① 《新唐书》卷215《突厥传》，第6062页。

的别称;"金微"即今阿尔泰山,唐贞观年间,以铁勒卜骨部地置金微都督府。而"瀚海",应指贝加尔湖,唐朝以游牧其地的回纥部设置瀚海都督府。

考察这一时期唐朝向西北用兵之事,《资治通鉴》显庆四年（659）十一月条有记:"思结俟斤都曼帅疏勒、朱俱波、谒般陀三国反,击破于阗。癸亥,以左骁卫大将军苏定方为安抚大使以讨之。"① 这次出师,思结与西域三国的叛乱很快被镇压,据上引书记载,显庆五年正月,思结头目都曼已经被苏定方押解至长安。但思结等煽动的叛乱在同年八月又起,上引《资治通鉴》又记:"(八月)壬午,左武卫大将军郑仁泰将兵讨思结、拔也固、仆骨、同罗四部,三战皆捷,追奔百余里,斩其酋长而还。"②

仅仅过了一年,《资治通鉴》龙朔元年（661）十月又有记:"回纥酋长婆闰卒,侄比粟毒代领其众,与同罗、仆固犯边,诏左武卫大将军郑仁泰为铁勒道行军大总管,燕然都护刘审礼、左武卫将军薛仁贵为副,鸿胪卿萧嗣业为仙萼道行军总管,右屯卫将军孙仁师为副,将兵讨之。"③ 说明铁勒诸部的反叛,自显庆四年（659）十一月爆发后,随后两年又有显庆五年（660）八月、龙朔元年（661）十月的两次爆发,三次都得到唐朝的高度重视,分别派兵及时镇压。今由《元礼臣墓志》可知,他是在显庆五年被授瀚海道行军总管出征,"其年九月十二日暴疾,薨燕然。春秋六十有二",说明他正是唐朝自显庆四年以来的第二次出征,而且应该是与左武卫大将军郑仁泰一同出征,是为征讨反叛的思结、拔也固、仆骨、同罗四部。上引史书记郑仁泰出征,未言其出征的名号,但先前发现的《唐右武卫大将军郑仁泰墓志》却有详细记述,其中记:"显庆二年（657）,入为右武卫大将军,仍检校右卫,右领二大将军事。

---

① 《资治通鉴》卷200高宗显庆四年（659）,第6319页。
② 《资治通鉴》卷200高宗显庆五年（660）,第6322页。
③ 《资治通鉴》卷200高宗龙朔元年（661）,第6326页。

寻以龚奴怙乱，命公为卢山、降水、铁勒三大总管，甘山、葛水隶焉。飞旌榆塞，誓车麦壤……绝漠之地，式清绛节，流沙之野，亿口丹惟。"① 唐以思结部为卢山都督府。刘统根据《新唐书·回鹘传下》关于"思结在延陀故牙"之记载，认为此故牙应即郁督斤山附近②，而郁督斤山又名于都斤山、乌德鞬山等，一般认为即今蒙古杭爱山。则卢山应该在居延海以北，今杭爱山之东南一带；降水应即剑河，今之叶尼塞河，当时为结骨部所设的坚昆府；铁勒又为以回纥为首的各部。因这几年唐朝出兵，第一次，即显庆四年（659）派苏定方为安抚大使；第二次，即显庆五年（660）以郑仁泰为卢山、降水、铁勒三大总管，则志主元礼臣为瀚海道行军总管的这次出征应即显庆五年郑仁泰为三大总管出征的一部分，结合其出征以瀚海命名，此后又薨逝于燕然都护府，说明其出征的对象正是回纥为首的铁勒本部，而唐朝同时应该是以三路大军从居延海、西域、朔方三个方向出征，分别指向卢山、降水、铁勒三个方向。遗憾的是志主八月出征，九月便暴疾薨于燕然都护府。

二 志文对于元魏宗室世系的补正

志主家族是元魏宗室，志文追溯志主家族世系从其高祖始，称："魏特进、乐安王景，即公之高祖也。"元景其名见于《魏书·广陵王羽传》，其中有太和年间魏孝文帝对包括元羽在内的几个大臣的训话，其中提到散骑常侍元景③，可知元景生活在北魏孝文帝时期，时任散骑常侍，为孝文帝身边大臣。其次，元景之名又见于近代发现的《元景造像记碑》④。该碑刻于北魏太和二十三年（499），1921年于万佛堂石窟发现，今存辽宁锦州义县万佛堂石窟西区第五窟前

---

① 周绍良主编：《唐代墓志汇编》，上海古籍出版社1992年版，第407页。
② 刘统：《唐代羁縻府州研究》，西北大学出版社1998年版，第151页。
③ 《魏书》卷21《广陵王羽传》，中华书局1974年版，第549页。
④ 张俊：《〈元景造像记〉考评》，《艺术百家》2007年第1期。

壁上。由碑文可知为孝文帝的叔叔元景建于太和二十三年（499），建窟是为重病的孝文帝禳灾祈福。元景本人是佛教徒，公元499年，孝文帝在位的最后一年，皇室成员元景被派到了营州（今辽宁朝阳市）担任刺史。他来到医巫闾山西麓的义县城北，出资兴建了万佛堂石窟。佛窟建成于该年四月初八日，但事实上，重病的孝文帝已在石窟还未落成的四月初一就已"崩于谷塘原"，应该是消息没能及时传到营州。从碑文内容看，元景当时的官职是"（营州）诸军事、平东将军、营州刺史"。尽管该窟是为孝文帝建的祈福窟，但由碑文两处所谓"明元皇帝栖神常住降及一切普贴……"及所谓"上愿明元神栖妙宫受道……"可知，此窟应该也是为已故的北魏太宗皇帝明元帝建的供养窟，生活在孝文帝时期的元景特意为元明帝建窟，可见他对元明帝有种特殊的情感在里面。

由以上两则文献来看，都没有明确记载元景有乐安王爵，那么北魏乐安王爵何时何人得封，又是如何传承的呢？由《魏书》可知，最早封有"乐安王"王爵的是北魏太宗明元帝的第三子元范，为泰常七年（422）封。元范生前为"都督五州诸军事、卫大将军、开府仪同三司、长安镇都大将"[1]。元范死后，王爵由其长子元良承袭，"高宗时，袭王。拜长安镇都大将、雍州刺史，为内都大官。薨，谥曰简王"[2]。元良之下，正史无记其家族世系，但《元和姓纂》明确记："明元帝晃（显为"嗣"误）生范，乐安王，生良。良生法益、腾、忻……腾，乐安王、吏部尚书，生荣。荣生康、慎……"[3] 这里所记元良有三子，在他之后由其次子元腾袭爵。但元腾之后再无人袭乐安王爵，而且世系更无元景一支。

那么元景究竟是何人之后呢？见于《元礼臣墓志》的"乐安王"称号又是从何而来？按照现存史料考证，我们竟得出两种不同

---

[1] 《魏书》卷17《乐安王范传》，第414页。
[2] 《魏书》卷17《乐安王范传》，第415页。
[3] （唐）林宝撰，岑仲勉校：《元和姓纂》（附四校记）卷6，中华书局1994年版，第425页。

的结论。

其一，今有墓志等反映，元景为北魏元明帝之后，第二代乐安王元良之子。因据第一代乐安王元范曾孙《元则墓志》记："太宗明元皇帝第二子、乐安宣王范之曾孙，乐安简王良之孙，左卫将军、大宗正卿、营州刺史、懿公之第二子。"[①] 元则为元范曾孙，元良之孙，"左卫将军、大宗正卿、营州刺史、懿公之第二子"。这里的营州刺史正与上引《元景造像记碑》所记的元景任职同，加之该志刻于孝昌二年（526），上距《元景造像记碑》刻写的太和二十三年（499）27年，人物辈分与生活的时代似乎也是吻合的。其次，正如上文所述，生活在孝文帝时期的元景特意为明元帝建窟，可见他对明元帝有种特殊的情感在里面。由此种种，今结合《元礼臣墓志》记元景有"乐安王"称号，我们推断元景为北魏明元帝之后，第二代乐安王元良之子。

目前出土墓志可以补充以上史书文献所记者：第一代乐安王元范子元良之外，尚有处士元苌生。第二代乐安王元良有数子，目前可以确定的另有：元贿、元敷、元仙、元腾、元景等数人。

另有元范孙元悫，其志记："君讳悫，字思忠……太宗明元皇帝之曾孙，使持节、侍中、卫大将军、仪同三司、乐安王之孙，使持节、征虏将军、齐洛二州刺史之第四子。"[②] 这里可以确定志主祖父为元范，但其父"使持节、征虏将军、齐洛二州刺史"不能确定是否为元良。

元范孙元朗，其志记："君讳朗，字显明，太武皇帝之母弟乐安宣王范之孙，处士苌生之仲子。"[③]

---

① 《元则墓志》，参见赵超《汉魏南北朝墓志汇编》，天津古籍出版社2008年版，第200页。
② 《元悫墓志》，参见罗新、叶炜《新出魏晋南北朝墓志疏证》，中华书局2005年版，第115页。
③ 《元朗墓志》，参见赵超《汉魏南北朝墓志汇编》，天津古籍出版社2008年版，第201页。

元良孙元均，其志记："君讳均之，字仲平……太宗明元皇帝之玄孙，使持节、侍中、都督秦雍……乐安简王之孙，河涧太守昭之中子也。"①

元良孙元宥，其志记："君讳宥，字显恩……魏太宗明元皇帝之玄孙，乐安宣王之曾孙，乐安简王之孙，巴州景公之元子也。"②

元范曾孙元则，其志记："太宗明元皇帝第二子、乐安宣王范之曾孙，乐安简王良之孙，左卫将军、大宗正卿、营州刺史、懿公之第二子。"③

元范曾孙元华光，其志文记："故金城郡君姓元，字华光……明元皇帝第三子、乐安王范之曾孙，城门腾之女，瓜州荣之第二妹。"④

根据以上这些墓志，史书关于前两代乐安王元范与元良的记载与出土文献的记载是一致的，但对于第三代乐安王的记载大有异议。上引《元和姓纂》记元良之后，其子元腾继承了乐安王，但今《元礼臣墓志》记元景为乐安王。比较而言，元景很可能为乐安王之后，但并无承袭乐安王爵。

其二，元景为北魏昭成帝子寿鸠之后，《魏书》立有其传，但史家对其原名颇有异议。《魏书·昭成子孙列传》中立有其传，但径称其字"寿兴"，无记其名，只是在引用寿兴本人为自己所作墓志铭中记载到："洛阳男子，姓元名景，有道无时，其年不永"云云。之后《北史》继承此记，而《通志》作"盛弟秉，字寿兴"。今中华书局本《魏书》点校者继承《金石续编》与岑校《元和姓纂》的说法加按语称："按《墓志集释·元智墓志》称'祖昺，使持节散骑常侍、都督徐州诸军事、平东将军、徐州刺史、宗正卿'。前人据官衔和世系证'昺'即'寿兴'，又卷六六《崔亮传》也说他所劾的徐州刺史叫'元晒'。寿兴名'晒'同'昺'无可疑，《北史》避唐讳称

---

① 《元均之墓志》，参见赵超《汉魏南北朝墓志汇编》，第225页。
② 《元宥墓志》，参见赵超《汉魏南北朝墓志汇编》，第236页。
③ 《元则墓志》，参见赵超《汉魏南北朝墓志汇编》，第200页。
④ 《元华光墓志》，参见赵超《汉魏南北朝墓志汇编》，第165—166页。

字，而自作墓志则因有韵，改'昞'为'景'。当时人地名常用同音字，或有他书作'秉'，郑樵据以回改。《魏书》原文，据《崔亮传》自当作'昞'。"①

但《魏书》各处并无一处将"元景"记为"元昞""元昺"或"元秉"，相反从上引《魏书·广陵王羽传》，以及《魏书》其传保留的他本人为自己作的墓志铭，以及近代发现的《元景造像记碑》，直至今出土的《唐元礼臣墓志》均称"景"。孝文帝驾崩之际，元景为营州刺史，但《魏书·寿鸠传》记"世宗初，为徐州刺史"，后因元晖、王显等人的奏请之下，他被赐死，直至灵太后临朝之际，"诏追雪，赠豫州刺史，谥曰壮"。此谥号与前引《元则墓志》所称的"懿公"也不合。

则《元智墓志》与《魏书·崔亮传》所记元"昺"（或为"昞"或"秉"）应该是另有其人，只是其人官衔与元景有相似，所以被史家误为一人。或者是本为一人，但被前代将"景"误为"昺"或"昞"，到唐初修《北史》之际，为避唐讳，又将"昺"或"昞"书为"秉"。但不管怎样，如果寿鸠确为元景的字，则元景又为北魏昭成帝后，并非明元帝后，若如此其乐安王爵不知又是从何而来，已经很难考证，此存疑。

元景之下，《元礼臣墓志》又记志主曾祖为元恺。志文称"曾祖恺，鸿胪、宗正二卿，青、徐、复三州刺史"。史书不见其人，应该是曾任职于北魏。

志主祖父元徹，志文谓："祖徹，魏吏部尚书，周基、澧、虞三州刺史，隋上开府仪同三司，逢山郡开国公。"

志主父元诠，志文谓："父诠，周司正大夫，隋左勋卫骠骑将军，兴、婺、潍、陈四州刺史，平凉、犍为二郡太守，汝梁郡开国公。"

元恺、元徹、元诠三代人正史皆无记，但《元和姓纂》元氏条

---

① 《魏书》卷15《昭成子孙列传》校勘记【八】，第387页。

有记称："寿兴公孙诠，生祐、礼臣。祐曾孙孝绰，梓州刺史。礼臣，汾州刺史。"后有岑仲勉校曰："寿兴公孙诠，'公孙'殆'曾孙'之讹，否则'公'字衍。余以世代核之，则前说近是。盖盛之玄孙仁惠，仕于唐初，则寿兴之玄孙礼臣仕于唐初，为时代相当也。"①但据《元和姓纂》元寿兴为元忠子，而元忠为献明帝子常山王元寿鸠之后，所谓"鸠生遵。遵生速达。速达生羽邻、忠……"②而另有一元诠又是高宗文成皇帝之孙，大司马公安乐王（拓跋长乐）之子，与此无涉。可见，《元和姓纂》"寿兴公孙诠，生祐、礼臣……"此处有误，应该是"寿兴公孙徹，徹生诠，生祐、礼臣……"查该志所记元诠以上三代，景为乐安王，恺的爵位无记，徹为逢山郡公。

至于元诠之下，岑氏又校记："生祐、礼臣。元祐，大业末为隋太仆丞，见《旧书》五六《沈法兴传》。礼臣，汾州刺史。贞观二十二年为燕然副都护，见《元龟》九七三；卒，赠凉州都督，谥壮，见《会要》七九。"③今由志文印证，岑校引《元龟》与《会要》所记亦无误，但均不完整，可见该志对于证史补史的重要价值。最后，由"嫡子越王文学恽"语，可知元礼臣有子名元恽，史书不见记载，无考。

志主家族世系的两种可能，现图示为：

明元帝——元范——元良——元景——元恺——元徹——元诠——元礼臣——元恽

昭成帝——寿鸠——常山王元遵——元素——元忠——元景——元恺——元徹——元诠——元礼臣——元恽

---

① （唐）林宝撰，岑仲勉校：《元和姓纂》（附四校记）卷6，第406页。
② （唐）林宝撰，岑仲勉校：《元和姓纂》（附四校记）卷6，第400页。
③ （唐）林宝撰，岑仲勉校：《元和姓纂》（附四校记）卷6，第406页。

元礼臣墓志

（本文原载于《唐都学刊》2023年第6期）

《唐史乔如墓志》及相关问题再考

　　《唐史乔如墓志》全称《唐故秀士史府君墓志铭》，出土于河南洛阳，具体的出土时间、地点不详，原石今藏洛阳关林管理处。志盖情况不详。志文图版见于《洛阳出土历代墓志辑绳》①与《洛阳市文物考古研究院藏石集粹·墓志篇》②，但因多处剥泐而字迹漫漶不清。据后者所附该志拓片图录及介绍，志石高36厘米，宽36厘米。志文20行，满行21字，楷书。志文第一行标题："唐故秀士史府君墓志铭并序。"志文后附撰者："堂兄进士温如撰并书。"后又附："镌字人李元楚。"该志《全唐文补遗》③与《唐代墓志汇编续集》④有录文，但释文、断句皆有误。新近出版的《洛阳市文物考古研究院藏石集粹·墓志篇》对志文又有著录，但释文、断句还是多处有误。可能因过去录文有误或不全，关键信息没有看到，曾有人怀疑志主家族为粟特人⑤。后有人注意到志主家族世系与《元和姓纂》"河

---

① 洛阳市文物工作队：《洛阳出土历代墓志辑绳》，中国社会科学出版社1991年版，第658页。
② 洛阳文物考古研究院编：《洛阳市文物考古研究院藏石集粹·墓志篇》，中州古籍出版社2020年版，第240—241页。
③ 吴钢主编：《全唐文补遗》第六辑，三秦出版社1999年版，第150页。
④ 周绍良、赵超主编：《唐代墓志汇编续集》，上海古籍出版社2001年版，第929页。
⑤ 张乃翥：《洛阳景教经幢与唐东都"感德乡"的胡人聚落》，《中原文物》2009年第2期；荣新江：《中古时期来华胡人墓志研究的新进展》，《北京大学中国古文献研究中心集刊》第十一辑，北京大学出版社2011年版，第212页。

南"条史姓的部分世系同，已揭出志主家族应为突厥裔①。近另有学者撰文考释，进而将志主与阿史那弥射家族联系起来，但遗憾对志文仅释录了前半部分，对太多文字无释或有误释，尤其对关键字无释，结果与志文提供的重要信息失之交臂；加之对《元和姓纂》所记河南史姓构成多有误解，许多结论或为推测，或有臆断之处②。兹不揣谫陋，将该志重新断句、释文，并就志文提供的志主家族世系与相关问题再做考释，以求正于学界。兹将志文迻录并标点如下：

府君讳乔如，其先起自大隋，享金蝉之宠盛。弈世为我唐臣，有石奋之令称。尝著勋力，布在史册。食鼎华觳，二百余载。史臣名儒，皆孰（熟）之，故不重书。四代祖元庆，隋特进、安西大都护。高祖献，皇司农卿、关内都支度使、萧国公。曾祖震，左监门大将军。祖寂，皇太子家令，赠秘书监。监生二人，长供，次备。供不仕，早终。备，进士擢第，自畿佐，登柏台、践粉署、累徙国相。军领光、濠、曹、濮四郡，皆考殊绩，时谓良二千石。有二子，府君即濮州鲤庭之长也。令显之后，人皆目之。方躐长途，绍懿绪，不幸短命，萦宿疾，卒于洛阳县延福里，年廿。幼弟在侧，恸然哀号，邻里为之泣下。以开成二年二月廿日，权葬于河南县感德乡孙村原，礼也。温如以兄，第之堂也，故得以志之。温如少孤，季父育之，及长，俾与府君等同问安。当季父易篑之际，府君尚未及冠，顾命温如主丧，抚二子。于是与二子同瘵共苦，迩十年。呜呼哀哉！中道丧跌，手足零落。痛销骨髓，乃衔泣为铭，词曰：

吾家积善，俟汝后庆。天不与诚，噫嘻乃命！洛阳南路，

---

① 温佳祺：《唐代阿史那氏研究——以碑铭和墓志为中心》，陕西师范大学2019年硕士学位论文，第34—35页。
② 龙成松：《〈史乔如墓志〉与阿史那氏谱系诸问题考述》，《中国边疆史地研究》2021年第2期。

新成封树，不骞不崩，贞石在下。堂兄进士温如撰并书。镌字人李元楚。

案：《洛阳市文物考古研究院藏石集粹·墓志篇》的最新著录中仍有误，如将"宠盛"二字断在上下句；"弈世为我唐臣"句之"世为"二字无释，将"我唐臣"三字断在下句；将"华穀"之"华"误为"菜"；将"元庆"之"庆"误为"兼"；将"累徙国相"之"徙"误为"从"；将"中道丧跌"之"跌"误为"缺"；"新成封树"之"新"无释。

一 志文释义与志主家族世系

志文谓："府君讳乔如，其先起自大隋，享金蝉之宠盛。"志主史乔如，称其祖先的历史可追溯到隋代。这里"享金蝉之宠盛"之"金蝉"并非汉代匈奴人金日䃅，也不是暗示史乔如家族本为外族[①]。其实，"金蝉"乃朝廷高官佩戴的服饰，"金取刚固，蝉取高洁"之意，隋代"内史令金蝉右貂，纳言金蝉左貂。开皇时，加散骑常侍在门下者，皆有貂蝉，至是罢之"[②]。唐朝"贞观初，置（散骑）常侍二人，隶门下省。显庆二年，又置二员，隶中书省，始有左右之号，并金蝉珥貂"[③]。从志文的上下句来看，这里是在夸耀志主祖先的显贵，并非暗示其源出外族。至于该志文所谓"其先起自大隋"，据下文所考，应该是一种夸饰或曲笔回护。

接下来几句又夸耀其祖先在唐代的荣耀称："弈世为我唐臣，

---

① 龙成松：《〈史乔如墓志〉与阿史那氏谱系诸问题考述》，《中国边疆史地研究》2021年第2期。
② 《隋书》卷12《礼仪志》，中华书局1973年版，第272页。
③ 《旧唐书》卷43《职官志》，中华书局1975年版，第1844页。

有石奋之令称。尝著勋力，布在史册。食鼎华毂，二百余载。史臣名儒，皆熟之，故不重书。""石奋之令称"是说到了唐代，志主祖先如同汉代的石奋那样有忠诚、谨慎的美好声誉。汉代的石奋，虽不识文字，但侍候皇帝，"家以孝谨闻乎郡国，虽齐鲁诸儒质行，皆自以为不及"①，后与其子孙多人位至高官。经下文考得，志主祖先身为降唐的西突厥人，自然无汉文化的修养，但几代人能以武功树勋，光辉事迹亦见载史册，可谓有石奋之令称。而且言其家族从唐初至志主去世的开成初年，钟鸣鼎食，朱轮华盖，已经显贵了二百余年，称史臣名儒皆知之，这也是历史事实。

接下来"元"字后关键字前人无释，今据拓片图版，"庆"之下半残缺，但上半部分清晰可辨。所谓"四代祖元庆，隋特进、安西大都护"，史元庆即西突厥兴昔亡可汗阿史那弥射之子。但史书记载，史元庆生活在高宗、武则天时期，武则天执政之垂拱元年（685），因原西突厥可汗阿史那弥射与阿史那弩失毕死后，"十姓无主，部落多散亡，太后乃擢兴昔亡之子左豹韬卫翊府中郎将元庆为左玉钤卫将军，兼昆陵都护，袭兴昔亡可汗押五咄陆部落"②。后又进授其为左卫大将军。但至武周长寿元年（692），阿史那元庆又为酷吏来俊臣诬告谋反而被害。其子阿史那俀子逃亡吐蕃，被吐蕃立为十姓可汗，另一子阿史那献被流放崖州。显然，墓志这里将志主祖先仅仅往上追溯至其四代祖史元庆，而且其任职在唐武则天朝，并非隋朝，所任"昆陵都护"亦非"安西大都护"。那么，这里为何多处误记，尤其为何遗漏了第一代兴昔亡可汗阿史那弥射？对此问题，下文再论。

史元庆之下，志文所记其家族的世系比较明确，或与史书互印互证，或互为补充。所谓："高祖献，皇司农卿、关内都支度使、萧国公。"史献，即阿史那献，功勋事迹史书记载甚明，今人的研究亦

---

① 《史记》卷103《万石张叔列传》，中华书局1959年版，第2764页。
② 《资治通鉴》卷203则天垂拱元年（685）十一月，中华书局1956年版，第6435页。

有很多①。考察其一生官爵，自武则天长安二年（702）为其父平反后，次年将其从流放地崖州召还，从武则天至睿宗朝"累授右骁卫大将军，袭父兴昔亡可汗，充安抚招慰十姓大使"②。又从唐玄宗先天元年（712）开始，阿史那献兼领北庭大都护、伊西节度使、瀚海军使等多职，并开始独揽天山南北军政大权，"开元中，累迁右金吾大将军"③。在这个过程中，他在降服西突厥、平都担、攻克碎叶，以及抵抗大食、吐蕃侵逼四镇与抵制突骑施苏禄坐大反唐的历次战争中屡立战功，甚至后来还参加了平定党项的斗争。但考察史书所记其历次任职与官爵，均不见有司农卿之职和萧国公的封爵。司农卿亦称司农寺卿，为掌国家仓廪之官，隋初为正三品，炀帝改从三品，唐因之。而关内度支使又是负责关内道财政的重要使职，往往是节度使的副职。首先结合阿史那献一生任职来看，长时期作为开边大将，功勋业绩颇多，史书遗漏其一两个任职是可能的。所以很可能皆为开元年间从西域罢职后至去世前的任职与封爵。其次，其萧国公的爵位，也有可能是后世的追赠。

史献之下，志文又记："曾祖震，左监门大将军。"史震即阿史那震，乃阿史那献之子，为西突厥末代兴昔亡可汗。开元二十三年（735）十月，突骑施苏禄可汗攻击北庭及安西拔换城，唐朝颁发由张九龄起草的《敕四镇节度王斛斯书》给四镇将士，命令讨击，其中称："史震袭父可汗，即令彼招辑，兼与卿计会，并临事处置，无失所宜。"④可见，唐朝曾有册立史震，令其袭父兴昔亡可汗尊号，以配合四镇节度使王斛斯前去平定西突厥的经历。但史震袭兴昔亡可汗后，可能并没维持多久，这是因为之后苏禄继续强势，直至开

---

① 薛宗正：《阿史那献生平辑考》，《新疆大学学报》（哲学·人文社会科学版）2009年第1期；陈瑞芳：《突厥十姓可汗阿史那献事迹考》，《安庆师范学院学报》（社会科学版）2007年第6期。
② 《旧唐书》卷194《突厥传》，第5189页。
③ 《旧唐书》卷194《突厥传》，第5189页。
④ （清）董诰：《全唐文》卷286《敕四镇节度王斛斯书》，上海古籍出版社1990年版，第1281页。

元二十六年（738）被莫贺达干杀死。随之，苏禄旧部拥立其子骨啜为吐火仙可汗，但遭到莫贺达干联合四镇节度使盖嘉运的阻止，西突厥再度大乱，这期间已经不见史震身影。前引《元和姓纂》所记："震，右监门将军"①，与《史乔如墓志》所记官职"左监门大将军"大致是相同的，应该是史震归朝后所任，"左""右"二字应该是传抄有误。而由此可见，志文所记志主曾祖史震与史书所记人物信息是相符的，而《元和姓纂》将史震及其后人记为阿史那忠孙史思元之后显误。另外，《元和姓纂》又记史震有兄弟四人，分别为：震、晋、巽、泰。其余三人名均不见于其他史籍文献。据前引文作者文推测，"史震兄弟四人，名字都从《周易》卦名"②，则他们四人应该均非史思元之后。

史震之后，志文记为志主祖父史寂，称："祖寂，皇太子家令，赠秘书监。"史寂名讳事迹正史阙载，唯《元和姓纂》在史震之后记："生弘、宁寂、容。宁寂生备。容，冀王傅。巽，光禄少卿。泰，蜀州刺史，生寅、审。审，吉州刺史。"岑仲勉认为："此文如无舛误，亦可有两种读法：一为'生弘宁、寂、容宁，寂生备'也；二为'生弘、宁寂、容，宁寂生备'也。两者中似前者近是。若有脱衍，则更难以揣测矣。《白氏集》三一有《史备授濠州刺史制》，殆即此之备，其前官为将仕郎、守光州刺史、云骑尉。"③今依该志，史寂前后世系无误，其为单名，则其兄弟应该皆为单名，应该分别为弘、宁、寂、容四人，岑氏断句应为误，"宁寂生备"句应为"寂生备"。再者《元和姓纂》所记这两代人的官爵多疏漏，如今依该志文可知，史寂生前为太子家令，去世后得赠秘书监。

史寂之后，上文将《元和姓纂》校正后应为"寂生备"。今据

---

① （唐）林宝撰，岑仲勉校记：《元和姓纂》（附四校记）卷6，中华书局1994年版，第825页。
② 龙成松：《〈史乔如墓志〉与阿史那氏谱系诸问题考述》，《中国边疆史地研究》2021年第2期。
③ （唐）林宝撰，岑仲勉校记：《元和姓纂》（附四校记）卷6，第826页。

该志还可知，史寂有二子，所谓："监生二人，长供，次备。供不仕，早终。备，进士擢第。"史供早逝无闻，而志主史乔如父为史备，从该志来看史备历任多官，早年在长安附近畿县任佐官，后在地方为刺史，后可能加衔至宰辅，所谓"累徙国相"。史备之名还见于史籍，唐朝尚书省郎官石柱题名就有金部员外郎"史备"[1]。另外白居易曾为朝廷草拟过一制诰，其中提到"将仕郎前使持节光州诸军事守光州刺史云骑尉史备，变通健决，有良吏之用。而能本于文学，辅以政事，为郎见其行，为郡闻其声……备可使持节濠州诸军事守濠州刺史，充团练涡口西城等使，散官、勋如故"[2]。这两则史料中提及的史备其人，从职任与时代背景来看，应该正是志主史乔如父史备。白居易撰写的这一制诰作于长庆元年（821）至长庆二年，而从志文所谓"累徙国相，军领光、濠、曹、濮四郡"等文字中推测，史备可能参与了唐宪宗时期的淮西之役，可能因功加官带宰相之虚衔。此也为后面志文所印证，所谓："自畿佐，登栢台、践粉署，累徙国相。军领光、濠、曹、濮四郡，皆考殊绩，时谓良二千石。"栢台即柏台，为御史台的别称；粉署即粉省，为尚书省的别称，皆与所谓"国相"呼应。

史供、史备之后，史供子即志文的撰写者史温如，由志文末尾"堂兄进士温如撰并书"句可知，其年龄长于志主史乔如兄弟。史备有两子，长子即志主史乔如。乔如之弟名讳志文无记，史书亦不见。所谓"有二子，府君即濮州鲤庭之长也"，鲤庭，典出《论语·季氏》。孔鲤"趋而过庭"，其父孔子教训他要学诗、学礼。"鲤庭"后来成为子受父训的典故。这里濮州鲤庭代指史备，因史温如接受过其叔父史备的教育，而史备又曾任濮州刺史，所以有此称。从史

---

[1] （清）劳格、赵钺：《唐尚书省郎官石柱题名考》卷16《金部员外郎》，中华书局1992年版，第744页。
[2] （唐）白居易著，朱金城笺校：《白居易集笺校》卷48《杨潜可洋州刺史李繁可遂州刺史史备可濠州刺史制》，上海古籍出版社1988年版，第2897页。

备、史温如叔侄皆中进士来看，该家族至晚唐不仅完全汉化，而且已经由原来的武功世家转变为文化世家。

志文结尾部分，撰者史温如深情地回顾了自己早年少孤而受季父养育，自己与史乔如兄弟一起受季父培养长大，之后在季父弥留之际，他受季父顾托，承担起抚养二堂弟的责任。弟兄三人备尝艰辛，兄弟情深，不料今史乔如又英年早逝，作者遗憾与悲痛之情溢于言表。

史乔如家族世系图示：

阿史那弥射—史元庆—史献—史震—史寂 { 　—史供—史温如
　　　　　　　　　　　　　　　　　　—史备—史乔如

二　阿史那弥射投唐与其身世辨

前文提及，志文追述志主祖先是从其第四代祖阿史那元庆开始的，而阿史那元庆已经是唐朝册封的第二代兴昔亡可汗，其实志主家族由西突厥投唐是从第一代兴昔亡可汗阿史那弥射开始的，其投唐早在贞观初年。对于该家族前几代的世系，史书有所记载。前引作者文虽没能从志文图片释出元庆之"庆"字，但依据后两世人物信息已经推断其为兴昔亡可汗家族成员。但之后因志文将阿史那元庆在武周时期所任之"昆陵都护"记为"隋安西大都护"，加之认为《元和姓纂》河南史氏条只有科罗—苏尼失一系，没有处罗，后又有史震一系出现，从而认为"史氏条内容能与处罗相接在一起的显然就是史震一支"，进而推测阿史那弥射为处罗可汗之子[1]。窃以为此显然为以讹传讹，历史不可太多推测，矫枉过正或过度"构拟"，都是不可取的。

首先对于阿史那元庆之父阿史那弥射与处罗可汗的源出史书有

---

[1] 龙成松：《〈史乔如墓志〉与阿史那氏谱系诸问题考述》，《中国边疆史地研究》2021年第2期。

载，学界多有研究，亦颇多争议。《旧唐书·突厥传》记："阿史那弥射者，室点密可汗五代孙也。"① 这里清楚记载阿史那弥射为西突厥政权的创立者室点密之五代孙，明确无误地标明阿史那弥射为西突厥王室成员。

其次，对于阿史那弥射在降唐以前是否已经为西突厥可汗的问题，以及其与咄陆可汗泥孰究竟是否为同一个人的问题，学界分歧很大②。《旧唐书》继上引文之后又记："弥射在本蕃为莫贺咄叶护。贞观六年，诏遣鸿胪少卿刘善因就蕃立为奚利邲咄陆可汗，赐以鼓纛、彩帛万段……以贞观十三年率所部处月、处密部落入朝，授右监门大将军。"③ 但《通典》对阿史那弥射出生的记载，大部分与《旧唐书》所记同，唯独没有"贞观六年，诏遣鸿胪少卿刘善因就蕃立为奚利邲咄陆可汗，赐以鼓纛、彩帛万段"的记事。巧合的是，《旧唐书》与《通典》同时都记载了另一位名号、事迹颇与阿史那弥射相近的西突厥咄陆可汗泥孰，其中记："咄陆可汗泥孰者，亦称大渡可汗。父莫贺设，本隶统叶护。武德中，尝至京师。时太宗居藩，务加怀辑，与之结盟为兄弟。既被推为可汗，遣使诣阙请降。太宗遣使赐以名号及鼓纛。贞观七年，遣鸿胪少卿刘善因至其国，册授为吞阿娄拔奚利邲咄陆可汗。明年，泥孰卒，其弟同娥设立，是为沙钵罗咥利失可汗。"④ 唐朝册立同娥设，时间大约在贞观八年（634）至九年，为阿史那社尔投唐之际。因史书另有记："奚利邲咄陆可汗兄弟争国，社尔扬言降之，引兵西上，因袭破西蕃，半有其国……遇我行人刘善因立同娥设为咥利始可汗，社尔部兵又苦久役，多委之逃……九年，率众内属，拜左骑卫大将军。"⑤

---

① 《旧唐书》卷194《突厥传》，第5188页。
② 薛宗正：《阿史那弥射生平析疑》，《民族研究》1985年第1期；吴玉贵：《阿史那弥射考》，《民族研究》1988年第3期。
③ 《旧唐书》卷194《突厥传》，第5188页。
④ 《旧唐书》卷194《突厥传》，第5183页；（唐）杜佑：《通典》卷199《边防典·突厥》，中华书局1988年版，第5456—5457页。
⑤ 《旧唐书》卷190《阿史那社尔传》，第3289页。

以上关于阿史那弥射记事，因司马光曾对阿史那弥射被唐朝册封为西突厥可汗一事表示怀疑，在《资治通鉴》中没有采用两唐书《突厥传》的记载，对弥射与步真俱称"西突厥酋长"，并不称可汗。同时司马光在《考异》中又提出了阿史那弥射与泥孰，以及与步真是否为同一个人的疑问："今欲以咄陆、弥射为二人，则事多相类；以为一人，则事又相违，疑不能明，故但云西突厥酋长。"胡三省则认为，史书误将唐朝册立同一人事分记于阿史那弥射与泥孰传中，言下之意二人实为一人①。之后钱大昕曾对胡注提出疑问并指出："《金石录》有《阿史那弥射碑》，今已不传，无从决其然否，要之此咄陆必非弥射也。"②今薛宗正先生力主二者为同一人之说，其列举的理由有：姓名相近、汗号相同、爵位相似、谱系相当、同受唐使刘善因册封、即位与受封时间相同、同具亲唐倾向等七条理由③。但吴玉贵先生赞同钱大昕的质疑与岑仲勉④的观点，认为咄陆必非弥射也⑤。那么如何正确看待史书所记之异同，以及如何看待阿史那弥射与泥孰可汗的关系问题？

首先，从《旧唐书》与《通典》的史源分析。据研究《通典·边防典》"西戎门"的内容多取材于唐官撰《西国志》，"保存了佚失千载的《西国志》的许多内容。再结合《唐会要》《太平寰宇记》《册府元龟》等史书关于西域部分的记事内容多与《通典·边防典》'西戎门'同，而个别文字互有详略，更加说明这些史书西域部分的史料来源也是与唐官修《西国志》有着不可分割的联系"⑥。对于唐代官修《西国志》，《唐会要》卷三十六"修撰"条云："其年（显庆三年）五月九日，以西域平，遣使分往康国及吐火罗等国，访其

---

① 《资治通鉴》卷200 高宗显庆二年（657）闰月，第6301—6302页。
② （清）钱大昕：《通鉴注辨正》卷2，线装书影印本，第11页。
③ 薛宗正：《阿史那弥射生平析疑》，《民族研究》1985年第1期。
④ 岑仲勉将弥射与泥孰咄陆分列入两可汗世系表，参见氏著《西突厥世系考》，《西突厥史料补阙及考证》，中华书局1958年版，第120—127页。
⑤ 吴玉贵：《阿史那弥射考》，《民族研究》1988年第3期。
⑥ 李宗俊：《唐敕使王玄策使印度事迹新探》，《西域研究》2010年第4期。

风俗、物产，及古今废置，画图以进。令史官撰《西域图志》六十卷，许敬宗监领之。书成，学者称其博焉。"①《旧唐书》西域部分与《通典·边防典》的记事大部分文字都是相同的，二者取材应该的确源于唐朝国史《西国志》。则将阿史那弥射与泥孰分记为二人的源头很可能也是出自《西国志》。《通典》早出，照抄《西国志》而没有变更。《旧唐书》后出，修史者尽管没有发现二人是否为同一人的问题，但可能已经看到《唐兴昔亡单于阿史那弥射碑》或其家牒，所以在《西国志》所提供史料的基础上补充了贞观六年（632）唐朝诏遣鸿胪少卿刘善因册立其为奚利邲咄陆可汗的记事。正因此，到了宋代的赵明诚在其《金石录》中著录《唐兴昔亡单于阿史那弥射碑》时称："《碑》云：'单于讳某，字弥射'。而阙其名不书。《史》但言名弥射，岂作《碑》者为缘饰之乎？"这里称所见《碑》无载名，所阙名是否即"泥孰"二字不可考证，但赵明诚这段文字前还有文称："《旧唐史（书）》纪弥射事甚详，多与《碑》合，而《新史（书）》所书甚略。如高宗朝册为昆陵都护，兴昔亡单于，皆不载。"② 可见，《旧唐书》所记应皆有出处。今在《弥射碑》已佚的情况下，就应该以《旧唐书》所记为准。

其次，从唐初册封二人的背景以及与人物的关系渊源分析。史书记载的二人册立皆与焉耆记事有关。《旧唐书》卷一九八《焉耆传》记："西突厥莫贺设与咄陆、弩失毕不协，奔于焉耆，咄陆复来攻之。六年，遣使言状，并贡名马。"③ 是书于《突厥传》又记："肆叶护素悍泥孰，而阴欲图之，泥孰遂适焉耆。其后设卑达干与突厥弩失毕二部豪帅潜谋击之，肆叶护以轻骑遁于康居，寻卒。国人

---

① （宋）王溥：《唐会要》卷36 "修撰" 条，上海古籍出版社2006年版，第765—766页。
② 《唐兴昔亡单于阿史那弥射碑》，见（宋）赵明诚撰，金文明校正《金石录校正》，广西师范大学出版社2005年版，第417页。
③ 《旧唐书》卷198《焉耆传》，第5301页。

迎泥孰于焉耆而立之，是为咄陆可汗。"① 由此，薛宗正认为前云奔焉耆者莫贺设，后云"泥孰遂适焉耆"，可知莫贺设即泥孰。泥孰父为莫贺设，父位子袭，《册府元龟》记载刘善因于贞观六年八月所册立之"莫贺设"，显指咄陆可汗泥孰而言。刘善因以贞观六年八月丁酉从长安出发，贞观七年抵西突厥。《资治通鉴》《册府元龟》系册立事为贞观六年，是指刘善因出发时间而言，两唐书《泥孰传》之贞观七年，则是刘善因到达西突厥的时间，两种说法并不矛盾②。窃以为同一时间、同一背景下册立的西突厥可汗，应该说只能是一位，既然《旧唐书》关于贞观六年册立弥射记事不虚，则弥射即泥孰应该是成立的。这段史实的背景应该是：贞观五年（631）前后，西突厥国乱，莫贺设与肆叶护争国，莫贺设出走焉耆。随之在设卑达干与突厥弩失毕二部豪帅的协助之下，迫使肆叶护可汗出走康居，西突厥国人又从焉耆迎回泥孰，泥孰即位为咄陆可汗。为了取得唐朝的承认与声援，泥孰咄陆可汗随即派人向唐朝请求册命。贞观六年，唐朝颁诏派遣鸿胪少卿刘善因往蕃，并于贞观七年正式册立泥孰咄陆可汗为奚利邲咄陆可汗。可见，唐朝最初册立泥孰是为了支持其与肆叶护争国，至册封之际泥孰已经完全控制了西突厥政局，也已经被西突厥部推为可汗，唐朝自然不可能再另立一可汗。而关键时刻泥孰之所以向唐朝求援，而且能够及时得到唐朝回应与册封的原因，又是双方的渊源关系。是因为泥孰作为西突厥使臣或质子，在武德年间曾有居住在唐朝长安的经历，而且其间与"居藩"的李世民结为兄弟。正因此，在西突厥泥孰可汗遣使至唐寻求援助之际，唐太宗遣使赐以名号及鼓纛，就是为明确表明唐朝支持的态度，以树立其在西突厥中的权威。史书误记贞观八年泥孰（弥射）去世的原因，应该为他被步真战败后，步真一派谎报唐朝弥射已死。可见两咄陆可汗实为一人，西突厥之阿史那泥孰应即阿史那

---

① 《旧唐书》卷194《西突厥传》，第5182—5183页。
② 薛宗正：《阿史那弥射生平析疑》，《民族研究》1985年第1期。

弥射的同名异译。尤其上引史料称西蕃"奚利邲咄陆可汗兄弟争国"，之后唐朝册立同娥设的事迹，与西突厥阿史那弥射与从兄阿史那步真争国的史实相符。弥射一度不知去向的时间，正是史书记载泥孰去世的时间，也是阿史那步真与同娥设被唐承认或册立的时间。

阿史那弥射与阿史那步真久争汗位不利，至贞观十三年（639）率所部处月、处密部落投唐。入唐以后，唐朝授其为右监门大将军。而迫其出走的阿史那步真，应即同娥设，尽管随后自立为咄陆叶护，唐朝也派刘善因册立其为咥利始可汗，但因国人不附，随即亦携家人被迫投降唐朝，后被唐朝授左屯卫大将军。

西突厥泥孰可汗与阿史那步真先后离开汗位后，西突厥仍然处在分裂的状态，东部属于乙毗咄陆可汗，西部属于沙钵罗叶护可汗。贞观二十二年（648），阿史那贺鲁降唐，唐朝又通过阿史那贺鲁之瑶池都督府一度实行了对西突厥故地的统治权①。

正是因为阿史那弥射与阿史那步真先后曾短暂即位为西突厥可汗，在永徽二年（651）阿史那贺鲁反叛以后，唐朝在出兵平叛之际，就充分利用了二人熟悉西突厥形势的优势，派他们一同出征，二人身影多次出现在平叛战场。在平定阿史那贺鲁的叛乱之后，更为了有效羁縻控制降服的西突厥各部及隶属于原西突厥政权的西域诸国，唐朝才扶植二人分别为兴昔亡可汗与继往绝可汗，分设昆陵都护府与濛池都护府，分押西突厥五咄六部与五弩失毕部。都是充分利用了二人曾为可汗的身份，在西突厥各部中有一定的权威，身份与经历均堪当大任。而之所以各分五部，是因为西突厥早先就有十姓部落之说，《旧唐书·突厥传》在追述室点密的事迹时称："初，室点密从单于统领十大首领，有兵十万众，往平西域诸胡国，自为可汗，号十姓部落。世统其众。"② 当年阿史那弥射与阿史那步

---

① 吴玉贵：《突厥汗国与隋唐关系研究》，中国社会科学出版社1998年版，第390页。
② 《旧唐书》卷194《突厥传》，第5188页。

真政争之际，又各自倚重了不同的五部。至于"兴昔亡"与"继往绝"，乃"兴亡继绝"之意，《论语·尧曰》云："兴灭国，继绝世，举逸民，天下之民归心焉。"①《公羊传·僖公十七年》曰："桓公尝有继绝存亡之功，故君子为之讳也。"②古人认为，为已经灭亡之国兴亡继绝为圣德。可见，唐朝在扶植册立西突厥傀儡政权以安抚西突厥之际，应该不会册立一个东突厥支系的王室成员担任西突厥可汗。

总之，通过以上考证，目前可以确定的是，史书关于阿史那弥射为西突厥政权的创立者室点密后裔的记载应该为史实，贞观六年，诏遣鸿胪少卿刘善因就蕃立弥射为奚利邲咄陆可汗的记事应该也是史实。

至于阿史那弥射与东突厥阿史那思摩麾下的右贤王阿史那泥孰之关系，王鸣盛等前贤早已揭出③，史书碑志亦可互印互证，东突厥阿史那泥孰又名阿史那忠，为东突厥小可汗苏尼失之子，贞观四年（630）受其父命擒颉利以献，之后随父降唐。贞观十三年（639），唐遣阿史那思摩率领内附突厥返回漠南突厥旧地，以阿史那泥孰为右贤王，辅佐思摩。显然阿史那弥射与东突厥阿史那忠（泥孰）亦非同一人，二人事迹与家族世系均有别，吴玉贵先生已有很好的辨析④，无需再辩。

最后，对于志文追述志主祖先只从阿史那元庆开始，而忽略投唐的第一代人阿史那弥射的原因，窃以为此与阿史那弥射的最终结局有关。阿史那弥射死于龙朔二年（662），该年唐朝颰海道总管苏海政受诏讨龟兹，唐敕兴昔亡、继往绝二可汗发兵与之俱。

---

① （清）阮元校刻：《十三经注疏》（清嘉庆刊本）第 5 册，中华书局 2009 年版，第 5508 页。
② （清）阮元校刻：《十三经注疏》（清嘉庆刊本）第 5 册，第 4897 页。
③ （清）王鸣盛：《十七史商榷》卷 92《阿史那忠》，凤凰出版社 2008 年版，第 668—669 页；《新唐书》卷 215《突厥传上》附校勘记四，中华书局 1975 年版，第 6050 页；吴玉贵：《阿史那弥射考》，《民族研究》1988 年第 3 期。
④ 吴玉贵：《阿史那弥射考》，《民族研究》1988 年第 3 期。

其间阿史那步真乘间诬告弥射谋反，苏海政受其蛊惑，竟错斩弥射。之后尽管史书记："其后西蕃盛言弥射非反，为步真所诬"①，但毕竟当时唐朝对弥射被杀的理由是其谋反，其后裔为此忌讳或隐晦而有意回护，也是墓志书写的常见现象。同样的，史元庆任职在唐武则天朝，并非隋朝，曾所任"昆陵都护"亦非"安西大都护"，最后被杀也是被误以谋反的罪名，虽然也是国史、家牒记载言之凿凿的史实，但志文同样被篡改或掩饰，显然同样是出于对家族不幸罹难的忌讳和曲笔回护，更是对武周王朝的忌讳和有意回避。

至于西突厥处罗可汗，全称泥撅处罗可汗，名达漫，但据研究他并非出自西突厥，而是出自东突厥木杆可汗系，其父为东突厥泥利可汗。隋仁寿末年因西突厥国乱，达头可汗逃至吐谷浑，西突厥国人拥立达漫为新可汗，建号泥撅处罗可汗②，为西突厥汗国首次由非室点密系担任国君。史书不见处罗可汗与阿史那弥射有直系关系的任何信息，二人为父子之说纯属毫无根据的猜测③。泥撅处罗可汗自大业七年（611）率众入隋后一直被羁留在内地，八年从征高丽，赐号为曷萨那可汗。隋末江都事件后，处罗随宇文化及至河北，化及败，又奔长安投靠了李渊，被唐朝封为归义王，直至武德二年（619），被唐朝放任的东突厥始毕可汗使者杀害。隋朝并未设置安西都护府，同样处罗可汗也并未就任隋安西都护一职。隋朝安西都护不见于史书，却今见于三方唐人墓志。引起学界困惑的这三方墓志④，除撰写于开成二年（837）的《史乔如墓志》外，另有撰写于开元二十四年（736）的《宋知感与张夫人墓志》及撰写于天宝五载

---

① 《旧唐书》卷194《西突厥传》，第5189页。
② 朱振宏：《西突厥与隋朝关系史研究（581—617）》，（台北）稻乡出版社2015年版，第368—369页。
③ 龙成松：《〈史乔如墓志〉与阿史那氏谱系诸问题考述》，《中国边疆史地研究》2021年第2期。
④ 学界对此问题的争议参阅刘森垚《隋代安西都护蠡测》，《西北民族大学学报》（哲学社会科学版）2016年第5期。

(746）的《侯方墓志》①，分别记他们的祖父或曾祖父曾为隋安西都护，但考虑到两位志主生活的年代上距离隋朝灭亡的时间均在百年左右，他们的祖父或曾祖父生活、做官的年代很难到隋代，所以这两方墓志所记的隋安西都护府都是不可信的，显然与《史乔如墓志》所记的情况一样，为一种夸饰或篡改，甚至是对某种真相的掩饰。况且隋代经营西域仅有数年时间，至唐朝魏徵等撰修《隋书》之际没有看到的有关隋安西都护的材料，一二百年后却见诸唐人族谱家牒或墓志的可能性很小，更不可能有几人在同一时间内担任过同一职务。

三 《元和姓纂》与河南史姓

前文指出，《元和姓纂》在史姓"河南"条详细罗列的史姓家族中，其中就有志主家族自史震及其几代后裔。已有学者对此进行了推测或构拟②，那究竟《元和姓纂》所列河南史姓为出自同一支系，还是包括了多个支系，以及他们分别世系情况如何？为论述方便，兹将全文转录于下：

> （史姓"河南条"）本姓阿史那，突厥科罗次汗子，生苏尼失。入隋，封康国公、怀德郡王。生大奈，子仁表，驸马。生忠，左骁卫大将军、薛国公。忠生晡，宋州刺史。晡生思元，右金吾大将军。思元生震、晋、巽、泰。震，右监门将军，生弘、宁寂、容。宁寂生备。容，冀王傅。巽，光禄少卿。泰，蜀州刺史，生寅、审。审，吉州刺史。③

---

① 分别参见周绍良主编《唐代墓志汇编》，上海古籍出版社1992年版，第1463、1594页。

② 龙成松：《〈史乔如墓志〉与阿史那氏谱系诸问题考述》，《中国边疆史地研究》2021年第2期。

③ （唐）林宝撰，岑仲勉校记：《元和姓纂》（附四校记）卷6，中华书局1994年版，第825页。

正如前文提及，这里明确指出，唐代河南史姓出自阿史那氏。阿史那氏为突厥王室姓氏。首先提到的科罗与苏尼失，科罗即突厥科罗可汗，又称乙息记可汗，公元552—553年在位。据研究科罗与木杆、佗钵三可汗为兄弟关系，都是东突厥土门可汗之子①。至于苏尼失，有学者进而将《元和姓纂》与《隋书·突厥传》有关信息对比得出："突厥科罗汗子沙钵略汗，生雍虞闾（或都蓝），次子苏尼失，入隋封康国公，唐怀德郡王。"②则苏尼失为科罗可汗孙，对于苏尼失与其子阿史那忠的事迹，史书有记曰：

> 阿史那社尔，突厥处罗可汗子也……贞观初，阿史那苏尼失者，启民可汗之母弟，社尔叔祖也。其父始毕可汗以为沙钵罗设……及颉利政乱，而苏尼失所部独不携离……颉利乃立苏尼失为小可汗。及颉利为李靖所破，独骑而投之，苏尼失遂举其众归国，因令子忠擒颉利以献。太宗赏赐优厚，拜北宁州都督、右卫大将军，封怀德郡王。贞观八年卒。忠以擒颉利功，拜左屯卫将军，妻以宗女定襄县主，赐名为忠，单称史氏。③

这里记阿史那苏尼失为启民可汗弟，其父为东突厥沙钵略可汗。而且依此可知阿史那社尔为处罗可汗子、启民可汗孙，应为苏尼失侄孙。而苏尼失子为阿史那忠。对于史书此记，《阿史那忠墓志》亦记："公讳忠，字义节，其先代人，今为京兆之万年人也……曾祖太原，祖邕周，并本国可汗……父苏，左骁卫大将军、宁州都督、怀德元王。"④可见，苏尼失与阿史那忠为父子，这一系之世系史书与

---

① 岑仲勉：《突厥集史》下册，中华书局1958年版，第504页。
② 王义康：《突厥世系新证——唐代墓志所见突厥世系》，《民族研究》2010年第5期。
③ 《旧唐书》卷190《阿史那社尔传》，第3288—3290页。
④ 录文初见陕西省文物管理委员会醴泉县昭陵文管所《唐阿史那忠墓发掘简报》，《考古》1977年第2期；后见周绍良主编《唐代墓志汇编》，上海古籍出版社1992年版，第601—603页。

出土文献记载皆合。但上引《元和姓纂》继苏尼失之后进而言："生大奈，子仁表，驸马。生忠，左骁卫大将军、薛国公。忠生晡，宋州刺史。晡生思元，右金吾大将军。"此又记到隋朝大业年间跟随处罗可汗降隋的史大奈。而且似乎称史大奈为苏尼失之子，阿史那忠成了苏尼失的孙子。显然《元和姓纂》此记又有误，岑仲勉已经指出这一节为错简①。正确的应该是苏尼失之后接："生忠，左骁卫大将军、薛国公。忠生晡，宋州刺史。晡生思元，右金吾大将军。"

阿史那忠之后，其墓志记："子太仆卿暕"，与《旧唐书》本传相符。则《元和姓纂》"晡"显即"暕"之讹，又记为宋州刺史，可能为不同时期职任。阿史那暕之下，《元和姓纂》又载"暕生思元，右金吾大将军"。《史瓘墓志》亦称："曾祖讳忠，皇朝封怀德郡王，镇军大将军，赠荆州大都督。祖讳元暕，太仆卿、上柱国、薛国公。考讳思贞，通事舍人。"②封怀德郡王似乎是阿史那忠承袭了其父爵，上引其墓志称其父为"怀德元王"，但其本人墓志却称其"袭封薛国公"。应属以例降爵③，承袭的爵位其实要低于其父爵一等，所以后者应为是。《史瓘墓志》中阿史那忠子阿史那暕全名为元暕。《元和姓纂》载阿史那暕子"思元"，《史瓘墓志》记"考讳思贞"，"思贞"与"思元"，取名规则相同，应该皆为阿史那暕子不虚。加之今由《史乔如墓志》可知，史思元并非史震兄弟之父，则志主家族并非史思元之后，也就是并非苏尼失与阿史那忠一系。

史震并非史思元之子，其兄弟四人震、晋、巽、泰四人名字确实又都从《周易》卦名④，可见《元和姓纂》自史震兄弟这一系确实也是错简，因脱漏太多而误接在思元之后。

---

① （唐）林宝撰，岑仲勉校记：《元和姓纂》（附四校记）卷6，第825页。
② 毛阳光：《两方唐代史姓墓志考略》，《文博》2006年第2期。
③ 唐朝定制，"其庶姓卿士功业特盛者，亦封郡王"，即异姓王。这种异姓王可以世袭，但有别于亲王的世袭罔替，承袭者要例降一等。
④ 龙成松：《〈史乔如墓志〉与阿史那氏谱系诸问题考述》，《中国边疆史地研究》2021年第2期。

上文已考，至于前文所提《元和姓纂》关于史大奈与其子内容的错简一节，牵涉史大奈一系的世系。史大奈为跟随西突厥处罗可汗降隋的突厥特勤，大业七年（611），他与处罗可汗入降，后从隋炀帝打辽东，以功授金紫光禄大夫。之后隋将其部落安置于楼烦郡。李渊晋阳起兵，"大奈率其众以从"，"及平京城，以力战功，赏物五千段，赐姓史氏"①。贞观初年，迁右武卫大将军、检校丰州都督、窦国公。贞观十二年（638），史大奈去世，追赠辅国大将军。史大奈之子，上引《元和姓纂》记："子仁表，驸马。"正史文献对于史大奈家族世系语焉不详，幸运的是近年有学者分别在敦煌写卷和出土墓志中发现了重要的材料。敦煌写卷 S.2078 背面有杂抄习字范本《史大奈碑》残本，其中有"祖莫贺可汗"与"父失咄弥设"之语②。

另外，洛阳出土开元二十四年（736）《史思光墓志铭》载：

> 公讳思光，字昭觉，河南洛阳人也……曾祖统，隋光禄大夫。祖大奈，太原元从功臣第一等，右武卫大将军、上柱国、窦国公，赠辅国大将军，食渠州实封五百户。父仁基，左右金吾将军、绵华宁三州刺史、上柱国、乐陵县开国侯③。

由上引敦煌文书可知，史大奈祖为莫贺可汗，父失咄弥设。据研究，史籍中"莫贺可汗"又作"莫何可汗"，共有三位，但史大奈的祖父最大可能便是处罗侯，处罗侯一般被称为莫何可汗、叶护可汗，均是隋朝册拜的尊号④。史大奈是处罗侯之孙，失咄弥设之

---

① 《旧唐书》卷194《突厥传》，第5180页。
② 游自勇、赵洋：《敦煌写本 S.2078V "史大奈碑"习字之研究》，《魏晋南北朝隋唐史资料》第三十辑，上海古籍出版社2014年版，第169页。
③ 毛阳光主编：《洛阳流散唐代墓志汇编续集》，国家图书馆出版社2018年版，第261页。
④ 游自勇、赵洋：《敦煌写本 S.2078V "史大奈碑"习字之研究》，《魏晋南北朝隋唐史资料》第三十辑，第173页。

子，也是苏尼失的堂侄，均属东突厥科罗可汗一系。而前文已论，昔日史大奈所跟随入隋的西突厥泥撅处罗可汗，据研究实际也是出自东突厥系，①但为木杆可汗系，应为木杆可汗曾孙。则史大奈与泥撅处罗可汗应为同辈，苏尼失比他二人应高一辈，三人同为东突厥汗系。而阿史那弥射为西突厥室点密系，与以上三人宗亲关系较远。

但上引《史思光墓志铭》记："曾祖统，隋光禄大夫。祖大奈"，"统"很容易让人与隋唐之际的统叶护可汗相联系。统叶护可汗为西突厥射匮可汗的弟弟，射匮死而继立之后，他东征西讨，统治了西域，将牙帐迁往碎叶河北的千泉（今吉尔吉斯斯坦境）。统叶护可汗与射匮可汗为达头可汗之孙，而达头可汗又为室点密可汗之子，若如此，史大奈又应该为西突厥裔。但据研究统叶护可汗死于贞观二年（628）②，其生前不见有隋朝的册封，所以很可能史大奈父失咄弓弥设，汉文简称"统"。至于"隋光禄大夫"的官职，一种可能应为史大奈入隋以后，隋朝给其父的赠官；另一种可能，因史大奈降隋以后，有从隋炀帝征辽东之功，得授金紫光禄大夫，但被后世误记为史大奈父得授此衔，很可能《史思光墓志铭》在撰写之际，其家族对于祖先事迹与官爵的记忆已经不甚清楚，此处已出现了混淆或误记。

史大奈逝于贞观十一年（637），葬于醴泉县神迹乡，但从《史思光墓志铭》称志主"河南洛阳人也"，可知至迟开元年间，史大奈孙史思光已经居家河南洛阳；苏尼失死葬地无考，从其子《阿史那忠墓志》可知，志主"以上元二年五月廿四日薨于洛阳尚善里之私第"，说明其家也是定居于洛阳；而阿史那弥射一系，因史乔如死葬河南洛阳，说明其家族也是居家河南洛阳。可见，上引《元和姓纂》史姓"河南"条并无涉及泥撅处罗可汗及其后裔，而是首先包

---

① 朱振宏：《西突厥与隋朝关系史研究（581—617）》，（台北）稻乡出版社2015年版，第368—369页。

② 吴玉贵：《西暨流沙：隋唐突厥西域历史研究》，上海古籍出版社2020年版，第7页。

括了先后降隋唐的史大奈与苏尼失的后裔，苏尼失是科罗可汗孙，史大奈很可能是科罗可汗曾孙。其次，《元和姓纂》史姓"河南"条还包括了阿史那弥射一支，但这一支又将阿史那献之子史震兄弟四人误记入史思元之后，先后错简，彼此混淆。总之，《元和姓纂》成书之际的河南史姓，最初应该至少包括了史大奈、苏尼失及阿史那弥射三人的后裔，可能是前两者血缘较近，后者较远，但是因具有共同的居地与渊源，很可能至中晚唐已有共同的宗祠，至《元和姓纂》编纂之际，他们的祖先记忆可能已经出现混乱或不清。加之《元和姓纂》在后世传抄过程中的错漏、散失，错讹之处已经很多。正因此，今天我们在使用的过程中必须谨慎，引申发挥应言必有据，不严谨的推测或"构拟"不仅无益于问题的推进，而且会误导学界。

史乔如墓志

（本文原载于邢广程主编《中国边疆学》第十八辑，社会科学文献出版社2024年版，第203—220页）

《唐乔梦松墓志》相关问题考

《隋唐五代墓志汇编》洛阳卷第十册收有一墓志拓本图片，墓志前后两部分有志主姓氏名讳处严重受损（疑曾经受到人为的破坏），志文开头与结尾处字迹漫漶不清。该书在拓本图片下方的介绍中拟标题为："囗君及夫人合葬墓志。"进而介绍称："唐开元二十年（公元732年）二月二十三日葬。河南省洛阳市出土。石现藏河南省洛阳古代艺术馆。志石长、宽均71厘米。正书。"[①] 图片清楚显示，志文共30行，满行30字，楷书。该志《唐代墓志汇编续集》有录文，编号为开元107，拟标题为："唐故朝请大夫上柱国检校尚书（下泐）"[②]，但录文错讹、无释者颇多，标点断句也多有误。吴钢主编的《全唐文补遗》录文已经纠正很多，对志主名讳，吴氏在录文标题中补为乔梦松，后加按语仅称："原志墓主名，此据志文及《新唐书·西域传》内容补。"[③] 那么志主究竟是不是唐朝开元年间的大理正、摄鸿胪少卿乔梦松？乔梦松事迹不仅见于《新唐书·西域传》，而且还见于其他多处传世文献。如果志主确为乔梦松，则该志不仅对于弄清唐代乔氏家族的世系源流大有裨益，而且对于弄清乔梦松一生官履与唐朝开元年间的一些相关史事亦有助益。为下文引述之便，先将志文迻录并标点如下：

[①] 陈长安主编：《隋唐五代墓志汇编》洛阳卷，第十册，天津古籍出版社1991年版，第37页。
[②] 周绍良、赵超主编：《唐代墓志汇编续集》，上海古籍出版社2001年版，第527页。
[③] 吴钢主编：《全唐文补遗》第七辑，三秦出版社2000年版，第44—45页。

唐故朝请大夫上柱国检校尚书（下泐约12字）

天有材而不能久，命矣；国有位而不（下泐约14字）人也。其系本于晋，有葬桥山之阳者，因以氏也。故欲□者（下泐约8字）者魏祖玄则称之。七世祖勤，宇文朝骠骑大将军，官终。世（下泐约7字）授其柄，乃为西伯。齐人挫于师，失其东帝。周太祖曰：桥者高也，因去其木为乔。曾祖平州伯凯，荒服是经，海夷即叙。贻谋后以启迪，前光则□□雄□□五凉起焉。而皇祖琳，宰其化，司刑宪官也，五刑致焉；而皇考崇隐，□其理。公早以义烈称，刚劲而不犯，文而有礼，以明法高第，补瀛州河间尉，迁同州冯翊尉，迁京兆三原主簿。在官有政，所莅可征。于左辅，则为前御史中丞李怀让以精干名闻；在王畿，则为前御史中丞徐知仁以政□□进（下泐约2字，2字后应为平阙而空3格）皇帝称善者久之。惟十一年，上将诘邦，禁量国储，使车煌煌，方行天下，□□□称奖，征赋惟错。敕公摄监察御史，勾剑南租税，仍覆囚使。使终，正除监察御史里行。更一年，除监察御史。更一年，除殿中侍御史。更一年，除侍御史。枕兰三载，凌霜一质，雄以雕鹗，视之纪纲。然后迁大理正，执国之宪，惟刑之恤。十六年，将册立于阗、疏勒君长。朝廷伫凭轼之才，责越疆之任，可以专对，非君而谁。乃以君摄鸿胪少卿，出车于安西。流沙大荒，积石千里，秉汉节而不挠，指河源而一息。则夷獠请命，国威遐宣。宛驹来庭，昆璧在府。到今而白羽不起，三闾无风者，是君有大贶于西人矣。天子闻而嘉之，拜朝散大夫，后迁尚书屯田郎中。羽仪仙台，坐讽香阁，仰云津以或跃，顾槐庭而忽悲。开元廿年岁次壬申正月十日甲寅，遘疾终于河南崇政之里第，春秋六十有二。君子曰：名可崇矣，志可励矣，而命不可移矣。信哉！初，君婚长乐冯氏，终。继室以荥（荥）阳郑氏。野王在汉，兄弟毕封；桓公仕周，父子相袭。庆门贻善，德风载洋，履中而正位于室，昇世而同归于我。皆锦衣先悴，坟木早行。许其合焉，周公之礼；崇其封者，孔父之识。则以其年二月廿三日，同窆于北邙原，礼也。继夫人彭城郡之刘氏，（下泐约5字）而有礼，则义之存也。嗣子灌、泌、演等，栾兮棘人，杖而灼兮。则（下泐约7字）者哀之纪，铭者善之旌。因以前人耿光，而见讬词者。文曰：

波以逝兮露以晞，昊天不仁兮仁与世违，道之消兮德之（下泐约8字）安仰。生已劳兮迷而微，死可作兮谁与归？日无冥兮（下泐约10字）兮。华州郑县主簿汝阳□□□

一　志主姓名与其家族源流

墓志因前后两部分有志主姓氏名讳处严重受损（疑曾经受到人为的破坏）而不知志主姓氏名讳，但志文开头部分为志主姓氏提供了线索。其中称："其系本于晋，有葬桥山之阳者，因以氏也。"这里的桥山，即黄帝陵桥山。据传桥山在远古时代曾为有蟜氏居地，而称蟜山，后讹为桥山，相传黄帝葬桥山。在今本《元和姓纂》（附四校记）收录有岑仲勉增补的桥姓，而且称："黄帝葬桥山，支孙守冢者为氏。"后岑氏校记又云："《沈跋》云：'（《路史·后记》）五卷黄帝后有桥氏。注，《姓纂》，桥山支孙守冢者为氏，子孙本'四宵'无桥姓。'按《类稿》一八引作'黄帝葬桥山，支孙守冢，因为桥氏。'"[1] 此为桥氏得姓之说，但"桥"与"乔"有无

---

[1] （唐）林宝撰，岑仲勉校记：《元和姓纂》（附四校记），中华书局1994年版，第559—560页。

关系呢？《新唐书·宰相世系表》记乔姓源出："乔氏出自姬姓，本桥氏也。汉太尉玄六世孙勤，后魏平原内史，从孝武入关，居同州，生朗，朗生达，后周文帝命桥氏去'木'，义取高远也。世居太原。"① 由此，志主家族"其系本于晋"，也就是"世居太原"之意，而"有葬桥山之阳者，因以氏也"，亦即"桥山支孙守冢者为氏"。《新唐书》此处称"桥"改为"乔"乃受"后周文帝命"，而志文亦有"周太祖曰□者□□因"之语，可见志主为乔姓无疑。至于出自太原的乔氏，为何要牵强附会于黄帝桥陵，还要从乔姓之源头说起。

上引《新唐书·宰相世系表》对于乔姓源出的记载，为至今关于乔姓的最权威的记载。唐代以前中原本已有汉姓乔氏，自北朝以来的乔姓，在追溯它们的祖先渊源的时候，不知为何不仅不厌其烦地解释其"乔"与"桥"的关系，还牵强附会的与黄帝扯上关系，进而还与北周的统治者扯上关系。似乎是将毫不相关的几个因素，或不需要特别强调的因素，硬是牵强附会的集于一身，这就不能不令人怀疑其有攀附或伪造的嫌疑。

考察北朝乔姓的渊源，其中就有出自南匈奴之裔者。《后汉书·南匈奴传》记载匈奴姓氏称："异姓有呼衍氏、须卜氏、丘林氏、兰氏四姓，为国中名族，常与单于婚姻。"② 但到了唐代撰修的《晋书·匈奴传》则称："其四姓，有呼延氏、卜氏、兰氏、乔氏。"③ 而据《魏书·官氏志》等，南匈奴贵姓"呼衍氏"后改为"呼延氏"，"须卜氏"改为"卜氏"，而"丘林氏"则是改为"林氏"，并非"乔氏"④。但"丘林"急读应该就是"乔"的读音，说明《晋书·匈奴传》是有根据的，应该是"丘林氏"后来改为"乔"与"林"二姓。

从匈奴姓氏混迹于汉姓的进程来看，自西汉末南匈奴降汉，至

---

① 《新唐书》卷75《宰相世系表》，中华书局1975年版，第3378页。
② 《后汉书》卷89《南匈奴传》，中华书局1965年版，第2944—2945页。
③ 《晋书》卷97《匈奴传》，中华书局1974年版，第2550页。
④ 《魏书》卷113《官氏志》，中华书局1974年版，第3011页。

东汉末年曹操为了进一步控制南匈奴，将匈奴呼厨泉单于质留在邺城，"始分其众为五部，部立其中贵者为帅，选汉人为司马以监督之"①。西晋初年，匈奴大入，"后复与晋人杂居，由是平阳、西河、太原、新兴、上党、乐平诸郡靡不有焉"②。至北朝，经历了北魏汉化运动之后，原来降汉的南匈奴后裔已经遍布今山西、陕西、河北、内蒙古等省（自治区）境内，已经很少有以匈奴裔自称者。可见来自太原一带的乔姓，应来源于降汉的匈奴不虚。其次，就整个匈奴之源出西汉，司马迁在《史记》也是将之视为与华夏同源，所谓："匈奴，其先祖夏后氏之苗裔也。"③再者，所谓汉太尉桥玄六世孙桥勤，因从北魏孝武入关，居同州，周太祖宇文泰命桥氏去"木"改为"乔"，其实也是透露出北朝乔姓的真正来源。北朝宇文氏就源于匈奴，《魏书·宇文莫槐传》《魏书·宇文忠传》均称其先为南单于之远属。同源于匈奴，又追随南单于远属的宇文泰家族，可见志主家族与北周宇文泰家族关系之紧密。而由周太祖宇文泰命"桥"改为"乔"，正好又与西魏、北周之际，在宇文泰父子的推动下兴起的以恢复胡姓为标志的一股所谓"逆汉化"背景相合④。综合这些因素，其中的真相应该是：至迟在北魏汉化之际，本为南匈奴旧姓的志主家族，已经攀附或改姓为汉姓"桥"，至西魏、北周时期又改"桥"为"乔"。由此，志文与史书相关记载互印互证，正好保留了有关志主家族源出的相关信息，恰为我们展示了一个北朝胡姓攀附或构拟姓氏源出的典型案例。

考明了志主姓氏，再来确定被损毁的志主名讳。因志文中志主名讳被毁，故先从考察志主家族成员入手，寻找线索。志文称志主："皇祖琳，宰其化，司刑宪官也，五刑致焉；而皇考崇隐，囗其

---

① 《晋书》卷97《匈奴传》，第2548页。
② 《晋书》卷97《匈奴传》，第2549页。
③ 《史记》卷110《匈奴传》，中华书局1959年版，第2879页。
④ 有关论述参见陈寅恪《隋唐制度渊源略论稿》，商务印书馆2011年版，第141—146页。

理。"巧合的是《唐代墓志汇编》还收录有三方相关墓志，其中两方墓志分别为《唐乔崇隐墓志》与《唐乔崇敬墓志》①。这两方墓志均提及曾祖达，祖宽，父琳，显然此两方墓志志主为兄弟关系。《唐乔崇隐墓志》还记"嗣子大理正梦松"。乔崇隐与乔崇敬的父亲乔琳，正好与此无名氏志主之祖名同，而且巧合的是乔崇隐墓志言其子乔梦松为大理正，而该墓志志主亦一度任大理正，即该志志文所谓"然后迁大理正。执国之宪，惟刑之恤"。乔崇隐死于武周证圣元年（695）六月，春秋卅八，则他长于此墓志志主23岁，可见二人应为父子关系，乔崇隐嗣子乔梦松应即该墓志志主。再者，《唐代墓志汇编》还收录乔梦松夫人冯氏墓志，全称《唐大理正乔□□夫人长乐冯氏墓志铭并序》②，该墓志也是出自河南千唐志斋藏石，志文标题"夫人长乐冯氏"。巧合的是此无名氏墓志志主第一任妻子也是长乐冯氏，志文称志主："初，君婚长乐冯氏，终。"冯氏墓志更是直接点出了乔梦松的名讳，所谓："夫人即……之长女，梁郡乔氏大理寺正梦松之淑媛。"这里两长乐冯氏夫人郡望姓氏合，大理寺正乔梦松的官职与志主一度任职合，名讳与乔崇隐墓志提及的其嗣子名讳合。只是这里称"梁郡乔氏"，"梁郡"乃东汉桥玄之乡，汉高帝五年（202）设梁国，治所在睢阳，相当于今天的河南商丘、虞城、砀山等地。原为两汉之梁国，三国魏文帝黄初元年（220）改为梁郡（今河南商丘），至北周初年（557），又改梁郡置梁州，至隋开皇元年（581）隋文帝杨坚又改梁州为梁郡。这里称"梁郡乔氏"，但不见于志主父与叔墓志，该志正文亦不见，前引《全唐文补遗》的作者补拟在志文标题损毁之处。其实这一差别应该也是透露出志主家族实际为出自北朝乔氏的事实，而且有可能该家族在北魏孝文帝改革与随鲜卑贵族入籍洛阳之际，曾有攀附中原梁郡乔氏的经历。

再来看志主家族世系。志文所记志主家族成员从志主七世祖乔

---

① 周绍良主编：《唐代墓志汇编》，上海古籍出版社1992年版，第1327—1328页。
② 周绍良主编：《唐代墓志汇编》，第1328页。

勤开始，志文记其人在北周为"宇文朝骠骑大将军"。但乔勤之下，直至志主曾祖的几代，因志文剥泐不清，前人录文无释，今据其父乔崇隐墓志可为补充。乔崇隐墓志称："曾祖达，骠骑将军期城郡公；祖宽，左骁卫大将军，营、幽二州总管。"则乔达为志主乔梦松四代祖，乔宽应为其曾祖。但该志却记："曾祖平州伯凯，荒服是经，海夷即叙。贻谋后以启迪，前 光 则□□雄□□五凉起焉。"也就是乔崇隐兄弟墓志所记的乔宽，乔梦松墓志却记为乔凯。两志互参可知，乔宽或乔凯官至"营、幽二州总管"，爵位为"平州伯"。所谓"荒服是经""五凉起焉"，应该是称其人曾经任职西北边疆，而且最初可能任职于凉州一带。这些经历似乎与唐初名将乔师望的经历相似，而且其中乔凯之名与乔师望之名似乎有关，可互为表里，似乎为名与字的关系，即乔凯，字师望。乔师望史书无传，但从史籍的零星记载可知，贞观二年（628）乔师望奉唐太宗之命奔赴漠北，册封夷男为薛延陀真珠毗伽可汗；贞观十四年（640），唐太宗派侯君集灭高昌，建立安西都护府，第一任安西都护又是乔师望。显庆三年（658）十月，唐高宗又册拜乔师望为凉州刺史。而且乔师望曾迎娶唐高祖女庐陵公主，拜驸马都尉，唐高宗即位后册封其爵为襄邑县子，先后治理凉州、益州、润州、华州，病逝于同州刺史任上，爵位是否后来升为平州伯无考，而且是否有营、幽二州总管的经历也不见于史书。如此，乔凯与乔师望事迹颇有异同，但限于文献，尚不能确定究竟是否为同一人。

志主祖乔琳，其父乔崇隐墓志与其叔乔崇敬墓志均记："父琳，朝散大夫、扬州江都县令、饶州司马。"乔琳不再以武功著称，改而以文职立身，做官仅至县令或州司马。

志主父乔崇隐，其本人墓志称，"志学之岁，齿胄国庠，明年，以精书传高第……应洞晓章程举，授大理寺评事"[1]，他不仅早年入

---

[1] 周绍良主编：《唐代墓志汇编》，第1327页。

国子监学习，而且以精书传高第，应洞晓章程举后两度得授大理寺评事。这是其家族任职大理寺的开始。应该是乔崇隐应洞晓章程举与任职大理寺的经历对志主影响较大。

由志文可知志主有子三人，分别为灈、泌、演，事迹不详。也不见他们与唐德宗时一度出任宰相的乔琳有何关系，德宗时的乔琳同样出自并州太原的匈奴裔，与志主家族应为同宗，后因朱泚之乱后从逆出任伪官，被赐死。

总之，志主为乔梦松无疑，相关的几方墓志同出河南洛阳，即洛阳北邙山乔氏家族旧茔，只是因为出土后分藏于各地，加之该志损毁严重，志主名讳受损，在《唐代墓志汇编》收录时已经不能分辨其名讳与其家族关系。

二　志主出使剑南与《唐御史台精舍题名碑》留名相关问题

考实了志主为乔梦松，那么志主名讳是否见诸传世的史籍文献，以及其一生事迹究竟如何？检索乔梦松的事迹见于史籍者有以下几条：

其一，传世《唐御史台精舍题名碑》，碑阴所刻侍御史并内供奉人员中有乔梦松，监察御史名单也有乔梦松[1]。

其二，《通典》等记开元九年（721）正月，由监察御史宇文融等奏置的劝农判官二十九人中就有乔梦松[2]。

其三，《新唐书·西域传》疏勒国条下有记曰："开元十六年，始遣大理正乔梦松摄鸿胪少卿，册其君安定为疏勒王。"[3]

其四，《册府元龟》卷九六四亦保留有乔梦松出使册立于阗与疏

---

[1] 见（清）赵钺、（清）劳格撰，张忱石点校《唐御史台精舍题名考》卷2，中华书局1997年版，第49页。
[2] 《通典》卷7《食货典》，中华书局1988年版，第151页。
[3] 《新唐书》卷221《西域传》，第6233—6234页。

勒二国国王的两份唐朝诏书。

其五，《唐两京城坊考》有"朝请大夫上柱国检校尚书屯田郎中乔梦松宅"[①]。

以上是传世文献所见乔梦松名讳事迹的几处记载，可喜的是志文均有反映，而且彼此互印互证，不仅可以完整勾勒出志主一生的官履生涯，而且为弄清同时期相关问题提供佐证。前面提到，志主早年在科举考试中"以明法高第"。唐承隋制，以科举考试选拔人才，至高宗、武后逐渐趋于完备。唐制取士分制科与常科，常科名有秀才、进士、明经、明法、明书、名算，明法科即是其一。志主卒于开元廿年，春秋六十有二，应出生于唐高宗咸亨二年（671）。由志文可知，志主在明法科中第以后，先是任瀛州河间县（治今河北省河间市）县尉，后转同州冯翊县（治今陕西大荔县）县尉，再迁京兆三原县（治今陕西三原县）主簿。县尉和主簿同级，都是七品县令的副官，一般都是从九品的基层小官。乔梦松在任县尉、主簿期间皆有政绩，先后得到御史中丞李怀让与徐知仁的认可与荐举。所谓"于左辅，则为前御史中丞李怀让以精干名闻"，左辅即冯翊，李怀让任御史在唐中宗景龙年间（707—709），可知志主任同州冯翊县尉就在同时，而任三原县主簿应在稍后。因志文称："在王畿，则为前御史中丞徐知仁以政□□进"，可知志主任职三原县主簿的时间又在徐知仁任御史中丞期间。徐知仁任御史中丞的时间大约在中宗后期至玄宗开元十三年（725）以前。

从志文反映，志主任三原县主簿之后方任职御史台。继上引文所谓"在王畿，则为前御史中丞徐知仁以政□□进，皇帝称善者久之"之后，往下所记已是开元十一年（723）志主"摄监察御史，勾剑南租税"事。这里似乎遗漏了开元九年（721）志主作为宇文融奏置劝农判官二十九人之一奉旨出使事。但仔细比较，志文所记

[①] （清）徐松撰，李健超增订：《增订唐两京城坊考》卷5《东京》，三秦出版社2006年版，第302页。

开元十一年（723）事显然与史书所记开元九年事为一回事。对于志主开元九年奉旨出使事，《通典》与《旧唐书·食货志》均有记载，前者记载尤详曰：

> （开元）九年正月，监察御史宇文融陈便宜，奏请检察伪滥兼逃户及籍外剩田。于是令融充使推勾，获伪勋及诸色役甚众，特加朝散大夫，再迁兵部员外兼侍御史。融遂奏置劝农判官，长安尉裴宽等二十九人，并摄御史分往天下。慕容珣、王冰、张均、宋希玉、宋询、韦洽、薛侗、乔梦松、王诱、徐楚璧、徐锷、裴宽、崔希逸、边冲寂、班景倩、郭廷倩、元将茂、刘日正、王焘、于孺卿、王忠翼、何千里、梁勋、卢怡、库狄履温、贾晋、李登、盛廙等，皆知名士。判官得人，于此为盛，其后多至显秩。所在检责田畴，招携户口。其新附客户，则免其六年赋调，但轻税入官。阳翟县尉皇甫憬、左拾遗杨相如并上疏，盛陈烦扰不便。宽等皆当时才彦。使还，得户八十余万，田亦称是。憬遂贬为衢州盈川尉。融拜御史中丞。①

《旧唐书·食货志》亦有记曰：

> 开元中，有御史宇文融献策，括籍外剩田、色役伪滥及逃户，许归首，免五年征赋。每丁量税一千五百钱，置摄御史，分路检括隐审。得户八十余万，田亦称是，得钱数百万贯。玄宗以为能，数年间拔为御史中丞、户部侍郎。②

两相比较，同一事件《通典》记为开元九年（721），而《旧唐书·食货志》记为开元中。其间志主作为宇文融奏置劝农判官中的

---

① 《通典》卷7《食货典》，中华书局1988年版，第150—151页。
② 《旧唐书》卷48《食货志》，第2086页。

二十九人之一出使。因这次宇文融奏置劝农判官后，时人评价"判官得人，于此为盛，其后多至显秩"。尤其强调这二十九人"皆知名士"，以后"多至显秩""并迁监察御史"。而且称这次检括户口得户八十余万。可见，这次选人出使的影响之大，而出使的任务正是勾检户口与清查地方租税。

那么唐朝这次派遣劝农判官出使有何背景呢？据史书反映，该时期唐朝全国各地隐瞒户籍、人口与各种逃税现象非常严重。早在开元八年（720），史书就记："八年，天下户口逃亡，色役伪滥，朝廷深以为患。"[①] 次年，因宇文融"奏请检察伪滥兼逃户及籍外剩田"。随之令融充使推勾，"获伪勋及诸色役甚众"[②]。由此结合以上史料可知，唐朝这次派遣劝农判官出使针对的问题，一是"逃户"的问题，即为了逃避国家繁重的赋役负担，出现"天下户口逃亡"的现象；二是"伪勋"与"色役伪滥"的问题，即地方官吏与豪强地主伪造勋爵、冒领俸禄的情况，以及向民间摊派各种名目的徭役赋税的情况；三是"籍外剩田"，就是按照国家规定的授田标准获得正常的授田之外、自行霸占土地的问题。"逃户"是针对老百姓的，是为了检括出隐户，增加统治者实际控制的人口，增加赋役人口；"伪勋"与"色役伪滥"是针对地方官员与豪强势力的，为检括纠察出他们伪造、假冒的勋爵，以及他们伪造名目强加给老百姓的各种赋税徭役；"籍外剩田"也是针对地方官员与豪强势力的。这三者结合起来，首先得益的是唐朝政府，可以为中央政府增加赋役人口，增加被地方官员与豪强势力隐瞒的土地，增加中央政府的财政收入，加强对地方土地、人口的管理，当然对广大下层人民来说，也因之而减轻了色役负担，分得了更多的土地。

由此，志主于开元十一年（723）出使剑南，志文所谓"使车煌煌，方行天下"之出使，与唐朝从开元九年（721）以来中央政府

---

① 《通典》卷7《食货典》，第150页。
② 《通典》卷7《食货典》，第150—151页。

派人出使是一回事。所谓"上将诘邦，禁量国储"，应即中央问责地方，丈量土地，检查非法，增加国家财政储蓄；所谓"征赋惟错""勾剑南租税"，都是中央加强对地方财政控制，征调地方赋税的措施。自开元八年（720）以来，唐朝廷已经开始认识到天下户口逃亡，色役伪滥问题的严重性，于是开元九年（721）接受了监察御史宇文融奏置劝农判官出使巡查的建议。随之唐朝廷先是令宇文融充使审查，结果进一步发现伪勋及伪滥色役众多的情况。之后，朝廷应宇文融奏请，设置劝农判官二十九人，以摄御史的身份，派往全国各地巡查。志主作为二十九名劝农判官之一，但具体出使的时间到了开元十一年（723）。志主出使审查的是剑南道，出使期间除了勾检剑南租税等财政外，还勾检覆核死囚等事项。剑南道当时是唐朝财政赋税所出的重要一道，志主能够得以委任，可见受朝廷的信任与认可。如此以来，该志就为我们全面了解开元九年以来唐朝在宇文融的奏请之下分设劝农判官与御史巡查天下的这一重大事件，提供了新资料。

现在再来看有关志主得以在传世的《唐御史台精舍题名碑》留名的问题。前文已述，该碑碑阴所刻侍御史并内供奉人员中有乔梦松，但对于志主乔梦松任侍御史的具体时间不知，其任职御史台的起始时间也是不清楚的。对于《唐御史台精舍题名碑》的篆刻与所记御史人名的时间，张忱石在其校著序言："唐御史台在长安城承天门街之西，第六横街之北。长安初年，台狱建筑精舍并为之立碑。左补阙崔湜迁拜殿中侍御史，正值精舍竣工，御史台同僚推指崔湜撰写碑文。但撰成不久，因崔湜获罪罢职，至开元十一年（723）方由殿中侍御史、书法家梁昇卿追书成文，石匠赵礼镌刻成碑。"[①]崔湜出身于博陵崔氏，进士及第，曾预修《三教珠英》，武周长安元年（701）《三教珠英》修成，崔湜因此升迁殿中侍御史。唐中宗

---

① （清）赵钺、劳格撰，张忱石点校：《唐御史台精舍题名考》附《点校说明》，中华书局1997年版，第4—5页。

时，崔湜升转为考功员外郎，但他先后依附于武三思、上官婉儿，唐隆政变后，他又依附于太平公主，升任同中书门下三品，官至中书令。至开元元年（713）七月，唐玄宗铲除太平公主，崔湜便被流放岭南，途中被赐死。可见，所谓由崔湜任殿中侍御史时撰写部分，应该为仅限于武周时期者，而开元十一年（723）由殿中侍御史、书法家梁昇卿追书者，应即中宗朝以来至玄宗开元十一年的记录。开元十一年志主被分派剑南之际，其职任是劝农判官加"摄监察御史"，出使回来后因功"正除监察御史里行"。时间恰好与殿中侍御史、书法家梁昇卿追书的时间相合。

开元十一年（723），志主以"摄监察御史"出使，回来后因功"正除监察御史里行"，又过了一年"除监察御史"，再一年"除殿中侍御史"，后又过了一年"除侍御史"。所谓"枕兰三载"，兰为兰台，亦即御史台。志主任职御史台三年时间，"然后迁大理正"。这里记载了志主由摄监察御史到大理正的官履升迁过程，为我们勾画出了一幅唐代御史台的构成与其官员升迁的完整图画。唐代御史台"其属有三院：一曰台院，侍御史隶焉；二曰殿院，殿中侍御史隶焉；三曰察院，监察御史隶焉"[1]。志主进入御史台的第一步"摄监察御史"之"摄"仅为暂时代理之义。第二步为"正除监察御史里行"。关于监察御史里行的起源，《唐六典》记载："武德初，监察御史置八人。贞观二十二年（648），加监察二人。其外，又置监察御史里行。其始自马周以布衣太宗令于监察御史里行，自此便置'里行'之名。"[2] 杜佑《通典》注释："太宗置，自马周始焉……凡里行，皆受俸于本官，多复本官者。"[3] 应该是已获得进入监察御史的身份，但仍非正官。第三步"除监察御史"，方才有了具体的官职。《新唐书·百官志三》："监察御史十五人，正八品下。掌分察

---

[1] 《新唐书》卷48《百官志》，第1235页。
[2] 《唐六典》卷13《御史台》，中华书局1992年版，第381页。
[3] 《通典》卷24《职官·监察侍御史》，第675页。

百僚，巡按州县，狱讼、军戎、祭祀、营作、太府出纳皆莅焉；知朝堂左右厢及百司纲目。"① 第四步，"除殿中侍御史"，《新唐书·职官三》："殿中侍御史九人，从七品下，掌殿庭供奉之仪，京畿诸州兵皆隶焉。正班，列于阁门之外，纠离班、语不肃者。元日、冬至朝会，则乘马、具服、戴黑豸升殿。巡幸，则往来门旗之内，检校文物亏失者。一人同知东推，监太仓出纳；一人同知西推，监左藏出纳；二人为廊下食使；二人分知左右巡；三人内供奉。"② 第五步，"除侍御史"，唐朝在御史台的长官御史中丞之下置侍御史，是以年深御史充任，总管御史台庶务。《唐六典》记："侍御史四人，从六品下……掌纠举百僚，推鞫狱讼。"③ 志主的经历，正是从御史台察院到殿院，最后到台院，品级也从正八品下升到了从六品下。之后墓主由御史台迁任大理寺，任职大理寺正。《唐六典》载："大理正二人，从五品下……龙朔二年改为详刑大夫，咸亨元年改为大理正。光宅元年改为司刑正，神龙初复旧……掌参议刑狱、详正科条之事。"④ 大理正为全国最高的法律机构大理寺的官员，品级为从五品下，常设为两人，大理正主要是负责辅佐上面的大理卿和少卿，"执国之宪，惟刑之恤"。志主由御史台的官员调任大理寺，是因为唐代御史台与大理寺的工作互有联系，一般案件由大理寺审理，如遇重大案件，则由尚书刑部、御史台、大理寺一同审判，是为"三司推事"。

三 志主出使西域册立于阗、疏勒二国事迹

志文所记志主继开元十一年（723）出使剑南以后，又记其出使西域事，恰好又与史书相关记载互印互证。上引《新唐书·西域传》

---

① 《新唐书》卷48《百官志》，第1239页。
② 《新唐书》卷48《百官志》，第1239页。
③ 《唐六典》卷13《御史台》，第379—380页。
④ 《唐六典》卷18《大理寺》，第502—503页。

疏勒国条仅记开元十六年（728），唐朝遣大理正乔梦松摄鸿胪少卿册安定为疏勒王。这里仅记了志主出使并册立疏勒王事，其实从传世的册立诏书已知，这一次志主出使同时还册立了于阗王，二者可互为印证。志文所谓："十六年，将册立于阗、疏勒君长。朝廷仿凭轼之才，责越疆之任，可以专对，非君而谁。乃以君摄鸿胪少卿，出车于安西。"首先，志主这次出使的身份为大理正摄鸿胪少卿。因志主在出使前的职务是大理正，唐朝往往为出使者加官，鸿胪少卿为鸿胪寺的副主官，为从四品下，因鸿胪寺官员主管四夷外交事，如此不仅提高了志主出使的权威，而且令其身份与出使使命相符。志主出使远征，最终顺利完成了使命，为边疆赢得了安宁，所谓："流沙大荒，积石千里，秉汉节而不挠，指河源而一息。则夷徼请命，国威遐宣。宛驹来庭，昆璧在府。到今而白羽不起，三间无风者，是君有大贶于西人矣。"那么，志主这次出使的历史背景怎样，其意义究竟在哪里呢？

众所周知，于阗、疏勒原为唐初的西域大国，自从贞观后期降服以后，唐朝在西域陆续设置安西、北庭二都护府与安西四镇，在直接军事管控的同时，还保留了他们原有的王室，尤其在行政上通过他们对原居民进行羁縻统治。但因为二国又位于西域南道，地近吐蕃，吐蕃进入西域，无论向西从位处葱岭的大、小勃律，还是直接穿越昆仑山，都必须经于阗或疏勒，才能进入西域。再考察该时期的唐蕃关系，恰是紧张之际。玄宗开元初年以来，唐朝与吐蕃间又因河西九曲地大开边衅，吐蕃对唐朝的进攻逐渐升级。开元十四年（726）、十五年（727）吐蕃大军几次攻入河西走廊凉州、甘州，攻陷瓜州城，进攻玉门军，同时期还与西域突骑施政权加强联系。开元十五年，史载，"闰月，庚子，吐蕃赞普与突骑施苏禄围安西城，安西副大都护赵颐贞击破之"[①]。由此可见，首先开元十六年

[①] 《资治通鉴》卷213 开元十五年（727），第6779页。

(728) 前后，是唐蕃战争激烈之时，为防止吐蕃进入西域，唐朝也加强了对西域藩属政权的控制。

其次，考察该时期的于阗、疏勒王位世系，又都是二国新老国王交替之际。首先来看于阗。于阗为唐朝最早控制的安西四镇之一，唐贞观六年（632），在唐朝的声威之下，本臣于西突厥的于阗王遣使者向唐入献，随之又遣子入侍。贞观二十一年（647），在唐朝派阿史那社尔等平定龟兹之际，"其王伏阇信大惧，使其子以驼万三百匹馈军"①。尽管如此，阿史那社尔还是派其长史薛万备率轻骑出兵于阗，最终于阗王伏阇信被迫来唐朝见。当他到达长安后，得到刚刚登基的唐高宗的接见，并授其右卫大将军，子叶护玷为右骁卫将军。随后在唐高宗调整西域政策以后，对于安西四镇地区军事上直接控制，行政上改为了羁縻统治，放还于阗王伏阇信归国。伏阇信归国后，不仅屡次派遣子弟入朝宿卫，而且至高宗上元初年（760），又"身率子弟酋领七十人来朝，击吐蕃有功，帝以其地为毗沙都督府，析十州，授伏雄都督"。到武则天天授三年（692），史书又记："腊月，立故于阗王尉迟伏阇雄之子璥为于阗王。"② 说明于阗王尉迟伏阇雄（信）死而武后立其子璥。之后，史书记："开元时献马、驼、貂。璥死，复立尉迟伏师战为王。死，伏阇达嗣，并册其妻执失为妃。死，尉迟珪嗣，妻马为妃。珪死，子胜立。至德初，以兵赴难，因请留宿卫。"③ 也就是从武则天时立的尉迟璥之后，至唐肃宗至德年间的尉迟胜之间，相继为王的有尉迟伏师（战）——伏阇达——尉迟珪——尉迟胜。但据史书另有记载，应该是在武则天所立的尉迟璥与开元十六年（728）唐玄宗时所立的尉迟伏师之间，还有一任于阗王尉迟眺。

对于于阗王尉迟眺的事迹，还必须从唐高宗朝说起。唐高宗显

---

① 《旧唐书》卷198《于阗国传》，第5305页。
② 《资治通鉴》卷205则天后长寿元年（692），第6477页。
③ 《新唐书》卷221《于阗国传》，第6235—6236页。

庆五年（660）西突厥思结都曼所率军队曾一度攻占于阗。自武则天朝，原为西突厥一部的突骑施政权崛起，唐朝被迫册封其可汗娑葛为十姓可汗。唐中宗景龙年间，其首领娑葛与唐朝实际支持的阿史那忠不和，互相攻伐，可能一度曾经占领于阗。之后《景龙文馆记》有记："碎叶镇守使中郎将周以悌率镇兵数百人大破之（娑葛），夺其所侵忠节及于阗部众数万口。"① 此说明，包括于阗在内的西域地区，曾为唐朝支持的阿史那忠控制，但中间一度被西突厥娑葛控制，直至碎叶镇守使中郎将周以悌大破娑葛，被侵夺的于阗部众数万口被唐朝解救，似乎于阗王也重新倒向了唐朝一边。但根据史书的另一记载，于阗勾结西突厥叛唐，一直持续到了唐玄宗开元十三年（723）。据《旧唐书·杜暹传》记：开元十二年（724），唐朝擢拜杜暹为安西副大都护，"明年，于阗王尉迟眺阴结突厥及诸蕃国图为叛乱，暹密知其谋，发兵捕而斩之，并诛其党与五十余人，更立君长，于阗遂安"②。此说明唐玄宗开元十三年之前于阗王曾为尉迟眺，因他会同邻国企图背叛唐朝投向西突厥，结果被杜暹得知后及时发兵铲除，制止了背叛行径，更换了亲唐的新王，于阗得到了及时的安抚。这里的西突厥，应该已为突骑施苏禄政权。

由此说明，从唐中宗景龙年间以来，于阗曾多次投向号称西突厥别部的娑葛、苏禄政权，前次被周以悌大破娑葛后归唐，后又在苏禄勾结吐蕃犯唐之际，又曾倒向突骑施苏禄政权，直至开元十三年（725）杜暹及时发兵铲除。这期间先后投向突骑施娑葛与苏禄，后被杜暹擒杀的于阗国王应该就是尉迟眺。更立的于阗国王史书不见其名，但结合开元十六年（728）唐朝派遣志主乔梦松前去册立于阗事可知，被册立者又为尉迟伏师。《册府元龟》卷九六四保留了唐朝派遣乔梦松出使册于阗王尉迟伏师文，其文曰：

---

① 《资治通鉴考异》引《景龙文馆记》所记，《资治通鉴》卷209中宗景龙三年（709），第6632页。

② 《旧唐书》卷98《杜暹传》，第3076页。

开元十六年正月，封于阗阿摩支、知王事、右武卫大将军员外置同正员、上柱国尉迟伏师为于阗王。册曰：践义立身，资忠成性，禀崆峒之气，威武可称；慕函夏之风，款诚必尽，功著沙漠，声闻阙庭，宜有褒崇，俾膺封建。今遣大理正摄鸿胪少卿乔梦松册尔为于阗王。于戏！祇若顺训，聿修令德，无怠无荒，以保土宇。尔往钦哉。①

这里所谓"阿摩支"，据向达先生在《唐代长安与西域文明》中考证，当时于阗王和疏勒王俱称阿摩支，为宰相大臣之义，因其臣属突厥，故有此称呼②。

又称"知王事"，说明在册立以前他已经主政，实际已经为于阗国王。称其"践义立身，资忠成性"，应即当年亲唐而配合杜遑铲除尉迟眺背叛唐朝的事。可见，由杜遑新立者也是尉迟伏师。因正式册命必须奏请唐朝中央，于是才有开元十六年（728）正月唐朝派遣乔梦松出使册立事。对此事，藏文资料称中国大臣 ser-the-si 和于阗王 Vijaya Dharma 合作，有学者认为应即杜遑与尉迟伏师合作抗击吐蕃事迹③。确切地说，杜遑与尉迟伏师合作抗击的应该是突骑施勾结吐蕃争夺于阗事。如此，已知的于阗王世系可图示为：伏阇雄（信）——尉迟璥——尉迟眺——尉迟伏师——伏阇达——尉迟珪——尉迟胜。

相较于于阗，志主此次一并册立的疏勒国的背景如何？其国之王统世系又如何？史书对于疏勒的记载不多，而且语焉不详。《通典·边防典》对疏勒自唐以来的历史仅记："唐贞观中朝贡。今其国王姓裴，并有汉时莎车、捐毒、休循三国之地，侍子常在京师。"④《新唐书·疏勒传》开头记："疏勒，一曰佉沙……王姓裴氏，自号

---

① 《册府元龟》卷964《外臣部·册封二》，第11344页。
② 向达：《唐代长安与西域文明》，生活·读书·新知三联书店1957年版，第30页。
③ 殷晴：《于阗尉迟王家世系考述》，《新疆社会科学》1983年第2期。
④ 《通典》卷192《边防典·疏勒》，第5226页。

'阿摩支'，居迦师城，突厥以女妻之。胜兵二千人。俗祠祆神。"①显然这里所记为唐朝最初经营西域时的记事。接下来新旧唐书《疏勒传》均记载了贞观九年（635）与贞观十三年（725）疏勒国向唐朝的两次朝贡及开元十六年（728）唐朝的这次册封。《新唐书·疏勒传》还多记了两条，其一，"仪凤时，吐蕃破其国"②；其二，"天宝十二载，首领裴国良来朝，授折冲都尉，赐紫袍、金鱼"③。可见，《通典》所记应为源自唐朝《西国志》的材料，为唐高宗显庆、龙朔年记事，非常简略。两唐书《疏勒传》在唐朝国史《西国志》的基础上略有补充，所提供的信息也十分有限。在正史传记信息有限的情况下，新材料的发现就为深入了解开元十六年（728）唐朝册立疏勒国的背景与其王统世系大有裨益。

　　考察疏勒国归唐的历史，应该也是自贞观二十一年（647）唐朝派阿史那社尔等平定龟兹之际，疏勒与于阗等政权相继归唐，随后唐朝对之施行的应该是羁縻统治。显庆三年（658）平定阿史那贺鲁的叛乱之后，唐朝出兵再次控制了疏勒，随之唐朝徙安西都护府于龟兹，下统于阗、碎叶、疏勒，与之合为安西四镇。不久又发生了为唐朝镇守疏勒的思结阙俟斤都曼发动的叛乱，史书记："俄有思结阙俟斤都曼先镇诸胡，拥其所部及疏勒、朱俱般、葱岭三国复叛，诏定方为安抚大使，率兵讨之。"④唐朝及时派苏定方出征，结果都曼自知不免，很快面缚开门出降，苏定方羁押都曼特勒（勤）归朝献捷，葱岭以西悉定。但疏勒、于阗一度还是叛服无常，龙朔二年（662）苏海政受诏讨龟兹及疏勒，结果受吐蕃干涉无果而归。麟德二年（665）疏勒、弓月两国共引吐蕃兵，以侵于阗。咸亨元年（670），吐蕃陷安西，唐朝被迫罢四镇。直至咸亨四年（673）弓月、疏勒二国王入朝请降。从麟德二年至咸亨四年的八年时间里，

---

① 《新唐书》卷221《疏勒国传》，第6233页。
② 《新唐书》卷221《疏勒国传》，第6233页。
③ 《新唐书》卷221《疏勒国传》，第6234页。
④ 《旧唐书》卷83《苏定方传》，第2779页。

疏勒叛服无常，常听命于吐蕃和西突厥。仪凤二年（677）西突厥及吐蕃寇安西，疏勒为吐蕃所破。调露元年（679）裴行俭以护送波斯王子为名，智擒西突厥十姓可汗阿史那都支及别帅李遮匐以归，疏勒再次归唐，重新为唐安西四镇之一。

到了武则天垂拱二年（686），在吐蕃进攻唐朝安西四镇之际，唐朝可能再次失去对疏勒的控制，《拔四镇议》在描述吐蕃入寇的时候称，吐蕃"大入西域，焉耆以西，所在城堡无不降下，遂长驱东向，逾高昌壁，历车师庭，侵常乐县界，断莫贺延碛，以临我敦煌"[1]。说明垂拱年间在吐蕃的进攻之下，包括疏勒在内的安西四镇再次被吐蕃控制。正因此，才有忠武将军疏勒人裴沙钵罗助李都护再谋拔四镇，唐朝被迫"拔龟兹，放疏勒"。直至长寿元年（692）王孝杰败吐蕃，克复四镇，疏勒再次复归唐朝控制。

中宗景龙二年（708）突骑施首领娑葛叛，自立为可汗，遣弟遮弩率众犯塞，其中出兵疏勒，安西大都护郭元振坚守疏勒，于河口栅与之对抗，唐朝四镇路绝。景龙三年（709）娑葛遣使来降。直至玄宗开元十六年（728），唐朝始遣大理正摄鸿胪少卿乔梦松册疏勒王裴安定为王。

由以上梳理，反映出唐玄宗以前，唐朝除了军事上设镇控制疏勒外，对其王室很大程度上仅限于羁縻控制，致使其几度反复叛投西突厥与吐蕃。直至玄宗开元十六年（728）唐朝始遣使前去正式册立其王，从此加强了对疏勒的控制，也大大拉近了疏勒王室与唐朝中央的关系。至天宝十二载（753）其首领裴国良来朝。肃宗上元中，为了加强对疏勒地区的军防级别，又设置疏勒都督府。但随

---

[1] 《全唐文》卷219《拔四镇议》。对于《拔四镇议》所记载的这次吐蕃进攻西域，具体时间学界有争议，但根据敦煌古藏文《大事纪年》分别于686年或687年载："及至狗年……大论钦陵声言领兵赴突厥，实延缓未行"，"及至猪年……大论钦陵领兵赴突厥'龟兹之境'"；另据688年陈子昂上疏言："国家近废安北，拔单于，弃龟兹，放疏勒……"亦印证这次四镇的丢失就在此时期。说明汉藏文记载是暗合的，而《拔四镇议》所记应该就是687年事。

着中原局势的板荡，吐蕃占领河西、陇右，包括疏勒、于阗在内的西域南道各城邦，一度相继陷落于吐蕃。

疏勒在于阗以西，只有平定于阗的叛乱，通向疏勒的道路才能畅通，于阗的最后一次叛乱直至开元十三年（725）杜暹才发兵铲除，所以对于疏勒的册立也到了开元十三年以后。继上引《册府元龟》卷九六四《册于阗国王文》后记：

又封疏勒阿摩支裴安之为疏勒国王，册曰：维开元十六年岁次戊辰正月戊戌朔十四日辛亥，皇帝若曰：万邦述职，无隔华夷，五等疏封，式固藩屏。咨尔疏勒阿摩支、知王事、左武卫将军员外置裴安之，诞灵蒲海，禀秀葱山，蕴义以立名，蹈仁而成德。虽日月所照，莫非王土，而烽燧时警，犹曰虏庭。遂能扞彼边陲，归我声教，载阐畴庸之义，俾弘利建之风。今遣大理正摄鸿胪少卿乔梦松册尔为疏勒王。于戏！允迪彝庚，勿替敬典。绥厥戎落，永为汉藩。尔往钦哉。①

由前引《新唐书·西域传》疏勒国条与这份册命诏书可知，唐朝这次派志主乔梦松册立的疏勒王为裴安之，由其之前的官职为"知王事""左武卫将军员外置"的称号可知，此人应该是之前已经得到唐朝安西都护的支持，在唐朝册立之前已经登基称王，只是至此方得到唐朝廷的正式颁授册立。而从"遂能扞彼边陲，归我声教"等句可见，显然此王之前也是经历了动乱后亲唐、投唐的疏勒王室成员。而志主在唐朝抗击吐蕃、突骑施联合争夺西域安西四镇之际，出使册命位处西域南道的于阗与疏勒二国，可见其身份特殊，使命重大。

---

① 《册府元龟》卷964《外臣部·册封二》，第11344页。

乔梦松墓志

［本文原载于《石河子大学学报》（哲学社会科学版）2024 年第 2 期］

《吐谷浑喜王慕容智墓志》及相关问题考

《吐谷浑喜王慕容智墓志》出土于甘肃武威，该墓葬的挖掘简报已经刊发在《考古与文物》2021年第2期①，同期还刊发了两篇相关研究文章②。但已刊发的相关文章对志文释录和断句多处有误，加之相关史事亦有进一步阐释之处，故谨撰此文，以求正于方家。

据报道可知，该墓志为甘肃省文物考古研究所于2019年9月在甘肃天祝县祁连镇岔山村一处墓葬进行抢救性发掘时发现的。在距该墓葬东北约15千米的武威市凉州区青咀湾和喇嘛湾一带曾经发现多处唐代吐谷浑王室成员墓葬。据报道该墓葬是目前所发现的唯一保存完整的吐谷浑王族墓葬。据简报，墓志由盖、志两部分组成，青石质，正方形。志盖盝顶，底边长54.5厘米、宽54.2厘米、顶边长39.6厘米、宽39.6厘米、厚8.8厘米，正面中间阴刻篆书"大周故慕容府君墓志"，周围饰以缠枝卷草花卉纹。墓志边长53.7厘米、厚9.2厘米。正面楷书，志文20行，满行21字，共刻392字。从简报所附志文照片来看，志文刻写清晰，保存完好。其中"天""地""日""月""年""正""授"等为武周新字。左侧面

---

① 甘肃省文物考古研究所等：《甘肃武周时期吐谷浑喜王慕容智墓发掘简报》，《考古与文物》2021年第2期。
② 刘兵兵、陈国科、沙琛乔：《唐〈慕容智墓志〉考释》，《考古与文物》2021年第2期；沙武田、陈国科：《武威吐谷浑王族墓选址与葬俗探析》，《考古与文物》2021年第2期。

纵刻两行文字或文字形符号，其中部分符号具有和汉字相同的偏旁部首，或偏旁部首的组合体。史籍中记："吐谷浑，其先居于徒河之清山，属晋乱，始度陇，止于甘松之南，洮水之西，南极白兰，地数千里。有城郭而不居，随逐水草，庐帐为室，肉酪为粮。其官初有长史、司马、将军。近代已来，有王公、仆射、尚书、郎中。其俗颇识文字。"① 过去对其"颇识文字"，学界一般认为是指汉字，并非其本民族的文字。因史籍记该民族"自吐谷浑至叶延曾孙视罴，皆有才略，知古今，司马、博士皆用儒生"②。但据前引学者研究，以上字符从字形上来说，与契丹大字最为接近，就字意来说也与契丹大字有相似之处，则是否为魏拓跋鲜卑部早期所创之鲜卑文字，或吐谷浑人自创的文字③，可能价值极大。其实，除以上史料外，《洛阳伽蓝记》就确切记载："唯吐谷浑……其国有文字，况同魏。"④ 过去同样对此记载不是很理解，现在结合该志来看，吐谷浑人当时就是有自己的文字，而且就是与北魏拓跋鲜卑部早期所创之鲜卑文字相同或相近。为便于下文引述，兹将志文重新释录、标点如下：

大周故云麾将军守左玉钤卫大将军员外置喜王慕容府君墓志铭并序

王讳智，字哲，阴山人，拔勤豆可汗第三子也。原夫圆穹写象，珠昴为夷落之墟；方礡凝形，玉塞列藩维之固。其有守中外，沐淳和，贵诗书，践仁义，则王家之生常矣；廓青海，净湟川，率荒陬，款正朔，则主家之积习矣。故能爪牙上国，跨躏边亭，控长河以为防，居盘石而作固。灵源茂绪，可略言焉：祖丽杜吐浑可汗。父诺曷钵，尚大长公主，驸马都尉、跋

---

① 《旧唐书》卷198《吐谷浑传》，中华书局1975年版，第5297页。
② 《通典》190《边防典·吐谷浑》，中华书局1988年版，第5164页。
③ 刘兵兵、陈国科、沙琛乔：《唐〈慕容智墓志〉考释》，《考古与文物》2021年第2期。
④ 向荣译注：《洛阳伽蓝记》，中华书局2012年版，第348页。

勤豆可汗。王以龟组荣班，鱼轩懿戚，出总戎律，敷德化以调人；入奉皇猷，耿忠贞而事主。有制曰："慕容智，鲜山贵族，昂城豪望，材略有闻，宜加戎职，可左领军将军。"俄加云麾将军，守左玉钤卫大将军。望重边亭，誉隆藩邸。西园清夜，敬爱忘疲；东阁芳晨，言谈莫倦，诚可长隆显秩，永奉宸居。岂谓齐桓之疴，先侵骨髓；晋景之瘵，已入膏肓。天授二年三月二日，薨于灵府之官舍，春秋卅有二，即其年九月五日迁葬于大可汗陵。礼也！上悬乌兔，下临城阙，草露朝清，松风夜发。泣岘山之泪隋（堕），悲陇水之声咽。呜哀哉！乃为铭曰：

丹乌迅速，白兔苍茫。两楹流莫，二竖缠殃。崩城恸哭，变竹悲伤。一铭翠琰，地久天长。

案：《考古与文物》已经刊发的有关研究文章，多处释录、断句有误，如"正朔"之"正"为一武周新字，误释为"缶"；"藩邸"之"邸"为一异体字，误释为"邦"；又将"二竖"之"竖"，误释为"鉴"；将"缠殃"之"缠"，误释为"经"。另外，"净"为"净"的异体字，"欬"为"款"的异体字，"隋"应为"堕"之误刻，应一并以现行正字录文或说明。至于断句错误处，恕不一一。"二竖缠殃"句中的"缠"，因碑文笔画残缺，前引文作者释读为"经"，笔者曾释为"经"，后周阿根先生释为"缠"[1]，应为是。

一　志文释义与志主生平

志文撰写典雅，多处用典。所谓："原夫圆穹写象，珠昂为夷落之墟；方礴凝形，玉塞列藩维之固。"圆穹即穹圆，为天空。写象，即天象。珠昂，昂为星宿名，二十八宿之一。西方白虎七宿的第四宿。夷落，古称少数民族聚居之地。这里均指吐谷浑所处的西方。"方礴"

---

[1] 周阿根：《吐谷浑喜王慕容智墓志校理》，《江海学刊》2022年第5期。

代指大地,"藩维"即藩国,均言吐谷浑曾为唐朝稳固的藩国。

志文继称:"其有守中外,沐淳和,贵诗书,践仁义,则王家之生常矣;廓青海,净湟川,率荒陬,款正朔,则主家之积习矣。"净,本义为春秋时鲁国北城门争门的护城河。荒陬,荒远的角落。"款正朔",原"欵"实为"款"的异体字。正朔,帝王新颁的历法,古为政权的标志。此句是说,志主一家在文化上早已接受了儒家文化的熏陶,在地域上曾经以青海为城郭,以湟水为护城河,霸有西戎而款附中原,已经接受了唐朝的统治。进而称其"故能爪牙上国,跨蹑边亭,控长河以为防,居盘石而作固",也是言曾经作为藩国的吐谷浑政权,曾控制青海、河源地区,有固守唐朝西疆的辉煌历史。

又称:"王以龟组荣班,鱼轩懿戚。出总戎律,敷德化以调人。入奉皇猷,耿忠贞而事主。"龟组与鱼轩,指的是唐代的章服之制,《新唐书·车服志》记,唐朝初年规定京官五品以上才佩带鱼符,而且鱼符皆配有鱼袋,武则天垂拱二年(686)正月二十日赦文:"诸州都督、刺史,并准京官带鱼袋。"[1] 到了武则天改唐为周后,又改鱼符为龟符,"天授元年(690)九月二十六日,改内外官所佩鱼为龟"[2]。此处言作为唐朝官员与皇家懿亲的志主佩带金龟、鱼袋,列班宿卫,无比荣耀,出外将兵能以德服人,入京宿卫能忠诚侍主。

对于志主源出,志文称:"鲜山贵族,昂城豪望。"鲜山即鲜卑山,为鲜卑族的发源地,在今大兴安岭一带。《唐慕容轮墓志》亦称其家族:"鲜卑之山,发其原也。"[3] 昂城,是吐谷浑初到河陇时疆域控制之地,在今四川西北阿坝一带,《魏书·吐谷浑传》载:"吐谷浑遂从上陇,止于枹罕暨甘松,南界昂(昴)城、龙涸。"[4] 这里

---

[1] 《唐会要》卷31《舆服上·鱼袋》,上海古籍出版社2006年版,第676页。
[2] 《唐会要》卷31《舆服上·鱼袋》,第676页。
[3] 录文见濮仲远《唐代慕容曦轮墓志考释》,《青海师范大学学报》(哲学社会科学版)2019年第1期。
[4] 《魏书》卷101《吐谷浑传》,中华书局1974年版,第2234页。

均代指志主为吐谷浑王族，出身高贵。

志文盛赞志主："西园清夜，敬爱忘疲，东阁芳晨，言谈莫倦，诚可长隆显秩，永奉宸居！"西园，指皇家驸马所居之地，如北宋画家李公麟与文人雅士在驸马都尉王诜府中作客聚会，乃乘兴作《西园雅集》。因志主父为唐朝驸马，这里代指志主父母居住处。东阁，指宰相招致、款待宾客之地。唐李商隐《九日》诗："郎君官贵施行马，东阁无因再得窥。"宸居，指帝王居住的皇宫。这里指志主在家侍亲孝，在朝受恩宠，正可荣耀为官，忠诚侍卫皇宫，遗憾英年早逝。

对于志主去世，志文又称："岂谓齐桓之痾，先侵骨髓；晋景之瘵，已入膏肓。"前句为引《史记》扁鹊见蔡桓公的典故。齐桓公因不听扁鹊有病要及时治疗的建议，以致延误至病入骨髓，无可救药。后句引《左传》春秋时期的晋景公请秦国名医医缓医病的典故。医缓前去看过后认为："肓之上，膏之下，攻之不可，达之不及，药不至焉。"这里是借用这两个典故，说明志主因病不可救治而终。

志文最后："上悬乌兔，下临城阙，草露朝清，松风夜发。泣岘山之泪，隋（堕）悲陇水之声。"这里的"乌兔"，以及铭文之"丹乌""白兔"分别代指日月，神话传说月上有月兔，而太阳是三足金乌所化。岘山，在襄阳，西晋羊祜镇襄阳时，常登此山，置酒吟咏。陇水源出陇山，古诗文中常代指分别、思念之处。这里以"泣岘山之泪"与"陇水之声"，借指志主去世与亲友的哀痛与思念。

对于志主生平事迹，志文称："王讳智，字哲，阴山人。拔勤豆可汗第三子也。"阴山，即今内蒙古之阴山。《慕容忠墓志》亦称："王讳忠，阴山人也。"[①] 阴山本是漠北的一个地标，汉魏以来成了漠北草原民族的一个标签。以鲜卑为代表的北方民族，往往都以祖

---

① 《大周故青海王墓志铭》，录文参见周伟洲编著《吐谷浑资料辑录》，商务印书馆2017年版，第64—65页。

籍阴山，或以阴山为郡望。吐谷浑王室数代如此自称，既是他们对于鲜卑民族身份的认同，也是该族对于北方草原生活的历史记忆。称"拔勤豆可汗第三子"，下文又称"父诺曷钵，尚大长公主，驸马都尉"，志主父为吐谷浑王诺曷钵，但其母是否为诺曷钵的正妻弘化公主，志文没有明言。因志文称"天授二年三月二日，薨于灵府之官舍，春秋卌有二"，武周天授二年为公元691年，则其应出生于公元650年，为唐高宗永徽元年。在其出生时正值吐谷浑诺曷钵政权在唐王朝的扶植下统治青海、陇右时期。结合史传与墓志，迄今可知诺曷钵子嗣至少应有五人。《新唐书·吐谷浑传》记长子苏度摸末，尚金城县主①，而据《金城县主李季英墓志》②，慕容忠亦尚金城县主，则苏度摸末与慕容忠应为同一人，其生于贞观二十二年（648）。次子为梁汉王闼卢摸末，尚唐金明县主③。三子为志主喜王慕容智。据《弘化公主墓志》知第五子为慕容万。第四子尚不能确定为何人。

对于志主的官履，从志文引朝廷昔日为志主下发的任官诏制看，最初所授的应该为左领军将军，之后才相继加守左玉钤卫大将军与云麾将军。志主去世之际，志文标题称："大周故云麾将军守左玉钤卫大将军员外置喜王。"云麾将军，唐宋定为武散阶。《新唐书·百官志》："（兵部）武散阶四十有五：从一品曰骠骑大将军……从三品上曰云麾将军、归德大将军。"④ 左玉钤卫，为唐初左领军卫所改，《唐会要》："左右领军卫：龙朔二年（662），改为左右戎卫。咸亨元年（670）十二月二十四日，复为左右领军卫。光宅元年（684），改为左右玉钤卫。神龙元年，复改为左右领军卫。"⑤ 具体建置与职责，《新唐书·百官志》记："左右领军卫：上将军各一

---

① 《新唐书》卷221《吐谷浑传》，中华书局1975年版，第6227页。
② 《大唐金城县主墓志铭》，录文参见周伟洲编著《吐谷浑资料辑录》，第66页。
③ 《新唐书》卷46《百官志》，第1197页。
④ 《新唐书》卷49《百官志》，第1284页。
⑤ 《唐会要》卷71《十二卫》，第1519页。

人，大将军各一人，将军各二人。掌同左右卫……凡分兵主守，则知皇城西（四）面助铺（辅）及京城、苑城诸门。"① 员外置，即员外置同正员，在定制以外所任官员，称为员外置。结合志文后称"永奉宸居"句，志主生前作为左玉钤卫大将军，为宿卫京城皇城的府兵将领，又因为蕃族子弟而"员外置"，且加散阶云麾将军，可知临终之际因外出将兵，实际任职在灵州。在府兵制下，吐谷浑王室所任之十六卫之职实为唐朝廷为笼络他们而给予的荣誉性职位，担任此职往往以宿卫京城的名义，时刻处于皇室及其他诸卫之长的监控之下。

二 志主父祖及本人王号

前文提及，志文谓志主"祖丽杜吐浑可汗"，丽杜吐浑可汗不见史书，但因志主父为诺曷钵，则其祖丽杜吐浑可汗即为隋唐之际的吐谷浑王慕容顺，唐朝曾颁诏"封顺为西平郡王，仍授趉胡吕乌甘豆可汗"②。另外，上引《慕容忠墓志》却称"祖特丽度许符别可汗"，"丽度"与"丽杜"显然是一个读音，应即"吕乌甘豆"的促读。至于"趉胡"与"特"，读音应该是可以勘同的，"特"应为"趉胡"的促读。古代文献上记载的吐谷浑、吐浑、退浑、趉胡之名，应该都是同一民族名称的不同音译，吐谷浑与土胡、土护在语音上完全对应。据研究，"趉胡"即吐谷浑、吐浑、退浑的异译，"趉"，《通典》注其读音为"巨屈反"，应即"吐谷""退""吐"的异译。"胡"即"浑"的异译。而"吕"，按今土族语读如"尼"[ni]音，[ni]为名词数格，相当于汉语的"的"。而"乌甘豆"，"豆"为程度副词，今读如"莫干特"[mergantei]，有英明的、智

---

① 《新唐书》卷49《百官志》，第1284页。
② 《旧唐书》卷198《吐谷浑传》，中华书局1975年版，第5300页。

慧的、善巧的等义。全句意译可为"吐谷浑英明的可汗"①。

志文称志主父诺曷钵，又称为"拔勤豆可汗"。对于诺曷钵此王号，史书却均记为"乌地也拔勒豆可汗"，加之上引志主长兄《慕容忠墓志》亦记："父诺曷钵，青海国王、驸马都尉、乌地也拔勒豆可汗"，显然史书所记"拔勒豆"应为"拔勤豆"之误。"拔勤"与"特勤"读音很近，古代突厥、回鹘、契丹、蒙古等北方民族政权常呼可汗的弟弟或王子，甚至可汗的家人为"特勤"。韩儒林先生早年指出《旧五代史》回鹘有"狄银"，《辽史·百官志》有"惕隐"，元代有无数的"的斤"，皆"特勤"之异译②。另外，今又请教吕建福先生，"拔勤豆"应为今土族语［bayietie］的音译，意为喜悦的、喜庆的、喜乐的，指人的有乐观、豁达的性格。而乌地也，应该是今土族语［merganni］的音译，意为英明的，为"乌甘豆"的异译，"也"为介词"的"，今读"尼""聂"。敦煌藏文作maga，汉译莫贺，也是"乌地也""乌甘豆"的同音异译。则乌地也拔勒豆可汗，应为英明、快乐的可汗之意。而此似乎又与之后唐朝为安置吐谷浑王室之"安乐州"的名称相一致。

对于志主祖慕容顺与父诺曷钵，史书记载甚明。慕容顺为吐谷浑王伏允长子，隋末在炀帝降服吐谷浑以后，伏允以其长子顺为质于隋。但在李唐占据关中以后，曾随炀帝车驾至江都的吐谷浑王子顺回到长安，唐高祖李渊为了联合吐谷浑铲除盘踞凉州的李轨政权，于是"乃约伏允和，令击轨自效，当护送顺"。后来在伏允出兵帮助之下，李轨政权被成功铲除，伏允"即遣使请顺，帝遣之。顺至，号为大宁王"③。

唐朝初年，吐谷浑与唐关系紧张，直至贞观九年（635）唐朝派李靖、侯君集等率大军征讨。因慕容顺为质于隋期间，伏允立顺弟

---

① 吕建福：《土族名称考释》，《青海民族学院学报》（社会科学版）2007年第1期。

② 韩儒林：《突厥官号考释》，氏著《穹庐集》，上海人民出版社1982年版，第319页。

③ 《新唐书》卷221《吐谷浑传》，第6224页。

为太子，慕容顺回国以后心怀不满，就在唐军出兵吐谷浑期间，"自以失位，欲以功自结天子，乃斩天柱王，举国降"①。后伏允兵败而死，吐谷浑国人立顺为君，称臣内附，唐朝诏封西平郡王，号趉胡吕乌甘豆可汗。但随之，因"顺久质华，国人不附，卒为下所杀，立其子燕王诺曷钵……诏封诺曷钵河源郡王，号乌地也拔勒（勤）豆可汗"②。随后诺曷钵入唐致谢并请婚，唐朝以宗室女为弘化公主嫁于诺曷钵。

至此可知隋唐时期的几位吐谷浑可汗王号：志主曾祖伏允为步萨钵可汗，志主祖父慕容顺为趉胡吕乌甘豆可汗（又称丽杜吐浑可汗或特丽度许符别可汗），志主父亲慕容诺曷钵为乌地也拔勤豆可汗。在吐蕃北扩而吐谷浑王室被迫迁至灵州以后，诺曷钵的可汗称号又被其嫡长子慕容忠所继承，上引其墓志称"童年入侍，后加镇军大将军行左豹韬卫大将军，袭青海国王、乌地也拔勤豆可汗"。

除了以上吐谷浑语的王号外，他们还得到中原王朝封授的郡王或王的爵号。从慕容顺开始，唐朝册封吐谷浑王以郡王称号，前引史书称吐谷浑国人立顺为君，称臣内附以后，获唐朝"诏封西平郡王"。随之在慕容顺被杀以后，史书载："诺曷钵幼，大臣争权。帝诏侯君集就经纪之，始请颁历及子弟入侍。诏封诺曷钵河源郡王，号乌地也拔勒（勤）豆可汗，遣淮阳郡王道明持节册命，赐鼓纛。诺曷钵身入谢，遂请婚，献马牛羊万。"③ 但从史书另有两处记载可知，册封诺曷钵河源王是在贞观十年（636）三月，而诺曷钵来唐朝觐是在该年十二月。《资治通鉴》贞观十年明确记："三月，丁酉，吐谷浑王诺曷钵遣使请颁历，行年号，遣子弟入侍，并从之。丁未，以诺曷钵为河源郡王、乌地也拔勤豆可汗。"④《旧唐书·太宗纪》又有记：贞观十年（636），"十二月壬申，吐谷浑河源郡王

---

① 《新唐书》卷221《吐谷浑传》，第6226页。
② 《新唐书》卷221《吐谷浑传》，第6226页。
③ 《新唐书》卷221《吐谷浑传》，第6226页。
④ 《资治通鉴》卷194 太宗贞观十年（636），第6119页。

慕容诺曷钵来朝"①。二书记事先后衔接，诺曷钵获封河源郡王是在贞观十年三月无疑。

吐蕃北扩以后，为了联合并激励吐谷浑抵抗吐蕃进占青海、陇右，唐高宗乾封元年（666）又更封诺曷钵为青海王，史书明确记："乾封元年五月，封河源王慕容诺曷钵为青海王。"②从"河源郡王"到"青海国王"，爵位从郡王升到了国王，亦即诸侯王，已为唐朝藩王封号，即所谓异姓王，等级上明显高于郡王，唐制王爵为正一品，郡王为从一品。正因此，前引《慕容忠墓志》也称其父祖"并军国爪牙，乾坤柱石，忠勤克著，异姓封王"。而《慕容威墓志》更为明确称："惟贤曾祖钵，尚太宗文武圣皇帝女弘化公主，拜驸马都尉，封河源郡王，食邑三千户，寻进封青海国王，食邑一万户，特赐实封三百户。"③可见，唐代郡王与王，二者从礼仪等级到食邑、实封，都是有明显的区别。

诺曷钵所封"青海国王、乌地也拔勤豆可汗"的称号，为其后四代子孙先后承袭，分别为慕容忠、慕容宣赵、慕容轮、慕容复，一直传到贞元年间慕容复死后才停封。史书记："贞元十四年（798）十二月，以朔方节度副使、左金吾卫大将军同正慕容复为袭长乐州都督、青海国王、乌地也拔勤豆可汗。未几，卒，其封袭遂绝。"④可见这一爵号非吐谷浑王室自称，而是唐朝廷所实封、实授，并一直为入唐吐谷浑王室所独有，到了贞元年间吐蕃威逼唐京畿之际，吐谷浑王室衰微，实际所统部落人口十分有限，吐谷浑王室的藩王封号已经名存实亡，唐朝廷才停其封袭。

除了志主父祖之可汗与王爵称号外，志主兄弟之王号也是引人注意的。志主为"喜王"，志文标题称"喜王慕容府君"，但志文所

---

① 《旧唐书》卷3《太宗纪》，第46页。
② 《册府元龟》卷964《外臣部·封册二》，中华书局1960年影印本，第11341页。
③ 《大唐故左领军卫大将军慕容威墓志》，录文参见周伟洲编著《吐谷浑资料辑录》，第69—70页。
④ 《旧唐书》卷198《吐谷浑传》，第5301页。

引朝廷诏书却不称其为王。按理说，诸侯王、藩王之下还可以封郡王，所谓"喜王"应该为郡王，但实际情况应该是唐朝未曾颁册实授，实际只是在吐谷浑蕃部落内部施行。对于吐谷浑蕃部落内部封王、封公主的现象，周伟洲先生曾指出："'成月公主'之封号，并非唐朝所封敕，正如前述诸志所记'政乐王'、'辅国王'、'代乐王'封号一样，均为吐谷浑本藩所自封。"① 事实的确如此，慕容智之后的吐谷浑其他王子墓志亦有反映，如《慕容明墓志铭》就明确称其"年五岁，以本蕃号代乐王"②。《慕容曦光》墓志称其"年甫三岁，以本蕃嫡孙，号观乐王。年十岁，以本蕃嫡子，号燕王"③。

其实，吐谷浑内部封王的历史由来已久，如早在吕夸④时期的广定王、钟留王、龙涵王、浑洮王、赵王、定城王、崴王，伏允时期的仙头王、尊王、高昌王、大宁王、天柱王、大宝王，诺曷钵时期的成王慕容忠、梁汉王闼卢摸末、喜王慕容智、宣王慕容万、元王慕容若。吕夸与伏允时期，因中原战乱或分裂，吐谷浑王趁机称可汗，子弟封诸王，明显是僭越和自大，中原王朝无可奈何。但客观来说，这也是吐谷浑王国政权在中原文化的影响下，逐渐完善其中央政治制度的一种反映，从伏连筹时期，其政权建设"准拟天朝，树置百官，称制诸国，以自夸大"⑤，到吕夸时期，其个人"始号可汗"，其"官有王、公、仆射、尚书及郎中、将军之号"⑥，显示出其政权的日益强大与政治制度的日趋完善。但自从诺曷钵归附唐朝以后，其本人授封王爵号，已经是唐朝羁縻控制与应对时局的权宜

---

① 周伟洲：《吐谷浑墓志通考》，《中国边疆史地研究》2019年第3期。
② 《大唐故代乐王上柱国慕容明墓志铭》，录文参见周伟洲编著《吐谷浑资料辑录》，第71—72页。
③ 《大唐慕容府君（曦光）墓志铭》，录文参见周伟洲编著《吐谷浑资料辑录》，第72—73页。
④ 吕夸之名见于《隋书·吐谷浑传》等处，但《周书·吐谷浑传》《北史·吐谷浑传》及《通典》190《边防典·吐谷浑》作"夸吕"，相比较《隋书·吐谷浑传》的撰修与史料来源比较接近这位可汗生活的时代。
⑤ 《魏书》卷101《吐谷浑传》，第2239页。
⑥ 《魏书》卷101《吐谷浑传》，第2240页。

之计，但对其子弟不见唐朝有明确封郡王之例，可见自诺曷钵以后，吐谷浑子弟称王，仅仅只是其蕃部内部封王的一种延续，并未得到唐王朝册封与实授，加上其原有权威的丧失，这种内部封王，已经没有任何实质意义，所以从慕容忠承袭可汗之后，吐谷浑王室子弟已经不见有称王的现象。

三　吐谷浑王室墓地与他们的凉州情节

对于慕容智去世及之后的葬地，志文谓："天授二年（691）三月二日，薨于灵府之官舍，春秋卌有二，即其年九月五日迁葬于大可汗陵。"志主天授二年三月去世于灵州后，应该先是暂寄灵柩于灵州，也就是古人所谓殡厝于灵州，直至九月五日又迁送至凉州南山正式下葬，所以称"迁葬"。

对于《慕容智墓志》所谓其葬地之"大可汗陵"所指尚不能确知，但就目前发现的甘肃武威地区唐代吐谷浑王族墓来看，该区域应该是一个家族墓葬地，墓葬共同位于武威市西南，地处祁连山北麓，主要分布于武威南山区南营水库以西，冰沟河与大水河中下游北岸的山岗之上。慕容智墓葬的发现地点在岔山村，志文称之为"大可汗陵"，而其他墓葬的发现地点在青咀湾、喇嘛湾，墓志中称之为"凉州南阳晖谷冶城之山岗"或"凉州神乌县天梯山野城里阳晖谷"[①]，两地距离相差15千米，显然包括慕容智在内的众多王室成员墓大都算是归葬祖茔。那么，所谓"大可汗陵"究竟为哪位可汗的陵墓呢？

史书记吐谷浑主称可汗是从吕夸开始的，吕夸时期，"始自号为可汗，居伏俟城……其地东西三千里，南北千余里"[②]，虽与北周、

[①] 分别见《大周故西平公主（弘化公主）墓志》与《大唐故政乐王慕容煞鬼墓志铭》，录文参见周伟洲编著《吐谷浑资料辑录》，第63页与67页。

[②] 《魏书》卷101《吐谷浑传》，第2240页。

隋比邻，但其国力强盛，政局稳定，并未受中原封号。也因此，其薨后之陵墓不可能远离吐谷浑的中心地，而应该与其前吐谷浑诸王陵一样，在吐谷浑的中心地青海、河源地区，而不可能在远离其中心地的凉州南山。

吕夸之下为世伏，史书记开皇十一年（591）："吕夸卒，子世伏立。使其兄子无素奉表称藩，并献方物。"① 开皇十六年（596），隋朝又"以光化公主妻伏……明年，其国大乱，国人杀伏，立其弟伏允为主。使使陈废立之事，并谢专命之罪，且请依俗尚主，上从之。自是朝贡岁至"②。吐谷浑可汗世伏，开皇十六年（596）尚隋光化公主，次年被杀。因内乱被杀，应该是被杀于内，且被杀后由其弟伏允继位，则其陵墓应该也是在青海、河源地区。

再考察伏允与其子顺，其父子先后继承吐谷浑可汗，但最后都是在动乱之际，分别被杀或被迫自杀，而且时间都在贞观九年（635）至贞观十年之间。背景是隋唐之际，吐谷浑叛服无常，"屡寇河右，郡县不能御"③，最终贞观九年唐朝大军出征。其间《旧唐书·吐谷浑传》先是记："伏允西走，渡图伦碛，欲入于阗，将军薛万均率轻锐追奔，入碛数百里，及其余党，破之。碛中乏水，将士皆刺马血而饮之。"后又记："伏允大惧，与千余骑遁于碛中，众稍亡散，能属之者才百余骑，乃自缢而死。"④ 可见伏允最后被唐薛万均督帅的锐骑所破，被迫自杀于碛中（《通鉴》与《唐会要》记为被左右随从所杀）。而所谓"碛"，应该就是史书前面所提的图伦碛。因其地在通向于阗的道上，所以必指今塔克拉玛干沙漠南缘。可见，伏允逃遁的方向与史书明确记载的自杀地点，都远离凉州，所以他最后也不应该葬在凉州南山。

伏允被迫自杀以后，伏允长子慕容顺斩杀因干政而倾向吐蕃的

---

① 《隋书》卷83《吐谷浑传》，中华书局1973年版，第1844页。
② 《隋书》卷83《吐谷浑传》，第1844页。
③ 《隋书》卷83《吐谷浑传》，第1845页。
④ 《旧唐书》卷198《吐谷浑传》，中华书局1975年版，第5299页。

天柱王，举国降唐。在唐朝的支持下，吐谷浑国人立顺为君，称臣内附。唐朝诏封顺为西平郡王，仍授趆胡吕乌甘豆可汗。唐朝还一度派遣李大亮率精兵镇抚，帮助其稳定政局。但史书随之记："顺既久质于隋，国人不附，未几为臣下所杀。其子燕王诺曷钵嗣立。"[1]由此可知，顺被国人所杀是在他已经成为吐谷浑可汗以后，当时吐谷浑并没受到外来势力的进攻，其控制的中心地区还是在青海、河源地区，被杀后应该也不会葬在远离吐谷浑中心地的凉州南山。

慕容顺之下继承吐谷浑汗位的是志主父诺曷钵。志主去世下葬的时间为武周天授二年（691），该年四月起武周年号改为如意，九月又改为长寿，一年用了三个年号，志主为该年三月二日去世，所以称"天授二年"。其父诺曷钵，史书明确记载："垂拱四年，诺曷钵卒，子忠嗣。"[2]诺曷钵卒于武则天执政的唐垂拱四年（688），早于志主去世时间三年。诺曷钵去世之际，吐谷浑王室已经迁居灵州十余年，但既然慕容智去世后为归葬祖茔，则早于其去世的乃父诺曷钵应该也是葬在这里。之后志主兄慕容忠继承其父诺曷钵汗位，薨后也是葬在这里，但去世时间到了圣历元年（698）五月三日，比志主慕容智还要晚几年，显然所谓大可汗陵不可能是其兄慕容忠或之后继承吐谷浑可汗者的陵墓。尤其重要的是，作为诺曷钵王后的弘化公主，于圣历元年（698）五月三日薨后的墓也在这里，其墓志云："以圣历二年（699）三月十八日葬于凉州南阳晖谷冶城之山岗"，而且明确称："吾王亦先时启殡，主乃别建陵垣。异周公合葬之仪，非诗人同穴之咏"[3]。显然因诺曷钵薨后先葬，所以公主薨后为之别建陵垣，两人并非合葬或同穴而葬，但二者应该相距不远。再从诺曷钵在位的时间与当日之威望来看，从贞观十年（636）就任吐谷浑可汗，至龙朔三年（663）出走凉州，诺曷钵作为吐谷浑

---

[1]《旧唐书》卷198《吐谷浑传》，第5300页。
[2]《旧唐书》卷198《吐谷浑传》，第5300页。
[3]《大周故西平公主（弘化公主）墓志》，录文参见周伟洲编著《吐谷浑资料辑录》，第63页。

可汗在其国中心地青海、河源地区实际统治了整整27年。从龙朔三年（663）出走凉州，直至垂拱四年（688）薨逝，尽管吐谷浑旧地在吐蕃的扶植下又设了吐谷浑傀儡政权，但作为名义上的吐谷浑可汗与吐谷浑流亡政权的元首，诺曷钵又居汗位25年，前后共计在位达53年之久，是吐谷浑诸可汗中统治时间比较长的一位可汗，算得上是一位大可汗。如此看来，所谓"大可汗陵"应该就是诺曷钵的陵墓。

那么，诺曷钵薨后，会不会归葬在青海、河源地区呢？其为何要葬在凉州南山呢？或者说其与整个吐谷浑王室成员对凉州南山地区的历史情结又在哪里呢？这些问题还必须从吐谷浑投唐前后的历史去考察。贞观九年至十年（636），慕容顺被杀以后，贞观十年在唐朝的支持下，吐谷浑继而立其子燕王诺曷钵为可汗。史书记，当时"诺曷钵年幼，大臣争权。帝诏侯君集就经纪之"①。这时候吐谷浑内部，不仅仅是因诺曷钵年幼，重要的是吐谷浑内部矛盾复杂，各大臣贵族不仅在内部利益有矛盾，关键是这时候的吐谷浑政权在对外关系上也存在很大的分歧。这时候其对外关系，不仅存在是否亲唐的两派，而且又出现了亲吐蕃的一派。因史书记载，就在贞观十四年（640）唐朝颁诏嫁弘化公主于吐谷浑，令淮阳王李道明与右武威将军慕容宝持节送公主之后，吐谷浑宣王跋扈，贞观十五年（641），"诺曷钵所部丞相宣王专权，阴谋作难，将征兵，诈言祭山神，因欲袭公主，劫诺曷钵奔于吐蕃……诺曷钵知而大惧，率轻骑走鄯城"②，结果在唐朝出兵以后，诺曷钵才得以稳定政局。由此可见，当时吐蕃已经染指吐谷浑内讧，吐谷浑内部已经有明确亲吐蕃的一派。

史实也正是如此，唐朝初年，其与吐谷浑、吐蕃三方的双边关系，很早就纠缠、牵制在一起。吐蕃于隋唐之际，在雄才大略的松

---

① 《新唐书》卷221《吐谷浑传》，第6226页。
② 《旧唐书》卷198《吐谷浑传》，第5300页。

赞干布的领导下，已经完成内部整合而开始北扩，但吐蕃的北扩，很长时间是遇到吐谷浑政权联合党项各部的顽强抵抗的。为此，早在贞观八年（634）唐朝对吐谷浑的战争爆发以前，就曾联系了党项，瓦解了党项与吐谷浑原有的联盟，有迹象显示同时还联系了吐蕃①。所以，当战争之后，敦煌吐蕃历史文献《赞普传记》记载："其后，赞普亲自出巡，在北道，既未发一兵抵御，亦未发一兵进攻，迫使唐人及吐谷浑人，岁输贡赋，由此，首次将吐谷浑人收归辖下。"② 随即唐朝与吐蕃反目，史书记："弄赞遂与羊同连，发兵以击吐谷浑，吐谷浑不能支，遁于青海之上，以避其锋。其国人畜并为吐蕃所掠。于是进兵攻破党项及白兰诸羌，率其众二十余万，顿于松州西境。"③ 汉文史书记，吐蕃是因求娶公主不得，而向唐朝大军压境。其实主要原因是原来的吐谷浑政权被唐攻灭以后，吐蕃为瓜分吐谷浑，抢占吐谷浑、党项各部的土地、人口而与唐矛盾升级。但此后，因遇到了唐朝与由唐朝扶植的吐谷浑、党项各部的联合抵抗而北扩受挫，经唐蕃松州之战后，吐蕃意识到当时北扩的阻力之大，唐朝也认识到吐蕃之强劲，双方转而和亲结好。唐朝更是意识到吐谷浑政权在阻止吐蕃北扩，稳定其西部边疆中发挥的作用。在这样的背景下，由唐扶植的吐谷浑诺曷钵政权得以维持了在青海、陇右的统治。

唐高宗上台以后，以弘化公主的缘故，拜诺曷钵为驸马都尉，又将唐朝宗室女金城县主与金明县主分别嫁于诺曷钵长子苏度摸末与次子梁汉王闼卢摸末。唐朝继续加强了与吐谷浑的关系。而这时候的吐蕃政权，自禄东赞父子执政以后，重新启动了北扩计划。汉文史书明确记载吐蕃与吐谷浑出现矛盾的时间明显滞后，其中称：

---

① 李宗俊、梁雨昕：《〈隋书·附国传〉与早期吐蕃史相关问题》，《西藏大学学报》（社会科学版）2020年第4期。
② 王尧、陈践译注：《敦煌古藏文文献探索集》，上海古籍出版社2008年版，第112—113页。
③ 《旧唐书》卷196《吐蕃传》，第5221页。

"龙朔（661—663）、麟德（664—665）中递相表奏，各论曲直，国家依违，未为与夺。"①但据敦煌吐蕃历史文献《大事记年》反映，吐蕃经略吐谷浑早在高宗显庆年间就已经开始，因从显庆四年（659）开始，大论禄东赞连续8年都坐镇吐谷浑境，而且早在显庆四年唐蕃间就已经发生了一场较大规模的战争。该年，"赞普驻于'札'之鹿苑，大论东赞前往吐谷浑（阿柴）。达延莽布支于乌海之'东岱'处与唐朝苏定方交战。达延死，以八万之众败于一千。是为一年"②。正是因为唐蕃战争此时已经开始，而且吐蕃攻势凶猛，所以汉文史书记载，随之吐谷浑王室放弃了青海、河源旧地，被迫流亡凉州。对于诺曷钵为首的吐谷浑王室出走凉州的具体时间，两《唐书》记载含糊，但《资治通鉴》明确记载在龙朔三年（663），是书该年五月条记："吐蕃与吐谷浑互相攻，各遣使上表，论曲直，更来求援，上皆不许。吐谷浑之臣素和贵有罪，逃奔吐蕃，具言吐谷浑虚实，吐蕃发兵击吐谷浑，大破之，吐谷浑可汗曷钵与弘化公主帅数千帐弃国走依凉州，请徙居内地。上以凉州都督郑仁泰为青海道行军大总管，帅右武卫将军独孤卿云、辛文陵等分屯凉、鄯二州，以备吐蕃。六月，戊申，又以左武卫大将军苏定方为安集大使，节度诸军，为吐谷浑之援。"③这是汉籍明确记载吐谷浑王室出走凉州的最早记载。结合上引吐蕃历史文献来看，以诺曷钵为首的吐谷浑王室出走凉州的具体时间为龙朔三年（663）可信无疑，但关于吐谷浑与吐蕃矛盾的激化，应该正如敦煌吐蕃历史文献反映的那样，早在显庆四年（659）吐蕃大论禄东赞开始坐镇吐谷浑境已经升级了。

吐谷浑王室出走凉州以后，尽管唐朝出兵分屯凉、鄯二州，以防御吐蕃，而且以苏定方为安集大使，节度诸军，为吐谷浑之援，

---

① 《旧唐书》卷196《吐蕃传》，第5223页。
② 王尧、陈践译注：《敦煌古藏文文献探索集》，第88页。但该年战争中唐朝方面的将领可能不是苏定方，因据史书反映，该年苏定方在辽东战场。
③ 《资治通鉴》卷201高宗龙朔三年（663），第6335—6336页。

但唐王朝并没采取实质性的军事反击。此后几年时间里，吐谷浑王室及随王室而来的数千帐吐谷浑军民驻牧于受唐军保护的凉、鄯二州之间，王室牙帐应该就设在相对安全的凉州南山一带。至此，吐谷浑流亡政权在唐军的声援下，应该是继续号召和组织随从的吐谷浑各部与已经陷蕃的吐谷浑旧部抵抗吐蕃的占领。但随后吐蕃的攻势更为强大，不仅在西域正面挑战唐之权威，还在高宗乾封二年（667）攻陷了川西生羌十二州，以此分散唐军力量或扩大战果。巧合的是，此时期高丽发生内乱，泉献城求救于唐，乾封元年六月，唐朝出兵高丽，随后战争不断升级，又是大大牵制了唐军。

在吐蕃最初占领吐谷浑期间，唐朝因各种原因，并没有在青海河源地区采取及时有力的反击，而是采取了牺牲吐谷浑的绥靖政策，史书记："吐蕃禄东赞屯青海，遣使者论仲琮入见，表陈吐谷浑之罪，且请和亲。上不许。遣左卫郎将刘文祥使于吐蕃，降玺书责让之。"① 可见，至此唐王朝还是仅仅限于外交谴责，实质性的军事行动并没有。相反，这次吐蕃进攻吐谷浑，不仅是瞅准了唐军为西域平定阿史那贺鲁叛乱已历时七八年，战争之后唐朝又忙于强化对西域的统治与重新确立唐朝在西域的统治秩序②，加之又为出兵高丽而疲于奔命的绝佳机会。而且吐蕃还一再向唐朝廷上奏，通过外交巧妙迷惑唐朝廷甚至争取唐朝廷的支持。直至高宗麟德二年（665），史书还有记："春，正月，丁卯，吐蕃遣使入见，请复与吐谷浑和亲，仍求赤水地畜牧。"③ 赤水地在九曲河源地区，说明吐蕃在实际已经占领之后，仍在坚持麻痹唐廷，同时争取唐朝对其实际占领的承认。

应该是从乾封元年（666）以后，唐朝廷曾尝试抵抗吐蕃，开始计划援助吐谷浑恢复青海、河源旧地，史书记："诺曷钵请内徙。乾

---

① 《资治通鉴》卷201高宗龙朔三年（663），第6336页。

② 吴玉贵：《突厥汗国与隋唐关系史研究》，中国社会科学出版社1998年版，第406页。

③ 《资治通鉴》卷201高宗麟德二年（665），第6343页。

封初，更封青海国王。"① 可见，此时晋封诺曷钵为青海国王，由郡王晋升为国王，就是为了扶持和激励诺曷钵为首的吐谷浑流亡政权抵抗吐蕃，而且也是在公开宣布青海地区为吐谷浑封地，明确无误的向吐蕃宣布，唐朝政府并不承认吐蕃对吐谷浑旧地的占领。但此举还是明显在寄希望于吐谷浑流亡政府与其本国人民，至于是否亲自出兵，唐朝廷还是十分犹豫，史书记：总章二年（669），"九月，丁丑朔，诏徙吐谷浑部落就凉州南山。议者恐吐蕃侵暴，使不能自存，欲先发兵击吐蕃。右相阎立本以为去岁饥歉，未可兴师。议久不决，竟不果徙"②。也许，正是唐王朝的这种力不从心和犹豫不决，事实上纵容了吐蕃对吐谷浑地的完全占领。至高宗总章二年（669），吐蕃历史文献《大事记年》已经明确记："赞普驻于悉立之都那，吐谷浑诸部前来致礼，征其入贡赋税。是为一年。"③ 说明至高宗总章二年，吐蕃已经基本完成了对吐谷浑全境的占领。

当吐蕃政权几乎占领青海、河源地区原吐谷浑全境以后，唐朝廷看到寄希望于吐谷浑自身的力量摆脱吐蕃的占领已经不可能，加之至此更加意识到吐蕃对唐朝威胁的严重性。一旦吐蕃占领了吐谷浑旧疆，而且控制了吐谷浑的人口，将会成为唐王朝西部边疆更大的威胁。加之吐蕃继续在西域用兵，至唐高宗咸亨元年（670）四月，陷西域十八州，袭龟兹拨换城，进而陷唐朝安西四镇。最终，唐王朝被迫在青海、河源出兵。该年四月，"辛亥，以右威卫大将军薛仁贵为逻娑道行军大总管，左卫员外大将军阿史那道真、左卫将军郭待封副之，以讨吐蕃，并援送吐谷浑还故地"④。结果，大非川一战，唐军大败，"举吐谷浑地皆陷，诺曷钵与亲近数千帐才免"⑤。这次唐朝出兵之际，吐谷浑王诺曷钵也是率领吐谷浑军前往，旨欲

---

① 《新唐书》卷221《吐谷浑传》，第6227页。
② 《资治通鉴》卷201高宗总章二年（669），第6359页。
③ 王尧、陈践译注：《敦煌古藏文文献探索集》，第88页。
④ 《资治通鉴》卷201咸亨元年（670），第6363页。
⑤ 《新唐书》卷221《吐谷浑传》，第6227页。

克复吐谷浑旧地。岂料,吐蕃的强大远远出乎唐朝与吐谷浑联军的想象。

大非川一战后,诺曷钵与其亲近数千帐吐谷浑臣民暂时幸免,但必须得到妥善安置,史书记:"(咸亨)三年(672),乃徙浩叠水南。诺曷钵以吐蕃盛,势不抗,而鄯善地狭,又徙灵州,帝为置安乐州,即拜刺史,欲其安且乐云。"①浩叠水即今青海大通河,说明战后唐朝先是将诺曷钵统领的吐谷浑部帐安置在鄯州北至大通河一带。该地区南有鄯州唐军的庇护,向北蹚过浩叠水(大通河)不远,就是凉州南山,又可随时得到凉州唐军的援助。可见,包括凉州南山在内,鄯州以北的大通河两岸这块草原、山地,不仅地连吐谷浑故国,也是吐谷浑民族的一块驻牧地,更为吐谷浑王室及其追随部帐两次遇难后的避难之地。可见,诺曷钵薨后,能归葬凉州南山,也算是踏上了回归故国之路。

凉州南山一带,不仅是吐谷浑王室两次遇难后的驻牧、避难之地,而且也为随后多年陆续投唐的吐谷浑部帐的主要安置地。从正史与出土文献反映,诺曷钵投唐以后,陆续有几次大规模的吐谷浑人投唐。为了安置来降的吐谷浑部落人民,唐朝廷曾为之展开讨论。时任凉州都督的郭元振曾上武则天《安置降吐谷浑状》,建议将凉、甘、肃、瓜、沙州降者,就近安置,所谓"当凉州降者,则宜于凉州左侧安置之,当甘州、肃州降者,则宜于甘、肃左侧安置之……"并建议派唐朝官员与吐谷浑王室子弟定期巡查保护,所谓:"所置之处,仍请简取当处强明官人,于当处镇遏之……共宣超兄弟一人,岁往巡按,以抚育之。"②但正如已有学者指出的,这种分散安置吐谷浑的办法,大大削弱了投唐吐谷浑的力量,之后在面对吐蕃东扩进逼之下,吐谷浑部落逐渐衰落了下去③。但该时期正是在唐王朝的

---

① 《新唐书》卷221《吐谷浑传》,第6227页。
② 《通典》卷190《边防典·吐谷浑》,第5166—5167页。
③ 张云:《唐朝的安边策略对党项、吐谷浑发展命运的不同影响》,《西北师大学报》(社会科学版)2017年第5期。

支持及吐谷浑王室的号召之下，不断有吐谷浑人投唐事件，而投唐的吐谷浑人也得到了唐朝的及时安置。如武则天圣历二年（699），由吐蕃大相论钦陵家族的论赞婆、论弓仁叔侄率领的吐蕃、吐谷浑人投唐事件。该年四月，吐蕃上层内讧，论钦陵家族遭到屠杀，其子弟被迫投唐，先是钦陵弟论赞婆帅所部千余人来降，武则天及时派人迎接后，"以赞婆为特进、归德王"。随之又有"钦陵子弓仁，以所统吐谷浑七千帐来降，拜左玉钤卫将军、酒泉郡公"。该年七月，又有"吐谷浑部落一千四百帐内附"①。随即武则天久视元年（700）闰七月，"丁酉，吐蕃将麹莽布支寇凉州，围昌松，陇右诸军大使唐休璟与战于洪源谷"②。洪源谷亦位于凉州南山一带。因圣历二年（699）武则天在封赏论赞婆叔侄官爵以后，该年十月论赞婆进都朝见，"太后宠待赏赐甚厚，以为右卫大将军，使将其众守洪源谷"③。随后吐蕃大军围攻凉州，应该是与追讨叛逃的吐蕃、吐谷浑部帐有关。说明唐朝当时是将新投唐的吐蕃与吐谷浑人口集中安置在凉州南山一带。而且据两唐书《地理志》记载，凉州境内有吐谷浑部落，"寄在凉州界内"④，另有一羁縻州阁门州，而且还明确记阁门州为吐谷浑州⑤。今有学者据史书对于"浩亹"水与阁门州的记载，考证后认为，"唐代把浩亹水称为阁门河，阁门河即今大通河。据此，阁门州应在今武威以南的大通河附近"⑥。由此可见，凉州南山前后几次都作为唐朝安置来降的吐谷浑部之地。亦可见，吐谷浑王室成员对于凉州确实有着很深的故土情节。而这方墓志也成为吐谷浑由周边藩属到迁居内地，最终融合为中华民族不可分割的一员的又一物证和典型案例，正如有学者指出的："吐谷浑内迁是周边诸

---

① 《资治通鉴》卷206则天后圣历二年（699），第6540页。
② 《资治通鉴》卷206则天后久视元年（700），第6549页。
③ 《资治通鉴》卷206则天后圣历二年（699），第6542页。
④ 《旧唐书》卷40《地理志》，第1641页。
⑤ 《新唐书》卷43《地理志》，第1134页。
⑥ 濮仲远：《唐前期凉州境内羁縻府州的兴废》，《中国边疆史地研究》2021年第3期。

势力进入汉地的一个组成部分,其缘由虽复杂多变,但不可否认是在隋唐一统化王朝牵引下形成的……表明的是他们自主性意识的强化,超越这种'强化'的则是中华一体性的诉求,在那个时代以'胡''汉'两种意识的张力表现出来。然而无论'胡汉分治'还是'华夷融合',展现出来的都是周边民族势力积极主动的'介入'。"①

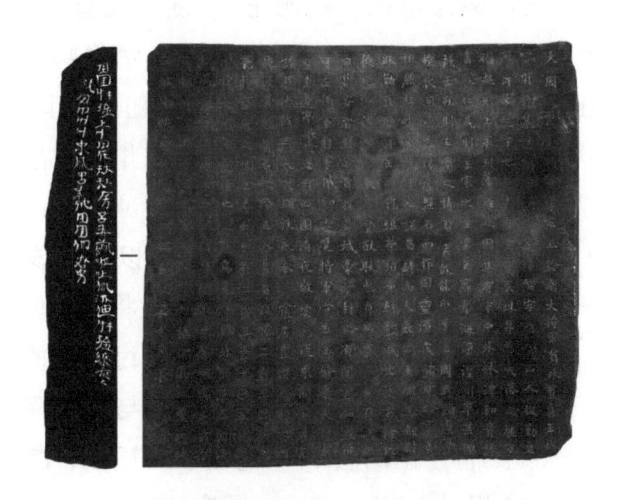

慕容智墓志正文文字及侧面符号

［本文原载于《烟台大学学报》(哲学社会科学版) 2022 年第 4 期］

---

① 李鸿宾:《唐朝胡汉互动与交融的三条线索——以墓志资料为中心》,《民族研究》2020 年第 1 期。

《唐回鹘葛啜王子墓志》反映的几个问题

2013年4月，来自土耳其、芬兰、中国等国的8位考古学家会聚西安大唐西市博物馆，对在西安新发现并被该馆收藏的一块唐代回鹘王子墓志，进行仔细辨识、研究后确认，这块墓志是唐代回鹘王子葛啜的墓志。对此，《中国社会科学报》、《新疆日报》、中国新闻网等纷纷作了报道。这是我国迄今为止发现的唯一一块由汉文、鲁尼文双语书写的唐代石刻墓志，也为世界上首次发现的用这两种文字书写的地下墓志，填补了古突厥文字在东亚地区碑铭文献资料发现中的空白，对研究回纥与唐朝的关系、回鹘王国在漠北的历史具有重要意义，尤其对于史书反映的回纥内讧与王室重大变更等史事都有印证和补正的作用。

这块石刻墓志，发现于西安市唐长安城明德门附近的一处唐代墓地里，呈正方形，边长约40厘米，由墓盖和墓志两部分组成，保存完整，文字清晰。墓盖上书"故回鹘葛啜王子墓志"数字；志文左边是汉字，右边为鲁尼文字母刻写的古突厥文。汉文部分标题为："故回鹘葛啜王子守左领军卫将军墓志并序。"撰者为："给事郎守秘书省著作郎赐绯鱼袋崔述撰。"此将墓志汉文正文部分录文如下：

回鹘葛啜王子，则可汗之诸孙。我国家讨平逆臣禄山之乱也，王子父车毗尸特勤实统戎左右，有功焉。故接待之优宠，锡之厚，殊于他国。王子以去年五月来朝，秩班禁卫，宾籍鸿胪。方宜享兹荣耀，光于蕃部，奈何不淑，以贞元十一年五月廿日遘疾亡徂，享年二十。以其年六月七日葬于长安县张杜原。兄王子阿波啜与诸部之属，衔哀奉丧。送终之饰，则有诏所司备仪焉，礼无其阙。呜呼！修短命也，死者生之终。乃刻石志墓云：墓之王子兮，气雄雄；生言始兮，死言终；魂神异兮，丘墓同。

一　碑文出现的鲁尼文文献价值

墓志左边是汉字，右边为鲁尼文字母刻写的古突厥文。鲁尼文（Rune），又称如尼文或卢恩文，是一种已经灭绝的文字，在中世纪的欧洲用来书写某些北欧日耳曼语族的语言，特别在北欧斯堪的纳维亚半岛与不列颠岛屿通用。在我国古代北方突厥汗国（552—745）和回鹘汗国（745—840）时期，北方突厥语族诸民族也曾使用这种文字。大约在9世纪以后，这种文字逐渐被废弃。其后为了翻译摩尼教经文，在借助粟特文的基础上，回鹘抄经师们又创造了一种新的文字体系，即通常所说的回鹘文。前者在外形上同古代北欧的鲁尼文很相似，所以学术界又称其为古代突厥鲁尼文（Runic script）。又因为用这种文字刻成的主要碑铭是在蒙古鄂尔浑（Orkhon）河流域发现，所以也称之为鄂尔浑突厥文（Orkhon Turkic Script），语言称之为鄂尔浑突厥语（Orkhon Turkic）。又因为这种文字也在叶尼塞（Yenisey）河流域发现，所以也称之为叶尼塞文[①]。

自17世纪起，欧洲不断有人在西伯利亚等地注意到刻有这种文字的石壁或碑铭。1889年俄国考古学会东西伯利亚分会组织的以雅德林采夫（N. M. Yadrintsev）为首的蒙古考古队在今蒙古国的土拉河、鄂尔浑河一带考察时，在和硕柴达木（Koshotsaidam）湖畔发现

[①] 耿世民：《古代突厥文碑铭研究》，中央民族大学出版社2005年版，第23页。

了轰动全世界学术界的《阙特勤碑》和《毗伽可汗碑》。1891年，俄国科学院考古队在蒙古翁金（Ongin）河畔又发现了所谓《翁金碑》，之后，鲁尼文刻铭在内陆亚洲、中亚等地有广泛发现。这些碑铭，往往为同时用鲁尼文突厥文和汉文书写的双语碑。20世纪初，随着敦煌藏经洞的发现，又出土了用这种文字书写的突厥文写本，更加丰富了鲁尼文突厥文献。但此前在我国境内尚无完整的鲁尼文突厥碑铭发现。

在这些碑铭被发现期间，丹麦著名语言学家汤姆森（V. Thomsen）与俄国拉德罗夫二人同时在积极从事碑文文字的解读工作，并于1893年成功解读。从此，学术界开始对这批鲁尼文突厥碑铭进行真正意义上的研究，一百多年来，已经取得了丰硕成果。我国学者岑仲勉、韩儒林、耿世民、林幹等前辈学者从20世纪以来，结合汉文文献在突厥碑铭的研究中亦取得了可喜成绩。这些研究大大丰富和推进了突厥与回鹘史的研究。

有必要指出的是，在迄今发现的用鲁尼文写成、属于回鹘（回纥）汗国的文献并不多，主要的碑铭如《回纥英武威远毗伽可汗碑》（也称《葛勒可汗碑》或《磨延碑》）、《九姓回鹘爱登里啰汩没密施合毗伽可汗圣文神武碑》（又称《哈拉巴喇哈逊碑》）、《苏吉碑》、《塔里亚特（Taryat）碑》（又称《铁尔痕Terkhin碑》或《磨延啜第二碑》）、《铁兹（Tez）碑》（又称《牟羽可汗碑》）等。加之，这些碑铭多暴露于外，经过千百年的风化侵蚀和人为破坏，多已不复完整，而这块珍贵的回鹘葛啜王子墓志，文字清晰，志文完整，不仅是我国迄今为止发现的唯一一块唐代汉文、鲁尼文双语石刻墓志，也为世界上首次发现用这两种文字合璧书写的地下墓志，为学术界提供了新资料，填补了古突厥文字在东亚地区碑铭文献资料发现的空白，对研究这种文字或研究回鹘人当时使用这种文字的情况具有重要意义。

二 墓主人身世及其反映的唐与回鹘关系

首先，墓志标题对墓主身份交代得很清楚，为回鹘王子，名葛啜。此"葛"是不是其回鹘王室"药罗葛氏"的简称不得而知，但"啜"却往往被用在突厥与回鹘王子名或官号中，韩儒林先生曾就突厥或回纥官号中多出现此字的现象指出："其职司虽不得详，但据突厥东五部有五'啜'推之，其地位当亦为一部之长。"[①] 其次，墓主逝世前官衔为唐守左领军卫将军，为唐代府兵制下各卫大将军中正三品的武官，官阶很高，地位显赫，而且以外宾的身份籍隶于唐朝中央政府负责外宾事务的鸿胪寺，所谓："秩班禁卫，宾籍鸿胪"；再者，正文开头第二句"则可汗之诸孙"，"则"为语气虚词，该句更加清楚地点明了其为回鹘王室成员的身份，至于是哪个可汗的孙子，没有明确交代。但接下来一句，又进一步点明了其在唐之所以受到如此恩宠、礼遇的一关键因素。即其父在安史之乱中，曾统回鹘军队助唐平叛，为唐朝建立过丰功伟绩。因碑文"父"字前二字缺损，按照后一字残留笔画与文意推断，应该是"王子"二字，即"王子父车毗尸特勤"，其父为助唐平定安史之乱的回鹘王子车毗尸特勤。"特勤"为突厥语王子的意思，为可汗王子的专称。此须赘述一点的是，学术界对史书中出现的此二字究竟是"特勤"还是"特勒"曾争论了很久。因北宋司马光《资治通鉴》记载突厥土门可汗时期，其中曰："土门自号伊利可汗，号其妻为可贺敦，子弟谓之特勒。"继之在《考异》曰："诸书或作特勤。今从后晋刘昫《旧唐书》及北宋宋祁《新唐书》。"[②] 受司马温公此误导，自此史书往往将"特勤"误书为"特勒"。直到后来经过元朝耶律铸及清代学者钱大昕，以及近代学者韩儒林等人的前后勘误，方刊正为"特勤"，非

[①] 韩儒林：《突厥官号考释》，氏著《穹庐集》，上海人民出版社1982年版，第322页。
[②] 《资治通鉴》卷164梁元帝承圣元年（552），中华书局1956年版，第5078页。

"特勒"。而此碑的发现，就更加印证前代学者的刊正是正确的。

那么，其父车毗尸特勤在史籍中有无记载呢？考察唐朝自安史之乱爆发以后，面对气焰嚣张的叛军，唐朝廷不得不向多年的外交盟友回纥求助。至德二载（757）和宝应元年（762）唐朝曾两次向回纥求援，均得到回纥的响应。而且回纥骑兵两次南下，都是在唐军与叛军长期僵持的形势下投入战斗并很快扭转了战局。唐朝收复两京和消灭叛军主力，回纥骑兵都发挥了关键性的作用，为唐与回纥间那种多年患难与共的盟友关系及藩属关系留下了极其光彩的一页。但这两次回纥兵的统帅，似乎皆与车毗尸特勤的名号不符。前一次，史书记载，唐朝派遣皇室成员敦煌郡王李承寀等出使求援，经双方很快交涉后，"怀仁可汗遣其子叶护及将军帝德等将精兵四千余人来至凤翔。上引见叶护，宴劳赐赉，惟其所欲。丁亥，元帅广平王俶将朔方等军及回纥、西域之众十五万，号二十万，发凤翔。俶见叶护，约为兄弟，叶护大喜，谓俶为兄。回纥至扶风，郭子仪留宴三日。叶护曰：'国家有急，远来相助，何以食为！'宴毕，即行"①。此后，史书多处记载到这位回纥怀仁可汗的长子叶护，但遗憾始终没提及其具体的名号。至于这"叶护"的称号，韩儒林先生考得："乃一部族中之分部部长也。"② 杨圣敏先生进一步考得："回纥可汗、可敦之下，官爵最高者为叶护……叶护常以太子或可汗家族的近亲为之。"③ 其实，回纥官号多沿袭突厥制度，《北史·突厥传》记载突厥："大官有叶护，次设，次特勤，次俟利发，次吐屯发，及余小官，凡二十八等，皆世为之。"④ 由此，葛啜王子的父亲车毗尸特勤官号与"叶护"不合，而且其墓志也并没强调其父是否为回纥太子这一重要身份，所以，其父应该不是这次平叛的回鹘主帅叶护。

---

① 《资治通鉴》卷220唐肃宗至德二载（757），第7032—7033页。
② 韩儒林：《突厥官号考释》，氏著《穹庐集》，第319页。
③ 杨圣敏：《回纥史》，广西师范大学出版社2008年版，第76页。
④ 《北史》卷99《突厥传》，中华书局1974年版，第3287—3288页。

回纥帮助唐朝平叛的第二次，为代宗宝应元年（762），是在安史之乱的余孽史朝义攻陷唐朝东都，且叛军事先通好回纥，在欲离间回纥反唐的关键时刻，唐代宗遣中使刘清潭出使回纥求援，经过仆固怀恩的交涉，回纥为唐出兵，但这次是由回纥登里可汗亲自率领的十万大军前来。这次回纥大军与唐将仆固怀恩等率领的联军于横水大败叛军，进而二次收复东都。史书对此次回纥的援唐记载亦非常明确，说明葛啜王子的父亲车毗尸特勤亦非二次助唐平叛的回纥军统帅。

但史书记载到两次随回鹘大军前来的一位回纥将军，第一次，史书记载："初，（回纥大军）次于曲沃，叶护使其将军车鼻施吐拨裴罗等旁南山而东，遇贼伏兵于谷中，尽殪之。"① 第二次，史书记载，当回纥登里可汗率领的大军前来，唐代宗任命当时任元帅的雍王李适前去接应，可汗要求雍王于帐前跪拜施礼，但雍王及其随从认为回纥是受唐朝册封的藩国，执意不施大礼拜见，"回纥宰相及车鼻将军庭诘曰……"② 随后，回纥车鼻将军惩罚了雍王随从作罢，但回纥仍然尽力帮助唐朝平定了叛乱。此车鼻将军应该是前一个车鼻施吐拨裴罗将军的省称，"吐拨"应为监察官"吐屯发"的促读，而"裴罗"也是对王子的称号，葛啜王子的父亲车毗尸特勤应该两次都参加了回纥帮助唐朝平定叛乱的战斗。

由此，葛啜王子的父亲车毗尸特勤为当年以一王子的身份参加回纥军助唐平叛的重要将领。正是因为葛啜王子的父亲车毗尸特勤为大唐王朝的再造立下了卓越功勋，所以，唐朝对其来唐的子孙接待优渥，皇帝对他们赏赐优厚，官高爵显，无比荣耀，显然令其他外国王子大臣无以为比。正如其墓志云："王子父车毗尸特勤实统戎左右，有功焉。故接待之优宠，锡之厚，殊于他国……方宜享兹荣耀，光于蕃部……"至年仅二十岁的葛啜王子病逝以后，唐朝德宗

---

① 《旧唐书》卷195《回纥传》，中华书局1975年版，第5199页。
② 《旧唐书》卷195《回纥传》，第5203页。

皇帝又颁诏以厚礼送葬，墓志称："送终之饰，则有诏所司备仪焉，礼无其阙。"

其实，唐朝对回纥葛啜王子的这种优待，正是唐与回纥昔日密切关系的真实反映。反观唐与回纥的友好关系，可谓源远流长，关系特殊。早在贞观初年，在唐王朝出兵突厥，解除威胁北方的突厥之患之际，世居漠北的回纥、薛延陀等诸铁勒部族就给予了积极的军事配合。贞观二十年（646），唐朝出兵攻打薛延陀，薛延陀政权灭亡，漠北回纥等十一部首领又及时向唐朝贡，并在太宗车驾巡幸灵州之际，铁勒诸部又遣使至灵州，上尊唐太宗为"天可汗"。随即，在回纥等部的请求之下，唐于漠北回纥等部设置瀚海等六都督府、七州，设置燕然都护府统一管理和实行羁縻统治，又于漠北与长安之间修筑"参天可汗道"，以加强联系。随后，在回纥内讧，首领吐迷度被杀以后，燕然副都护元礼臣设计擒拿凶手乌纥，扶持吐迷度之子婆闰继其父位，从此以回纥为核心的铁勒诸部更加效忠于唐王朝，唐王朝设在漠北的燕然都护府也因之而维持了近40年的统治。自此唐朝在平定突厥余部及西突厥阿史那贺鲁的反叛中，以及唐朝在出兵高丽的战争当中，回纥铁骑往往成为唐军出征所仰仗的主力，其首领婆闰因战功卓著而被唐加授右卫大将军之职，后又加为右卫大将军兼瀚海都督。因此，回纥民族曾为唐朝统一的多民族国家的形成立下过汗马功劳。在武则天当政的一段时间，因后东突厥汗国的复国，回纥等九姓铁勒诸部再次遭到突厥攻击或役使，这时期大批的回纥等铁勒诸部纷纷南下归附唐朝，曾被唐朝安置在东起蔚州（今山西灵丘），西至甘州（今甘肃张掖）的长城沿线。

天宝初年，后东突厥汗国最终在唐朝与回纥的夹击下灭亡。天宝二年（743），回纥俘虏突厥乌苏可汗，次年八月，传首京师，唐为此封回纥酋长骨力裴罗为奉义王。不久，骨力裴罗又联合葛逻禄，攻杀拔悉密可汗，自立为骨咄禄毗伽阙可汗，并随即遣使长安请求唐朝册封。天宝四载（745），骨力裴罗击杀突厥白眉可汗，传首京师，唐玄宗册拜他为怀仁可汗。回纥在得到唐王朝的支持以后，向南居突厥故地，立牙帐于乌德犍山（今蒙古杭爱山），成为漠北霸主。

正是因为唐朝与回纥的友好关系源远流长，彼此在内政外交上积极配合，所以，在唐王朝出现危亡的生死关头，回纥可汗早在叛乱发生后的第二年率先遣使唐朝，请求出兵助国讨贼。最终唐王朝两次求援，依靠回纥的铁骑，平定了叛乱，保存了社稷江山。此后，回纥在帮助唐朝抵御吐蕃的进攻，维护唐朝在西域、中亚的羁縻统治方面均发挥了关键作用。而在这中间，唐王朝对回纥的礼遇和赏赐也是空前绝后，其中先后将包括仆固怀恩二女在内的6位公主嫁给回纥可汗，即宁国公主、小宁国公主、崇徽公主、咸安公主、太和公主、仆固怀恩另一女光亲可敦等。其中3位是皇帝的亲女，可见唐朝对于与回纥关系的重视。唐朝与回纥之间的这种友好关系也成为中国历史上中原王朝与周边民族政权之间最为持久的同盟关系和宗藩关系。

三 墓主投唐反映的回鹘内讧及王室变更等史事

如前所述，回鹘葛啜王子的这方墓志，对于探明发生在贞元十年（794）前后的一次回纥内讧及王室的重大变更事件都有印证和补正的作用。

史书记载，回纥姓药罗葛氏，居薛延陀北娑陵水上。唐初，回纥等六部在郁督军山者，东属始毕可汗，其部人"有时健俟斤者，众始推为君长"。时健俟斤的儿子曰菩萨，材勇有谋，健俟斤死后，被部人立为酋长。贞观初年，突厥颉利可汗政乱，于是役属于突厥政权的薛延陀、回纥、拔野古等纷纷叛离，颉利可汗遣其兄子欲谷设将十万骑兵征讨，"回纥酋长菩萨将五千骑，与战于马鬣山，大破之。欲谷设走，菩萨追之天山，部众多为所虏，回纥由是大振"[①]。此后，回纥又与薛延陀结盟，菩萨号"活颉利发（即大颉利发），

[①] 《资治通鉴》卷192太宗贞观元年（627），第6045—6046页。

树牙独乐水上"①。可见，药罗葛氏应为回纥本部最初的共同姓氏或部号，而菩萨父子实为回纥药罗葛氏族世袭诸部首领的开始。只是后来，随着回纥势力的发展，尤其在唐支持下回纥王国政权建立以后，回纥政权不断兼并铁勒各部，成为所谓回纥别部，于是回纥内部加入了其他姓氏。

那么，回纥药罗葛氏世袭诸部首领的地位是什么时候被代替的呢？史书似乎没有明确记载。但史书有关记载，也为我们提供了一条重要线索。其中记载，贞元十一年（795），回纥汗国奉诚可汗卒，因无子，"国人立其相骨咄禄为可汗"。对于骨咄禄其人，史书均记他"本姓跌跌氏，辩慧有勇略，自天亲时典兵马用事，大臣诸酋长皆畏服之。既为可汗，冒姓药罗葛氏，遣使来告丧。自天亲可汗以上子孙幼稚者，皆内之阙庭"②。由此说明，世袭回纥诸部首领的药罗葛氏，至奉诚可汗卒后，因无子嗣，所以汗位被本姓跌跌氏的大相骨咄禄篡立。而且在骨咄禄篡立汗位以后，"冒姓药罗葛氏"，且及时遣使唐朝来通报奉诚可汗已卒的消息。但不知为何还将原可汗子孙"幼稚者，皆内之阙庭"？《新唐书·回纥传》记，在骨咄禄篡立汗位以后，"以药罗葛氏世有功，不敢自名其族，而尽取可汗子孙内之朝廷"③。这里的记载似乎都十分平静，但细细玩味，便不难发现，在平静的记述背后所掩盖着的那一场并不平静的内讧。因奉诚可汗卒后，可汗家族的子弟显然还有很多，骨咄禄为何不选而立之呢？而且为何要将原可汗子孙全部送到唐朝来呢？其实正说明其汗位来路不明，很可能是经历了一场血腥的政变得来的。而且很有可能奉诚可汗的薨逝就与之有关。再从其及时向唐朝廷告哀报丧来看，应该是为及时取得唐政府的支持和正式册封而来。对于当时的唐政府来说，可能因安史之乱以来国势日衰，加之藩镇叛乱与

---

① 《新唐书》卷217《回鹘传》，第6112页。
② 《资治通鉴》卷235德宗贞元十一年（795），第7568页。
③ 《新唐书》卷217《回鹘传》，第6126页。

吐蕃的连年战争，显然已经无力干涉发生在回纥内部的这场内讧，只好审时度势地默认或与之达成某种政治交易后作罢。但值得称道的是，唐政府因为顾念回纥可汗王室药罗葛氏昔日在平定安史之乱之际，曾给予的军事援助之功，所以将政变中幸存下来的王室年轻和年幼的成员全部接来，并给予了他们优厚的政治待遇，让他们政治避难。这种情况，今由回鹘葛啜王子的这方墓志得到了很好的印证。从这方墓志得知，同时来唐的除葛啜王子外，尚有其兄阿波啜王子及与王室关系密切的诸部跟随者。另外，由这方墓志可驳正史书的一点是，史书将这次回纥可汗变更，王室子孙来唐避难的时间记为贞元十一年（795），但从该墓志得知，应该是贞元十年（794）五月以前就已经发生，因葛啜王子是贞元十年五月来唐的，贞元十一年五月已经病逝，说明史书对此的记载有滞后的现象。

最后，该墓志就回纥改称回鹘的时间问题亦有补证史书的作用。此问题，因史书记载有三种说法，后世多有争议。《旧唐书》《旧五代史》等记为唐宪宗元和四年（809）改；《新唐书》记在唐德宗贞元四年（788）；《唐会要》《册府元龟》等又记为唐德宗贞元五年（789）。至北宋司马光等纂修《资治通鉴》时采用了《新唐书》的说法，其中记：唐德宗贞元初年，唐与回纥再次和亲，唐德宗许降咸安公主给回纥骨咄禄可汗。贞元四年（788），可汗遣其妹及大臣等一千多人来迎娶可敦，"冬，十月，戊子，回纥至长安，可汗仍表请改回纥为回鹘；许之"。继之，司马温公在《资治通鉴考异》中罗列了以上史书记载的三种不同，并进而考证曰："《邺侯家传》：四年七月，可汗上表请改'纥'字为'鹘'，与李繁《北荒君长录》及《新回鹘传》同。按李泌明年春薨，若明年七月方改，《家传》不应言之。今从《家传》、《君长录》、《新书》。"[①] 今依据葛啜王子墓志，显然至迟在德宗贞元十一年（795）回纥就已称回鹘，《旧唐书》等为唐宪宗元和四年的记载显然失实。说明回纥改称回鹘的时

---

① 《资治通鉴》卷233 德宗贞元四年（788），第7515页。

间就在德宗贞元年间，具体应该是贞元四年（788）十月回纥迎婚使到达长安之际便上表请改，德宗当时已经允诺，具体颁发诏书一定是该年十一月唐朝颁诏以刑部尚书关播为送咸安公主兼册回鹘可汗使的同时，而这一诏书到达回纥的时间应该已为贞元五年，所以唐朝方面的改称在四年十一月已经开始，而漠北回纥自己改称回鹘已到贞元五年（789）。

回鹘葛啜王子墓志

[本文原载于杜文玉主编《唐史论丛》（第十七辑），陕西师范大学出版总社有限公司2014年版，第253—261页]

唐回纥人李秉义与移建勿二墓志跋

《陕西新见唐朝墓志》一书，收有两方回纥人墓志拓片图版及录文，此即《唐故回纥赠天水郡王李府君墓志铭并序》与《故回纥会宁郡王移建勿墓志铭并序》[①]。为行文的方便，下文简称《李秉义墓志》与《移建勿墓志》。因该书收录为散见墓志，二墓志确切的出土信息不详。二墓志志主均为回纥王子，在唐朝得授"郡王"爵号，而且二墓志的撰写等级也很高，不仅皆为奉敕撰写，而且撰写者均为当时声名显赫的儒林大家。如两方墓志的撰作者张涉、柳伉史书均有名，书写者吴宰臣、张楚昭史书不载，但官职身份都很高。《李秉义墓志》的撰写者张涉，蒲州人（今山西运城），为代宗、德宗朝的名儒，时称张万言，为国子博士、翰林学士，后迁散骑常侍，颇受德宗器重。由志文其官号可知，他当时还为皇太子、郑王等的侍读及皇帝身边的陪侍文臣。书丹者吴宰臣应为代宗朝的著名书法家，其名与所带"殿中少监翰林待诏上柱国赐紫金鱼袋"之官号，还见于《故缙云郡王墓志铭并序》。至于官号前的"元从"二字，实乃"陕州元从"的简称，乃广德元年（763）十月，唐代宗因吐蕃大军兵临长安而被迫避蕃幸陕，之后给随从将士与臣僚赐予此称号。《移建勿墓志》的撰写者柳伉，河东解县（今山西省临猗县）人，乾元二年（759）进士及第，授校书郎充翰林学士，唐代宗朝

[①] 分别参见刘文、杜镇编著《陕西新见唐朝墓志》，三秦出版社2022年版，第236—239页。

任太常博士，官至兵部员外郎、谏议大夫等。书丹者张楚昭亦不见于史书，从其所带翰林待诏来看身份亦不低。两位志主身前和卒后受到如此高的待遇，均与他们的身份有关，与当时唐朝与回纥的关系有关。两方墓志可谓见证唐朝与回纥密切关系的有力物证，颇有证史、补史之价值，谨为之跋，并略为之论。

一

《李秉义墓志》，据《陕西新见唐朝墓志》一书所收的拓片图录可知，志石与志盖俱全。进而结合是书简要介绍又可知，志主于大历七年（772）三月五日卒，四月十日葬。志盖盝顶，顶盖边长 31 厘米×32 厘米，4 行，行 4 字，篆书"大唐故回纥赠天水郡王李府君墓志铭"18 字。四刹刻四神图案。志石方形，边长 60 厘米×59 厘米。志文行楷，24 行，满行 24 至 25 字，共 561 字。兹将志文迻录并标点如下：

> 唐故回纥赠天水郡王李府君墓志铭并序
> 国子博士翰林学士皇太子郑王等侍读侍文臣张涉奉敕撰
> 元从殿中少监翰林学士上柱国赐紫金鱼袋臣吴宰臣奉敕书
> 　　君讳秉义，字末阿波，回纥登里颉咄登蜜施合俱录英义建功毗伽可汗之堂弟也。父移建啜，玄宗朝尝瞻风入觐，竭节为臣，嗣休屠之令猷，继日䃅之茂绩。或命衣玄甲，远扫边陲。或宠侍轩墀，荣参警夜。愿留捧日，绝望寒乡，因封为崇义王，仍赐姓李。公即王之第四子也，武出天性，忠禀父风。弓弯六钧，矢洞七札。肃宗朝，以痛贼臣之负国，思夏后之配天，遂翼䚄鲸鲵，佐清区寓。名书彝鼎，勋列太常。今上往居蕃邸之日，奉词伐叛，杖节专征。公又率已棣华，先锋霆击。每登雁阵，势疾风趋。搴旗于万敌之中，取馘于百萃之下。故入则参侍帷幄，出则羽卫戎麾。未尝不命中惬心，指踪如意。洎皇上

握图御极，论旧录功，授左武卫将军，特加茅土之封，用锡河山之庆。降年未永，奄逐逝川。以大历七年三月五日，薨于长安静恭里之私邸，春秋廿五。越以其年四月十日，葬于京兆凤栖原，礼也。皇上以公可汗金支，于国有婚姻之亲；禁掖荩臣，念旧为勋庸之最。叹惜尤切，轸悼殊深，遂赠公天水郡王，赙绢一百匹、布五十端。丧葬所须，并皆官给。仍令尚食致祭，京少尹监护。生则输忠七萃，殁乃铭勋九原。冢象祁连，茔封马鬣。君恩昭著，臣节益彰。爰命侍臣，式刊贞石。铭曰：

天子武臣，可汗棣萼。百战为欢，七擒取乐。纵横奋击，驰突如飞。气摧万刃，勇决重围。恩眷特深，藏舟不固。悲逐隙驹，哀缠薤露。父画云阁，子铭景钟。荣标国姓，宠表嘉庸。礼备饰终，赠光幽壤。徽音永茂，营魄长往。①

回纥人李秉义，字末阿波，卒于大历七年（772）。对此史书有记，《旧唐书·代宗纪》大历七年（772）记："夏四月甲寅，回纥王子李秉义卒，归国宿卫赐名也。"② 这里称其为回纥王子，正与墓志所记合，因志文进而又称其为回纥登里颉咄登蜜施合俱录英义建功毗伽可汗之堂弟。可汗之堂弟，自然应为王子。至于"登里颉咄登密施合俱录英义建功毗伽可汗"之号，过去《旧唐书·回纥传》将其中的"合"字记为"含"字③，结合《新唐书·回鹘传》亦记为"合"字来看④，前者应该是传抄之误。此号为唐朝册封，此可汗名为药罗葛移地健，号牟羽可汗，亦称登里可汗，公元759年至780年在位，在位期间相当于唐朝中期，为回纥汗国的第三任可汗，正是亲率大军助唐最后平定安庆绪、史思明叛军的回纥可汗。称志

---

① 《陕西新见唐朝墓志》所载录文，将"回纥登里颉咄登蜜施合俱録英义建功毗伽可汗"之"蜜"字误为"密"；将"禁掖荩臣"句中之"掖"字误为"旅"。
② 《旧唐书》卷11《代宗纪》，中华书局1975年版，第299页。
③ 《旧唐书》卷195《回纥传》，第5204页。
④ 《新唐书》卷217《回鹘传》，中华书局1975年版，第6119页。

主为英义可汗之堂弟，则李秉义应该亦为第一代回纥可汗怀仁可汗的嫡孙，其父移建啜应为怀仁可汗之一子。从之后的记述可知，志主家族是从其父移建啜开始投降唐朝的。其父移建啜，"啜"往往被用在突厥与回鹘王子名或官号中，韩儒林先生曾经指出："其职司虽不得详，但据突厥东五部有五'啜'推之，其地位当亦为一部之长。"① 对于其父移建啜来唐，志文称："父移建啜，玄宗朝尝瞻风入觐，竭节为臣"，则其父移建啜在玄宗朝是作为回纥之使臣来唐的，而且最初似乎是为回纥打探消息而来，随后留在了唐朝。

考察玄宗朝唐朝与回纥的关系，玄宗开元年间，日渐兴起的回纥因唐朝边将处置不当，杀害凉州都督王君㚟，"断安西诸国入长安路，玄宗命郭知运等讨逐，退保乌德健山"②。到了天宝初年，回纥"酋长叶护颉利吐发遣使入朝，封奉义王。三载，击破拔悉密，自称骨咄录毗伽阙可汗，又遣使入朝，因册为怀仁可汗"③。开元年间唐朝与回纥交恶后，关系一度紧张，直至天宝初年双方为铲除后突厥残余政权而重新联系，回纥遣使来唐后，才恢复了双边关系，唐朝相继册封其王为奉义王、怀仁可汗。则当日双方恢复交往之际，受回纥怀仁可汗派遣来唐的使者，也就是志文所记的因"瞻风入觐"来唐的使者，其中应该就有志主父移建啜。因此，昔日他可能受回纥可汗委派前来唐朝探听消息，窥探唐朝的态度，随之双方恢复了藩属关系，唐朝册封了回纥可汗。但双方恢复建交以后，他又为何留居唐朝呢？从所谓"嗣休屠之令猷，继日磾之茂绩"，以及"愿留捧日，绝望寒乡"等句看，似乎是随后投降了唐朝。其实这应该是一种外交语言，是对其回纥质子身份的委婉表达。因从志文及当时唐朝与回纥关系的日益紧密来看，他的留居唐朝不仅没有影响到双边关系，而且唐朝因考虑与回纥的密切关系而对

---

① 韩儒林：《突厥官号考释》，氏著《穹庐集》，上海人民出版社1982年版，第322页。
② 《旧唐书》卷195《回纥传》，第5198页。
③ 《旧唐书》卷195《回纥传》，第5198页。

他格外礼遇。由此判断，他的居留唐朝应该是得到回纥政权允许的，他应该是以使者身份来唐，随之又是作为入唐的回纥质子与家人留居在唐朝。

移建啜作为回纥王子，因出使唐朝，之后又作为入唐的回纥质子留居唐都长安，所以才有其家人亦留居长安，以及其父子的事唐经历。所谓"或命衣玄甲，远扫边陲。或宠侍轩墀，荣参警夜。愿留捧日，绝望寒乡，因封为崇义王，仍赐姓李"。正是其作为质子来唐以后，或作为府兵出征，或作为羽林军将宿卫京城，因衷心事唐，所以生前被唐朝"封为崇义王，仍赐姓李"，也是荣宠至极。

李秉义父移建啜得到唐朝封王与赐姓，与唐朝册封怀仁可汗以后，唐朝与回纥的关系日渐密切有关。天宝三载（744），唐朝册封骨力裴罗为怀仁可汗以后，次年怀仁可汗卒，子磨延啜立，号葛勒可汗，唐朝册封为英武威远可汗，公元747年至759年在位。乾元元年（758），唐朝将唐肃宗幼女宁国公主嫁于他，之后又册命他为"回纥英武威远毗伽可汗"。葛勒可汗继续推行了与唐友好的关系，在其配合下，唐朝不仅斩杀突厥白眉可汗，后又遇唐朝安史之乱的爆发而回纥助唐平叛。天宝十四载（755）安史之乱爆发，翌年秋唐肃宗在灵武即位，回纥葛勒可汗即遣使至唐请助讨安禄山，至德二载（757）秋，唐军在回纥兵的援助下收复西京长安，宝应元年（762）又助唐收复了东京洛阳。

移建啜衷心事唐，得到唐朝封王与赐姓的荣宠，在这期间，其子李秉义逐渐成人。志文谓："公即王之第四子也，武出天性，忠禀父风。弓弯六钧，矢洞七札。肃宗朝以痛贼臣之负国，思夏后之配天，遂翼翯鲸鲵，佐清区寓。名书彝鼎，勋列太常。"可见他成人后还是继续作为回纥质子，并以武勇见称，为唐朝建功立业。志主父移建啜入唐而得到了封王与获赐国姓的殊荣。而志主据上引《旧唐书·代宗纪》所记称其"归国宿卫赐名"，说明其"秉义"之名，也是唐朝所赐。而称"归国宿卫"，正是史书是对外国质子身份的一种常见表达。

李秉义早年跟随时任元帅的广平王李俶（豫）平定叛乱，而且"勋列太常"，应该是最初任太常寺的官员。所谓"今上往居蕃邸之日，奉词伐叛，杖节专征。公又率己棣华，先锋霆击"。这里的"今上"指已经登基的唐代宗，唐朝在平定安史叛军之际，太子李俶（豫）被任命为天下兵马元帅，至德二载（757）借回纥兵大败叛军，收复两京，确是"奉词伐叛，杖节专征"。而志主一家，在关键时刻，更是率领阖家兄弟先锋出征，所谓"公又率己棣华，先锋霆击"。棣华，《诗·小雅·常棣》："常棣之华，鄂不韡韡。凡今之人，莫如兄弟。"① 后因以"棣华"喻兄弟。所谓"每登雁阵，势疾风趋。搴旗于万敌之中，取馘于百鏖之下"，这更是志主英勇无畏、杀敌立功的写照。正因此，志文又称："洎皇上握图御极，论旧录功。授左武卫将军，特加茅土之封，用锡河山之庆"，指代宗登基以后，对曾跟随自己立功的将士嘉奖重用，志主因此得授左武卫将军。左武卫将军，乃隋唐十二卫将军之一，置二员，从三品，掌宫禁宿卫。

志主于大历七年（772）三月五日薨于长安静恭里之私邸，春秋廿五，说明志主最初跟随太子杀敌立功之际，还是一个十四五岁的青年。在唐朝平定安史之乱以后，志主又因吐蕃东侵，转战于唐蕃战场，直至大历七年去世。志主去世后所葬的京兆凤栖原在今西安市长安区。

志主去世后，受到极高的待遇，志文谓："遂赠公天水郡王，赗绢一百匹、布五十端。丧葬所须，并皆官给。仍令尚食致祭，京少尹监护。"年仅二十五岁的回纥王子，去世后获赠天水郡王，给予厚葬，葬事由京少尹监护，受到如此高的待遇，其中原因正是他回纥质子的特殊身份。志文称："皇上以公可汗金支，于国有婚姻之亲"，也就是首先是因为他为回纥可汗的支系，而回纥可汗家族当时

---

① （清）阮元校刻：《十三经注疏》卷9《诗·小雅·常棣》，中华书局2009年影印清嘉庆刊本，第871页。

与唐朝通婚，不仅回纥怀仁可汗将自己的公主嫁给唐朝出使回纥的宗室李承寀，唐朝还连续将几位公主嫁给回纥贵族，其中就包括乾元元年（758）唐肃宗将自己幼女宁国公主出降给新继位的回纥葛勒可汗。可见，志主受到极高的待遇不但是与其为回纥王子入质唐朝的身份有关，还与唐朝当时与回纥的特殊关系有关，更与志主一生跟随代宗建功唐朝有关。所谓"禁掖荩臣，念旧为勋庸之最"，正是对他在京城宿卫的肯定。当然，这一切也与唐朝接纳、礼遇外蕃的开明政策有关。由此，此方墓志确为见证唐朝与回纥昔日密切关系的一有力物证，亦为见证唐王朝开明的民族政策的一珍贵物证。

（二）

《移建勿墓志》为《陕西新见唐朝墓志》一书收录的另一回纥人墓志。志主大历八年（773）二月四日卒，四月廿五日葬。盖拓失收。志石方形，边长52厘米×54厘米。志文行书，18行，满行8至20字，共273字。兹亦将志文迻录并标点如下：

故回纥会宁郡王移建勿墓志铭并序
太中大夫行户部员外郎翰林学士臣柳伉奉敕撰
朝议郎守同州司马翰林待诏臣张楚昭奉敕书
维唐大历八年岁次癸丑二月景午朔四日己酉，故回纥会宁郡王移建勿终于上都鸿胪之邸舍，春秋三十。王之祖阙裴罗可汗、父阿萨啜特勤王，即今英义建功毗伽可汗之季弟也。性颇武毅，工于弧矢。淳直劲正，居有古风。皇上以今可汗有战伐之勋，结婚姻之好。其子弟将帅来朝会者，皆厚礼之。王充质朝天，已更再叶。遇疾而殁，鸣呼哀哉！主上旌其向方，宠以嘉绩。命有司具礼迁窆于万年县之凤栖原，所以致殊俗而远声教也。时四月景午朔廿五日庚午，词臣受简，敢作颂曰：

阴山之裔，厥有淳德。以功受封，以勤率职。殁有余眷，开兹兆域。于其志之，永用刊刻。

志文曰："维唐大历八年岁次癸丑二月景午朔四日己酉，故回纥会宁郡王移建勿终于上都鸿胪之邸舍，春秋三十。"这里开门见山，点出志主去世的时间、地点，以及去世时的年龄。称"故回纥会宁郡王移建勿"，说明志主移建勿生前已经得授唐朝册封的会宁郡王称号。

接下来志文谓："王之祖阙裴罗可汗、父阿萨啜特勤王，即今英义建功毗伽可汗之季弟也。"其祖阙裴罗可汗，即回纥汗国第一代可汗骨力裴罗，前文已述，唐册封其为"骨咄禄毗伽阙怀仁可汗"。志主父阿萨啜特勤王，不见于史书，称"特勤王"，必为可汗子弟，应该是怀仁可汗之子。因"特勤"为突厥语王子的意思，为可汗王子的专称。但接下来一句，"即今英义建功毗伽可汗之季弟也"，比较突兀，没有说明此句主语是谁，究竟主语是志主还是其父不明，但深究先后意及辈分，此句主语应该为志主。此处应该是省略或漏刻一"王"字，应该为："王即今英义建功毗伽可汗之季弟也"。因为志主与英义建功毗伽可汗为同一辈，均为怀仁可汗之孙。前文提到，英义建功毗伽可汗为回纥王国之第三任可汗，全称登里颉咄登蜜施合俱录英义建功毗伽可汗，简称英义建功可汗，其名为药罗葛移地健。称志主为时任可汗英义建功毗伽可汗之"季弟"，"季弟"应为小弟。但英义建功毗伽可汗，即登里可汗的父亲并非阿萨啜特勤王，而为回纥汗国的第二代可汗葛勒可汗，亦即毗伽可汗。对此史书记载明确，乾元二年（759），"夏四月，回纥毗伽可汗死。长子叶护先被杀，乃立其少子登里可汗，其妻为可敦"①。而且史书明确记载，登里可汗的两任可敦都是唐朝重臣仆固怀恩的女儿。史书有记："先是，毗伽可汗请以子婚，肃宗以仆固怀恩女嫁之。及是为可

---

① 《旧唐书》卷195《回纥传》，第5201页。

敦……"① 宝应元年（762），唐朝派中使刘清潭征兵于回纥，登里可汗曾亲率回纥大军前来，大败史朝义，两次收复唐朝东京洛阳。随之，"代宗御宣政殿，出册文，加册可汗为登里颉咄登蜜施含（合）俱录英义建功毗伽可汗，可敦加册为婆墨光亲丽华毗伽可敦"②。由此说明，史书对于这两代回纥可汗的世系之记载是清楚的，这里称"季弟"，应该并非指同胞小弟，而应该是指堂弟。

一如前一墓志的志主一样，回纥会宁郡王移建勿去世以后，也是得到唐朝的荣宠厚葬。但他得到荣宠的原因，也并非其武勇与品质，即志文盛赞的所谓"性颇武毅，工于弧矢。淳直劲正，居有古风"，而同样也是因为他为回纥可汗的支系，而回纥可汗家族当时与唐朝结婚，志文亦明确称："皇上以今可汗有战伐之勋，结婚姻之好。其子弟将帅来朝会者，皆厚礼之。王充质朝天，已更再叶。"这里明确点出其来唐是作为回纥质子。可见，志主受到极高的待遇，首先也是与其回纥王子的身份有关，是与唐朝当时与回纥的特殊关系有关，与其为回纥派至唐朝的质子身份有关。再者，也是与唐朝开明的民族政策有关，志文称："所以致殊俗而远声教也"，此又是明白无误地表明，唐朝如此就是在给周边民族看，是为了招徕远夷，宣扬声教。总之，此方墓志亦为见证唐朝与回纥昔日密切关系的有力物证，为见证唐王朝开明的民族政策的又一珍贵资料。

比较两方墓志，我们发现有几个相同的特点。首先，墓志的志主均作为回纥质子居留唐朝，但均不是当时回纥英义建功毗伽可汗的亲兄弟，而是其堂兄弟。李秉义父子两代自玄宗朝来唐，多年衷心事唐。而移建勿，其志文称"王充质朝天，已更再叶"，说明他作为来唐的质子，生前已经在唐度过了二十年。由志文开头可知，志主去世时春秋三十，则他初为质子来唐时仅是一个十岁左右的孩童。

---

① 《旧唐书》卷195《回纥传》，第5202页。
② 《旧唐书》卷195《回纥传》，第5204页。

其次，二人同葬一地，前一墓志称志主去世后葬于京兆凤栖原，而移建勿去世后也是"命有司具礼迁窆于万年县之凤栖原"。可见，当时的凤栖原可能有较大规模的回纥人家族墓地。

三是志主去世时年纪都不大，均在青壮年时期，而且去世时间很接近。巧合的是，前一方墓志志主李秉义去世是在大历七年（772）三月，志主去世时年仅二十五岁，后一方墓志志主又在大历八年（773）二月去世，去世时年仅三十岁。在不到一年的时间内，作为回纥质子的二王子年纪轻轻就相继薨逝。考察该时期的唐朝与回纥关系，正是唐朝两次仰仗回纥出兵平息安史叛乱不久，唐朝与回纥关系最为亲善的时期，但也是回纥对唐最为骄横的时期。回纥统治者恃功，通过种种手段勒索唐朝锦绢，而且居功自傲，在唐朝境内胡作非为。史书记载，代宗广德元年（763）正月，结束平叛而率众归国的登里可汗，"其部众所过抄掠，廪给小不如意，辄杀人，无所忌惮"[1]。就在大历七年春正月，"甲辰，回纥使出鸿胪寺劫掠坊市，吏不能禁止，复三百骑犯金光、朱雀等门。是日皇城诸门皆闭，慰谕之方止……秋七月癸巳，回纥蕃客夺长安县令邵说所乘马，人吏不能禁"[2]。到了大历十年（775）九月，在长安的回纥人"白昼杀人于市，吏捕之，拘于万年狱。其首领赤心持兵入县，劫囚而出，斫伤狱吏"[3]。随后，唐朝与回纥关系一度恶化，大历十三年（778）回纥"袭振武，攻东陉，入寇太原"，唐河东节度使鲍防、代州都督张光晟应战。由此，结合二人前后史实来看，窃以为二人很有可能均非正常死亡，其中可能有蹊跷，但事实究竟如何，已经不可考知，此存疑。

---

[1]《资治通鉴》卷222 唐代宗广德元年（763），中华书局1956年版，第7141页。
[2]《旧唐书》卷11《代宗纪》，第299—300页。
[3]《旧唐书》卷11《代宗纪》，第308页。

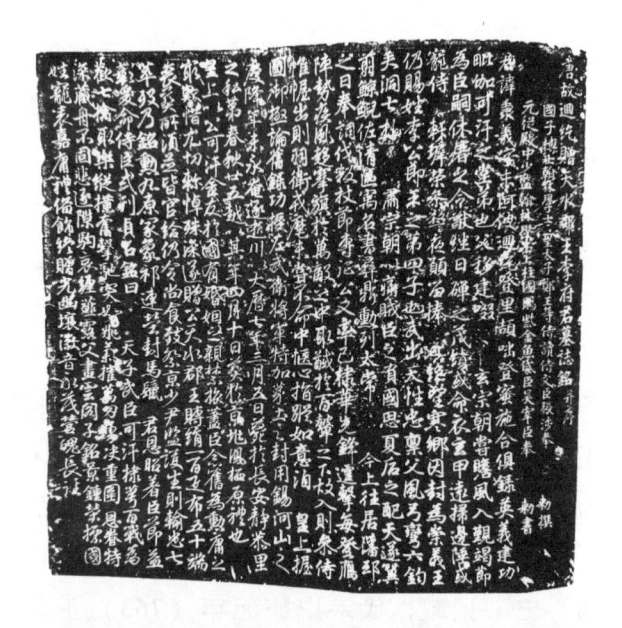

回纥人李秉义与移建勿二墓志

(本文原载于《碑林集刊》第二十七辑,三秦出版社2022年版,第88—94页)

《唐张茂宣墓志》考释

　　西安大唐西市博物馆收藏一方墓志，墓志主人为张茂宣。墓志呈正方形，墓志文为楷书阴刻，共 31 行，满行为 31 字，文字清晰，保存较为完整，全文共计存 794 字（另补识 23 字），志文标题为"唐故银青光禄大夫检校户部尚书兼光禄卿上柱国上谷郡开国公赠陕州大都督上谷张府君墓志铭并叙""检校太子右庶子兼循王府长史窦克良篆""故吏文林郎权知光禄寺主簿□□尉陈审书"。因该墓志涉及唐代中期重要史事，多有补正民族关系及边疆史事之处，谨撰此文，敬请同仁不吝赐教。兹先将墓志录文标点如下：

　　唐故银青光禄大夫检校户部尚书兼光禄卿上柱国上谷 郡 开
　　国公赠陕 州 大都督上谷张府君墓志铭并叙
　　检校太子右庶子兼循王府长 史窦 克良篆
　　故吏文林郎权知光禄寺主簿□□尉陈审书
　　上谷张公讳茂宣，字懿明，其先燕人。九代祖奇，仕北齐 官 至右北平太守、北平王。/其后代袭统帅，称强于艮维。至贞武公因官封于上 谷 ， 因 家焉。曾祖逊，/唐乙失活部落刺史。祖谧，平州刺史、北平郡王，赠 太 子太傅。烈考孝忠，义武/军节度使、检校司空、同中书门下平章事，赠太师， 谥曰贞武。其勋绩义烈蔚乎青／史，公即贞武之第八子也。生而岐嶷，少多大略，博通经史，尤精韬钤太遁之学。性／重义、好施，不事生业，善左右射，弯弓数百斤。贞武公大奇之，抚其背曰："尔必大吾／门也。"因以名闻。授太子通事舍人，转太常寺主簿。建中末，妖竖构乱，／德宗皇帝西幸奉天，贞武公乃俾公朝于行在。伏奏之日，诏赐从容，凡所／顾问，应对如响。德宗深嘉之，迁太子洗马，仍许归侍。及／銮舆反政，公复来朝，换太子右赞善大夫，寻迁海州刺史。既为方伯所制，莫展／字人之术，乃弃官还京师。历□□□王二府长史，稍迁虔王傅。虽梁园置醴，而利／刃犹匣。改太仆少卿，位亚九列，职司五辂，在公未几，能事已彰，除右羽林军将军。／顺宗皇帝登极，念羽卫之勤，诏兼御史中丞。／今天子即位，宠三朝之旧，特加御史大夫。而累上表章，亟论边事，拜左金吾将军，／转鸿胪卿并兼御史大夫。元和七年春，以本官加检校工部尚书，充持节入回鹘／使，奉命星驰，车无停轨，曾未累月达单于庭。时虏之酋长方肆傲慢。公抗节直／进，谕之礼义，以三寸舌挫十万虏。虏于是屈膝受诏，遣使纳贡，来与公俱。八／年春复命，诏授检校户部尚书兼光禄卿。明年三月廿七日，寝疾，薨于怀远／里之私第，春秋四十有六。九月廿三日，诏赠陕州大都督。冬十月己酉，葬于京兆／之少陵原。南阳郡夫人许氏，性□□。长子尚舍直长，曰弘矩；嗣子太子通事舍人，曰／弘规；次曰仆寺主簿弘简；次曰弘□；次曰弘亮；次曰岳王府参军弘度。咸温温恭／仁，饰躬履善。嗟乎！公蕴文武之材，怀贞义之节，足可以安边塞，威戎狄。今则已／矣，天可问耶？宜乎书于金石，式纪遗烈。铭曰：／

赫矣祖宗，勋绩隆崇。惟公嗣之，载扬英风。德义居心，礼乐在躬。辩而能讷，庄而能/同。

虚白有地，还丹无术。东流逝水，西归落日。原氏之阡，滕公之室。遗令空在，藏经永毕。

前对青□，□□凤城，川原古色，草木秋声。泉冷灯暗，山空月明。纪勋华/于贞石，托不□□□□。

一 张茂宣的族属与家世

墓志主人为张茂宣，字懿明，上谷人，为唐代第一代义武军节度使张孝忠的第八子。对于该家族的族属，墓志称"其先燕人"，又称"代袭统帅，称强于艮维"，"艮维"指东北，皆说明其家族为世居东北的豪族。继之，墓志称"曾祖逊，唐乙失活部落刺史"。对此，其父张孝忠《开府仪同三司检校司空同中书门下平章事符阳郡王赠太师贞武张公遗爱碑铭并序》记载同，称"曾王父靖，乙失活部落节度使。王父逊，部落刺史"[1]。而《旧唐书·张孝忠传》又称其父"本奚之种类。曾祖靖、祖逊，代乙失活部落酋帅"[2]。这里都称其祖上为乙失活部落酋帅，而后者称该家族为"本奚之种类"，却与《新唐书·地理志》等的记载不同。对于乙失活部落，史书有载，却多将之归于契丹，唐代中后期契丹遥辇氏八部之一的迭剌部就出于乙失（室）活部。据史书记载，契丹与奚都居住在唐营州（今辽宁朝阳）以北的东胡旧地，契丹在潢水（今内蒙古西拉木伦河）之南，黄龙（今辽宁开原黄龙岗北）之北；而奚，全称库莫奚，以饶乐水（今内蒙古西拉木伦河南）与吐护真水（今内蒙古老哈河）为中心，东接契丹，西至突厥。唐朝贞观年间，随着契丹与唐王朝关系的逐步改善和日渐亲密，唐王朝在契丹活动地区设置羁縻府州进行管辖。从贞观二年（628）起，唐在契丹地区设置了"契丹州十

---

[1] （宋）李昉等编：《文苑英华》卷874，中华书局1966年版，第4610页。
[2] 《旧唐书》卷141《张孝忠传》，第3854页。

七，府一"，这其中就有以乙失活部落所置的信州。《旧唐书·地理志》记载："信州，万岁通天元年（696）置，处契丹失活部落，隶营州都督。二年，迁于青州安置。神龙初还，隶幽州都督。天宝领县一……黄龙，州所治，寄治范阳县。"① 而《新唐书·地理志》又记："信州，万岁通天元年（696）以乙失活部落置。侨治范阳境。县一：黄龙。"② 由此说明，契丹乙失活部落很可能如史书所言的本属"奚之种类"，但长期受契丹控制而逐渐融入契丹，后又受契丹与唐朝的交替控制。万岁通天元年，唐朝在该部落置立信州对其羁縻统治。应该是在该时期受唐朝羁縻统治的契丹政权即将反叛之际设置的，但随之因契丹反叛，唐朝丢失营州，信州治所被迫暂时南迁于青州寄居。

万岁通天元年（696），契丹首领孙万荣与其妹婿松漠都督李尽忠不满于唐营州都督赵文翙的欺侮，二人"共举兵，杀文翙，盗营州反"③。唐军一度接连大败，契丹乘胜攻入幽州，杀掠人吏。后经唐廷极力镇压，契丹首领孙万荣穷蹙而被其家奴所杀，其余众遂降后突厥默啜政权。在这期间，与契丹为邻的奚部，史书记载"万岁通天元年，契丹叛后，奚众管属突厥，两国常递为表里，号曰'两蕃'"④。这证明契丹叛唐以后，与其互通声气的奚政权及部众转而投靠后东突厥，之后一度又受后东突厥默啜政权翼护，可见包括乙失活部落在内的奚族各部，万岁通天元年之前或役属于契丹，或直接受契丹统治，之后又悉数随契丹余部投靠突厥。唐中宗神龙初年，随着唐朝反攻突厥战争的节节胜利，史书记信州还隶幽州都督府，这是与唐中宗朝欲恢复唐朝旧疆的形势是相符的。但信州侨治于幽州范阳境的时间段应该是到了开元三年（715）张茂宣的祖父张谧率部落再次投唐以后。

---

① 《旧唐书》卷39《地理志》，第1526页。
② 《新唐书》卷43《地理志》，第1127页。
③ 《新唐书》卷219《契丹传》，第6168页。
④ 《旧唐书》卷199下《奚传》，第5354页。

万岁通天元年以后，投靠东突厥默啜政权的契丹与奚互为表里，威胁唐之东北边疆。直至开元三年（715），突厥默啜政衰，契丹首领李失活率种落内附，奚首领李大辅"遣其大臣粤苏梅落来请降，诏复立其地为饶乐州，封大辅为饶乐郡王，仍拜左金吾员外大将军，饶乐州都督"①。正是在这样的背景下，作为"奚之种类"并与契丹有密切联系的乙失活部落，其酋帅即墓主祖父张谧率众归唐，并得到了唐政府的封赏。至于张谧在唐朝的任官，《旧唐书》称张孝忠"父谧，开元中以众归国，授鸿胪卿同正，以孝忠贵，赠户部尚书"②。另外，张茂宣墓志称张谧受封"平州刺史、北平郡王，赠太子太傅"。则张谧率众归唐后的实际职任应该是鸿胪卿同正，至于平州刺史、北平郡王以及太子太傅、户部尚书这些高阶的封赠官，当是其子张孝忠贵宠以后朝廷所追赠。而由此论证可见，该墓志对于弄清契丹乙失活部的历史与源流大有裨益。

前文提及，墓主张茂宣的父亲为第一代义武军节度使张孝忠。该家族势力凸显于唐亦始自张孝忠。对于张孝忠的生平事迹，两唐书都有传。再结合其《开府仪同三司检校司空同中书门下平章事符阳郡王赠太师贞武张公遗爱碑铭并序》可知，张孝忠约生于开元十年（722），这大概已经是其父张谧率部投唐以后。早年的张孝忠因善骑射，在河北与王武俊齐名。并因此曾作为质子入侍唐廷，上引张公遗爱碑铭并序就记载他"年未弱冠，入侍明庭，才为异伦，射必命中"。史书又称其"天宝末，以善射授内供奉"③。随后张孝忠因安禄山向朝廷奏请，被选为禄山偏将，上引张公遗爱碑铭并序亦记载张孝忠"以天宝十载（751）受诏即戎，授范阳郡洪源府右果毅，破九姓突厥，改上党郡漳源府折冲"。

天宝末年，安禄山一人身兼范阳、平卢、河东三大节度使，其

---

① 《旧唐书》卷199下《奚传》，第5355页。
② 《旧唐书》卷141《张孝忠传》，第3854页。
③ 《旧唐书》卷141《张孝忠传》，第3854页。

中范阳、平卢两大节度管辖与防范的对象正是契丹和奚。这是缘于开元三年（715）契丹与奚再次投唐以后，仍然叛服无常。唐玄宗亦曾为之宵衣旰食，大伤脑筋，为此设置重兵防御。《资治通鉴》记载："范阳节度临制奚、契丹，统经略、威武、清夷、静塞、恒阳、北平、高阳、唐兴、横海九军，屯幽、蓟、妫、檀、恒、定、漠、沧九州之境，治幽州，兵九万一千四百人。"[1] 平卢节度原是范阳节度下辖一军，后来分出增置为藩镇。张孝忠所在的乙失活部落侨治于幽州范阳境，自然归属时任范阳节度使的安禄山管辖，并为之所驱驰。

在被安禄山奏为偏将后，史书称张孝忠"破九姓突厥，先登陷阵，以功授果毅折冲"[2]。这里的九姓突厥应该是天宝后期兴起于漠北的九姓回纥。安史之乱期间，张孝忠以"两蕃"部落酋帅子弟身份，加之骁勇善骑射，曾先后充当安禄山、史思明的叛军前锋，为其冲锋陷阵，在叛军陷落河洛的过程中立下过"汗马功劳"。对于安史之乱中的叛军主力，过去学术界曾认为以西域昭武九姓胡为主，但黄永年先生研究后认为"安史武力之多凭借奚、契丹"[3]。今观出自"奚之种类"的张茂宣父亲张孝忠，以及当日的其他叛军将领如出自"范阳城旁奚族"的李宝臣、出自契丹怒皆部落的王武俊、世事契丹的柳城胡人李怀仙等等事迹来看，昔日契丹和奚确实是叛军的主要组成部分。

安史之乱被平定后，张孝忠又追随唐成德节度使李宝臣镇守易州，累封至易州刺史、太子宾客兼御史中丞、范阳郡王。建中二年（781），李宝臣之子李惟岳叛乱，张孝忠投降朝廷，被授为成德军节度使。李惟岳之乱平息后，唐德宗三分成德镇。建中三年（782）二月，唐廷"以孝忠检校兵部尚书，为义武军节度、易定沧等州观

---

[1]《资治通鉴》卷215玄宗天宝元年（742）正月壬子条，第6849页。
[2]《旧唐书》卷141《张孝忠传》，第3854页。
[3] 黄永年：《六至九世纪中国政治史》，上海书店出版社2004年版，第320—326页。

察等使"①。此后张孝忠的兄弟子侄也都受惠于斯，成为易定镇统治集团的重要成员。且张孝忠及其家族始终效忠朝廷，拒绝与朱滔、王武俊联合反叛，并在奉天之难时派兵勤王，及时派子弟支援朝廷。今由张茂宣墓志反映的墓主生平事迹，又可为之佐证。贞元七年（791），张孝忠病逝后，唐朝追封其为上谷郡王，赠太傅，再赠魏州大都督，册赠太师，谥曰贞武。上引张茂宣墓志与史书所记略同，谓其"烈考孝忠，义武军节度使、检校司空、同中书门下平章事，赠太师，谥曰贞武"。

对于中唐以后张孝忠及其子弟忠贞朝廷的事迹，史家对其高度评价："玄宗一失其势，横流莫救，地分于群盗，身播于九夷。河朔二十余州，竟为盗穴，诸田凶险，不近物情。而弘正、孝忠，颇达人臣之节。"②

张孝忠去世后，其嗣子张茂昭继任义武军节度使。元和五年（810），张茂昭携全家归朝，而留在易定镇的张氏家族成员仍继续效忠唐朝中央。史书记载张孝忠有三个儿子，分别是茂昭、茂宗、茂和，均官至显位。今由张茂宣墓志可知墓主为张孝忠第八子，说明张孝忠子嗣众多，此可补正史书之缺。

二 文武兼备，立功三朝

墓志记载的张茂宣"生而岐嶷，少多大略，博通经史，尤精韬钤太遁之学。性重义好施，不事生业，善左右射弯弓数百斤。贞武公大奇之，抚其背曰：'尔必大吾门也。'"此说明张茂宣除了保留了其先辈的勇武，又融合了河北传统的慷慨民风，更接受了中原文化的洗礼，自幼受到了良好教育，可谓文武全才。加之其父张孝忠本人忠贞于朝廷，张茂宣及整个张氏家族才会忠贞事唐，与唐朝中

---

① 《旧唐书》卷141《张孝忠传》，第3856页。
② 《旧唐书》卷141《张孝忠传》，第3863页。

央同甘共苦。墓志记载："建中末，妖竖构乱，德宗皇帝西幸奉天，贞武公乃俾公朝于行在。伏奏之日，诏赐从容，凡所顾问，应对如响。德宗深喜之，迁太子洗马，仍许归侍。"这里其实讲的正是德宗初期，在藩镇跋扈、风雨飘摇的混乱局面之下，易定节度使张孝忠再次选择了与唐朝廷共进退。在朱泚之乱后，叛军一度占领长安，迫使德宗西奔奉天，张孝忠将时年十四五岁的幼子张茂宣送往奉天朝见天子，实际上是在关键时刻将张茂宣作为质子派往朝廷，以显示自己对唐中央的忠诚，这无疑是给唐德宗雪中送炭。而此时河北藩镇却大多沆瀣一气，对抗朝廷，只有张孝忠和康日知两个小藩镇还在效忠朝廷，苦苦支撑河北危局。但这两支力量就像两个楔子打进河朔三镇腹地，起到了不可或缺的牵制作用，成为后来唐中央能与河北藩镇周旋和妥协的筹码。

而作为张孝忠向朝廷送去的质子，张茂宣也不辱使命，墓志称其"伏奏之日，诏赐从容，凡所顾问，应对如响。德宗深嘉之，迁太子洗马，仍许归侍"。张茂宣受到德宗的赏识，初露了其政治才能。朝见之后皇帝并没有将张茂宣强行留下来，而是仍然让他回到其父身边，这也显示了德宗对张孝忠父子的信赖与他们君臣之间的默契。

当平定朱泚之乱后，张茂宣再次受其父亲的委派前往朝廷，作为质子而与朝廷休戚与共。墓志记载："及銮舆反政，公复来朝。换太子右赞善大夫，寻迁海州刺史。"根据墓志，张茂宣先后担任过太子通事舍人（正七品下）、御史大夫（从三品）、左金吾将军（从三品）、鸿胪卿（从三品）、检校工部尚书（正三品）、检校户部尚书（正三品）、光禄卿（从三品）等。这些官职当中，除去海州刺史，基本都是京官。其中前期所担任的基本都是太子或者亲王属官，中期则被调为禁军武官，后期主要担任六部九寺长官。而在长达三十余年的仕宦经历中，张茂宣的两次外任却引人注意，一次是担任海州刺史，还有一次则是出使回鹘。

德宗在位的二十余年间，张茂宣长期担任的是太子和亲王属官，这里的太子和亲王虔王分别是德宗的长子李诵和第四子李谅。张茂宣外任海州刺史的经历应该十分短暂。唐代海州即东海郡，其治所在今连云港市海州区，当时正属于淄青节度使管辖。在任海州刺史期间，墓志称张茂宣"既为方伯所制，莫展字人之术，乃弃官还京师"。具体史事不详，但所谓的"方伯"肯定指专横跋扈的地方方镇，在晚唐五代藩镇割据的背景下，地方州县官吏的任免往往受到方镇的干涉，张茂宣应该是不甘于受方镇的左右而弃官还京。

返回京师之后，张茂宣曾经被任命为两个王府的长史和虔王傅，德宗后期又被调任为太仆少卿和禁军将领："改太仆少卿，位亚九列，职司五辂，在公未几，能事已彰，除右羽林军将军。"唐朝太仆寺卿掌车辂、厩牧之令，总乘黄、典厩、典牧、车府四署及诸监牧。太仆寺最高长官为太仆寺卿，为从三品，副官太仆寺少卿为正四品。而唐代的左右羽林军可谓是北衙禁军之首，说明张茂宣在德宗朝后期已开始逐渐任实职高官，其才能逐渐得到彰显。

德宗去世之后，"顺宗皇帝登极，念羽卫之勤，诏兼御史中丞。今天子即位，宠三朝之旧，特加御史大夫"。顺宗在位时期不及一年，其间因为张茂宣是顺宗为太子时期的旧人，"特加御史大夫"，即对他以示优待。

墓志又称："今天子即位，宠三朝之旧，特加御史大夫。"这里的"今天子"指的是顺宗之子宪宗。宪宗继位之后，继续重用"三朝之旧"，张茂宣家族在代宗、德宗、顺宗三朝可谓忠贞如一，当然也在"三朝之旧"之列，张茂宣因此又被加御史大夫。唐代御史台为最高监察部门，设御史大夫一人为其首长，以御史中丞为其副。这里，御史中丞和御史大夫，实际都是给作为羽林军将的张茂宣的加官。受皇帝恩宠的张茂宣不负朝廷的信任，"累上表章，亟论边事"，后又进一步得到皇帝认可，"拜左金吾将军，转鸿胪卿并兼御史大夫"。

唐代的鸿胪寺为唐朝中央的外交礼仪部门，正是在担任鸿胪卿期间，张茂宣曾奉命出使回鹘，并最终顺利完成了重大使命。

三 出使回鹘，完成重大使命

元和七年（812）春，张茂宣奉命出使回鹘，并完成了重大的出使使命，其墓志称："以三寸舌挫十万虏。虏于是屈膝受诏，遣使纳贡，来与公俱。"那么他这次出使回鹘的重大意义何在呢？

考察唐与回鹘间的关系，唐朝曾借助回纥的帮助，平定了安史之乱。但自唐德宗上台以后，因记恨曾经遭受的回纥凌辱，加之不堪回纥强加的绢马贸易之重负，一度双方关系疏远。但自从贞元三年（787）经历吐蕃平凉劫盟以后，唐德宗采纳大臣李泌等人提出的联合回纥、南诏等共抗吐蕃的方针，唐与回纥再次和亲。贞元四年（788），唐德宗许降咸安公主给回纥汩咄录长寿天亲毗伽可汗，唐与回纥实现了再次联盟。直至宪宗元和初年，双方关系一直比较友好。元和三年（808），回鹘派使者来告咸安公主丧，史书记载咸安公主先后服侍回鹘四位可汗，居回鹘凡二十一年。同年，回鹘滕里野合俱录毗伽可汗亦薨，宪宗使宗正少卿李孝诚册拜新即位的回鹘可汗为爱登里罗汩蜜施合毗伽保义可汗。

从元和六年（811）开始，唐与回鹘之间曾一度出现严重的关系危机。对于这次唐朝与回鹘之间关系出现摩擦的原因，正史记载或语焉不详，或前后史实颠倒。《新唐书·回鹘传》在记到元和三年宪宗使宗正少卿李孝诚册拜新即位的回鹘可汗之后，又记："阅三岁，使者再朝，遣伊难珠再请昏，未报。可汗以三千骑至鹈鹕泉，于是振武以兵屯黑山，治天德城备虏。"[1] 然而，《旧唐书·回鹘传》却记载："八年（813）四月，回鹘请和亲，使伊难珠还蕃，宴于三殿，赐以银器缯帛。是岁，回鹘数千骑至鹈鹕泉，边军戒严。"[2]

---

[1] 《新唐书》卷217《回鹘传》，第6126页。
[2] 《旧唐书》卷195《回纥传》，第5210页。

那么这次回鹘遣伊难珠来请婚究竟是发生在元和六年还是八年呢？另外，前者所记回鹘请婚，尚未等唐王朝答复，怎么就出兵相向呢？尤其后者谓就在回鹘请婚还蕃之际，唐朝廷还隆重宴请回鹘使者，并给予了丰厚的赏赐，那为何就在同一年回鹘要出兵唐境呢？

其实，今结合张茂宣墓志来看，《新唐书·回鹘传》此处的记载更接近事实，时间比较准确，但记载含混不清。这段史事的真相应该是：元和三年（808）咸安公主与先可汗相继薨逝以后，唐朝遣使册立了新可汗，三年之后，即唐元和六年（811），回鹘遣使来唐请婚。而这次回鹘来请婚，唐朝方面尽管对其求婚使伊难珠等给予了隆重的接待和赏赐，但却迟迟未予明确答复，甚至大有拒婚之意。于是，回鹘可汗派三千骑至唐边境鹈鹕泉威胁唐朝廷。情急之下，唐朝方面匆忙调兵遣将，下令振武节度使出兵屯黑山（阴山）防御，"治天德城备虏"，战争一触即发。

元和六年（811），唐朝方面迟疑甚至拒嫁唐朝公主给回鹘，是因为当时的唐朝与回鹘和亲，背后不仅有政治结盟的意味，也还有回鹘借机向唐朝廷勒索大量钱财金帛的企图。因为按照惯例，当唐政府嫁公主给回鹘，必须附送数额巨大的缯帛厚礼作为陪嫁，且还要承担往来迎送人马的巨额费用。史书称："先是，回鹘请和亲，宪宗使有司计之，礼费约五百万贯，方内有诛讨，未任其亲。"[①] 另外，在过去唐朝与回鹘的同盟关系下，因唐朝廷在平定内乱及抗击吐蕃的过程中，往往仰仗回鹘的铁骑兵，回鹘因此居功自傲，不仅每年向唐政府勒索大量财货，而且常年以绢马贸易为幌子，强行向唐政府勒索高额马价。其马价高涨，一度"以马一匹易绢四十匹，动至数万马"[②]。这样，回鹘动辄驱马数万匹来强行交易，而马匹又往往良莠不齐，这种严重不对等的绢马贸易，令遭受多年战乱重创而财政窘迫的唐王朝几乎无力承受；再者，在回鹘当时所保留的收

[①] 《旧唐书》卷195《回纥传》，第5211页。
[②] 《旧唐书》卷195《回纥传》，第5207页。

继婚制下,"父兄死,子弟妻其群母及嫂"①。如德宗时出嫁回纥的咸安公主居回鹘凡二十一年,就先后服侍了回鹘四位可汗。这种婚俗,也是令当时注重尊卑伦理的唐朝公主及其亲属望而生畏。故对元和六年(811)回鹘的再次请婚,迟迟未予作答。

对于当时的回鹘可汗而言,能够得尚大唐公主,不仅可以借机得到数额不菲的唐朝陪嫁和赏赐,还可以借重大唐声威抬高自己在本国及四夷诸蕃中的威望。尤其值得注意的是,德宗贞元十年(794),世袭回纥诸部首领的药罗葛氏奉诚可汗卒,因无子嗣,所以汗位被本姓跌跌氏的大相骨咄禄篡立。史书称骨咄禄篡立汗位以后,"冒姓药罗葛氏"②。就在回鹘内部发生汗位易姓之际,正是唐朝极力争取回鹘援助以共同抗击吐蕃的关键时期,唐政府无暇干涉回鹘的内政,因此骨咄禄随即顺利得到了唐朝册封。贞元十一年(795),唐朝派遣秘书监张荐持节册拜其为爱滕里逻羽录没蜜施合胡禄毗伽怀信可汗,并得继尚咸安公主。至唐永贞元年(805),回鹘怀信可汗去世,唐朝派遣鸿胪少卿孙杲临吊,并册拜嗣位可汗为滕里野合俱录毗伽可汗。新任可汗享国不久,至元和三年(808),与咸安公主相继薨逝,唐宪宗派宗正少卿李孝诚册拜继任可汗为爱登里罗汨密施合毗伽保义可汗。这样,从骨咄禄家族夺得回鹘汗位的贞元十年(794)至元和三年(808),仅仅十余年间,回鹘不仅汗位易姓,竟还先后换了三个可汗,政局自然不稳。在这种背景下,新即位的保义可汗急需得尚新的唐朝公主抬高自身声望,借以稳固政权。

元和六年(811),唐朝廷对回鹘的再次请婚迟迟未给予肯定的答复,回鹘可汗随即派三千骑兵至鹈鹕泉,给唐朝廷施加压力。而唐朝廷在积极做好阻击准备的同时,应该是及时在君臣之间展开过

---

① 《隋书》卷84《突厥传》,第1864页。
② 《新唐书》卷217《回鹘传》将回鹘骨咄禄篡立事件的发生记载在唐德宗贞元十一年,今结合《回鹘葛啜王子墓志》来看,至迟贞元十年(794)五月以前就已经发生。

一场激烈讨论。《新唐书·回鹘传》保留的礼部尚书李绛的上书正反映了唐朝君臣当时为此而激烈的讨论，以及先前拒婚的主要原因与最终的被迫无奈。其中言：

>今回鹘不市马，若与吐蕃结约解仇，则将臣闭壁惮战，边人拱手受祸……臣谓宜听其婚，使守蕃礼，所谓三利也。和亲则烽燧不惊，城堞可治，盛兵以畜力，积粟以固军……或曰降主费多，臣谓不然。我三分天下赋，以一事边……今惜婚费不与，假如王师北征，兵非三万、骑五千不能扦且驰也。①

面对回鹘可汗逼婚，礼部尚书李绛上书以后，唐朝廷君臣之间讨论的最终结果如何史书没有记载。之后双方关系又是如何重归于好的，前引两唐书《回鹘传》等对此或语焉不详，或前后矛盾。另外，对于张茂宣这次出使，其他史书不载，《唐会要》有记，却又是张冠李戴，其中曰："七年（812）正月，册命（回鹘）可汗为军登里逻骨德密施合毗伽可汗，命检校工部尚书、鸿胪卿兼御史大夫张茂宣持节吊祭册立之。"② 这里，其出使回鹘的使命究竟是否有吊祭册立可汗之事不见于其他史书，但已知的是此时的回鹘可汗为军登里逻骨德密施合毗伽可汗，《唐会要》此处所记的张茂宣持节吊祭册命回鹘可汗显然有误。结合史书及张茂宣墓志来看，元和七年（812）正月，张茂宣的出使回鹘确有其事，但并非册立或吊祭可汗，显然是因回鹘请婚不成而出兵唐境逼婚一事。史书文献记载不明，应该是实录史官为唐王朝当时被迫无奈的尴尬处境所做的隐讳和掩饰所致。再结合史书与张茂宣墓志来看，在唐朝廷君臣为此讨论之后，应该是采纳了礼部尚书李绛等人主张和亲的上书，随即派遣当时主持外交事务的鸿胪卿张茂宣出使回鹘。对其出使经过，张

---

① 《新唐书》卷217上《回鹘传》，第6127页。
② 《唐会要》卷98 "回纥"条，第1748页。

茂宣墓志详细记载曰：

> 元和七年（812）春，以本官加检校工部尚书，充持节入回鹘使，奉命星驰，车无停轨，曾未累月达单于庭。时虏之酋长方肆傲慢。公抗节直进，谕之礼义，以三寸舌挫十万虏。虏于是屈膝受诏，遣使纳贡，来与公俱。八年春复命，诏授检校户部尚书兼光禄卿。

这段志文只字未提册立或是吊祭可汗之事，证明前引《唐会要》的记述确实有误。而从张茂宣到达回鹘牙帐之初保义可汗的傲慢，经张茂宣的"抗节直进，谕之礼义"，到最后回鹘可汗的屈膝受诏，可以看出双方经过激烈交锋以后，终于达成了妥协，又恢复了先前的同盟友好关系。可以推断，在这个过程中张茂宣确实是审时度势，随机应变，不仅坚持原则据理力争，还能动之以情，晓之以理，既答应了回鹘的请婚要求，修复了双方同盟友好关系，又以恰当的理由暂时予以拖延，以缓解唐朝的财政压力，甚至可能为唐政府提出了新的和亲附加条件。这一结果，从史书的有关记载还是可以管窥得知。其中《旧唐书》记载："回纥自咸安公主殁后，屡归款请继前好，久未之许。至元和末，其请弥切，宪宗以北虏有勋劳于王室，又西戎比岁为边患，遂许以妻之。既许而宪宗崩。"[①]

宪宗的许降公主给回鹘，正是在唐与回鹘关系紧张以后，委派张茂宣出使回鹘，令其代表唐朝廷继续许降公主给回鹘，双方关系随之重归于好。这段史实，由随后的再次和亲就可得到印证。在唐穆宗上台以后，便很快兑现了前朝旧约。长庆元年（821），回鹘保义可汗请婚，穆宗许以宪宗之女永安公主嫁之。和亲尚未成行，保义可汗薨逝，永安公主留在国内出家做了道士。随后，穆宗将其另一妹妹太和公主，于同年嫁给回鹘保义可汗的儿子、新即位的崇德

---

① 《旧唐书》卷195《回纥传》，第5211页。

可汗。

正是因为张茂宣的成功出使，唐朝与回鹘又修复了已有的同盟关系，随之，元和八年（813），回鹘继续出兵帮助唐朝抗击吐蕃的进攻，史载："冬，十月，回鹘发兵度碛南，自柳谷西击吐蕃。"[①]在回鹘出兵的帮助之下，唐朝在对吐蕃的战争中又逐渐地处于优势，并最终促成了长庆二年（822）唐朝与吐蕃的长庆会盟。对此，正如已有学者指出的："太和公主出嫁，进一步加强了回纥与唐朝的联盟。这个联盟的强大，逼迫吐蕃终于放弃了继续东进的企图。太和公主出嫁的次年（822），吐蕃与唐朝会盟讲和。从此以后，吐蕃对唐灵、盐、夏、丰州的进攻就基本停息了。"[②]事实的确如此，但今天需要指出的是这次唐与回鹘关系的重新修好，以及随后太和公主出嫁回鹘和亲，都是张茂宣成功出使回鹘的结果。

然而，就在唐与回鹘关系重归于好，唐朝边疆趋于安宁之际，曾临危受命出使回鹘并成功完成使命的张茂宣，在元和八年（813）春回京复命以后，朝廷曾对他"诏授检校户部尚书兼光禄卿"进行嘉奖。十分可惜的是，就在他出使回来后的次年三月，张茂宣不幸染疾去世，享年四十有六。张茂宣去世后，朝廷诏赠他陕州大都督。

总之，由张茂宣墓志，不仅印证和弥补了史书之缺，使我们更加清晰地了解到昔日唐与回鹘关系史上发生重大转折的这一事件前后，钩沉起那段史事，并据此可以校正《旧唐书·回纥传》等有关记载的讹误。其中该时期回鹘向唐境出兵的原因就是因为唐王朝对回鹘的请婚一度犹豫甚至大有拒婚之意。而前引史书将回鹘请婚遭拒而随即出兵一事记载于元和八年（813）显然有误，而应该是元和六年事。而到了元和八年回鹘再次出兵，已经是唐朝与回鹘关系修复以后，回鹘为帮助唐王朝抵御吐蕃出兵，对此，《资治通鉴》与

[①]《资治通鉴》卷239宪宗元和八年（813）冬十月条。《资治通鉴》此处记吐蕃于该年出兵击吐蕃一事是正确的，但随之又记"壬寅，振武、天德军奏回鹘数千骑至鹈鹕泉，边军戒严"却是将元和六年回鹘出兵唐境逼婚一事在此混淆。

[②] 杨圣敏：《回纥史》，广西师范大学出版社2008年版，第125页。

《旧唐书·回纥传》的相关记载显然有误。另外,《旧唐书·回纥传》此前将回纥改称回鹘的时间记在元和四年(809)也是错误的,今由撰写于贞元十一年(795)的《回鹘葛啜王子墓志》[①]及元和八年(813)的张茂宣墓志均记为回鹘,证明回纥改称回鹘并非元和四年,而是贞元四年(788)至五年唐德宗出嫁咸安公主之际。

张茂宣墓志

(本文原载于《中国边疆史地研究》2015年第4期)

[①] 该墓志请参阅罗新《大唐西市汉文博物馆藏鲁尼文双语回鹘王子葛啜墓志简介》,吕建中、胡戟主编《大唐西市博物馆藏墓志研究:续一》,陕西师范大学出版总社有限公司2013年版,第1—4页;李宗俊:《唐回鹘葛啜王子墓志反映的几个问题》,《唐史论丛》第十七辑,陕西师范大学出版总社有限公司2014年版,第253—261页。

《唐贺鲁子琦夫人啜剌氏墓志》考释

唐贺鲁子琦夫人咸宁郡啜剌氏墓志近年在西安出土，近日出版的《凤引薤歌：陕西历史博物馆藏墓志萃编》收有其拓片图版及录文①。据该书介绍，此墓志于西安市三桥镇简家村出土，2001年10月入藏陕西省历史博物馆，其行款书体，志文24行，满行24字，共512字，楷书，无界格。根据图版，志文基本保存完好。志文第一行标题为"唐朔方军征马使兼节度副使特进少府监贺鲁公故夫人咸宁郡啜剌氏墓志铭并序"，最后一行为"哀子忠孝书"。兹谨将志文迻录并标点如下：

> 唐朔方军征马使兼节度副使特进少府监贺鲁公故夫人咸宁郡啜剌氏墓志铭并序
>
> 特进讳子琦，曾（祖）讳庭之，皇朝金山郡王、本府都督兼左金吾卫大将军。祖讳欲谷，皇朝右羽林军大将军兼试太常卿、行右卫大将、赐紫金鱼袋、食邑三百户、上柱国。特进即羽林大将军之子也。公望雄虏塞，弈叶重光，枝苗相接。自唐之岁，礼义聿修，输忠竭诚。国家以用贤举德，择将收能，拜授朔方节度副使。以公之才，又迁特进，转少府监，谓国输忠，可数十年矣。官历数矣，公年尊且守其志也。夫人啜剌氏，孝

---

① 陕西历史博物馆编：《凤引薤歌：陕西历史博物馆藏墓志萃编》，陕西师范大学出版社2017年版，第106—107页。

锡天心，贞全妇德。钟积善之庆，丞累仁之海。慈惠敬顺，动为女师。柔情令仪，若自天授。人莫不爱之如慈母，畏之若明神。岂期积善无徵，旻天不矛（吊）。时将大变，奄罗凶暴。呜呼！以贞元四年季春之月旬有六日终于河中府官舍里之私第，春秋九十。嗣子忠孝，远扶灵榇，归祔先茔。即以其年秋八月九日卜其宅兆而安厝之，殡于京兆长安县龙首乡，祔先茔，礼也。哀子身以代袭衣冠，门传阀阅。顷海内鼎沸，王师出征，剑飞苍云，气贯白日。出生入死，陟险履危。弥扫妖氛，乂宁区宇。帝闻竭忠，圣心委悉。诏拜朔方右衙副兵马使、金紫光禄大夫、试殿中监。前嘉州别驾曰忠孝，泣血崩心，号叫无诉，思极寒泉，痛摧栾棘。愁云错莫，翳白日而无辉，伤路人之有痛。实恐山河改易，陵谷迁移，刻镌贞石，为铭乃述。词曰：

帝城之西，龙首之北。秋风满野，愁云无极。白日朝辞，常规夜域。亲故垂泪，嗣子悲忆。痛慈去无见期，万岁千秋瘗荆棘。

哀子忠孝书。

一 贺鲁家族源流考

志文所涉贺鲁家族人物事迹，史书传记不见记载。咸宁郡夫人之称号，应该与咸宁郡无关，唐代有时赐予周边民族首领以郡望，往往只是标明其郡望所出的大致方位。而称"郡夫人"，是因唐代命妇定制，一品为国夫人，三品以上为郡夫人，四品为郡君，五品为县君，此与志主丈夫贺鲁子琦官品特进为二品散官的身份，以及其少府监为从三品的级别是相一致的。贺鲁子琦与夫人啜剌氏二姓殊为特别。啜剌氏，郑樵《通志》记为代北复姓，源于突厥族，出自唐朝时期西突厥别支突骑施啜剌氏族，属于以氏族或部落名称汉化为氏[①]。《元和姓纂》明确记载："啜剌，突骑施首领，开元左武侯大将军燕山王右失

---

① （南宋）郑樵撰，王树民点校：《通志·氏族略第五》，中华书局1995年版，第178页。

毕，子归仁，袭燕山王。"① 突骑施为西突厥别部。"啜刺"，原本是西突厥的一种官称，后来逐渐演变为氏族。西突厥汗国建立者室点密根据突厥法度，把人马进行编制，分为十部，并选派得力的突厥人做部落首领，给每个首领一支金簇箭，作为统领的信物，故而室点密的西征军被称为"十箭部落"。十部分为左右两厢，左厢（东翼）为五个咄陆部，首领称为"五大啜"；右厢（西翼）为五个弩失毕部，首领称为"五大俟斤"，居碎叶西。右失毕应该为右厢（西翼）五个弩失毕部之一。其下称一箭曰一部落，号十姓部落。

由此，志主贺鲁子琦夫人啜刺氏自然出自西突厥。根据其去世于贞元四年（788），去世时春秋九十岁高龄计算，她应该是出生于唐武则天圣历二年（699），说明其青壮年时期正值唐玄宗开元、天宝年间。

贺鲁子琦夫人啜刺氏出自西突厥，那么其丈夫贺鲁家族之姓氏是不是突厥呢？首先从姓氏去考察，志文谓："公望雄虏塞，弈叶重光，枝苗相接。自唐之岁，礼义聿脩，输忠竭成。"这里应该是已经点明了其人乃北方民族后裔之身份及唐初已经归款的史实。考稽史籍，"贺鲁"一姓不见于《元和姓纂》，但《通典》称："贺鲁氏，改为周氏"，说明历史上确实曾有此姓。史书所记人物中有带此姓者亦寥寥，史书记载，唐玄宗开元"六年（718）四月，突厥贺鲁阿波属下首领倍罗贺鲁曳辞等投降"②。另外，中唐仆固怀恩妻为此姓，史书记代宗宝应元年（762）十二月，"封朔方节度使仆固怀恩妻贺鲁氏为凉国夫人，赐实封二百户，以功宠之也"③，仆固怀恩妻贺鲁氏应该是与其夫源出一样，并非汉族。可见，"贺鲁"应该是确属突厥一部族名或一大族姓氏。再者，《旧唐书》卷三十八《地理志一》记载寄隶于朔方县界的呼延州都督府所领三小州中有贺鲁州，但称乃党项部落。可是，《唐会要》记曰："（贞观）二十三年

---

① （唐）林宝撰，岑仲勉校记：《元和姓纂》卷10《啜刺》（附四校记），中华书局1994年版，第1543页。
② 《册府元龟》卷977《外臣部·降服》，中华书局1973年影印本，第11481页。
③ 《册府元龟》卷131《帝王部·延赏二》，第1573页。

(649）十月三日，诸突厥归化，以舍利吐利部置舍利州，阿史那部置阿史那州，绰部置绰州，贺鲁部置贺鲁州，葛逻禄、悒怛二部置葛逻州，并隶云中都督府。"①而贞观二十三年（649）正为西突厥降服之际，可见，《旧唐书》所记之"党项部"应该为"西突厥"之误。说明突厥确有贺鲁部，唐太宗贞观年间，在东突厥与西突厥降服后，曾在漠南设置的羁縻州中就有贺鲁州。

其次，从贺鲁家族人物之姓名与官爵去考察。关于贺鲁子琦之祖父，即书写者贺鲁忠孝之曾祖，志文谓："曾祖讳庭之，皇朝金山郡王、本府都督兼左金吾卫大将军。"原志文在"曾"字后漏刻一"祖"字。此人不见史传，因称"郡王"，可见其爵位之高，尽管唐代给内附四夷蕃王封赏的皆为虚爵，但郡王之身份地位也是不低的。这里需要指出的是，该家族仕唐之第一代"庭之"为汉名，而第二代"欲谷"却为突厥名，而且"庭之"二字也颇耐人寻味。再说，此爵位之"金山"二字尤其引人注目。众所周知，金山即今阿尔泰山，乃突厥兴起和世居之地，《北史·突厥传》就称突厥："世居金山之阳，为蠕蠕铁工，金山形似兜鍪，俗号兜鍪为突厥，因以为号。"②唐代赐予大臣的爵位又往往冠以其郡望或源出之地，此似乎亦标明其为突厥族裔。另外，唐代曾于西域设金山都督府或金山都护府，而且都与西突厥有关。《旧唐书·地理志》记："西州……寻置都督府，又改为金山都督府。"另外，《太平寰宇记》卷一五六"废西州条"记："西州，兼升为都督府……开元中改为金山都护府。"据薛宗正先生的考证，此处"开元中"应当是"龙朔中"之误③。而且金山都护府治所后来应该是移置庭州，因为裴行俭曾任西州都督府长史兼金山副都护，驻节庭州，全权统管金山都护府事。当时的金山都护府管辖的主要是以庭州为中心的天山北麓东

---

① 《唐会要》卷73"安北都护府"，上海古籍出版社2006年版，第1558页。
② 《北史》卷98《突厥传》，中华书局1974年版，第3286页。
③ 薛宗正：《丝绸之路北庭研究》，新疆人民出版社2009年版，第155页。

段之西突厥降户。再者，唐前期曾多次用兵西突厥，而且往往冠以金山之名。显庆二年（657），为镇压西突厥贵族阿史那贺鲁的反叛，唐朝第三次用兵西域，"擢定方伊丽道行军大总管，率燕然都护任雅相、副都护萧嗣业、左骁卫大将军瀚海都督回纥婆闰等穷讨。诏右屯卫大将军阿史那弥射、左屯卫大将军阿史那步真为流沙道安抚大使，分出金山道"①，一举平定了阿史那贺鲁的叛乱。陈子昂《上西蕃边州安危事三条》记武周时期，在平定后东突厥叛乱时有："顷以吐蕃、九姓亡叛，有诏出师讨之，遣田扬名发金山十姓诸兵，自西道入……今欲犄角亡叛，雄将边疆，惟倚金山诸蕃，共为形势。"②此处亦将"金山"与西突厥"十姓"直接联系，实乃二者有紧密关联的一大明证。

贺鲁欲谷为该家族仕唐的第二代。志文谓："祖讳欲谷，皇朝右羽林军大将军兼试太常卿、行右卫大将、赐紫金鱼袋、食邑三百户、上柱国。"贺鲁欲谷亦不见史书，唐朝右羽林军大将军与右卫大将都是正三品的武官，上柱国更为勋官最高级。但"欲谷"一名却多见诸史书，且均为突厥人名。如唐初突厥颉利可汗史书记有子叫"欲谷设"。欲谷为名，设为突厥官号，乃别部典兵者之称；唐初在欲攻打高昌之际，西突厥亦有一欲谷设，高昌王麹文泰"以金厚饷西突厥欲谷设，约有急为表里"；据近世于蒙古图拉河一带发现的《暾欲谷碑》反映，暾欲谷本人曾为后东突厥王庭之一重要大臣。

贺鲁子琦为该家族仕唐的第三代，其子贺鲁忠孝为仕唐的第四代。考察其父子官爵，贺鲁子琦官爵为"朔方军征马使兼节度副使特进少府监"，贾志刚先生《从征马使一职看中唐以后战马征用》一文认为诸道征马使大量设置是中唐以后陇右陷落、马政衰微的结果③。再结合墓志反映的其夫人啜剌氏生活的年代，贺鲁子琦本人生

---

① 《新唐书》卷215《突厥传》，第6062页。
② （唐）陈子昂：《陈子昂集》，徐鹏校点，中华书局1960年版，第190页。
③ 贾志刚：《从征马使一职看中唐以后战马征用》，《唐史论丛》第十四辑，陕西师范大学出版总社有限公司2012年版。

活的青壮年时期大约也是唐玄宗开元、天宝年间，则贺鲁子琦此官职应该是稍后在唐朝镇压安史之乱与抵抗吐蕃入侵的危难岁月所授。而此恰巧与其父子参加了平定安史之乱的记叙相符，志文谓："岂期积善无徵，旻天不矛（吊）。时将大变，奄罗凶暴……顷海内鼎沸，王师出征，剑飞苍云，气贯白日。出生入死，陟险履危。弥扫妖氛，乂宁区宇。帝闻竭忠，圣心委悉。"可见，正是在唐朝政局板荡的危难之际，其父子出生入死，为唐王朝效力。贺鲁子琦也许年事已高，仍被委任为"朔方军征马使兼节度副使"，发挥其与西北民族的特殊关系，为购买和征集唐王朝急需的战马而奔波。而其子贺鲁孝忠为其母亲自书写墓志，说明他受汉文化熏染已经很深，可谓文武兼备，应该是在安史之乱前任嘉州别驾，后被诏拜朔方右厢副兵马使、金紫光禄大夫、试殿中监。中晚唐时期兵马使是掌管兵马的使职，是行军作战的实际指挥官。《资治通鉴》卷二一五胡三省注谓："兵马使，节镇衙前军职也，总兵权，任甚重。至德以后，都知兵马使率为藩镇储帅。"[1]可见，贺鲁孝忠在平定安史之乱期间为率领唐朝铁骑军杀敌立功的战将。在唐朝政局危难之际，他们父子二人皆为朔方军重要军将。

通过以上对于志主贺鲁子琦祖父金山郡王之称号、第二代贺鲁欲谷之名讳以及对贺鲁子琦与其子贺鲁忠孝官爵的考察，结合贺鲁子琦夫人为西突厥姓氏的史实，我们进而判断志主贺鲁家族也是出自西突厥。

那么，既然志主贺鲁家族出自西突厥，而且自志主祖父以来，数代官爵显赫，功业昭彰，史书应该是有其传记的。前文提到，志主贺鲁子琦夫人啜剌氏去世于贞元四年（788），去世时春秋九十岁高龄，她应该是出生于唐武则天圣历二年（699）。其丈夫贺鲁子琦的生活年代应该与之大致相同。而贺鲁子琦的父亲贺鲁欲谷及其祖父贺鲁庭之生活的年代要更早，应该是在唐初。巧合的是，唐王朝

---

[1] 《资治通鉴》卷215唐玄宗天宝六载（747），第6877页。

大规模经营西域，降服西突厥的时间正是在唐太宗、高宗二朝。在这期间被降服并迁至中原的著名人物就有曾长期反叛的西突厥首领阿史那贺鲁，其人对唐初西域史影响巨大。而且在当时的背景下，在降服的西突厥贵族中，应该是只有阿史那贺鲁的身份与唐朝封赏四夷蕃王为郡王的情况相符。"金山郡王"之爵号史书记载曾有其人，而且就是封于西突厥遗绪。《新唐书》卷二百一十七下《葛逻禄传》："叶护顿毗伽缚突厥叛酋阿布思，进封金山郡王。"但唐代的爵位虚置，且同一爵号不同时期封赏于数人者多有，志主祖父之年代远早于顿毗伽。至于史书并没记载阿史那贺鲁是否有此爵号之原因，一是当时很长一段时间，阿史那贺鲁是有大罪的反面人物，实录及史书都是直呼其名，其官爵是被疏忽的；二是此爵号应该是其逝后的追赠，一如降服的颉利可汗，史书记载去世后被赠以归义王，其子孙墓志亦记："左威卫大将军颉利可汗、赠归义郡王。"

最后，从贺鲁家族的葬地与史书对于阿史那贺鲁葬地的相关记载去考察。志文提及贺鲁夫人去世后，"殡于京兆长安县龙首乡，祔先茔，礼也"。其墓志出土地在今西安市三桥镇简家村，具体位置在唐代开远门外西三里的位置。同在该区域的西窑头村曾出土过唐代西域胡人米国人米继芬、阿史那毗伽特勤的墓志和古波斯银币等，据推测这一带应该是较为集中的西域人墓葬区。另外，有史书记载阿史那贺鲁与颉利可汗墓同在一地，《旧唐书·突厥传》记载曰："贺鲁卒，诏葬于颉利墓侧，刻石以纪其事。"但颉利可汗墓究竟在哪里，史书相关记载与今天的考古挖掘是有争议的。《旧唐书》记载，贞观八年（634）颉利可汗去世以后，"诏其国人葬之，从其俗礼，焚尸于灞水之东，赠归义王，谥曰荒。其旧臣胡禄达官吐谷浑邪自刎以殉"①。《新唐书》直接记为："起冢灞东。"② 可是近年来所出土的颉利可汗家族成员墓志所标记的葬地与此记载多不相符。

---

① 《旧唐书》卷194《突厥传》，第5160页。
② 《新唐书》卷215《突厥传》，第6036页。

其一是颉利可汗之嫡孙阿史那伽那墓志，该墓志于1999年由陕西省长安县文管会（今西安市长安区文物局）从长安县纪阳乡周村砖厂征得，现藏于西安市长安区博物馆。该墓志称志主"那伽即颉利可汗之嫡孙"，于"大唐咸亨二年八月十八日终于洛阳道术里第，以其年十一月廿七日葬于长安城西昆明池北马祖原"①。从洛阳运回长安安葬，应该是归葬于祖茔。其葬地周村砖厂大约位置在唐长安城西面自北向南第二个门——金光门外稍偏西北。另外，见于周绍良主编的《唐代墓志汇编》的《阿史那毗伽特勤墓志》，其中亦称其为"颉利、突利可汗之曾孙"②，其葬地也在长安县龙首乡。这两方墓志说明突厥颉利可汗之墓应该就在长安县龙首原上。而唐长安城西之马祖原与龙首原紧邻，金光门外即为马祖原，马祖原北即为龙首原。今西安市三桥镇简家村在周村砖厂位置的西北，二者相距仅有2.5千米左右。此说明史书对于阿史那贺鲁与颉利可汗墓同在一地的记载应该是可靠的，而贺鲁家族就是阿史那贺鲁家族的推论应该也是可信的。若如此，则志文所记的贺鲁家族正是阿史那贺鲁的后裔，而且唐初被唐王朝封为"金山郡王、本府都督"的志主祖父贺鲁庭之应该就是阿史那贺鲁本人，"庭之"为其汉名，可能有暗示其曾主宰西突厥可汗王庭或坐镇唐朝庭州的意思，而"贺鲁"应该为突厥阿史那家族中衍生的一部，后其家族为掩盖真实身份而取的汉名和汉姓。将某一代著名祖先的复音词的某一个音节音译为相关汉字，这也是我国历史上少数民族使用汉姓时最通用的一种方法。众所周知的是，突厥阿史那姓后来改为史姓的史实，是因为了符合汉族地区姓氏的习惯，降服以后的突厥王室后人就单称阿史那氏为史氏。而有些称为朝廷赐姓为"史"，如《旧唐书》卷一九四《突厥传下》载唐初突厥族将领史大奈，本姓阿史那氏，随高祖李渊攻取长安，被赐姓史氏；另据《史继先墓志》，史继先本姓阿史那氏，是

---

① 吴敏霞编著：《长安碑刻》，陕西人民出版社2014年版，第392页。
② 周绍良主编：《唐代墓志汇编》，上海古籍出版社1992年版1版，第492页。

后突厥墨特勤子，开元四年（716）归唐，肃宗初年被赐姓史氏。毕竟至西突厥降服之际，其王室与东突厥王室关系早已疏远，其重新开宗立派，另立汉姓也是很容易理解的。

二 阿史那贺鲁事迹及新墓志的价值

阿史那贺鲁为西突厥最后一个可汗。史书记载其应为室点密可汗之五世孙，曳步利设射匮特勤劫越之子。贞观十三年（639），在唐朝出兵高昌的声威之下，西突厥贵族阿史那弥射、阿史那步真相继降唐。西突厥乙毗咄陆可汗"乃立贺鲁为叶护，以继步真。居于多逻斯川，在西州直北一千五百里，统处密、处月、姑苏、歌罗禄、弩失毕五姓之众"[①]。至贞观二十二年（648），在唐朝再次出兵西域与西突厥争夺天山南麓绿洲诸国之际，阿史那贺鲁迫于形势，"乃率其部落内属，诏居庭州"。史书还记载，阿史那贺鲁投唐之际，恰逢唐朝讨伐龟兹，唐太宗"以昆丘道行军总管、左骁卫将军阿史那贺鲁为泥伏沙钵罗叶护，赐以鼓纛，使招讨西突厥之未服者"[②]。不久，西突厥诸部很快降服，唐朝在天山以北西突厥地区设立了瑶池都督府，以阿史那贺鲁为都督，"统五啜、五俟斤二十余部"。瑶池都督府的建立，是西突厥归顺后，唐朝对天山以北地区游牧部族进行羁縻统治的标志。加之，此时唐朝已经完成安西都护府的设置，继伊、西、庭三州建立后，南北二都护府又相继设置，唐朝初步实现了对于整个天山南北地区的控制。

正因为昔日阿史那贺鲁投唐对唐朝平定龟兹与控制西突厥旧部意义重大，就在其进京朝觐之际，唐太宗对其"宴嘉寿殿，厚赐予，解衣衣之。擢累左骁卫将军、瑶池都督，处其部于庭州莫贺城，密

[①]《旧唐书》卷194《突厥传》，第5186页。
[②]《资治通鉴》卷199唐太宗贞观二十二年（648），第6265页。

招携散,庐幕益众"①。唐太宗如此设宴款待,并解龙衣赏赐,恩宠笼络之意至为明显。至唐高宗即位之初,又"进拜左骁卫大将军(正三品),瑶池都督如故",继续扶持阿史那贺鲁对天山以北的西突厥诸部进行羁縻统治。

正是在唐朝的支持之下,阿史那贺鲁势力日渐坐大,"统五啜、五俟斤二十余部"。其间,为了有效控制阿史那贺鲁,唐朝廷曾勒令贺鲁遣子咥运为质入朝宿卫,并因之拜贺鲁子咥运为右骁卫中郎将。但就在永徽二年(651),阿史那贺鲁乘唐朝廷政权易代,高宗改变西域政策的有利时机,起兵叛唐。此时,其子咥运已被唐朝遣返,贺鲁"与其子咥运率众西遁,据咄陆可汗之地,总有西域诸郡,建牙于双河及千泉,自号沙钵罗可汗,统摄咄陆、弩失毕十姓"②。

永徽二年(651)七月丁未,唐朝被迫开始大规模出兵征讨阿史那贺鲁,战争历时七年。直至显庆二年(657),唐朝第三次出兵,以苏定方为伊丽道行军总管,率燕然都护任雅相等分南北两道进军,最终大获全胜,阿史那贺鲁亡奔石国,至苏咄城,为城主缚献唐军。阿史那贺鲁的叛乱至此基本平定。

阿史那贺鲁被俘以后,显庆三年(658)十一月被押解至长安,史书记载,其间阿史那贺鲁曾谓唐朝将领萧嗣业曰:"我,破亡虏耳!先帝厚我,而我背之,今日之败,天怒我也。旧闻汉法,杀人皆于都市,至京杀我,请向昭陵,使得谢罪于先帝,是本愿也。"③因此,唐朝君臣还颇为之感动,于是"令献于昭陵及太庙,诏特免死"。其实,唐朝对降服的四夷蕃王一般是不杀的,其中一大原因就是为了利用他们的影响力对其原部众进行羁縻统治。

唐朝平定其叛乱以后,对西突厥旧地的统治情况,史书记载:"贺鲁已灭,裂其地为州县,以处诸部。木昆部为匐延都督府,突骑施索葛

---

① 《新唐书》卷215《突厥传》,第6060页。
② 《旧唐书》卷194《突厥传》,第5186页。
③ 《旧唐书》卷194《突厥传》,第5187页。

莫贺部为嗢鹿都督府,突骑施阿利施部为絜山都督府,胡禄屋阙部为盐泊都督府,摄舍提暾部为双河都督府,鼠尼施处半部为鹰娑都督府,又置昆陵、濛池二都护府以统之。其所役属诸国皆置州,西尽波斯,并隶安西都护府。"① 其后史书不见其家族后裔事迹,前引史书仅记:"(显庆)四年(659),贺鲁卒。诏葬于颉利墓侧,刻石以纪其事。"②

今贺鲁子琦夫人咸宁郡啜剌氏墓志的发现,应该是为寻找其家族仕唐以后的世袭传承提供了重要的资料和线索。另外,值得注意的是,尽管《通志》称:"贺鲁氏,改为周氏。"但该墓志出土地在西安市三桥镇简家村,其紧邻有一村名为"贺村",考虑到贺村历史的悠久,也不排除降唐的"贺鲁"一姓后来又演变为单姓"贺"的可能,若如此则该姓自唐初阿史那贺鲁以来瓜瓞绵延,传承至今。此则为"贺"姓的源流与"贺村"在西安城市建设史中的历史又添了一可贵的新资料。

唐贺鲁子琦夫人咸宁郡啜剌氏墓志

[本文原载于周伟洲主编《西北民族论丛》(第十八辑),社会科学文献出版社2018年版,第129—137页]

---

① 《新唐书》卷215《突厥传》,第6063页。
② 《旧唐书》卷194《突厥传》,第5187页。

《唐铎地直侍墓志》考释

铎地直侍墓志是陕西师范大学历史博物馆藏的一盒包括墓盖与志文在内的墓志拓片。根据墓盖拓片，墓盖为覆斗形，中间为篆书阴刻"大唐故铎地府君墓志"数字，四周刻团花纹，四刹亦有线刻花纹。墓志呈正方形，志文为楷书阴刻，共33行，满行33字，全文共计1009字（含铭文），志文无方界格，文字清晰，保存完整；标题为："大唐故冠军大将军行左领军卫将军使持节诸军事兼仙萼州刺史蹛林郡开国公左羽林军上下铎地府君墓志铭并序"；无撰书者姓名。该墓志反映了唐初铁勒阿布思部酋长铎地直侍家族忠诚事唐的史事，对于唐安北都护府及仙萼州的有关问题多有补正史书的重要作用。在此将墓志录文标点如下：

大唐故冠军大将军行左领军卫将军使持节诸军事兼仙萼州刺史蹛林郡开国公左羽林军上下铎地府君墓志铭并序

公讳直侍，字米施，安北仙萼人也。发源积石，初得姓于轩辕。擢本青冥，既分宗于夏禹。征诸乾象，悬列宿于髦头。考乃坤维，住封疆戴斗；据山川之设险，限区域以称宗。熊熊贵风，代有光矣。祖都结，三边望族，九姓高苗，时北蕃颉利可汗稽首渭桥，称臣魏阙，胡马不敢南牧，国家无复北虞，公实筹之，到今为赟。忠既闻上，官而宠能，特授骠骑大将军、行右威卫大将军。父聿，袭右威卫大将军、仙萼州刺史。公即骠骑大将军之嫡孙，仙萼使君之爱子也。珠明璧润，山幽海阔；

忠为代业，勇则家风。鸾凤之雏，五光十色；骐骥之足，一日千里；频清远寇，累著殊勋。寻丁太府君忧，柴毁参感，动过典礼，泣血绝浆，几云灭性。服阕，制授云麾将军、使持节、仙萼州刺史，俄迁右威卫将军统押部落。锵金在位，人钦去病之才；衣锦还乡，众识买臣之达。调露岁，单于史伏念怠弃三政，威侮五行，豕食末夷，蝟毛斯起。□螳螂之斧，难以抗其犇车，而精卫之心，自谓填于沧海。公频凭庙算，远静边尘。期系头于长绳，不论勋于大树，且国有兵甲，以威不庭，国有坛场，以拜飞将。乃凿门受律，画闑分威，兼之以貔虎熊罴，假之以锦旗斧钺。方将破虏，幕慴（慑）虏神，勒兵四十万，斩首数千级。彼则巢穴俱尽，我其矢石无伤，功已既于燕山，且封于函谷。诏赐紫袍，钿带杂彩十匹，金银器皿五十事，细马六匹，令于太平公主宅安置，又赐甲第一区，每日降使存问，便留宿卫，令左羽林供奉。骅骝在厩，珠玉满堂，方营甲乙之居，仍假平阳之馆。骆驿中使，每降丝纶，堂皇近枢，傍求柱石，天授二年二月四日，制迁冠军大将军。万岁通天元年七月五日，制以公久在沙场，勤劳颇甚，益勋上柱国，封蹲林郡开国公、食邑二千户。长安二年五月十二日敕，以公多年侍奉，功绩偏深，改授左领军卫将军，天下归美，朝端指能，故出入五代，将卅年，曾无毫发之瑕，以辱业山之泽。方期永侍轩禁，昌享岁年，仁而速亡，天则何佑，春秋六十有五，开元十一年六月十二日遘疾，薨于私第。宸旒结思，朝野相悲，主上惜其忠贞，悯其穷匮，格式之外，特见矜量，赐物一百段，米粟二百石，葬日官借幔幕、手力，以宠存没。有子曰瑜，行同曾、闵，孝达灵祇，即以七年十一月廿八日窆于长安高阳原之礼也。直望秦山，对百重之岩岫；斜临魏阙，担十二之通衢；晚云自飞，寒月空挂，仍恐墓移樗里，代变桑田，祈我为文，式旌不休，铭曰：

山之精、水之灵、人之杰，号国之祯。出则定祸乱，入则事公卿。皎皎令范，蒸蒸孝声；齐肩号卫霍，接武号良平；九万风搏，三千水击。令问令望，如金如锡。寒尘不起，关候空隙。图影灵台，纪功燕石。曰仁者寿，彼苍者天，有此洪一，宜其永年。神无友善，祸兽欺贤；彼穹苍其可讯，吾欲考夫幽玄。郁郁高原，垒垒古冢。人烟朝莫接，鬼火夜相恐；累土屹成坟，纤豪尽余拱。傥吾道之无谬，庶斯父之可奉。开元十一年十一月廿八日建。

一　墓主身世源流考

志文起首句谓："公讳直侍，字米施，安北仙萼人也。"清楚地点明墓主铎地直侍籍贯属大唐安北都护府。"仙萼"乃唐安北都护府下属的漠北羁縻州仙萼州。《新唐书·地理志》安北都护府下隶属的羁縻州中明确记载有仙萼州，但无记以铁勒哪一部置，而注释曰："仙萼州，初隶瀚海都护，后来属。"[1] 结合墓主姓氏，其为漠北铁勒部族，籍贯为唐安北都护府下属的羁縻州仙萼州无疑。继之，墓志交代曰："祖都结，三边望族，九姓高苗，时蕃颉利可汗稽首渭桥，称臣魏阙，胡马不敢南牧，国家无复北虞，公实筹之，到今为赟。"又可知，墓主祖父名"都结"，乃九姓铁勒中的望族、大姓，在昔日突厥降服，颉利可汗稽颡来唐，大唐安定北疆之际，实为为唐朝筹划密谋、建功树勋的重要人物。都结其人，史书失载，但唐初以来铁勒诸部归顺唐朝，为唐朝屡立战功的事迹史书记载甚详。

铁勒诸部兴起漠北，隋唐之际，曾役属于东西二突厥。隋代，以韦纥为首的九姓铁勒各部如仆骨、同罗、拔也古、思结、契苾、浑等部已经开始形成，主要活跃在鄂尔浑河流域。到唐代，把西面阿尔泰山附近的葛逻禄和天山附近的拔悉蜜算在内，号称九姓铁勒，

---

[1] 《新唐书》卷43《地理志》，第1122页。

有的说十一姓、十三部或十五部，但他们都包括在铁勒九姓这一大范围内，实际已形成一个部落联盟，它们的名称《唐会要·回纥传》记载为：回纥（在色楞格河流域）；仆固（骨，在土拉河上游）；同罗（土拉河下游）；拔野（也）古（仆固东）；思结（仆固、同罗之间）；契苾（土拉河上游）；阿布思；骨昆屋骨恐；其实尚有如浑（皋兰）、拔悉蜜（天山北麓北庭）、葛逻禄（金山西）等部。据一些学者研究，九姓铁勒，即突厥碑文中的九姓乌古斯（ToquzOguz），而九姓乌古斯一般是在东突厥的统治之下，而西突厥境内则称为十箭（OnOq）。突厥碑文中的乌古斯有广狭二义，广义的相当于铁勒，狭义的则相当于汉文史料中的乌护（Oguz），仅为铁勒诸部之一①。

文献记载的铁勒诸部纷纷遣使向唐朝朝贡始于贞观二年（628）；继之，贞观三年（629）史书又载：（该年）"九月，高丽、百济、新罗并遣使朝贡，拔也古、仆骨、同罗、奚等渠帅并来朝。"贞观四年（630）二月，又记载薛延陀遣使朝贡②。此显示，在东突厥衰亡之际，曾役属于东突厥颉利可汗的铁勒诸部，积极向唐朝朝贡示好，彼此互通声气，协同配合，在唐灭东突厥的过程中，铁勒诸部的确发挥了很大的作用。而墓主祖父都结应该就是当时积极向唐靠拢的铁勒诸部首领之一，因功被唐"特授骠骑大将军、行右威卫大将军"。

但自唐灭东突厥颉利政权以后，同属铁勒诸部的薛延陀建立的政权继之兴起于漠北，铁勒诸部一度又受薛延陀控制，对唐北部边疆又构成新的威胁。贞观二十年（646），唐朝廷命李道宗等分道出击，回纥酋帅吐迷度联合铁勒其他各部积极配合，大破薛延陀多弥可汗，薛延陀政权灭亡。该年八月，唐太宗车驾幸灵州，接受铁勒各部的降款，并受回纥等部所请，于漠北置立六都督府七州，总隶于新成立的燕然都护府，如以回纥部所设为瀚海府，拜其俟利发吐

---

① 耿世民：《古代突厥文碑铭研究》，中央民族大学出版社2005年版，第138—139页；马长寿：《突厥人和突厥汗国》，广西师范大学出版社2006年版，第73页，等。
② 铁勒诸部贞观二年、三年、四年来唐朝贡的史事参见《册府元龟》卷970《外臣部·朝贡三》，中华书局1960年影印版，第11397页。

迷度为怀化大将军兼瀚海都督，斛萨部为高阙州、阿跌部为鸡田州等。这其中《旧唐书·回纥传》无记仙萼州，却明确记载包括有以阿布思部所设的蹛林州，其中云："以多览为燕然州……思结为庐山府……阿布思为蹛林州……"①

蹛林州的地望无考，据《汉书·匈奴传上》记载为匈奴每年聚会祭祀天、地、祖先的地点之一，其中称："秋，马肥，大会蹛林。"说明蹛林曾为匈奴在漠北的一中心地区，到了隋唐时期可能只是沿袭其名，具体地望不详。

《新唐书·地理志》同时记有蹛林州与仙萼州，但未说明二者的关系。《新唐书·地理志》先在安北都护府条下隶属的羁縻州中明确记载有仙萼州，虽无记以铁勒哪一部置立，但却注明"初隶瀚海都护，后来属"。后另有史书又在回纥三州、一府中记有蹛林州，称："蹛林州，以思结别部置。"②且注明："右初隶燕然都护府，总章元年隶凉州都督府。"这里所涉及的燕然都护府、瀚海都护府与安北都护府，其实乃同一个都护府，为燕然都护府的两次改名。众所周知，唐初在继贞观四年降服突厥以后，贞观二十年（646）于北陲再灭薛延陀政权，唐之北疆急剧延展至大漠以北，为适应新的形势，以有效管辖新属地区，继西域安西都护府的成功始置之后，贞观二十一年（647）于北疆置燕然都护府，以管理大漠南北。至高宗永徽元年（750）再设单于都护府后，自此燕然都护府管理漠北，而单于都护府管理漠南，实行二都护府南北分治。至唐高宗龙朔三年（663）唐将曾设于铁勒多览部的燕然都护府移置于回纥本部且改名为瀚海都护府，高宗总章二年（669）八月，再次把瀚海都护府改名为安北都护府③。《新唐书·地理志》无辨瀚海都护府即为安北都

---

① 《旧唐书》卷195《回纥传》，中华书局1975年版，第5196页。
② 《唐会要》亦有相同的记载，参见该书卷73《安北都护府》，上海古籍出版社2006年版，第1557页。
③ 二都护府的先后改名，参阅李宗俊《唐代安北单于二都护府再考》，《中国史研究》2009年第2期。

护府，也就是最初的燕然都护府，先后只是改名的关系，所以称安北都护府所管的仙萼州为："初隶瀚海都护，后来属。"后又称回纥三州之一的蹛林州："右初隶燕然都护府，总章元年隶凉州都督府。"由此说明仙萼州与蹛林州其实属同一个都护府，为同一都护府在不同时段管辖的两个羁縻州。

另外，据前引《旧唐书·回纥传》所记蹛林州为唐初于阿布思部所设，而前引《新唐书·地理志》又称："蹛林州，以思结别部置。"可见唐初在阿布思部所设为蹛林州，而铁勒阿布思部与铁勒思结部很可能曾有政治隶属关系，正如有学者已经指出的："从以上'思结别部为蹛林州'与'阿布思为蹛林州'的关系可知，阿布思为思结别部。所谓别部是指政治上隶属关系而言，谓其非本支。"[①]

今据铎地直侍墓志，唐封其为仙萼州刺史、蹛林郡开国公，应该是进一步说明仙萼州与蹛林州同为唐初于铁勒阿布思部置立的羁縻州，只是名称先后有改移和承袭。唐初在漠北铁勒旧地置立的六都督府七州中，于阿布思部置立的是蹛林州，很可能到后来属于瀚海都护府管辖期间又改名为仙萼州。以阿布思部置立的蹛林州初隶燕然都护府，至唐高宗龙朔三年（663）唐将曾设于铁勒多览部的燕然都护府移置于回纥本部且改名为瀚海都护府以后，蹛林州仍隶属改名后的瀚海都护府。可能正是在瀚海都护府期间，蹛林州改名为仙萼州。到了唐高宗总章二年（669），唐朝廷再次将瀚海都护府改名为安北都护府，仙萼州应顺延又归属安北都护府管辖。则墓主铎地直侍父祖三代可能正是铁勒阿布思部首领。对此，因目前别无他证，暂时存疑。至于其子铎地瑜，志文仅提及其名，不见事迹，史书亦不见记载。

最后，墓志称："父聿，袭右威卫大将军、仙萼州刺史。公即骠骑大将军之嫡孙，仙萼使君之爱子也。"可见，从铎地直侍祖父都结开始，他们父祖三代世袭仙萼州刺史，只是其祖父功高，曾被授予

[①] 王义康：《阿布思考略》，《陕西师范大学继续教育学报》2001年第3期。

骠骑大将军，为从一品，乃武散官中的最高官阶；而其父所任右威卫大将军为府兵制中的正三品，品级要低一些。到了铎地直侍承袭父职时，墓志称"服阕，制授云麾将军、使持节、仙萼州刺史，俄迁右威卫将军统押部落"。服阕，乃为其父守丧期满除服的意思。阕，为终了之意。其初任云麾将军为从三品，也是武散官。右威卫将军为府兵制中的正三品，官阶已经很高。所谓"统押部落"实乃作为仙萼州刺史的真正职责。即墓主铎地直侍及其父祖三代都是唐朝设于漠北仙萼州的羁縻州刺史，先后作为该州某部的部落酋长和唐朝命官曾统领该部，而此部很可能即为铁勒阿布思部。

二 忠诚事唐、再立新功

唐朝自突厥降服后，于漠北铁勒诸部置立六府七州与安北都护府，于漠南置立二十四州与单于都护府，对大漠南北实行羁縻统治，近五十年间北疆晏然无事。墓主铎地直侍及其父祖三代都是作为铁勒某部的酋长和唐羁縻州刺史，统押着其部落，维持着唐朝北疆的安宁。但到了高宗调露元年（679），位于漠南单于都护府管内的突厥降户不满于唐朝的统治而暴动，突厥阿史德温傅、奉职二部落开始相继反叛，立泥孰匐为可汗，苏农等二十四州酋长起而响应，有众数十万，唐朝被迫匆忙出兵镇压。唐高宗先遣单于大都护府长史萧嗣业等将兵往讨，反为突厥阿史德温傅所败，兵士死者万余人。突厥连侵定州（治所在今河北定州）、云州（治所在今山西大同）、原州（治所在今宁夏固），进而煽动奚及契丹侵唐营州（治所在今辽宁朝阳市）。危急之际，高宗复以裴行俭为检校右卫大将军，将兵三十余万以讨之。永隆元年（680）春三月，裴行俭率领的唐军大破突厥于黑山（在今内蒙古乌拉特旗黄河北岸），擒获阿史德奉职，可汗泥孰匐为其部下所杀。

继之，开耀元年（681），突厥贵族、颉利可汗从兄之子阿史那伏念自立为可汗，与阿史德温傅连兵，继续反唐，唐朝廷下诏仍以裴行俭为大总管，率兵征讨。裴行俭先遣裨将程务挺轻兵急进，突袭阿史那伏念金牙，"袭获伏念妻子辎重，伏念北走"①，唐军继续追讨，途穷之际，伏念遂执温傅以降，余党悉平。裴行俭凯旋回军，唐朝斩阿史那伏念与阿史德温傅于都市，暴动暂时被平息。墓志所谓："调露岁，单于史伏念怠弃三政，威侮五行……勒兵四十万，斩首数千级。彼则巢穴俱尽，我其矢石无伤，功已既于燕山，且封于函谷。""单于史伏念"即单于大都护管内的突厥贵族阿史那伏念，这里说的正是从调露元年（679）开始的突厥反唐暴动，只是将突厥贵族发动的几次暴动混而为一，概括地做了交代，但结合正史记载，史事先后过程还是清楚的。

正是在这次镇压突厥降户的反叛中，漠北安北都护府所辖铁勒各部积极配合唐军，墓志称仙萼州刺史铎地直侍积极出兵，"公频凭庙算，远静边尘"，与唐朝方面"勒兵四十万，斩首数千级，彼则巢穴俱尽，我其矢石无伤"，唐军大获全胜。正是因为这次平叛中铎地直侍战功卓著，所以唐朝对他大加封赏，墓志称："诏赐紫袍，钿带杂彩十匹，金银器皿五十事，细马六匹，令于太平公主宅安置，又赐甲第一区，每日降使存问，便（使）留宿卫，令左羽林供奉。"从此，铎地直侍作为左羽林将领，宿卫京师，受朝廷恩宠，"天授二年（691）二月四日，制迁冠军大将军。万岁通天元年（696）七月五日，制以公久在沙场，勤劳颇甚，益勋上柱国，封蹛林郡开国公、食邑二千户。长安二年（701）五月十二日敕，以公多年侍奉，功绩偏深，改授左领军卫将军"。而且就在他来唐后，令其作为僚属于高宗与武则天的爱女太平公主府安置，可见对他的礼遇。冠军大将军，为武散官正三品，左领军卫将军已为武职事官，加之爵位开国公，食邑二千户，这些职务与待遇都已经很高。这里，墓志对曾作为唐仙萼州刺史、铁勒某部首长的铎地直侍在平叛中因功受赏的事迹记述全面，但对其离开部落，来唐宿卫京师的原因语焉不详，甚至是掩饰而过。

---

① 《唐会要》卷94《北突厥》，第2004页。

其实，若结合其后史事，其自此宿留京师的真正原因便可辨明。

原来，就在裴行俭大军二次出兵，镇压了突厥降户的这次反叛以后，时间仅仅过了一年，即唐高宗永淳元年（682），突厥贵族阿史那骨咄禄、阿史德元珍等第三次暴动，"招集亡散，据黑沙城反"①，重建了突厥政权（通称"后东突厥政权"）。重建突厥政权以后，骨咄禄进而利用旱灾对漠北铁勒诸部造成的严重影响，及时出兵漠北征服铁勒诸部，最终占领了漠北的乌德鞬山（即郁督军山，今鄂尔浑河上游杭爱山之北山），兼并了铁勒各部，而迫使唐朝廷对于漠北九姓铁勒诸部失御，安北都护府被迫于垂拱年间南徙，一度安置于甘州西北的原隋大同城镇②。正是在这次漠北发生严重旱灾、突厥阿史那骨咄禄北攻，安北都护府被迫南徙期间，原效忠于唐朝的铁勒诸部如回纥、思结等部往往或举族、或部分的随安北都护府南迁③，后在唐朝政府的翼护下曾很长时间驻牧在甘、凉地区（今甘肃张掖、武威一带）。由此，作为唐仙萼州刺史、铁勒某部酋长的铎地直侍来唐并宿留京师的时间，应该就是在这期间，而且他应该是因东突厥北攻而被迫放弃其部族来唐的。

而就是因为身为唐仙萼州刺史、铁勒某部酋长的铎地直侍忠诚唐朝，在突厥降服铁勒诸部期间，积极率领部族抵御，自己最终被迫离开漠北本部族来唐宿卫，为唐立下了汗马功劳，从而得到唐朝方面高度信任和不断封赏。墓志谓"出入五代，将四十年，曾无毫发之瑕，以辱业山之泽"，又说明除了铎地直侍及其父祖三代外，尚有其子孙二代，都是忠贞朝廷。正因此，在开元十一年（723）铎地直侍因病去世的时候，"宸旒结思，朝野相悲，主上惜其忠贞，悯其穷匮，格式之外，特见矜量，赐物一百段，米粟二百石，葬日官

---

① 《资治通鉴》卷203 唐高宗永淳元年（682），中华书局1956年版，第6412页。
② 参阅严耕望《唐代安北单于两都护府考》，《唐代交通图考》第一卷，上海古籍出版社2007年版，第333页；李大龙《都护制度研究》，黑龙江教育出版社2012年版，第223页。
③ 这次铁勒诸部数万人南徙大同城镇的史事，陈子昂记载甚详，参见（唐）陈子昂《上西蕃边州安危事》，《陈子昂集》，徐鹏校点，中华书局1960年版，第191页。

借幔幕、手力,以宠存没"。可见,该家族已经是受唐朝朝野钦敬的一个显赫家族,唐前期朝廷对其家族正是恩宠礼遇至极。

前文已论,很可能墓主铎地直侍家族正是铁勒阿布思部的首领,若果真如此,自墓主归唐以后,留在漠北的阿布思部落,依然为忠诚事唐的一部,继续与后东突厥政权斗争。而到了唐开元初年,在后东突厥默啜可汗因暴政而统治失御,九姓铁勒趁机反叛之际,史载:"(开元三年)(715)其秋,默啜与九姓首领阿布思等战于碛北,九姓大溃,人畜多死,阿布思率众来降。"① 可见,在九姓铁勒反叛突厥之际,为首者和反抗最为激烈的依然为阿布思部。

铎地直侍墓志

(本文原载于冻国栋、李天石主编《唐代江南社会国际学术研讨会暨中国唐史学会第十一届年会第二次年会论文集》,江苏人民出版社2015年版,第519—525页)

---

① 《旧唐书》卷194《突厥传》,第5173页。

《隋大将军辛瑾》墓志考释

　　陕西师范大学历史博物馆收藏有《隋大将军辛瑾墓志》拓片。墓志无盖。墓志呈正方形，志文为楷书阴刻，共29行，满行29字，志文有方界格，文字清晰，保存完整，全文共计787字，标题为："大隋大将军弘农辛公之墓志铭"，无撰书者姓名。因该墓志涉及北周至隋的史事颇多，并有补正史书的重要作用，下文拟对该墓志做初步考释，对相关问题予以探讨。此将墓志志文录文标点如下：

　　公讳瑾，字明瑾，陇西狄道人也。昔金吾出守，王凤于焉抗表；军师杖节，马懿所以全兵。自兹已降，人物弥重。祖灵安，散骑常侍，赠秦州刺史；父景亮，使持节、车骑大将军、仪同三司、散骑常侍、云阳县开国子。并升文省，俱立武功，威振边夷，誉勋簪绂。公禀灵川岳，挺秀芝兰，英风雅赡，逸气道举，让梨蒙赏，温枕（床）见奇；渔猎百家之书，尤重万人之敌；加以巧逾杨叶，妙甚戟支，落朱鹰于云间，下玄猨于木末。起家周孝闵帝直寝，转授齐王府乐曹参军、冯翊郡功曹。邓禹生平，靡希斯任；寇恂功业，阶此成名。后频从齐王东讨克捷，转大都督、使持节、仪同三司、齐王府属。建德七年平齐，功授开府仪同三司，封博（博）陵县开国侯。羊叔子之勤王，方开莫（幕）府；邓昭伯之勋戚，始仪同兼。而两之绰有余裕。大象二年，以平尉迥功，授大将军、封崇政县开国公、食邑一千户，转封弘农郡开国公。李贰师之纵横于塞表，爵止海西；霍将军社稷之功臣，封唯博（博）陆。我居其地，良无愧焉。开皇二年，从卫王征突厥有功，特蒙殊锡。陈主衔璧，余妖未殄，乃命公率楼船之阵，径指日南；励次飞之士，直往林邑。文身剪发，蚁聚蜂飞；带甲持矛，抗轮举尾。公挥戈迥进，陷入贼营。叱咤则人马俱惊，鼓噪则幡（幡）旗乱靡，冰离雪散，满谷填江，血洒尘飞，弊日丹地。开皇十一年十月十七日薨于战场。公春秋五十九。十二月二日，灵柩洎于京师。皇帝罢朝，公卿临吊。诏赐物二百段、米二百斛，礼也。十四年正月廿六日，葬于雍州长安县合交乡高阳原。惟公有孝于家，有勋于国，善音律，美谈笑，转环奇正之术，暗合孙吴；九拒三略之方，悬同黄墨。弃班超之笔，远度玉门；据马援之鞍，遂临铜柱。世子公度，孝感幽明，痛切疮臣，显亲来叶，乃述斯铭。铭曰：

忌处汉朝，毗居魏室。志略纷纠，词锋秀逸。秦州伟器，云阳令贤。德迈一时，荣过往袂。诞兹髟士，奇才伟量。玉树凝阶，珠庭起状。少陪雕辇，长参戎帐。月垒分营，星父合将。初开莫府，独拜升坛；莲花入剑，电影承鞍。吞齐并楚，馘赵俘韩；威加莫（漠）北，声振楼兰；闽越未静，楼船爰整；电扫桂林，风驰梅岭；奇谋迥发，锐气先挺；珠名旧郡，铜标汉境；诚臣报主，轻生重义；路有飞乌，师无垂翅；国难斯殄，功名已被；马草空归，人生如寄；哥凄壮士，诏葬将军；朱旗拥路，玄甲临坟；夜台无日，空山足云；讵知杨子，颂此高勋。

一　辛瑾家世与陇西辛氏

隋大将军辛瑾不见于史书，墓志记其为陇西狄道人。但陇西辛氏见于史册者很多，对于他们源出，《元和姓纂》谓："秦有将军辛腾，家中山苦陉，曾孙蒲。汉有辛武贤。辛蒲以名家，汉初徙陇西。"① 秦将军辛腾事迹无考，中山为战国时期的一小国，大约在今河北石家庄及保定南部一带，其境内战国有苦陉邑，至汉代设苦陉县，位置大约在今定州市东南部。辛腾曾孙辛蒲，《新唐书·宰相世系表》称他："汉初以豪族徙陇西狄道"，乃为陇西辛氏始祖。汉武帝时期，西羌与匈奴侵扰河陇，时任酒泉太守、破羌将军的陇西辛武贤主动出击，屡立战功，受到汉武帝的嘉奖和崇信，荣极一时。自此以后，陇西辛氏人才辈出。墓志所谓："昔金吾出守，王凤于焉抗表；军师杖节，马懿所以全兵。自兹已降，人物弥重。"这里涉及继辛武贤之后陇西辛氏的两个著名人物的典故。

其一，辛武贤的儿子辛庆忌，早年从军，屡立战功，汉元帝时得到重用，先后任张掖、酒泉太守。汉成帝时，辛庆忌官至执金吾。汉代执金吾为负责皇帝出行仪仗和警卫的长官，权力很大。其间，辛庆忌利用职务之便，因报私仇而杀人，而被贬出朝廷，再去任酒泉太守。当时任大将军且实际掌握朝政的王凤，因为赏识辛庆忌，为了延揽人才，收买人心，于是在朝廷历举辛庆忌父子的功业与贤能，强烈推荐辛庆忌，最终说服了朝廷重新征拜辛庆忌为光禄大夫、执金吾②。

其二，东汉末，源出陇西狄道的辛毗有才略，先随兄辛评从袁绍，后从曹操。曹操表其为议郎。不久，又迁丞相长史，后又迁侍中等。青龙二年（234），诸葛亮北伐，率众出渭南，为阻止大将军司马懿与蜀军交战，"（魏明帝）以毗为大将军军师，使持节，六军皆肃，准毗节度，莫敢犯违"③。其间，作为曹魏大将军军师的辛毗坚持把守要道、坚壁清野与拒不出战的战略，保全了司马懿所率领的魏军，拖垮了诸葛亮率领的蜀军，赢得了战争的最后胜利，自己也扬名史册。

---

① （唐）林宝撰，岑仲勉校记：《元和姓纂》（附四校记）卷3"辛氏"，中华书局1994年版，第355页。
② 《汉书》卷69《辛庆忌传》，中华书局1962年版，第2996页。
③ 《三国志》卷25《辛毗传》，中华书局1959年版，第699页。

正是因为汉代以来，陇西狄道辛氏产生了辛武贤、辛庆忌、辛毗这样的杰出人物，所以墓志称"自兹已降，人物弥重"。到了南北朝时期，辛瑾祖父灵安，墓志记官至"散骑常侍，赠秦州刺史"。其父景亮，官至"使持节、车骑大将军、仪同三司、散骑常侍、云阳县开国子"，可能文武兼备，皆立军功，所以称："并升文省，俱立武功。威振边夷，誉勋簪绂。"说明至辛瑾，其家族仍然是一个数代为官的官宦世家。而据研究，陇西辛氏家族在隋朝仍然是很有声望的，今从辛瑾墓志看来，此说不虚①。

陇西狄道辛氏，至辛瑾，经下文考证，在北周已经官高爵显，大象二年（580）被杨坚加官为骠骑大将军、开府仪同三司、弘农郡开国公，如此显赫的人物，遗憾史书并未为其立传。究其原因，应该是至唐初纂修《隋书》之际，已经离辛瑾去世几十年，至唐林宝纂修《元和姓纂》及后世撰修两唐书之际，又因史家继承前代资料，多有遗漏，仅有零星事迹见于他传。② 正是因为其名讳史书缺载，所以对其身后世袭亦不得而知。墓志仅记其世子名公度，无记其他子女信息。但《隋书·循吏传》记有同出陇西辛氏的岷州刺史辛公义引导岷州人民改变地方风俗的感人事迹及清正为官的事迹，《新唐书·宰相世系表》亦记"公义，隋司隶大夫"。其郡望与辛瑾同，"公义"与辛瑾世子"公度"名相近，很可能也是辛瑾同宗子侄。

二 北周任职与事迹

对于辛瑾出仕前的修养和才华，墓志极力渲染，所谓："公禀灵

---

① 关于汉唐间陇西辛氏家族，学界已有研究，参阅杜斗城《汉唐世族陇西辛氏试探》，《兰州大学学报》（社会科学版）1985年第1期。

② 辛瑾名史书缺载，但《隋书》卷60《于仲文传》以其字记载有开皇初年辛明瑾作为总管之一出征突厥的相关记载。笔者过去没有注意到，此后由周晓薇、王其祎揭出，见氏著《贞石可凭：新见隋代墓志铭疏证》，科学出版社2019年版，第207页。谨此鸣谢！

川岳，挺秀芝兰；英风雅赡，逸气道举。让梨蒙赏，温枕（床）见奇。渔猎百家之书，尤重万人之敌。加以巧逾杨叶，妙甚戟支，落朱鹰于云间，下玄猨于木末。"这里是借孔融让梨与黄香为双亲温床的典故以说明辛瑾出仕北周前已是一个超群出众、谦让孝敬的不凡人物。加之，他早年读书广泛，尤其对兵法重点钻研，弓马剑术，无不精熟，所以，"起家周孝闵帝直寝，转授齐王府乐曹参军，冯翊郡功曹。""直寝"为周隋两代曾在左右卫府内所设六员之一，掌宿卫侍从，分别为直阁、直寝、直斋、直后，合称"四直"。从任周孝闵帝的侍从官"直寝"起，辛瑾又先后任"齐王府乐曹参军"与"冯翊郡功曹"，即或为王府幕僚，或为郡守佐吏，都是中下级武官。所以墓志谓："邓禹生平，靡希斯任；寇恂功业，阶此成名。"邓禹和寇恂都是东汉开国名将，都是光武帝的"云台二十八将"之一。其中寇恂出身世家大族，但早年亦曾任郡功曹。该句是借邓禹、寇恂这些开国功臣，早年也都担任过功曹一类的小官，以说明辛瑾早年亦从基层中下级武官做起。

继之，墓志谓："后频从齐王东讨克捷，转大都督、使持节、仪同三司、齐王府属。羊叔子之勤王，方开莫府；邓昭伯之勋戚，始仪同兼。"墓志中"都"缺失，"督"和"叔"为俗字，录文补识、转写为简化字。北周齐王宇文宪，是当年负责灭北齐的主将。墓主正是因为多次跟随齐王攻打北齐，屡次制胜克捷，所以得到加官为大都督、使持节仪同三司、齐王府属。此职衔在北周府兵制下地位已经很高，但似乎是墓主为人始终谦逊低调，所以志文中将其与前代的贤臣羊祜、邓骘事迹典故作比，对其极力赞扬。

羊祜，字叔子，晋武帝时的贤臣，为了灭吴，晋武帝使羊祜为都督荆州诸军事、持节，且保留散骑常侍、卫将军的职衔，地位很高，当时是属于能开设幕府官署的大臣，但他为人谨慎谦逊，在很长时间里不设僚属，不开幕府，被史家传为佳话；而邓骘号昭伯，东汉时邓太后（和帝皇后）的兄长。邓骘年轻时被大将军窦宪征聘为将，邓太后临朝期间，邓骘专断朝政。延平元年（106），被任命为车骑将军兼仪同三司，史书记"仪同三司始自骘也"①。但邓骘曾提倡节俭，注意抑制邓氏子弟的过分骄横，并举荐杨震等当时名士，因之亦有开明和贤能的美名。

辛瑾因多次跟随齐王攻打北齐有功而被加官为大都督、使持节、仪同三司、齐王府属。而到了建德七年（578）平齐之后，墓主又因功"授开府仪同三司，封博（博）陵县开国侯"。

至于墓志谓："大象二年（580），以平尉迥功，授大将军、封崇政县开国公、食邑一千户，转封弘农郡开国公。"这里所涉重要人物和事件，史书记载很明确。即大象二年（580），昏庸的周宣帝宇文赟暴死以后，年幼的静帝宇文阐上台，辅政大臣杨坚加紧篡夺北周政权，引起以相州总管尉迟迥为首的北周权贵势力的叛乱，杨坚立即任命上柱国、郧国公韦孝宽率兵镇压，经过艰辛镇压和分化瓦解，叛乱被侥幸平定。从辛瑾墓志得知，他也参加了这次平定叛乱的战斗，因卓立战功，而得到加官晋爵。而其爵位从"崇政县开国公"进而转为"弘农郡开国公"颇耐人寻味。因弘农郡本是杨坚本人所称的郡望，此时封辛瑾为"弘农郡开国公"，正说明他不仅参加了这次平叛，而且是杨坚此时极力笼络的对象，说明他在北周政权内已为极具声望和影响力的人物。而由此也可见，昔日杨坚为笼络和栽培亲己势力，也是不惜血本，极尽丰厚之能事。而正是因为辛瑾所得的这些封赏与其所立功勋相比，已经是非常丰厚了，所以墓志言："李贰师之纵横于塞表，爵止海西；霍将军社稷之功臣，封唯博（博）陆。我居其地，良无愧焉。"

三 隋朝任职与事迹

公元581年，杨坚废周静帝代周，建立了隋朝，但当时隋王朝建国伊始，北方受到突厥、吐谷浑的严重威胁，南方还有后梁政权

---

① 《后汉书》卷16《邓骘传》，中华书局1965年版，612页。

与陈朝，皆与隋王朝分庭抗礼。为此，开皇初年，隋文帝几乎连年用兵，战事频繁。墓志记："开皇二年（582），从卫王征突厥有功，特蒙殊锡。"隋朝建立以后，就在隋文帝杨坚登基的开皇元年（581）二月，文帝颁诏封其弟同安公杨爽为卫王。但查考史书记载，尽管开皇二年有隋与突厥的战事，但似乎皆与卫王杨爽无涉，相反在开皇三年（583）四月，《隋书·高祖本纪》记载："己卯，卫王爽破突厥于白道……五月癸卯，行军总管李晃破突厥于摩那渡口。"① 因史书记载此事年月日都非常详细，所以关于墓志所记的辛瑾跟从卫王征突厥与因功受赏的事迹，应该是发生在开皇三年，墓志所记二年稍误。

继之，墓志记载了隋灭陈之后，南方反隋势力再次反叛与隋军镇压的重要史事。墓志记："陈主衔璧，余妖未殄，乃命公率楼船之阵，径指日南；励次飞之士，直往林邑。"

开皇七年（587），隋废除割据江陵的后梁政权，开皇八年（588）十月，以晋王杨广、秦王杨俊、清河公杨素并为行军总管，"合总管九十、兵五十一万八千，皆受晋王节度"②，誓师伐陈。开皇九年（589）正月，隋军水陆并进，攻下陈都建康，擒获陈后主叔宝，陈朝灭亡。该年四月，隋军班师凯旋，陈后主衔璧归降，"三军凯入，献俘太庙"，隋朝完成了全国的统一。

隋朝灭陈之际，"岭南未有所附，数郡共奉高凉郡太夫人冼氏为主，号圣母，保境据守"③。当时隋诏遣柱国韦洸等率军安抚岭南，但面对冼氏夫人影响下的强大反隋势力，大军受阻，于是隋军统帅杨广令陈后主陈叔宝给冼夫人修书，"谕以国亡，使之归隋"，结果，冼夫人"说谕岭南诸州皆定"，在冼夫人的帮助下，隋朝暂时平定了岭南，隋朝封冼夫人孙冯魂为仪同三司，册冼夫人为宋康郡

---

① 《隋书》卷1《高祖本纪》，第19页。
② 《隋书》卷2《高祖本纪》，第31页。
③ 《资治通鉴》卷177 隋文帝开皇九年（589），中华书局1956年版，第5515页。

夫人。

但不久，隋朝安抚江南的政策失当，引起江南各地的反叛。墓志所谓："余妖未殄。"而史书详记："江表自东晋以来，刑法疏缓，世族凌驾寒门；平陈之后，牧民者尽更变之。"① "俄而江南人李棱等聚众为乱，大者数万，小者数千，共相影响，杀害长吏。"② 这次叛乱，史书记载发生于开皇十年（590）十一月，其间江南苏州、泉州、交州等十余州同时发生叛乱，其中交趾李春等，或自称天子，或自称大都督，署置百官，攻陷州县，一时情况万分危急。紧急之际，隋王朝"诏上柱国、内史令、越国公杨素讨平之"③。

但今辛瑾墓志却记，在这次江南反隋势力残余再次反叛之际，"乃命公率楼船之阵，径指日南。励次飞之士，直往林邑"。也就是说，墓志记载率领隋楼船军前去镇压的是辛瑾，无记杨素。两相比较，按当时的官职与威望，应该是如史书记载的由时任上柱国、内史令、越国公的杨素为统帅，而作为大将军、弘农郡开国公的辛瑾应该是以重要将领，或作为水军将领，跟随杨素一起前去镇压的。因为作为统军主帅的杨素，不仅官爵与威望较高，而且在此前灭陈之际，就曾作为主要水军统军将领，史书记载他统御水师及所造大船情况，其中曰："居永安，造大舰，名曰五牙，上起楼五层，高百余尺，左右前后置六拍竿，并高五十尺，容战士八百人，旗帜加于上。次曰黄龙，置兵百人。自余平乘、舴艋等各有差。及大举伐陈，以素为行军元帅，引舟师趣三峡……素率水军东下，舟舻被江，旌甲曜日。素坐平乘大船，容貌雄伟……"④ 由此可见，在灭陈之际和镇压开皇十年（590）江南叛乱的时候，杨素都是作为统御水军主帅出征的。而辛瑾应该两次都是

---

① 《资治通鉴》卷177 隋文帝开皇十年（590），第5529页。
② 《隋书》卷48《杨素传》，中华书局1973年版，第1284页。
③ 《隋书》卷2《高祖本纪》，第35页。
④ 《隋书》卷48《杨素传》，第1283页。

作为水军将领，跟随杨素一起前去的。但是不是墓志记载有误呢？从墓志分析，所谓："乃命公率楼船之阵，径指日南；励次飞之士，直往林邑。""日南"与"林邑"，以及交趾，皆为隋代州郡，均在今越南境内，滨临南海。则应该是当时在江南各地数十州发生叛乱以后，辛瑾是作为平息交趾李春等部的主将，率领水军直至南海前去镇压的。此外，由此也反映，自隋以来，中原王朝对今越南境内的交趾、日南、林邑等州郡及其附近水域加强了控制，并在隋唐得以继承和延续。隋对林邑的战事发生于仁寿末年至大业初年，炀帝时设荡、农、冲三州，后改置林邑、比景、海阴三郡，但隋朝撤军后，林邑又有叛乱。

至于这次江南各地的反叛，史书记载的极其简略，今从辛瑾墓志可知，当时的战争一直持续到了开皇十一年（591）年底，而且战斗十分激烈，所谓："文身剪发，蚁聚蜂飞，带甲持矛，抗轮举尾。公挥戈迥进，陷入贼营。叱咤则人马俱惊，鼓噪则幡旗乱靡，冰离雪散，满谷填江。血洒尘飞，弊日丹地。""文身剪发"，是指当时的岭南部族有纹身和剪发的习俗，以此代指南方反叛部族。而正是在这次激烈的战斗当中，墓主人辛瑾英勇杀敌，奋不顾身，最后壮烈殉国。墓志谓："开皇十一年（591）十月十七日薨于战场。公春秋五十九。"

辛瑾将军为国捐躯后，同年十二月二日，其灵柩运抵京师长安。隋文帝为之罢朝举哀，各公卿大夫亲临凭吊。朝廷又给其家诏赐物二百段、米二百斛，以隆重的礼仪治丧安葬。开皇十四年（594）正月廿六日，葬于长安城南的长安县合交乡高阳原。总括辛瑾将军一生，历仕两朝，功高爵显，地位显赫，遗憾被史书漏载，生平事迹千百年来湮没于世，今幸有其墓志始得昭彰。

辛瑾墓志

[本文原载于杜文玉主编《唐史论丛》（第十八辑），陕西师范大学出版总社有限公司2014年版，第206—213页]

《唐萨孤吴仁墓志》与雁门萨氏源流考

新见《唐萨孤吴仁墓志》拓本一帧，志石近年出土于西安市东南灞河以东的洪庆原（洪庆山森林公园一带），即唐代的铜人原一带，现藏陕西历史博物馆。志石高宽皆为60厘米，志文正面33行，满行34字，总计1057字，书刻于唐高宗麟德元年（664）。此墓志史料价值很高，不仅对于钩沉史书缺载的志主生平事迹与探明许多相关史事大有裨益，而且对于探明此姓氏之源流，乃至于驳正后世之"雁门萨氏"之源流亦有重要的文献价值。为了引述的方便，兹将志文释录并标点如下：

唐故上柱国右金吾卫大将军朔方公萨孤府君墓志
若夫龙颜握符，凤翔创极，张天之兆方构，宅海之业未康。则有奇伟间生，膺爪牙之任；风云叶契，静迤难之秋。或迹发熊罴，飞芳于周策；或庆流辰象，振彩于汉图。若乃拟绩前修，追芳曩列，足以齐晖篆素，无愧丹青者，其唯朔方公乎！公讳吴仁，字师礼，河南洛阳人也。自轩苗北降，散处幽都；魏绪南昌，徙居华甸。固已连晖紫宿，禀庆玄精。玉门共公府交衢，拥斾与授柯分路。岂唯钟鼎称贵，寔亦珪璋擅奇。并具左言，无劳委述。曾祖延，齐太子太保、开府仪同三司、恒农王，赠太尉、尚书令，道极时宗，望推邦杰。缉谐神化，光辅帝图。祖康买，齐开府仪同三司，袭爵恒农王，隋陕、复、南汾三州刺史。父贵，隋秀容府车骑将军。并开国承家，熏兰玉映。公生因六郡，长自五陵。既曰良家，实称豪族。射穷七札，力举千钧。深练五兵，暗符三略。坐则稳如剧孟，游则重若季心。气盖秦中，声驰洛下。屏居丘壑，远避昏危。每冀云宵，常希旦暮。义宁初归顺，从平京邑，以第一勋，蒙授正议大夫。武德五年，除齐王府右库真、车骑将军。六年，以平王充、窦建德、刘闼等勋，加上柱国，封牟平县开国伯，食邑五百户。九年，迁齐王府左护军，俄改兰州金城府统军。贞观四年，又转右武卫广武府统军。五年，进封牟平县开国侯，食邑七百户。九年，从军西讨，生擒吐谷浑南昌王慕容俊于阵，加云麾将军。十年，迁左屯卫中郎将。十二年，又迁右骁卫将军。十三年，授交河道行军总管。十四年，以平西域勋，改封朔方郡开国公，食邑二千户。其年，又迁左武候将军。十九年，从征辽东，授左六马军总管。永徽五年，以微谴降授正议大夫、守使持节、都督廿五州诸军事、戎州刺史。六年，迁韶州刺史。显庆二年，改授兼都督交峰爱驩四州诸军事、交州刺史。五年，入授右武候将军。龙朔二年，改为右金吾卫将军。其年又迁兼右金吾卫大将军。既而洞野构氛，炎州伫廓。公拥麾遄迈，奉命遐征，峤险伏波之营，途危下濑之浦。楼船结阵，未达于朱崖；虺徼亡魂，遽归于玄霸。以麟德元年五月三日薨于军所，春秋七十有五。即以其年十一月五日葬于雍州万年县义丰乡界见子之平原，礼也。皇情感悼，恩诏褒崇，赠使持节、都督代蔚忻朔四州诸军事、代州刺史，赐绢布二百五十段，米粟二百五十石，葬事所须，并令官给。仪仗鼓吹，送至墓所，仍令京官六品一人检校丧事。惟公材气英爽，机神敏寤。天符百中，剑敌万人。常慕高光之辰，遂逢汤武之运。预经纶之美誉，参翊赞之奇功。名与运迁，身随道变。故得邑启千乘，家享万钟。宠极通仪，荣高上将。入司禁旅，出总藩维。诚绩著于始终，恭慎彰于夙夜。马文深之壮志，尚足南征；温次房之义烈，俄从北葬。望祁山之陇，虽象平生；瞻汉浦之碑，方绵绝代。乃为铭曰：

禀裔轩丘，分源朔野。奄翻遐域，遂昌中夏。
衮叶未凋，王风遽假。诞生令胤，载传弓冶。
旌旗庆布，勇冠诸贲。迴戈驻日，矫箭吟獋。
俄逢问鼎，遽属驰原。鸿沟朔汉，官渡摧袁。
南荡□□，东清风孽。望耿齐骛，瞻荀等列。
象入云台，光腾波析。九真蜂扰，三江蚁结。
长虵未翦，隙驷俄沉。旌飞楚塞，挽动秦襟。
孀号陨蝶，孺摽崩林。空余兰问，永振碑金。

一 志主生平事迹

志文标题："唐故上柱国右金吾卫大将军朔方公萨孤府君墓志"，志文又称"公讳吴仁，字师礼"，可知志主姓名为萨孤吴仁。其人两《唐书》无传，但其事迹零星见诸史端，从中可知萨孤吴仁为唐初大将，在唐初平定高昌，西征吐谷浑，防御薛延陀等边疆战争中多次见其身影，而且史书还保留有高宗朝由时任宰相的上官仪所作《册萨孤吴仁为金吾卫大将军文》，但史书多处将其姓氏"萨孤"误记为"薛孤"。今由此墓志可知，志主不仅是历经唐朝多次重大边疆战争的大将，而且为唐高祖太原起兵之际从平京邑的开国元从，也是多次参加唐初统一战争的大将，可谓一代开国功臣。此先将其事迹一一考述如下。

（一）从平京邑，开国元从

从志文可知，志主自曾祖以下皆为武将，因生长于北朝贵族与武将世家，精通兵法，武艺高强，所谓："公生因六郡，长自五陵。既曰良家，实称豪族。射穷七札，力举千钧。深练五兵，暗符三略。"至于志主是如何追随李渊起兵的，志文含糊其词，称其于隋末"屏居丘壑，远避昏危。每冀云宵，常希旦暮。义宁初归顺，从平京邑，以第一勋，蒙授正议大夫"。因志主薨逝于麟德元年（664），春秋七十有五，可知志主生于隋开皇十年（590），则义宁元年

（618）志主已经二十八九岁，所谓"屏居丘壑，远避昏危"之句，应该是对志主早年职轻位卑的掩饰，但从义宁初"归顺"二字可知，当此隋唐易代之际，志主能在第一时间归顺唐高祖李渊，也是风云际会。史载"（义宁元年）（618）秋，七月……癸丑，（李）渊帅甲士三万发晋阳"，在霍邑击败宋老生后声威大振，同年"十一月，丙辰，军头雷永吉先登，遂克长安"①。可知志主跟随李渊太原起兵，大军一路南下，攻克长安，"从平京邑，以第一勋，蒙授正议大夫（正四品上的文散官）"，可见志主可谓唐朝开国元从。

（二）齐王僚属，平定诸雄

由志文可知，志主于"武德五年（622），除齐王府右库真、车骑将军。六年（623），以平王充、窦建德、刘闼等勋，加上柱国，封牟平县开国伯，食邑五百户。九年（626），迁齐王府左护军"，即武德五年起，志主跟随齐王参加了平定王世充、窦建德、刘黑闼等诸路群雄的战争，而且建功立勋。

武德四年（621），秦王李世民征讨窦建德，李元吉与屈突通兵围王世充于洛阳。志主正是在此之后从属齐王麾下，任齐王府右库真、车骑将军。库真为唐初王府属官，武德年间"秦王、齐王下统军为护军，副统军为副护军……诸军骠骑将军为统军，其秦王、齐王下领三卫及库直、驱咥直、车骑并准此。诸军车骑将军为别将"②。《资治通鉴》武德四年（621）七月载："甲子，秦王世民至长安。世民被黄金甲，齐王元吉、李世勣等二十五将从其后……俘王世充、窦建德及隋乘舆、御物献于太庙，行饮至之礼以飨之。"③王世充、窦建德被平，李世民、李元吉厥功至伟，身为齐王府属官的志主功亦不小。

---

① 《资治通鉴》卷184 隋恭帝义宁元年（617），中华书局1956年版，第5849—5870页。

② 《旧唐书》卷42《职官一》，中华书局1975年版，第1784页。

③ 《资治通鉴》卷189 高祖武德四年（621），第6034页。

刘黑闼原为窦建德部下,建德被诛后,黑闼召集旧部反唐,先后击败李神通、李勣、薛万均等众多唐将。武德四年(621)十二月"丁卯,秦王世民、齐王元吉讨黑闼"①,洺水之战唐军击溃刘黑闼军,黑闼亡于突厥后复借兵来寇,"(武德五年)(622)十月己酉,齐王元吉讨黑闼……十一月……甲申,皇太子讨黑闼"②,直到武德六年(623)二月,刘黑闼才最后伏诛。志主既为齐王府属官,此次征讨刘黑闼的战斗中自然参战立功,因此,"六年,以平王充、窦建德、刘闼等勋,加上柱国,封牟平县开国伯,食邑五百户"。

武德九年(626)齐王一度取代秦王,成为名副其实的全国统军元帅,作为齐王府左护军的志主,前途似乎无限光明。但很快,随着玄武门事变的发生,齐王元吉被杀,原为齐王府部属的志主应该是亦受牵连而远调,所谓"俄改兰州金城府统军"。但唐初府兵制下的统军也是府兵最高军将,因唐初武德七年(624)曾改军府名称为统军府,骠骑将军为统军,车骑将军为别将。此后志主迁转缓慢,至贞观四年(630),方转右武卫广武府统军,广武府为唐代兰州所设二府之一。直至贞观五年(631),尽管志主爵位略有晋升,晋封牟平县开国侯,食邑七百户,但这段时间志主事迹相对平平。直至贞观九年(635)起,因参加了唐朝的数次边疆战争,志主的军事才能方得到充分发挥,官阶不断提升而见诸史端。

(三)西征吐谷浑,生擒名王

志文谓:"九年(635),从军西讨,生擒土(吐)谷浑南昌王慕容俊于阵,加云麾将军。十年(636),迁左屯卫中郎将。十二年(638),又迁右骁卫将军。"对于贞观九年(635)志主跟随李靖、侯君集出军青海,平定吐谷浑的事迹,史书有所记载。其中《新唐书·吐谷浑传》记载,就在该年闰四月李靖大军取得牛心堆战役的

---

① 《新唐书》卷1《高祖本纪》,中华书局1975年版,第13页。
② 《新唐书》卷1《高祖本纪》,第15页。

胜利以后，李靖又采纳侯君集的建议，兵分两路继续追击，其中曰："靖与大亮、薛万均以一军趣北，出其右；君集、道宗以一军趣南，出其左。靖将萨孤吴仁以轻骑战曼都山，斩名王，获五百级。诸将战牛心堆、赤水源，获虏将南昌王慕容孝儁，收杂畜数万。"① 志文提到的慕容俊即"慕容孝儁"，《旧唐书》有关此战的记载言："诸将频与贼遇，连战破之，获其高昌王慕容孝儁。孝儁有雄略，伏允心膂之臣也。"② 这里均明确记载，萨孤吴仁为李靖部将，而且以轻骑战曼都山、斩名王，此名王应该就是慕容孝儁，另外，《旧唐书·吐谷浑传》称，这次还"斩其国相天柱王"。另外，上引文此处含糊，似乎是讲，随后萨孤吴仁与诸将于牛心堆、赤水源战斗，一起俘获了吐谷浑南昌王慕容儁。但今据其墓志可知，实乃萨孤吴仁生擒吐谷浑南昌王慕容儁于阵，而且因此立功而官阶连续升迁。先是"加云麾将军"（从三品上），贞观十年（636）又"迁左屯卫中郎将"，贞观十二年（638）又迁为掌宫禁宿卫的右骁卫将军（从三品）。

（四）交河道行军总管，平定高昌

由志文可知，贞观十三年（639），志主又被委以大任，出征高昌。出征高昌是唐初开拓西部疆域的重要战争，朝廷极其重视，志主作为出征将帅之一，史书有载，《新唐书·西域传》记："帝复下玺书示文泰祸福，促使入朝，文泰遂称疾不至。乃拜侯君集为交河道大总管，左屯卫大将军薛万均、萨孤吴仁副之，契苾何力为葱山道副大总管，武卫将军牛进达为行军总管，率突厥、契苾骑数万讨之。"③ 另外，因纪念这次重大事件的《姜行本纪功碑》，亦记载到萨孤吴仁将军，其中记："交河道行军总管左骁卫将军□□□□□□□□□□吴仁领右军□□□ 交河道行军总管，左武卫将军上柱国□□县开国公牛

---

① 《新唐书》卷221《吐谷浑传》，第6225页。
② 《旧唐书》卷198《西戎传》，第5298页。
③ 《新唐书》卷221《西域传》，第6221页。

进达，领兵十五万……"① 可见，志主萨孤吴仁是与薛万均一道，作为交河道大总管侯君集的副帅和右军主将，也就是志文所谓的"交河道行军总管"，率领唐军出征高昌的。众所周知，这次出征，很快于次年大捷。史载贞观十四年（640），唐军抵达碛口，麴文泰忧惧而病死，其子麴智盛继任高昌王。智盛难抵唐军进攻且西突厥此时也避而不出，高昌孤立无援，"智盛穷蹙……开门出降"②，高昌国遂灭。

高昌国为唐军所灭，唐朝在其地设西州，并设了著名的安西都护府以统之，而最初的安西都护府的治所就设在高昌。作为这次出征统军主将之一的志主，自然立功受赏，志文谓："十四年，以平西域勋，改封朔方郡开国公，食邑二千户。其年，又迁左武候将军（正三品）。"

（五）从征辽东，授左六马军总管

志文谓："十九年（645），从征辽东，授左六马军总管。"即志主于贞观十九年（645），跟从太宗东征辽东，得授左六马军总管。东征辽东，攻打高丽，曾是唐太宗晚年的主要对外战争之一。对于这次战争，史书记载的参战将帅中不见有志主萨孤吴仁。如《旧唐书·高丽传》仅记："命刑部尚书张亮为平壤道行军大总管，领将军常何等……又以特进英国公李勣为辽东道行军大总管，礼部尚书江夏王道宗为副，领将军张士贵等率步骑六万趋辽东；两军合势，太宗亲御六军以会之。"尽管这里不见志主萨孤吴仁将军，但明确记载唐军兵分"六军"，说明志文所记志主得授左六马军总管事迹不虚，可能其间立功不多，事迹不彰。至于其所授左六马军总管的职衔应该不低，因尉迟敬德就在此次战役中担任"左一马军总管，从破高丽于驻跸山"③。

这次出征，因高丽于安市城等坚壁清野，顿兵坚守，除攻下辽东城与白崖城外，整个唐军斩获不多，成果不大，加之天气严寒，

---

① （清）王昶：《金石萃编》卷45，中国书店1985年影印版，第12页。
② 《资治通鉴》卷195太宗贞观十四年（640），第6269页。
③ 《旧唐书》卷68《尉迟敬德传》，第2500页。

粮料不及，被迫很快撤军。

从贞观十九年（645）从征辽东以后，志主萨孤吴仁事迹见于史书与墓志的几件均不甚清楚，需要进一步考证辨明。

其一，灵州防御薛延陀。《新唐书·回鹘传》记载，就在贞观十九年（645）唐太宗御驾亲征高丽之际，薛延陀新立可汗颉利俱利失薛沙多弥可汗图谋攻唐，其中记载到志主："方是时，王师犹在辽，因即寇边。帝遣江夏王道宗屯朔州，代州都督薛万彻与左骁卫大将军阿史那社尔屯胜州，左武候大将军萨孤吴仁屯灵州，执失思力与突厥掎角塞下，虏知有备，乃去。"① 这里所记萨孤吴仁屯灵州防御薛延陀事迹不见其墓志，但问题是其墓志记载同时期志主从征辽东，如何又有灵州防御薛延陀事？其实，考察《资治通鉴》关于该时期唐太宗征辽东行踪，似乎就可辨明。原来，该年十月，眼看高丽一时难以拿下，于是太宗敕令班师，途中得知薛延陀多弥可汗南下寇边的消息，于是车驾从定州直趋朔方，同年十二月太宗抱病御步辇抵达并州。随即，太宗部署抵抗，命左武候中郎将田仁会与此前屯守在夏州的右领军大将军执失思力合击，"薛延陀大败，追奔六百余里，耀威碛北而还"。但随即，多弥可汗继续发兵寇夏州，于是，十二月"己未，敕礼部尚书江夏王道宗，发朔、并、汾、箕、岚、代、忻、蔚、云九州兵镇朔州……胜州都督宋君明、左武候将军薛（萨）孤吴（仁）发灵、原、宁、盐、庆五州兵镇灵州。又令执失思力发灵、胜二州突厥兵，与道宗等相应。薛延陀至塞下，知有备不敢进"②。这里，尽管将志主姓"萨孤"记为"薛孤"，但官爵合，而且人物事迹与前引《新唐书·回鹘传》合，显然为一人，也充分说明志主与江夏王李道宗等一道，为随驾征辽，班师返回后又随驾至朔方前线，并均被委任为镇守一道的大将，前去防御薛延陀的南犯。可见，此处史书与墓志也是互印互补的。

---

① 《新唐书》卷217《回鹘传》，第6138页。
② 《资治通鉴》卷198唐太宗贞观十九年（645），第6232—6233页。

其二，西域征讨阿史那贺鲁与上《僧道拜君亲议状》。唐太宗驾崩以后，西突厥贵族阿史那贺鲁自号沙钵略可汗，公然打起叛唐旗帜。永徽二年（651），唐朝廷被迫调兵遣将，出兵镇压，史书有关记载其中就有萨孤吴仁将军。其中《资治通鉴》记：永徽二年（651），"秋七月西突厥沙钵罗可汗寇庭州，攻陷金岭城及蒲类县，杀略数千人。诏左武候大将军梁建方、右骁卫大将军契苾何力为弓月道行军总管，右骁卫将军高德逸、右武候将军薛（萨）孤吴仁为副，发秦、成、岐、雍府兵三万人及回纥五万骑以讨之"[1]。这里还是将"萨孤"记为"薛孤"，但《新唐书·突厥传》此处记载却为"萨孤"，其他内容记述皆同，说明萨孤吴仁的确为这次征讨阿史那贺鲁反叛的主要将领。但需要指出的是，在唐军进抵西域以后，阿史那贺鲁闻讯西遁，而由西突厥另一部处月朱邪孤注部固守牢山（今新疆阿拉沟），挡住了唐军前往伊犁河流域追击阿史那贺鲁的通道。随后，尽管唐军兵分数道，于次年正月攻克牢山，"追行五百里，斩孤注"，斩首五千余级，俘生口万余人以归，但因为没有及时听从骆弘义的献计，丧失了战机，所谓"兵众足以追讨，而逗留不进"，致使阿史那贺鲁逃走。正因此，随后梁建方与副总管高德逸遭到御史弹劾，尽管史书记载因高宗念有破处密之功"释而不问"[2]，但从诸将随后的迁转来看，当时还是受到了一定的处分。

对于这次出兵西域与主将因故遭到御史弹劾之事，萨孤吴仁墓志没有明言，但巧合的是其墓志记到，就在随后的永徽五年（654），志主"以微谴降授正议大夫、守使持节、都督廿五州诸军事、戎州刺史"。正议大夫仅为正四品上的文散官，加之为"守使持节、都督廿五州诸军事、戎州刺史"，而唐代的戎州，乃位处西南边陲的军州，武德元年（618）置州后治设南溪（今宜宾市李庄镇），贞观六年（632），置戎州都督府，治所迁今宜宾市。正说明志主不

---

[1]《资治通鉴》卷199唐高宗永徽二年（651），第6274—6275页。
[2]《册府元龟》卷134《帝王部·念功》，中华书局1960年版，第1619页。

仅官爵遭贬，而且任职颇有戴罪立功的意味。显然，志文所谓"以微谴降授"之事，应该正是遭到御史弹劾而遭贬，亦说明史事前后关联，志文与史书所记又可互印互证。

墓志记载，志主于永徽五年（654）遭到贬黜以后，永徽六年（655），又改迁韶州刺史。但至显庆二年（657），又兼都督交峰爱驩四州诸军事、交州刺史。紧接着，显庆五年（660）又授右武候将军，龙朔二年（662），再改授为右金吾卫大将军。右武候将军与右金吾卫将军为同一职任，是因唐高宗龙朔二年改右候卫为右金吾卫，其职责为皇帝出行时，先驱后殿，日夜巡察，止宿时司警戒之责，但大将军为正三品，而将军为从三品。可见，志主从显庆五年至龙朔二年（660—662）的职任变迁，先是恢复了原来的官阶，随即又有所提升。为此，唐朝政府还特为其颁发了一道由时任高宗宰相的上官仪草拟的册命诏书，此即收录于《唐大诏令集》等文献中的《册薛（萨）孤吴仁右金吾卫大将军文》。其文曰：

> 皇帝若曰：于戏！望重韬钤，藉董戎之寄；志齐金石，膺御武之求；用矜闻鼙之虑，式著衔珠之象。惟尔右金吾将军朔方郡开国公薛（萨）孤吴仁，志局开爽，贞规克济；自契绛官之术，宜符玉帐之机；贾勇三军，折□关之效；诚输八阵，标斩将之功；树绩方隅，书勋王府；出茂于分阃，入隆于交战。睠此师训，既穆朝经，锡以徽章，允畴金议。是用命尔为金吾卫大将军，封如故，往钦哉。其励乃忠贞，恭兹奖饰，只承宠命，可不慎欤？[①]

该册文签署颁发的时间记为龙朔二年（662）十一月二十五日，考察志主自显庆二年（657）以来，不仅恢复了先前的官爵，

[①] 《唐大诏令集》卷62《册薛孤吴仁右金吾卫大将军文》，中华书局2008年版，第340页。

而且官阶略有提升，令人不解的是，在为其隆重颁发的册文中，内容主要是表彰其忠贞、勇敢与卓越功勋，但对于具体的颁发事由却极尽含蓄之能事。其实，若结合一份由萨孤吴仁署名的传世状文，其中的原委应可了然。

原来，在唐高宗显庆二年（657）二月到龙朔二年（662）六月，逐渐控制皇权的武则天想通过勒令僧尼拜君亲来树立并展示自己的权威，于是就僧尼是否拜君亲问题，以及王法与佛法谁更优先的问题而先后授意颁诏，从而引起朝臣与沙门分为两派激烈争议。争执双方纷纷向朝廷递送表状，陈述各自的主张和理由。而今收集在《全唐文》文中的《僧道拜君亲议状》就是其中一份。该状署名作者为薛（萨）孤吴仁，并加按语"吴仁，龙朔朝官右金吾卫将军，封朔方公"。其文曰：

> 道家立旨，取贵于柔谦；释教为宗，有存于汲引。虽复迈九仙而飞迹，标致弗爽于同尘；超十地而游神，修行岂乖于忍辱？且君亲尊重，比乾严而有裕；臣子忠肃，申拜伏而无违。斯乃万国之大经，千叶之常轨。居造次而必践，处少选而难废。至若缁黄二教，顿捐兹礼，唯擅贡高之法，莫循资敬之仪（事如同驭寺议中弹），虚启弊风，实差彝典（事如右武卫议中弹）。但劝诱之规，虽则多蹰，等归利物，宁履义方。何必骄倨为容，便跻众妙之域；虔恭表节，遂隔真如之镜（境）（事如左戎卫议中弹）？缅寻指趣，深谓不然。致拜君亲，实为通理！谨竭愚识，庶会宏谟。深惧不当，退用惭惕。谨议。①

这里作者从释道二教之教化众人、忍辱修行的教义出发，明确提出"君亲尊重"的观点，称"斯乃万国之大经，千叶之常轨"。进而还批评二教不遵世俗王法，"虚启弊风，实差彝典"；谴责僧徒

---

① 《全唐文》卷201，上海古籍出版社1990年版，第895页。

道士，"何必骄倨为容，便跻众妙之域；虔恭表节，遂隔真如之镜（境）"？作者支持僧道拜君亲的立场与对僧道徒的谴责态度非常明确。需要说明的是，这场耗时五年之久的争议，最终在沙门与崇佛大臣的激烈反对下迫使高宗、武后妥协，颁诏撤回了僧尼道士对君王的致拜，只令拜父母而收场①。

也许，尽管高宗、武后迫于压力，向二教做了妥协，但对于旗帜鲜明地支持他们初衷的萨孤吴仁还是充满了感激和信任，加之，唐朝于西域镇压阿史那贺鲁反叛的战争至此亦取得了胜利，于是借故复其旧有官爵，进而颁册表彰并提升重用。如此，该状文不仅为我们揭示了志主在该时期升迁背后的内幕，而且为我们展示了志主深识文翰与颇具政治智慧的一面。

其三，南海远征，为国捐躯。志文所记志主最后一次远征，出征地志文没有明言，从志文提及的几个地名及相关典故，可知应该是当时的南海、交趾一带。志文谓："既而洞野构氛，炎州伫廓。公拥麾遄迈，奉命遐征，峤险伏波之营，途危下濑之浦。楼船结阵，未达于朱崖；尪徼亡魂，遽归于玄霸。"其中的"炎州"，《楚辞·远游》谓："嘉南州之炎德兮，丽桂树之冬荣。"后因以"炎州"泛指岭南广大地区。唐朝诗人杜甫《得广州张判官叔卿书使还以诗代意》诗："忽得炎州信，遥从月峡传。"② 而"朱崖"，亦称珠崖，唐代在海南岛设有崖州珠崖郡。另外，志文最后的铭文称："九真蜂扰，三江蚁结。""九真"为隋唐的爱州九真郡，位于今越南中北部。而志主于显庆二年（657），又曾"改授兼都督交峰爱驩四州诸军事、交州刺史"。可见，志主这次奉命遐征之地，乃当时的南海与交趾，今之海南岛与越南一带。

考察史书对于隋唐岭南各地的经营情况，比较典型的如隋朝灭陈

---

① 该时期唐朝颁发的诏书分别为显庆二年（657）二月颁发的《僧尼不得受父母拜诏》（《唐大诏令集》卷113）；龙朔二年（662）四月颁发的《命有司议沙门等致拜君亲敕》（《全唐文》卷14）；龙朔二年八月颁发的《令僧道致拜父母诏》（《全唐文》卷12）等。

② 《全唐诗》卷227，中华书局1960年版，第2450页。

之际，岭南数郡共奉高凉郡太夫人冼氏为主保境据守，对抗于隋①。面对冼氏夫人影响下的强大反隋势力，隋军统帅晋王杨广令陈后主陈叔宝给冼夫人修书，"谕以国亡，使之归隋"，最终冼夫人"说谕岭南诸州皆定"，隋朝封冼夫人孙冯魂为仪同三司，册冼夫人为宋康郡夫人。此后，开皇十年（590）又因隋朝安抚江南的政策失当，引起江南各地的反叛，紧急之际，隋王朝"诏上柱国、内史令、越国公杨素讨平之。"②唐高宗时期，南方诸蛮亦多有发动叛乱的事件发生。永徽二年（651）八月，史载："白水蛮寇边，左领军将军赵孝祖为郎州道行军总管以伐之……十一月窦州、义州蛮寇边，桂州都督刘伯英败之"③。龙朔三年（663）五月，史书又载："柳州蛮叛……刘伯英以岭南兵伐之。"④而志文载志主奉命南征，于麟德元年（664）五月三日薨于军所，时间紧连，正说明志主南征与前一年柳州蛮叛，刘伯英以岭南兵伐之事件有关，说明这次南越反叛，从柳州爆发以后，很快蔓延到了交州、南海一带，所以朝廷才调遣志主作为大将出征。

正因此，此志又可为发生在唐高宗龙朔、麟德年间的这次南越诸部的反叛事件提供了一些新资料。而且可知的是，志主萨孤吴仁将军正是在这次平叛中于"麟德元年（664）五月三日薨于军所，春秋七十有五"。志主逝后，"即其年十一月五日葬于雍州万年县义丰乡界见子之平原"。万年县义丰乡界见子之平原，大约为西安市东南灞河以东的洪庆原（洪庆山森林公园），即唐代的铜人原一带。至于朝廷对其赠官"使持节、都督代蔚忻朔四州诸军事、代州刺史"，也是与其生前的爵位"朔方郡公"是一致的，是与其籍贯郡望有关。概括志主一生，可谓戎马倥偬，忠诚为唐，最后又是鞠躬尽瘁，死而后已。其事迹本可与同时期任何一位将军相并肩，但遗憾因史家疏漏，未能为其在史书立传。

---

① 《资治通鉴》卷177 隋文帝开皇九年（589），第5515页。
② 《隋书》卷2《高祖纪》，中华书局1973年版，第35页。
③ 《新唐书》卷3《高宗纪》，第53页。
④ 《新唐书》卷3《高宗纪》，第63页。

二　志主家族源流

关于志主家世源流，志文称："公讳吴仁，字师礼，河南洛阳人也。自轩苗北降，散处幽都；魏绪南昌，徙居华甸。"由此，志主家族似乎出自鲜卑贵族无疑，后随魏孝文帝南迁而世居河南洛阳。至于自言为黄帝后裔，这也是彼时鲜卑人普遍的祖先追塑。如北魏皇族拓跋氏即托言为黄帝后裔，"受封北土，国有大鲜卑山，因以为号。其后，世为君长，统幽都之北"①。志文此记，正与《通志·氏族略》合，因该书亦称："萨孤氏：代人，随魏南徙。"②而前引《资治通鉴》等多处将"萨孤"作"薛孤"，为此学界多有辨析。《廿二史考异》的作者清人钱大昕考证言：（北齐书部分）"高祖使金统刘丰、大汗步辥等。大汗步辥即步大汗萨也。'步'、'大'二字傎倒，转写之讹。'菩萨'字本于释氏书，'萨'字不知所从，盖即'辥'字声转为桑割切。六朝、唐人碑刻，'萨'旁无从产者，而'辥'亦或书为'薛'，可证'辥'、'萨'本一字。唐玄应《一切经音义》云：'菩萨'，本或作'扶薛'。此传步大汗萨亦作'辥'，此古字之仅存者。监本改为'萨'；于文虽画一，而古字日亡矣。列传有辥孤延，亦代人，复姓辥孤。唐初人有萨孤吴仁，萨孤、薛孤疑即一族。"③

另外，清人陈毅撰《魏书·官氏志疏证》考证言："薛孤氏，代人，随魏徙河南。《通志·略五》，又有萨孤氏，亦云代人，随魏南徙。据梵书，薛字多作萨，见众经音义一，盖萨孤即薛孤也，《北齐书》有薛孤延传，云代人。"④这里作者亦考证认为"盖萨孤即薛孤

---

①《魏书》卷1《序纪》，中华书局1974年版，第1页。

②（南宋）郑樵撰，王树民点校：《通志》，"氏族略第5"，中华书局1995年版，第176页。

③（清）钱大昕著，方诗铭、周殿杰点校：《廿二史考异》卷31《北齐书》，上海古籍出版社2014年版，第514页。

④（清）陈毅：《〈魏书·官氏志〉疏证》，《二十五史补编》第四册。开明书店1937年版，第4662页。

也"，且考证出薛孤最早出现之文献乃《北齐书》。

考察"萨"字与"薛"字之发展，据学界前贤对于敦煌写本的研究，"艹+阝+立+土"、"艹+阝+辛"等字皆为"薛"字的俗写，此种现象在敦煌卷子中非常普遍，二字古本一字，唐五代时尚未分用。大约宋代以后，前者被用作菩萨之'薩'的专字，音桑葛切；再后来，为免与姓薛等字相乱，又把菩萨的萨字右下部改为'產'，成为今天的'薩'字"①。

传世史籍文献中有关"萨孤"或"薛孤"姓氏的记载很少，《魏书·官氏志》无载，今人姚薇元《北朝胡姓考》也并未收录此姓。对于薛孤氏的来源，马长寿先生曾指出："《晋书·赫连勃勃载记》之叱干部，《魏书·刘虎传》作'薛干部'。'干'与'孤'同声母而音近，所以薛孤氏就是叱干氏，此族原居上郡之三城（今陕北肤施县东），故称西方鲜卑。魏初徙于代郡，故薛孤延为'代人也'。"②另外，史书记载，北魏开始谋求向南扩张之际，受到北魏攻击并兼并的后秦属部有高平没弈于、黜弗、素古延等部。其中的"素古延"，《资治通鉴》称其为后秦姚兴的属国；《魏书》附其传于《高车传》之后，并与薛干部同列，似乎一并为高车属部，称："又黜弗、素古延等诸部，富而不恭，天兴五年（400），材官将军和突率六千骑袭而获之。"③天兴五年为公元400年，为北魏道武帝拓跋珪的年号。考察该时期，自公元398年拓跋珪迁都平城，登基称皇帝，改元天兴。天兴五年（402）北魏与后秦矛盾激化，魏军攻击后秦高平公没奕干、属部黜弗及素古延，随之双方在平阳郡的干壁、永安（今山西霍县东北）、柴壁（今山西襄汾县南）大战，随之姚平被杀，四十多名后秦官员及两万余士兵被北魏俘虏。说明在此时，北魏降服了素古延部，当时该部就居住在平阳郡一带。而"素古"

---

① 张涌泉：《敦煌俗字研究》，上海教育出版社1996年版，第129—131页。
② 马长寿：《乌桓与鲜卑》，上海人民出版社1962年版，第83页。"叱干氏，后为薛氏"，《魏书·官氏志》未记薛孤。参见《魏书》卷113《官氏志》，第3012页。
③ 《魏书》卷103《高车附传》，第2313页。

应该就是"萨孤"或"薛孤""叱干"的不同音译。则其族属很可能最初与高车有关，为其属部。

记载"萨孤"或"薛孤"最早的文献的确是《北齐书》，但确实是将"萨"作"薛"，而《北齐书》所记之"薛孤延"却为人名，应该就是志主曾祖父。因萨孤吴仁墓志明言："曾祖延，齐太子太保、开府仪同三司、恒农王，赠太尉、尚书令，道极时宗，望推邦杰。"可见，《北齐书》所记之薛孤延事迹与志主曾祖父萨孤延事迹相符。但此薛孤延或萨孤延较上引《魏书·高车传》所附的"素古延"部已经晚了至少一百年，也许至此开始将"素古延"简称为"萨孤"或"薛孤"，而且该家族早已经鲜卑化。

考察《北齐书·薛孤延传》，其中云："薛孤延，代人也。少骁果有武力，韩楼之反，延随众属焉……表为都督，加征虏将军，赐爵永固县侯。后隶高祖为都督，仍从起义。破尔朱兆于广阿，因从平邺，以功进爵为公，转大都督。"① 可见，史书已称该家族源出为鲜卑贵族，而且作为见于史册的该家族之始祖薛（萨）孤延最初就是以武勇起家，为"能与霹雳斗"的勇将，在六镇起义爆发后，先是投靠葛荣部将韩楼，后投刘贵，最后投北齐政权的创始人高欢而大受器重。在随高欢平定尔朱兆、平定邺城，以及沙苑之战、玉壁之战等征战中屡立功勋，并相继"以功进爵为公，转大都督"，"除第一领民酋长"，"拜显州刺史，累加车骑将军"，梁州刺史、恒州刺史，"从高祖（高欢）讨破山胡，西攻玉壁，入为左卫将军，改封平秦郡公，为左厢大都督"，但一度因酒醉为敌所袭，"出为沧州刺史，别封温县男，邑三百户"。至齐受禅，"别赐爵都昌县公"。史家最后评价："公性好酒，率多昏醉，而以勇决善战，每大军征讨，常为前锋，故与彭、刘、韩、潘同列……天保二年（551）为太子太保，转太子太傅，八年（557）除肆州刺史，加开府仪同三

---

① 《北齐书》卷19《薛孤延传》，中华书局1972年版，第255—256页。

司，食洛阳郡干，寻改食河间郡干。"① 后无记其子嗣传承。而且无记"恒农王，赠太尉、尚书令"之官爵称号，很可能是其子康买贵宠以后，其父又得北齐追赠。

《北齐书》为唐初史家李百药所修，李百药与萨孤吴仁生活在同一时代，应该说是熟知萨孤家族世袭传承的，不会将其姓氏记错，可能正是唐以前"薛"与"萨"同字，而且"萨孤"与"薛孤"音近的缘故。但匪夷所思的是，《北齐书·薛孤延传》竟没有记载薛孤延之后世传承，而且据下文考证，从今天发现的石刻文献反映，至唐初对于"萨"与"薛"已经有了明显的区别，因此也不排除李百药在整理前代史料时因无辨而致误。而《北史·薛孤延传》应该又为抄自《北齐书》致误。

考诸史籍，从北朝至唐，姓萨孤者寥寥，除了志主萨孤吴仁家族外，还发现一例明言姓薛孤者。《太平广记》记载了一则灵异故事："唐贞观二十年（646），征龟兹，有薛孤训者，为行军仓曹。军及屠龟兹后，乃于精舍剥佛面金，旬日之间，眉毛尽落，还至伊州，乃于佛前悔过，以所得金皆为造功德。未几，眉毛复生。"② 此处薛孤训于贞观年间征讨龟兹，是大致与志主同时代的族人，但限于资料不全，无法进一步得知他们的关系。

史书典籍外，见诸石刻的萨孤氏也是很少，但在仅见的几处中，"萨"字明显与"薛"字不同。除了萨孤吴仁墓志外，在近年出土的初唐《潘翔墓志》中还发现有萨孤氏，其中记："继夫人河南萨孤氏……（神龙二年）（706）合葬于洛州河南县伊汭乡龙门山之西原。"③ 这里潘翔继室萨孤氏为河南洛阳人，应与本文志主出自同一家族。此外，洛阳龙门石窟有一建于唐代但无纪年的造像，为萨孤

---

① 《北齐书》卷19《薛孤延传》，第255—256页。
② （宋）李昉：《太平广记》卷116《报应十五》条引《冥祥记》，中华书局1961年版，第811页。
③ 墓志拓片图版参见齐运通编《洛阳新获七朝墓志》140《唐潘翔墓志并盖》，中华书局2012年版，第140页。

弘亶所造并留有题记①，记录了所见不多的该家族成员。另外，据近年西安发现的北周《安伽墓志》②中，墓盖与墓志均将安伽担任的"大周同州萨宝"之"萨"的书写亦与"薛"字有别，而与以上几处石刻同。可见，尽管前人认为"萨"与"薛"本一字，但在仅见的这三方墓志与一处题记中，均将"萨"字书写为"艹＋阝＋立＋土"，较之唐代墓志将薛氏之"薛"书写为"艹＋阝＋辛"还是明显有别。在构成这两个字的三部分中，不同部分为右下部，即"萨"字右下旁较"薛"字之"辛"旁，下面多了一横或两横。显然，唐初乃至北周时期，对二字还是有明显的区别。

较为系统记载到萨孤家族世袭的文献为《元和姓纂》，也是将"萨"记为"薛"，而且所记该家族的世袭传承有明显谬误，其中记："薛孤。代人，随魏南徙河南。北齐恒农王薛孤康；生买，开府仪同三司、新平王；孙吴仁，唐右金吾将军、朔方公，生知素、知检、知机、知福。知素，桂州刺史。知福，灵州都督，生元邈、元宪。"③ 此记载与萨孤吴仁墓志记载多处不同。前引其志文言："曾祖延，齐太子太保、开府仪同三司、恒农王，赠太尉、尚书令，道极时宗，望推邦杰。缉谐神化，光辅帝图。祖康买，齐开府仪同三司、袭爵恒农王，随陕、复、南汾三州刺史。父贵，随秀容府车骑将军。并开国承家，熏兰玉映。"墓志此记：延生康买，康买生贵，贵生吴仁。康买为志主祖父，并非上引书所记的二代两人，尤其上引书无记志主父贵。两相比较，墓志所记姓氏、传承、几代人最后的官爵比较清楚，多处可补正史书。至于《元和姓纂》所记"新平王"之爵称，应该是"新兴王"之讹，为北周灭北齐，隋代北周期间，志主祖父先被剥夺其于北齐世袭的"恒农王"，隋初改封为

---

① 拓片图版参见：吴元真主编《北京图书馆藏龙门石窟造像题记拓本全编》第10册《萨孤弘亶造像记》，广西师范大学出版社2000年版，第1947页。
② 陕西省考古研究所：《西安发现的北周安伽墓》，《文物》2001年第1期。
③ （唐）林宝撰，岑仲勉校记：《元和姓纂》（附四校记），中华书局1994年版，第1541页。

"新兴王"，但很快又被废黜。因唐代的忻州，在隋开皇元年（581）曾置新兴郡。

因《元和姓纂》记薛孤延之后的两代有误，以及《北齐书》《北史》和《资治通鉴》等所记北齐有"薛孤康买"，编撰史书者曾有辨析，后之点校者等亦有辨析，均殊难确定。今结合萨孤吴仁墓志，显然可以迎刃而解矣。

其一，《北齐书·穆后传》记载北齐曾派遣使者出使北周，其中记："属周武遭太后丧，诏侍中薛孤、康买等为吊使，又遣商胡赍锦彩三万匹与吊使同往，欲市真珠为皇后造七宝车，周人不与交易，然而竟造焉。"①（《北史·齐后主穆后传》所记与之同）。《资治通鉴》[陈纪宣帝太建六年（574）三月]亦记："癸酉，（周叱奴）太后殂……夏，四月，乙卯，齐遣侍中薛孤康买吊于周，且会葬……使商胡赍锦彩三万，与吊使偕往市珠。周人不与，齐主竟自造之。"（胡三省注：薛孤，虏复姓。）②前者所记，在"薛孤康买"后加了一"等"字，显然作者是视其为两人的，所以后来中华书局点校本（1972年）在这一人名中间加了一顿号，均视"薛孤"与"康买"各为一人。而后者没有加"等"字，而且胡三省注指出其为胡人复姓，司马温公等的理解是正确的，而后世点校本（中华书局1965年版）的点校也是正确的。

其二，《北齐书·杨愔传》记载到，在北齐文宣帝高洋死后，其弟高演、高湛因觊觎高殷皇位与执政大臣杨愔、郑颐（字子默）等矛盾激化，最终在政变中杨愔等被擒，其中记："使薛孤延、康买执子默于尚药局。"③（《北史·杨播传附逸弟愔传》所记同）。对此，《资治通鉴》记："使太子太保薛孤延等执颐于尚药局。"④前者，将"薛孤延康买"连写，行文含糊，后之点校者在中间加了顿号，说明

---

① 《北齐书》卷9《穆后传》，中华书局1972年版，第128页。
② 《资治通鉴》卷171 陈宣帝太建六年（574），第5334页。
③ 《北齐书》卷34《杨愔传》，第458页。
④ 《资治通鉴》卷168 陈文帝天嘉元年（560），第5199页。

是将薛孤延与康买理解为互无亲缘的两个人，且视后者姓康，名买，与前引文出现的错误是一致的；后者，加了薛孤延当时的官爵，但删去了"康买"二字，又加了一"等"字，说明司马温公等对此已有辨析，视其为二人，但因不能确定二者关系，所以才如此处理，正如后世学者所言，这的确是一种"折中之法"[①]。

再考察志主家族自北齐以来的显贵身份与传承。对于志主曾祖父薛（萨）孤延，史书有传，其武功事迹与为东魏、北齐信赖的显贵身份无须赘言。而对于志主祖父薛（萨）孤康买，从墓志与上引文可知，生前已经是文武兼备，也是大受北齐皇室重用。尤其一度所任北齐侍中，当时属宰相之列。加之，在北齐与北周抗衡之际，以侍中身份充吊祭使出使北周，其文韬武略与为北齐皇室所倚重之身份可见一斑。加之两代皆为开府仪同三司、恒农王，其家族可谓一时显贵。但今由志文可知，志主祖父萨孤康买一生经历了东魏、北齐、北周与隋四朝，北周灭北齐以后，其职任官爵无考，但再传至隋，曾相继任"陕、复、南汾三州刺史"，北齐时的"开府仪同三司、恒农王"已失，官爵较之北齐已经大为降低。隋初可能一度被封为新兴王，但也是旋即罢黜。

到了志主父亲萨孤贵，正史文献无载，志文称："父贵，随秀容府车骑将军。"对于秀容府，因今有秀容古城，位于山西忻州市古城乡古城村，为北魏鲜卑族秀容郡（国）南迁至今忻州市境时，郡主尔荣在汉汾阳县城的基础上，于北魏明帝永兴二年（410）扩建而成，隋之秀容府，应该就在这里，隋初沿袭北魏，在该地设有新兴郡忻州，唐代亦设忻州。至于其父所任车骑将军，是因隋朝因袭北周府兵制度，十二府所辖诸军府，称骠骑府或车骑府，分驻各地统领府兵，皆置车骑将军，正五品上。可见，随着北周灭北齐，隋代北周，志主家族是一再失势和衰落。

[①] 段锐超：《〈《资治通鉴》标点纠谬〉一文献疑——兼以实例看〈资治通鉴〉择取史料的严谨性》，《洛阳师范学院学报》2014年第12期。

尽管志文开头称志主籍贯为河南洛阳，但志主父祖三代任职在东魏、北齐或北齐旧地，且在志主之父任职隋新兴郡忻州秀容府之际，志文称"并开国承家，熏兰玉映"，应该是言至迟从志主父亲一代，其家族已经移居忻州一带。加之志主于"义宁元年（618），从平京邑"，随唐高祖李渊义军进京，说明志主出生地与自幼成长地应该也是在忻州一带。这一带在隋大业年间设有雁门郡、楼烦郡等。但在贞观十四年（640），以其平西域勋，改封其为朔方郡开国公，似乎有暗示其家族源出北方的史实。麟德元年（664）志主薨逝以后，又"赠使持节、都督代蔚忻朔四州诸军事、代州刺史"，这四州郡望分别为代州雁门郡，蔚州安平郡，忻州定襄郡，朔州马邑郡。

萨孤吴仁墓志没有提及其子嗣，但《元和姓纂》不仅记载了其本人官爵，而且记载了其子孙，上引文曰："孙吴仁，唐右金吾将军、朔方公，生知素、知检、知机、知福。知素，桂州刺史。知福，灵州都督，生元遇、元宪。"萨孤吴仁后，其子四人分别为：知素、知检、知机、知福，其中知素为桂州刺史，知福为灵州都督。到了萨孤吴仁的孙子辈，仅记少子知福所生二子，分别为元遇、元宪。此记载，因其他文献无载，无以为证，但考虑到《元和姓纂》撰成时间较晚，有关萨孤吴仁及其子孙的信息应该是可靠的。据现有文献，该家族自北齐以来的世系如图：

延——康买——贵——吴仁——知素、知检、知机、知福——元遇、元宪

三 雁门萨氏源流

前文已考，志主萨孤吴仁父祖三代任职在东魏、北齐或北齐旧地，且应该是至迟从志主父亲一代，其家族已经移居隋唐时期的忻州一带，贞观十四年（640），以其平西域勋，改封其为朔方郡开国公，可能暗示了其族属源出北方的史实。而前文亦考，"萨孤"一姓，在史书传记里往往记为"薛孤"，巧合的是，就在唐代的忻州，

今之山西省忻州原平市下辖有薛孤一乡，但当地自清季以来，既无萨氏又无薛氏，竟不知该地名是如何传承下来的？

更为巧合的是，中国福州有一个以萨为姓氏的家族，该家族自元代入福建福州后发展成了一个人才辈出的名门望族，而该家族从他们家谱记载到口耳相传，皆自称"雁门萨氏"，显然是以"雁门"为该家族之源出郡望的，显示彼时雁门萨氏绝非支门独户，应该是该家族至迟在元代人口与影响力已经颇有规模。而且"雁门"应即"雁门郡"，众所周知，宋元以后的地方行政区划不再称郡，只有上溯隋唐，乃至汉魏才有。而且姓氏前冠以郡望的风气，主要流行在唐代以前。

再考察自称雁门萨氏的福州萨氏，该家族至今追溯其祖先至元代的诗人萨都剌（应该读"ci"）。萨都剌，字天锡，生于山西雁门，泰定四年（1327）进士，授应奉翰林文字，擢南台御史，以弹劾权贵，左迁镇江录事司达鲁花赤，累迁江南行台侍御史等官。福州萨氏由萨都剌之侄萨仲礼始迁居福建福州，繁衍至今，至2007年已传二十二世。该家族在历史上产生了大批著名人物，包括萨都剌、萨琦、萨镇冰、萨本栋、萨师俊、萨孟武、萨支唐等，尤其在中国近现代历史上颇有影响。

对于萨都剌与福州萨氏之源出，学术界至今有不同看法。陈垣先生在《元西域人华化考》称，萨都剌先世为"回回教世家"，是西域信仰伊斯兰教的少数民族之后裔[①]。因又有萨氏谱牒等将萨都剌记作色目人，而根据色目人的源流，不少学者亦将萨氏当作回族；另有一些学者更倾向于将雁门萨氏归之于蒙古族，以至于近现代该家族许多人将自己归之于蒙古人。福州的地方志亦常将雁门萨氏人物列为蒙古族。在1960年代中国民族身份认定工作中，福州的雁门萨氏也多将自己的民族成分认定为蒙古族；但也有人认为雁门萨氏

---

① 陈垣：《元西域人华化考》，中华书局2016年版，第71—73页。

在萨琦之后已汉化为汉族，或原本就是汉族[①]。元末孔齐《至正直记》就记："京口萨都剌，字天锡，本朱氏子，冒为西域回回人。"[②]

对于萨氏源自西域信仰伊斯兰教的少数民族后裔之说，若考察萨都剌一生诗文，几乎没有一句与之相关，相反若结合其一生寻僧访道，慕仙礼佛，饮酒赋诗的经历，甚至诗文不避"猪"，以及结合其家族成员中之明代福州进士出身的萨琦，尽管亦有出资修建福州清真寺的事迹，但同时他又有提倡汉族儒家的礼仪与他的丧葬就依照朱子家礼等事实，均说明该家族原本并非信仰伊斯兰教。至于因自称色目人，或因备受蒙元统治者的器重而称其应该为蒙古人之说，窃以为不是因为其自身源自西域，而是因为萨都剌生长的代州雁门为蒙古人早期占领的地方，该地在蒙古人占领之前属于金国治下之河东北路，早在公元1234年蒙古灭金之前已经为蒙古人占领，元朝统一全国以后，是按照归顺先后，将北方各族分别划归为色目人或汉人的。

元末著名文学家杨维桢所辑《西湖竹枝集》序言："萨都剌，字天赐，答失蛮氏，泰定丁卯阿察赤榜及第。"[③]答失蛮，据考乃元代西域伊斯兰教士称号，并非一个民族的称号。或作大石马、达失蛮，宋代文献有译作打厮蛮。中亚地区穆斯林尊称其教师、神学家为Dashmand，波斯语"有知识者"之意[④]。颇受西域文化影响的蒙元统治者，借用此称谓称呼与之关系密切的中原大学者、诗人萨都剌，也是完全有可能的。

萨都剌出生于雁门，其诗文著作自题为《雁门集》，而且元人幹

[①] 对于今之福建雁门萨氏的相关论述，请参阅萨兆伪《元人萨都剌先世族属考辨》，《寻根》1996年第4期；《一位蒙古族化的色目诗人萨都剌》，《北京社会科学》1997年第1期；朱珂、森辉《元朝诗人萨都剌族别考》，《语文学刊》2011年第7期。

[②] （元）孔齐撰，庄敏、顾新点校：《至正直记》，上海古籍出版社1987年版，第23页。称其为"京口萨都剌"，是因为其曾任京口录事长。

[③] （元）李孝光撰，陈增杰校注：《李孝光集校注》，上海社会科学院出版社2005年版。

[④] 马建春：《元代答失蛮与回回哈的司的设置》，《宗教学研究》2005年第1期。

文传为《雁门集》作序称："自其祖思兰不花，父阿鲁赤，世以膂力起家，累著勋伐，受知于世祖。英宗命仗节钺，留镇云、代。生君于雁门，故以为雁门人。"① 可知其本人就是以雁门为其籍贯郡望的。而且从这些零星记载可知，其父祖可能因功受元朝统治者赏赐，还可能有赐名之史实，而其父祖皆以武勇传家的史实，似乎与北朝至唐萨孤吴仁家族以文武兼备的将军世家之历史相符。

再从地域上说，代州雁门郡与本文志主萨孤吴仁父祖任职的隋唐忻州彼此紧邻，均属于志主朔方郡开国公萨孤吴仁去世后名誉上的食禄封邑地。而北朝至唐代，曾经的鲜卑贵族萨孤氏兴起在这里，且早已汉化，加之人才辈出，几度成为该地望族。应该是唐宋以后，该地的萨孤氏为了进一步迎合汉族文化，简称其姓氏为单字，并逐渐聚居代州雁门，并以之为他们统一的郡望。尤其元代的萨都剌，以及移居至福建的萨氏，相继称为"雁门萨氏"，说明至元代雁门就是萨氏族人聚居的一大中心，"雁门萨氏"也是昔日人所共知的一著名家族。由此可见，北朝至唐代的萨孤氏，与元代的萨氏，不仅有共同的生活地域，而且均有一定影响力，应该说就是先后传承的一大家族。

萨都剌本人家族源出尚且不明，现存《雁门萨氏家谱》所记其先世之片言只语就更难征信，因其最早本为明代隆庆元年丁卯（1567）始修，传至今已重修、续修七八次。尽管其中有其先世为"答失蛮氏"的记录，有在元代蒙古化的记录，亦有家族在明初"悉革色目旧习"的记录，但均不是其家族源出的完整记录。相反，元末孔齐《至正直记》称萨都剌，"本朱氏子，冒为西域回回人"之说，绝非空穴来风，应该更令人信服。朱氏子也就是指深受宋代以来朱熹宋明理学与儒家文化熏染的中原汉人，称其为回回人或其家族曾经的蒙古化，可能仅仅只是该家族昔日为迎合蒙元统治者的民族政策的权宜之计。若如此，则从自称雁门萨氏的元代萨都剌到

---

① （元）萨都剌：《雁门集》（四库全书·别集类），中国书店2018年版，第389页。

明清以来就人才辈出的福建萨氏，应该就是自北朝隋唐以来早已汉化，并以武功著称的萨孤吴仁家族之直系后裔。该家族本出自高车属部，后被北魏兼并而随之鲜卑化，继之随北魏进入中原而完全汉化，到了明清之际已无辨其源出。

也许，正是因为雁门萨氏昔日与蒙古人的密切关系，在元朝灭亡以后，该家族成员或随元朝蒙古统治者徙居漠北，或分居各地，今全国萨氏除福建福州外，北京、广州、山西太原、新疆塔城、安徽贵池、广西永福、四川合江等地均有萨姓分布，其中应该也有雁门萨氏之后裔。还有一种可能，也许就是因唐宋以前"萨"与"薛"不分，"萨孤"也就是"薛孤"，在后来的传承中，一部分还有可能改姓为"薛"。

萨孤吴仁墓志

［本文原载于《山西大学学报》（哲学社会科学版）2020 年第 5 期］

《唐司马逸客墓志》跋

《唐司马逸客墓志》，近年出土于河南洛阳，图录与释文见载于洛阳市文物考古研究院编的《洛阳市文物考古研究院藏石集粹》①。据是书所附该墓志拓片图录及介绍，志石高96厘米，宽99厘米。志盖篆书："大唐故司马府君墓志"九字，志文44行，满行44字，楷书。志文第一行标题："唐故刑部侍郎、鸿胪卿司马府君墓志文并序"。标题后附撰者："银青光禄大夫、太子右谕德、崇文馆学士、上柱国、平源县开国男贠半千撰"。由《藏石集粹》所附该墓志拓片图录可见，该墓志多处剥泐，许多字漫漶不清。尽管《藏石集粹》对该志文已有著录，但释文颇多讹误，且因该墓志对于司马逸客生平与其家族的研究与首任河西节度使究竟为何人均有关涉，兹不揣谫陋，重新释文并附志文价值之愚见以为跋。兹将志文迻录并标点如下：

唐故刑部侍郎、鸿胪卿司马府君墓志文并序

银青光禄大夫、太子右谕德、崇文馆学士、上柱国、平源县开国男贠半千撰。/惟夫辨方正位，按六星之官；体国经野，疏五服之甸。盖所以建皇极，化人文。是故平章百姓，用黄龙之上策；叶和万/邦，取玄龟之妙典。其有降北斗之宏制，引南台之重材，鼓出入之壮风，纵文武之雄翼，道行雷毂，功

---

① 洛阳市文物考古研究院编：《洛阳市文物考古研究院藏石集粹·墓志篇》，中州古籍出版社2020年版，第120—122页。（以下简称《藏石集粹》）

立霜钟，在我府/君，高视千载矣。君讳逸客，字隐朝，河内人也。若乃重黎命历，羲和掌事太史。相传天官，是□有夏正司马。程伯有承，秦/灭西蜀，错为谋始；汉平东楚，卬称功大。洎乎午马降符，金行启运，旋开霸王之业，载隆立石之基。十三代祖泰，字子/舒，晋尚书令，陇西王。十二代祖模，字元表，太尉公，南阳王。十一代祖保，字景度，右丞相、相国、晋王。俱为宗室之仪，朝/廷栋干，递君将相，分镇原洛。若昆仑地乳西山，动五色之光；苍浪天精北岳，下二神之影。氲氲方策，可略而言。/曾祖义恭，字之肃，魏太子太傅、司空公之孙，左光禄大夫、散骑常侍，牟平公之子，少负高志，不杂风尘，深为齐侍中、/宜阳王赵彦深所器重，擢为府功曹参军。入周转华阴丞，隋授相州司法参军事。有才无命，俄终于官。大父偲，字含/章，有经史盛才，颇不偶俗，复擅幽兰，白雪之操也。与河南令令狐德棻友善，而物疏道亲，贞观五年辟授义乌尉，又/转华阴主簿。临人行简，著述尤多，天丧斯文，复终于位。昭考志寂，字同玄，有先人之风，盖轻王佐，重天爵也。就拜/其职，抗疏不从，有《高栖集》数卷，行于好事也。君则王屋之精，天柱之灵，连山符彩，发思匠之众妙；列墼俗韵，动心极/之希声。早丧所天，偏慈见育，自然成器，不赍黼藻。年才胜衣，有遗弱枝枣者，谓曰：此西王母之枣也。乃遽而将归，进/于膝下，太夫人谓曰：儿何故不食？君乃对曰：既有王母之名，故宜不在儿也！远近闻见，谓司马氏之兴宗焉。志学之/年便有大节。虽博观郡籍，手不辍卷，而尤好孙吴之书，偏耽管乐之术。乃抚髀长叹曰："班仲昇、杜元凯，吾之友也。安/能作书生乎？"闻其言者为之耸听。永隆初，为定襄道大总管、礼部尚书裴行俭所奏，以为军谋，功成授上柱国。垂拱／二年，应制举，通乙科，敕授郑州管城尉，转缑氏主簿。才望郁兴，声绩遂远。则天之革命也，广施严防，／蒺藜当途，桃李屏迹，皇枝摧折，殆欲伤根。宗子思贤，陷入极法，差君按验，以速严诛。君以为毁可封之朝，行比屋／之祸，非尧舜之道。乃以平典雪之，虽朝士为之危惧，而君处之自若。则天竟从其奏，议者皆以为荣。寻加朝散／大夫，行陕州司功。俄拜洛州司户参军事。盘根错节，闻干将而自解；兼弱攻昧，乘吉良而取捷。天子下优制，擢为都／官员外郎。先是凤阁侍郎张光铺及杜儒童等，佥被枉刑，其后咸蒙宥典，子孙弥年冤滞，有司不能与夺。君既悬镜／无私，虚钟有感，片言数析，物议欢心。转夏官员外郎，申朝劝也。时关河近辅，烽火遥侵，以君听断如流，方略有备，出／为泽州司马，以遏游氛。寻以汉月无尘，胡风敛霭，又转杭州长史，以广其能。所在匡益，实光风听。制曰："河西五郡，为／要害之冲，御史两丞，当纠察之任，惟才是榉，得人斯理，可兰州诸军事、兰州刺史、兼右肃政台中丞，节度秦、成、河、渭、／洮、岷、叠、宕、文、武、鄯、廓、积石、河源、武始等州诸军事。"及半刺南停，全谋西至，威高望远，节制严明，令行人信，远安迩肃。／义感天山，歌盈地首。于时李牧既已，魏尚无继，胡马南入，飞龙北瞻，授银州刺史，兼灵武军长史。既有所使，亦以察／才，君时从山立，敌不敢进。制曰："常山作镇，赵甸分符，式伫惟良，俾从明试。可定州诸军事、定州刺史兼充岳岭／守捉使。"仍遣中使宣劳，赐赏丰厚。以君吴江有望，楚塞瞻风，仍迁湖州，镇固牛斗。君业履成礼，绥驭以仁，望之俨然。／所畏君广，即之温，然所爱者众。是故不俟朞月，其政可成，终以遗爱在人，劈面思德，又令检校凉州都督兼赤水军／及九姓、陇右诸军州节度等大使、同城道大总管，兼右御史中丞。神龙二年冬，匈奴大入，君密行计会，潜为机变，与/朔方军大使张仁亶，共为表里。遣赤水军副使、中郎张真楷，将军陈家丘，并九姓首领、贺兰都督契苾嵩等各率蕃/汉兵众，分麾直 冲 ， 凶寇 及时剪馘，应机摧败。天子闻之，大加宠锡，遂得玉关时泰，金方告静。 君 以/圣德退覃，边方无事，刻日迁奉上表请归。上资其重守，优制答曰："朕已赠卿父襄州司马，封卿母为河内/郡太君，仍令卿子 起 葬。差本州上佐专制葬事，兼赐紫袍金带，授右武卫将军、中丞、凉州余使并如故。仍加旌节兼/知秦、凉仓 库事 。"景 云 二年夏追入京，授刑部侍郎。不意追风 中 穷，半天委驭，春秋六十，终于京第。九重增悼，百/寮太息，制书赠大鸿胪，赐物百段，官给灵舆、鼓吹，以其年十一月十九日迁葬于洛城南七里龙门乡之平原。/礼也！惟君学以基身，义以行志，非法不服，非礼不言，忠信足以惠人，清方可以轨物，运筹帷幄，折冲樽俎，难知犹海，/不动如山。敏而好 学 ，贞不绝俗。抱古贤之操，怀国士之风，一言之重，轩冕不易。三益之亲，存正匪替。少非贱也，多 能 /遇于孔君；长为 贵 也，寡欲同于老子。四骏迁壑，二鼠弛镰。呜呼哀哉！哲人斯逝。所有文集廿卷，为代所先。子都水监/丞 例 ，号天不 道 ， 悲 日长绝，恐三山下变，忽见麻姑之游。冀九河上达，长宣太史之气。教凭贞琬，以纪芳猷。其词曰：/贞官经野，殷王建国。百代衣冠，万方轨则。其系自远，有家是克。爰逮府君，实惟天植。虚钟成智，明镜为识，如武如文，/为谋为 虑 。道被廊庙，功存社稷， 参议 台司，光同鼎食。天子长悼，群公太息，天道易往，人事冥力。太行之南，少室/之北，三川 交叹 ，五云动色。相彼□□，杳兹重域，白鹤来兮，青鸟感德。凝茄咽乎，晨思严鼓，悽乎朝刻。地之福曰帝乡，/天之庇曰皇极。魂游九鼎之路，声高双阙之侧。悠远兮山川，风听兮千亿。

一　原释文错误之处

据笔者以上重新释文，发现《藏石集粹》释文误释与断句错误处颇多。分别为：

1. 志文第3行，"鼓出入之壮风"，"壮"字原误释为"牡"。
2. 志文第3、4行，"若乃重黎命历，羲和掌事太史，相传天官，是有夏正司马。程伯有承，秦灭西蜀，错为谋始"。但原释文为："若乃重黎命，历义和，掌事太史，相传天官，是□□正司马，程伯有承泰灭西蜀，错为谋始……"这里"是"字后二字剥泐难辨，依残留笔画释为"有夏"或"为夏"，暂存疑。但将"羲"误释为"义"，将"秦"误释为"泰"。断句更是几处谬误。重黎与羲和皆为上古人名，神话中制定时历的神与太阳神。又称重与黎，为羲、和二氏之祖先。《史记·太史公自序》言："昔在颛顼，命南正重以司天，北正黎以司地。唐虞之际，绍重黎之后，使复典之，至于夏商，故重黎氏世序天地。其在周，程伯休甫其后也。当周宣王时，失其守而为司马氏。司马氏世典周史。"[①] 又《晋书·宣帝纪》云："其先出自帝高阳之子重黎，为夏官祝融。历唐、虞、夏、商，世序其职。及周，以夏官为司马。其后程柏休父，周宣王时，以世官克平徐方，锡以官族，因而为氏。"[②] 因此，这里是说司马氏的祖先重黎与羲和，分别是上古掌管历法与太史的官员。司马本是天官，而司马氏的祖先程伯继承先人官职，曾担任此职，为西周掌管军事大权的大臣，此后该家

---

① 《史记》卷130《太史公自序》，中华书局1959年版，第3285页。
② 《晋书》卷1《宣帝纪》，中华书局1974年版，第1页。

族"以官为氏"而称司马氏。而司马错为战国时期秦国名将,秦惠文王时主张"得蜀即得楚",为最早主张秦灭蜀国的大臣。

3. 志文第 5 行,"洎乎㊋马降符"句中原缺失字应该为"午",原释文缺。

4. 志文第 5 行,"载隆立石之基","立"字原误释为"磐"。

5. 志文第 6 行,"十二代祖模,字元表,太尉公,南阳王"。"模"字原误释为"摸";"表"字原无释,据残留笔画与查《晋书》可知为"表"。

6. 志文第 8 行,"曾祖义恭,字之肃"。"之"字原误释为"子"。

7. 志文第 10 行,"有经史盛才,㊙不偶俗","㊙"字原无释,"不"字原误释为"下"。

8. 志文第 12 行,"就拜其职,抗疏不从","抗"字原误释为"机"。

9. 志文第 12 行,"列壑俗韵,动心极之希声"。"俗"字原误释为"机"。

10. 志文第 12 行,"有《高栖集》数卷,行于好事也"。"栖"字原误释为"捆"。

11. 志文第 13 行,"自然成器,不赍黼藻"。"赍"原误释为"资"。

12. 志文第 18,"蒺藜当途,㊙李屏迹","当"原误释为"富"。

13. 志文第 18、19 行,"君以为毁可封之朝,行比屋之祸"。原在"朝"字之前断句为误。

14. 志文第 21、22 行,"君既悬镜无私,虚钟有感,片言㊙析,物议欢心"。原释文为:"君既悬镜,无私虚钟,有感片言致析,物识欢心。"不仅断句有误,而且"致"字应为"数"之误;"识"字应为"议"之误。

15. 志文第 24、25 行,"兼㊙肃政台中丞,节度秦、成、河、洮、岷、叠、宕、文、武、鄯、廓、积石、河源、武始等州诸军事"。原释文断句为:"兼甘肃政台中丞,节度秦成河渭岻。叠宕文武,鄯廓积石,河源、武始等州诸军事。"多处误断。其实前面秦、成等十一字分别为陇右道的十一州,后面之积石、河源、武始为陇右三军。又将"右"字误释为"甘";"洮"字误释为"渭";"岷"字误释为"岻"。

16. 志文第 26 行,"义感天山,歌盈地首"句中"首"字原误释为"百"。

17. 志文第 28 行,"以君吴江有望","有"字原误释为"右"。

18. 志文第 29 行,"所畏君广,即之温,然所爱者众"。"君"字原误释为"者",将"然"字原误断在上句。

19. 志文第 29 行,"是故不俟朞月,其政可成","朞"字原误释为"期"。

20. 志文第 30 行,"匈奴大人"句中"人"字原误释为"人"。

21. 志文第 31 行,"朔方军大使张仁亶"句中的"亶"字原误释为"恺"。

22. 志文第 32 行,"分麾直冲,凶寇及时剪馘,应机摧败"。原释文为:"□毫直指京,不及时剪,我应机摧败。"原"分"字缺释;"麾"字误释为"毫";"直冲"误释为"直指京","指"为衍字,"京"应为"冲"之误;"馘"字误释为"我"。另外,"及时"前二字原释文无辨,此释为"凶寇",存疑。

23. 志文第 32 行。"遂得玉关时泰,金方告静",原释文为"遂得王阙时泰,金方告静",将"玉关"误释为"王阙"。

24. 志文第 35 行,"景云二年夏,追入京"句中,原释文将"景云"误释为"景龙"。由志主出现在中宗景龙四年颁发的《命吕休璟等北伐制》[①]与睿宗景云初年在凉州陈兵出迎郭元振回京[②]等事

---

① (宋)宋敏求编:《唐大诏令集》卷130,中华书局2008年版,第705页。
② (唐)张说:《张燕公集》,上海古籍出版社1992年版,第224页。

迹，说明志主离开凉州回京并同年去世的时间为景云二年（711），而非景龙二年（708）。

25. 志文第37行，"折冲樽俎，难知犹海"，"折"字原误释为"祈"。

26. 志文第38行，"一言之重，轩冕不易；三益之亲，存正匪替"。原释文将"冕"字误释为"冤"字；将"正"字误释为"亡"字。

27. 志文第40行，"号天不道，悲日长绝"，"悲"字原误释为"攀"。

28. 志文第40行，"教凭贞琬"句，原释文将"教"字误释为"敬"字。

29. 志文第42行，"如武如文，为谋为毖"，"毖"字原释文缺。

30. 志文第43行，"三川交叹，五云动色"，"交叹"二字原误释为"友暎"。

31. 志文第43至44行，"地之福曰帝乡，天之庇曰皇极"。原释文将"地之福曰帝乡"之"曰"字释为"日"，而且与上一句断为上下连句，多处误断为："悽乎朝刻，地之福日。帝乡天之，庇曰皇极。"

二 志主家族之世系传承

对于志主早期家族源出，志文谓：

君讳逸客，字隐朝，河内人也。若乃重黎命历，羲和掌事太史。相传天官，是有夏正司马。程伯有承，秦灭西蜀，错为谋始；汉平东楚，卬称功大。洎乎午马降符，金行启运，旋开霸王之业，载隆立石之基。十三代祖泰，字子舒，晋尚书令，

陇西王。十二代祖模，字元表，太尉公，南阳王。十一代祖
保，字景度，右丞相、相国、晋王。俱为宗室之仪，朝廷栋
干。递君将相，分镇原洛。

这里记志主为"河内人也"，河内指的是汉代河内郡温县（今河南焦作市温县），乃汉魏以来的大族司马氏的籍贯郡望。前文指出，志文将志主家族最早的祖先上追到传说中的重黎、羲和与程伯，以及战国时帮助秦灭西蜀的司马错。至于"汉平东楚，卬称功大"，指的是楚汉战争期间司马卬的事迹。司马卬本是赵国将军，巨鹿之战后随项羽入关。所谓："与诸侯伐秦。秦亡，立为殷王，都河内。汉以其地为郡，子孙遂家焉。"① 这里是指灭秦后项羽自立为西楚霸王，并分封十八路诸侯，司马卬被封为殷王，都河内。汉二年（前205）三月，刘邦向东进兵楚地，司马卬被掳后投降刘邦，其地成为汉之河内郡。同年四月，彭城之战，项羽率三万精兵大败刘邦及五诸侯联军，其间司马卬被楚军所杀。志文又谓："洎乎午马降符，金行启运，旋开霸王之业，载隆立石之基。"指的是司马懿家族在三国后期强势崛起，其孙司马炎统一三国，建立了统一的西晋王朝。之后提到的司马泰，字子舒，为司马懿四弟东武城侯司马馗之子，曹魏时封阳亭侯，历任阳翟县令、扶风太守，入晋后封陇西王，晋惠帝后期，"乃以泰录尚书事，迁太尉，守尚书令，改封高密王，邑万户。元康九年薨，追赠太傅"②。而司马模，字元表，为司马泰第四子，八王之乱期间，司马模曾任北中郎将，镇守邺城。光熙元年（306），进封南阳王。永嘉元年（307），改任征西大将军、都督秦雍梁益四州诸军事等，"代河间王颙镇关中"，同年，"进位太尉、大都督"③。永嘉五年（311），汉赵军队攻打长安，司马模兵败投降

---

① 《晋书》卷1《宣帝纪》，第1页。
② 《晋书》卷37《宗室·高密文献王泰传》，第1094—1095页。
③ 《晋书》卷37《宗室·高密文献王泰传》，第1097—1098页。

汉赵，被汉赵河内王刘粲所杀。司马保，字景度，高密文献王司马泰之孙，南阳王司马模之子。史书记载，其父遇害以后，司马保"保全有秦州之地，自号大司马，承制置百官"。晋愍帝司马邺即位后，"以保为右丞相，加侍中、都督陕西诸军事。寻进位相国"。大兴三年（320），前赵军进攻陈仓，司马保屡战屡败，谋划逃往前凉，却被凉州刺史张寔阻拦，"是岁，保病薨，时年二十七岁"。司马保死后，其部下陈安"以天子礼葬于上邽，谥曰元"①。可见，志文所提以上历史人物，是对志主司马氏家族早期显赫人物的追述，人物信息与史书所记基本一致，但究竟与志主的亲疏关系若何已不得而知，因有时仅仅是一种攀附，而此也是中古墓志普遍的一种写法。比较可信的是志主近祖三代的信息，对此志文又谓：

> 曾祖义恭，字之肃，魏太子太傅、司空公之孙，左光禄大夫、散骑常侍、牟平公之子，少负高志，不杂风尘，深为齐侍中、宜阳王赵彦深所器重，擢为府功曹参军。入周转华阴丞，隋授相州司法参军事。有才无命，俄终于官。大父偲，字含章，有经史盛才，颇不偶俗，复擅幽兰、白雪之操也。与河南令令狐德棻友善，而物疏道亲，贞观五年辟授义乌尉，又转华阴主簿。临人行简，著述尤多，天丧斯文，复终于位。昭考志寂，字同玄，有先人之风，盖轻王佐，重天爵也。就拜其职，抗疏不从，有《高栖集》数卷，行于好事也。

志主曾祖司马义恭，字之肃，魏太子太傅、司空公之孙，左光禄大夫、散骑常侍，进入北齐以后为齐侍中、宜阳王赵彦深所器重，擢为府功曹参军，以及入周后转华阴丞，入隋授相州司法参军事等事迹，均不见史书。志主祖父司马偲，字含章，志文所提曾与史家

---

① 《晋书》卷37《宗室·高密文献王泰传》，第1098—1099页。

令狐德棻友善事迹，以及贞观五年（631）辟授义乌尉，后又转华阴主簿事迹，亦不见于史书。

志文称志主父司马志寂，字同玄，著有《高栖集》数卷，一度流传于世，人物、事迹均无考。应该是，北朝以来志主家族已经沦落为普通士庶，以文化传家，但并无大的成就。但志主生前，志学之年便有大节，应制举，通乙科，历经高宗、武则天、中宗、睿宗数朝，生前官至"检校凉州都督兼赤水军及九姓、陇右诸军州节度等大使、同城道大总管，兼右御史中丞"，后"授右武卫将军、中丞、凉州余使并如故。仍加旌节兼知秦、凉仓库事"，死后"制书赠大鸿胪，赐物百段，官给灵舆、鼓吹"，可谓一方大员，几朝荣宠。而志主子司马例，时任都水监。已知的是，经历了三国两晋时的辉煌，直至隋唐，司马氏家族依然是人才辈出，著名者如唐代武则天时期曾任侍御史、徐州刺史、黄门侍郎、中书侍郎的司马锽。司马锽的次子司马垂，开元（713—741）、天宝年间（742—756）官至魏郡太守，封爵"河内县开国男"。"史记三家注"之一《史记索隐》的作者司马贞，唐玄宗开元年间官至朝散大夫、弘文馆学士。还有为三代帝师的道教上清派宗师司马承祯，以及佛教禅宗四祖道信大师司马道信。可见，至唐代，司马氏一族依然是文化传家，而本志为探究该家族在隋唐时期的盛衰情况又增加了一份新资料。

三　志主司马逸客与首任河西节度使之关系

志主司马逸客两《唐书》皆无传，但从史书文献的零星资料可知，其人擅长诗文，中宗至睿宗时曾任职凉州都督，其名见诸其诗《雅琴篇》，张说撰写的诗《送王尚一严岳二侍御赴司马都督军》，以及分别为李乂和沈佺期撰写的同一题目的诗《夏日都门送司马员外逸客孙员外佺北征》二首。据《唐刺史考》的作者郁贤皓先生考，司马逸客为郭元振之后，赵彦昭之前，任职凉州都督者，具体时间大约在神龙二年至景龙四年（约706—710）①。过去《金石萃编》的作者及岑仲勉等学者考得明代重刻的唐《凉州卫大云寺古刹功德碑》所颂当时的凉州都督司马逸实，乃司马逸客之误②。近年又有学者依据该碑相关内容提出，景云元年（710）始任河西节度使的是凉州都督司马逸客，非贺拔延嗣③。今由此墓志的发现，就为印证或纠正以上问题提供了重要证据。

  首先，今由司马逸客墓志可知，其继郭元振任凉州都督的时间大约就在神龙元年至二年（705—706）之间，并非景龙四年（710）始，而离任凉州的时间应该为唐睿宗景云二年（711）。此可纠正上引学者之认识，亦可补正《唐刺史考》所考定的司马逸客任职凉州的时间。其次，直至志主去世的景云二年（711），其职任并非"河西节度使"。志主曾几度出任陇右，武周朝曾出任"兰州诸军事、兰州刺史、兼右肃政台中丞，节度秦、成、河、渭、洮、岷、叠、宕、文、武、鄯、廓、积石、河源、武始等州诸军事"，中宗神龙元年至二年（705—706）之间继郭元振之后又出任凉州都督，志文称："又令检校凉州都督兼赤水军及九姓、陇右诸军州节度等大使、同城道大总管，兼右御史中丞。"神龙二年（706）冬，在突厥大举南侵之际，身为凉州都督的司马逸客与朔方军大使张仁亶等共为表里，联合抗击突厥并取得胜利，为此唐朝廷除了追赠其父母官爵之外，还对其"兼赐紫袍金带，授右武卫将军、中丞、凉州余使并如故。仍加旌节兼知秦、凉仓库事"。直至"景云二年夏，追入京，授刑部侍郎"。可见志主确实持有节度使的旌节，但始终非"河西节度使"衔，而为"凉州都督兼赤水军及九姓、陇右诸军州节度等大使"。前人已经指出，因明代重刻而讹误颇多的《凉州卫大云寺古刹功德碑》所记的司马逸实，应即司马逸客之误。此碑记其当时的职衔称："时有明牧右武将军、右御史中

---

① 郁贤皓：《唐刺史考》，江苏古籍出版社1987年版，第410—411页。
② 岑仲勉：《〈元和姓纂〉校记》，参见（唐）林宝撰，岑仲勉校记《元和姓纂》（附四校记），中华书局1994年版，第117—118页。
③ 濮仲远：《唐代凉州〈大云碑〉与首任河西节度使》，《西域研究》2020年第3期。

丞内供奉、持节西河诸军节度大使、赤水军大使、九姓大使、监秦凉州仓库使，检校凉州都督司马逸实（客）"。今对照其墓志可知，这中间"右武将军"即"右武卫将军"，"持节西河诸军节度大使"应即"持节陇右诸军州节度大使"。而墓志所记的"中丞"即"右御史中丞"。因原碑许多字剥泐，重刻碑补刻字多有错误，其中可能因依据残留笔画而补的"西河"二字，显然为臆测，今又被一些学者理解为"河西"之误，并进而认为颂者司马逸实（客）当时的职衔应为"河西诸军节度大使"，先后皆属以讹传讹。而由此说明，唐代首任河西节度使并非始于司马逸客，而是另有其人。

四　志文撰者

志文撰者员（贠）半千为唐前期著名大臣和诗人，《新唐书》卷三十七有传。据其传，员半千字荣期，齐州全节（今章丘）人，其祖先在北齐时"以忠烈自比伍员，因赐姓员"。员半千始名余庆，"羁丱通书史，客晋州，州举童子，房玄龄异之，对诏高第"。后因其师王义方器重他而说："五百岁一贤者生，子宜当之"，故改名半千。后来参加科举考试，"凡举八科，皆中"。唐高宗咸亨年间，员半千上书求官未果。后在唐高宗亲自主持岳牧举试中，对策高第，历任华原、武陟尉。武周时，大受器重，"诏入阁供奉。迁司宾寺主簿……弘文馆直学士……待制显福门下，擢累正议大夫，兼右控鹤内供奉……武三思用事，以贤见忌，出豪、蕲二州刺史……睿宗初，召为太子右谕德，仍学士职。累封平原郡公"[1]。今由司马逸客墓志记载撰者员半千的官爵为"银青光禄大夫、太子右谕德、崇文馆学士、上柱国、平源县开国男员半千撰"，其中的"太子右谕德"与史书所记其在睿宗朝的职衔合，但爵称"平源县开国男"，说明此墓志是在其晋升为公之前撰写。由此，更加说明志主司马逸客离开凉

---

[1]《新唐书》卷112《员半千传》，中华书局1975年版，第4161—4162页。

州并随即去世的时间确实是在睿宗朝,将"景云二年夏,追入京"句中之"景云"二字释为"景龙",确实为误。

结合《凉州卫大云寺古刹功德碑》所记,司马逸客在主持修缮大云寺之际,其职衔为"右武卫将军、右御史中丞内供奉、持节……检校凉州都督河内司马名逸实(客)",这里的"内供奉"为何意呢?首先,据《新唐书·百官志三》唐设殿中侍御史九人,其中三人为内供奉,掌殿廷供奉之仪,纠察百官之失仪者,说明此称号也是部分侍御史所带。其次,唐代受皇室宫廷延请的高僧大德也有带此称号者。再者,武则天称帝以后,其面首或御用的文人往往有"入阁供奉"或"控鹤监内供奉"的称号或加衔。显然,这里的"右御史中丞内供奉"为志主的朝衔,标明他在朝身份为侍御史,但是一种员外官。有学者指出,可将"内供奉"视为某某官的一种"亚类",表示地位略低一等,工作酬劳和待遇都不如正员[①]。

司马逸客墓志

(本文原载于《唐都学刊》2022年第1期)

---

① [马来西亚]赖瑞和:《唐代中层文官》,中华书局2011年版,第82—83页。

首任河西节度使与《凉州大云寺碑》相关问题再考

唐代河西节度使的设置时间与首任节度使具体为何人,学术界历来多有争议。吴廷燮在其《唐方镇年表》中[①],将河西节度使的设置记为景云元年(710),并援引了《新唐书·方镇年表》所记该年设置河西节度使的记载,但对于具体人选又援引了《唐会要》所记的"景云二年四月,贺拔延嗣除凉州都督,充河西节度使,此始有节度之号,遂至于今不改焉"[②]。那么,究竟河西节度使的设置是景云元年还是二年,究竟首任河西节度使为贺拔延嗣还是其前任?对此,吴廷燮之外,清代学者王鸣盛、赵翼,近现代日本学者岩佐精一郎,中国学者王永兴、杨志玖、张国刚、沙宪如、周振鹤、郁贤皓等均有所辨析[③],但至今观点不尽一致。据《唐刺史考》的作者郁贤皓考,在出任河西凉州的都督、刺史中,贺拔延嗣之前为赵

---

① (清)吴廷燮:《唐方镇年表》,中华书局1980年版,第1216页。
② (宋)王溥:《唐会要》,上海古籍出版社2006年版,第1686页。
③ (清)王鸣盛撰,陈文和等校点:《十七史商榷》,凤凰出版社2008年版,第524页;(清)赵翼著,王树民校证:《廿二史札记校证》,中华书局1984年版,第429—430页;[日]岩佐精一郎:《河西节度使的起源》,《岩佐精一郎遗著集》,日本东京三秀舍1936年版,第35—48页;王永兴:《唐代前期西北军事研究》,中国社会科学出版社1994年版,第6—7页;杨志玖:《隋唐五代史纲要》,中华书局1988年版,第869页;张国刚:《唐代藩镇研究》,湖南教育出版社1987年版,第236页;沙宪如:《唐代节度使的再探讨》,《史学集刊》1994年第2期,第2页;周振鹤:《中国地方行政制度史》,上海人民出版社2005年版,第159页。

彦昭，赵彦昭之前为司马逸客①。但根据他搜集的文献看，此二人先后并没有河西节度使的头衔。两《唐书》中赵彦昭有传，司马逸客无传，但近年有学者根据现存的凉州《大云寺碑》考得，在他就任凉州都督期间，其职衔中已经出现"河西节度使"，首任河西节度使应该是司马逸客②。如果首任河西节度使确为司马逸客，其后还有赵彦昭，则贺拔延嗣应该只能算第三任河西节度使了，史书记载是不是为误记呢？近来《唐司马逸客墓志》的发现和公布③，为解决这一问题提供了重要线索，进而为探明凉州《大云寺碑》的相关问题提供了新资料。

一 河西节度使的始置时间

对于河西节度使的始置，史书有多处记载。首先，《资治通鉴》卷二百一十唐睿宗景云元年（710）十二月条记：

> 置河西节度、支度、营田等使，领凉、甘、肃、伊、瓜、沙、西七州，治凉州。④

其次，《新唐书》卷六十七《方镇年表》云：

> 景云元年，置河西诸军州节度支度营田督察九姓部落、赤水军兵马大使，领凉、甘、肃、伊、瓜、沙、西七州，治凉州。⑤

---

① 郁贤皓：《唐刺史考》，江苏古籍出版社1987年版，第410—411页。
② 濮仲远：《唐代凉州〈大云碑〉与首任河西节度使》，《西域研究》2020年第3期，第24—26页。
③ 洛阳市文物考古研究院编：《洛阳市文物考古研究院藏石集粹·墓志篇》，中州古籍出版社2020年版，第120—122页。
④ 《资治通鉴》卷210唐睿宗景云元年（710），中华书局1956年版，第6660页。
⑤ 《新唐书》卷67《方镇表》，中华书局1975年版，第1861—1862页。

史书以上两处明确记景云元年（710）唐朝设置河西节度使，其职权还兼及支度、营田等使，管辖凉、甘、肃、伊、瓜、沙、西七州，治所凉州，这些情形均与随后的玄宗开元、天宝年间情形吻合。可见此记事必有出处，似乎是河西节度使设置于睿宗景云元年（710）不误，但问题是这里并未言及当时的河西节度使是何人。

史书另有几处却记载河西节度使的始置是在景云二年（711）四月，而且明确记载首任河西节度使为贺拔延嗣。

其一，《唐会要》卷七十八"节度使"条称：

> 景云二年四月，贺拔延嗣除凉州都督，充河西节度使，此始有节度之号，遂之于今不改焉。①

其二，《通典》卷三十二《职官》云：

> 分天下州县制为诸道，每道置使，治于所部。其边方有寇戎之地，则加以旌节，谓之节度使。自景云二年四月，始以贺拔延嗣为凉州都督，充河西节度使。其后诸道因同此号，得以军事专杀。行则建节，府树六纛，外任之重莫比焉。②

其三，《新唐书》卷五〇《兵志》云：

> 自高宗永徽以后，都督带使持节者，始谓之节度使，然犹未以名官。景云二年，以贺拔延嗣为凉州都督、河西节度使。自此而后，接乎开元，朔方、陇右、河东、河西诸镇，皆置节度使。③

---

① （宋）王溥：《唐会要》，上海古籍出版社 2006 年版，第 1686 页。
② （唐）杜佑撰，王文锦等点校：《通典》卷 32，中华书局 1988 年版，第 894—895 页。
③ 《新唐书》卷 50《兵志》，第 1329 页。

史书以上几处又均记首任河西节度使设置于景云二年（711），且明确记首任河西节度使为贺拔延嗣，较之前两处所记，时间、人物都清楚、具体，似乎更为可信。那么，史书记载何以出现如此差异呢？设置节度使有无关联事件与对应的史事背景呢？为回答这几个问题，首先应该结合史书关于河西道的相关记载去寻找，《资治通鉴》卷二一〇唐睿宗景云二年（711）五月条后有记曰：

> 时遣使按察十道，议者以山南所部阔远，乃分为东西道；又分陇右为河西道。六月，壬午，又分天下置汴、齐、兖、魏、冀、并、蒲、鄜、泾、秦、益、绵、遂、荆、岐、通、梁、襄、扬、安、闽、越、洪、潭二十四都督，各纠察所部刺史以下善恶，惟洛及近畿州不隶都督府。①

需要纠正的是，这里说分陇右道，新增置河西道，但所置二十四都督府中却无凉州，显然有误，这里的"梁"应该为"凉"之误，或者是将"凉"误为其中的某一个州名了。因凉州在此前后都设都督府，在分立河西、陇右节度使之际，更不可能不以都督府治所为节度使治所。

对于《资治通鉴》此记景云二年（711）唐朝二十四都督的设置，史书另有记载，《旧唐书》卷七《睿宗纪》在睿宗景云二年记："六月壬午，依汉代故事，分置二十四都督府。闰六月，初置十道按察使。"② 两相比较，说明睿宗景云二年（711）遣使按察十道与分置二十四都督府确有此事，具体时间应该正如后者所记分别为景云二年六月和闰六月。而由此说明，《资治通鉴》所记"时遣使按察十道，又分陇右为河西道"之语确有出处，毋庸置疑。

那么考实了唐朝在景云二年（711）遣使按察十道与分陇右道为

---

① 《资治通鉴》卷210 唐睿宗景云二年（711），第6666页。
② 《旧唐书》卷7《睿宗纪》，中华书局1975年版，第157页。

陇右、河西两道之记载不误，是不是又说明河西节度使的设置应该在景云二年（711）呢？其实不然，二者确有关联，但仍然有所区别。这就涉及唐代行政区划、军区的划分与道的区别与联系。唐初具有联防性质的军区的划分，经常是更换和不固定的。军区的长官往往由地方行政长官，即某一州的刺史或都督兼任。军区的划分往往跨有数州，甚至整个道的所有州、军，而作为监察区的道所属的州一般是固定的。作为行政区划的州与军区的设置在前，而道的设置在后，只有在行政区划上先有河西节度使的设置，随之才有作为监察区的道的相应调整，也才有作为新的监察区河西道的出现。正因此，史书记载睿宗景云元年（710）十二月设置河西节度使，这是对行政区划与军区的新调整，应该是此时唐朝中央已经出台此决议，但具体实施到了次年（711）四月，即在新任命凉州都督之际得到具体落实。新任命的凉州都督贺拔延嗣始兼河西节度使，河西节度使的始置时间自然应该从其具体落实算起。行政区划与军事防御区调整以后，随即景云二年（711）六月遣使按察十道时，相应对过去道的划分也做了调整，将过去的十道自此调整为了十一道，在陇右道之外，另增设了河西道。由此说明，史书以上所记，皆为史实，应该均出自实录信史，只不过做出河西节度使成立决议的时间是景云元年（710）十二月，但具体落实在景云二年（711）四月，而新的河西道的分出又是从景云二年（711）六月始。值得注意的是，这一次新成立的河西节度使，在称号上直接冠以所在道名，以所在的整个道为军区，已经不同于过去的军区的长官"诸军事""诸军州大使"或"×军使兼诸军州节度大使"，不仅在军事上拥有朝廷授予的旌节，为该军区的最高军事长官，而且在行政区划上为所辖诸州之上的更高一层级的地方行政长官，拥有直接管辖所辖诸州的行政权。尤其在军事上，因这时逐渐改变过去的行军制为镇军制，节度使又有了固定、直辖的军队，所辖军区，即节镇，范围扩大，权威亦更大。

二 司马逸客与贺拔延嗣等任职凉州的具体时间

前文提到，文献记载贺拔延嗣为首任河西节度使，那么其前任和后任究竟是否带有河西节度使的职衔呢？据《唐刺史考》的作者郁贤皓考证，在出任河西凉州的长官中，贺拔延嗣之前为赵彦昭，赵彦昭之前为司马逸客。但根据郁氏所搜集的文献看，前二人先后似乎并无河西节度使的头衔。两《唐书》中赵彦昭有传，《旧唐书》其传记："睿宗时，出为凉州都督，为政清严，将士以下皆动足股慄。又为宋州刺史，入为吏部侍郎，又为刑部尚书、关内道持节巡边使、检校左御史台大夫。"[1] 而《新唐书》其传又称："睿宗立，出为宋州刺史，坐累贬归州。俄授凉州都督……入为吏部侍郎，持节安边。"[2] 赵彦昭在睿宗上台以后，先后任凉州都督与宋州刺史，但究竟是哪个职任在前，具体何时出任凉州，新旧《唐书》记载不明。

现在再来看《唐刺史考》所列的赵彦昭的前任司马逸客出任凉州的具体时间。郁氏列举的文献依据有：其一，《文苑英华》卷四五九收录的《命吕休璟等北伐制》："赤水军大使、凉州都督司马逸客，外宽内明……景龙四年五月十五日。"其二，《全唐文》卷二三三张说《兵部尚书代国公赠少保郭公（元振）行状》："睿宗即位，征拜太仆卿。敕至之日，举家进发……传呼至凉州……都督司马逸客闻之，谓公近矣，陈兵出迎。"其三，《全唐文》卷二七八收录的刘秀撰《凉州卫大云寺古刹功德碑》称："检校凉州都督河内司马逸实（客）。"其四，《全唐诗》卷八七张说诗《送王尚一严础二侍御赴司马都督军》。依据以上文献，郁氏考证司马逸客出任凉州的时间"约神龙二年—景龙四年（约706—710）"[3]。这中间，判定司马

---

[1] 《旧唐书》卷92《赵彦昭传》，第2967页。
[2] 《新唐书》卷123《赵彦昭传》，第4377页。
[3] 郁贤皓：《唐刺史考》，第410—411页。

逸客最早出任凉州的时间，依据的应该是司马逸客的前一任郭元振离开凉州的大致时间，因《旧唐书·郭元振传》记："大足元年，迁凉州都督、陇右诸军州大使……在凉州五年……神龙中，迁左骁卫将军，兼检校安西大都护。"① 再考定司马逸客离任凉州的时间，由第一条景龙四年（710）五月十五日的确切纪年与睿宗即位后郭元振赴任太仆卿而路过凉州，时为凉州都督的司马逸客陈兵出迎事迹，皆证明司马逸客任职凉州持续到了睿宗上台以后。具体时间，郁氏《唐刺史考》推定至景龙四年（710）。

今据新发现的《司马逸客墓志》记，志主在先后任兰州刺史、银州刺史、定州刺史之后，"又令检校凉州都督，兼赤水军及九姓、陇右诸军州节度等大使、同城道大总管，兼右御史中丞。神龙二年冬，匈奴大入，君密行计会……"可见早在唐中宗神龙年间，志主已经任职凉州都督。再结合郭元振的官履行迹，因前引《旧唐书》其传称他在凉五年，神龙中又迁左骁卫将军兼检校安西大都护。由此亦证明，司马逸客继郭元振之后任凉州都督的时间就在神龙元年（705）至二年（706）。

对于司马逸客离任凉州的时间，今其墓志又提供了更为具体的信息，其中称："景□二年夏，追入京，授刑部侍郎。"这里"景"字后的关键字因笔画漫漶不清，很难辨认，《洛阳市文物考古研究院藏石集粹·墓志篇》的编者释为"景龙"。但一字之差，谬以千里，因该时期分别有唐中宗的"景龙"年号与唐睿宗的"景云"年号。景龙四年（710）六月中宗驾崩，少帝上台而改唐隆，不久李隆基发动唐隆政变而睿宗上台，七月再改年号为景云。但正如前面考定，司马逸客任职凉州从中宗神龙年间开始，直至中宗驾崩前的景龙四年（710）五月尚在凉州任上。而且到睿宗上台以后，郭元振自安西东归赴京而路过凉州，时为凉州都督的司马逸客尚陈兵出迎，说明还在凉州任上。可见，《司马逸客墓志》所记的其离任凉州的时间不可能在中宗景龙

---

① 《旧唐书》卷97《郭元振传》，第3044页。

年间（707—710），也就不可能为景龙二年（708），而应该为唐睿宗景云二年（711），其中的"云"字被释为"龙"字，显然为误。其次，从司马逸客墓志的撰写者员半千的经历亦有反映。史书记载员半千，"睿宗初，召为太子右谕德，仍学士职。累封平原郡公"①。而今由《司马逸客墓志》记载撰者员半千的官爵为"银青光禄大夫、太子右谕德、崇文馆学士、上柱国、平源县开国男"，其中的"太子右谕德"与史书所记其在睿宗朝的职衔合，而且志文为员半千爵位晋升为公之前撰写。由此，更加说明志主离开凉州并随即去世的时间确实是在睿宗朝，将"景囗二年夏，追入京"句中之"景囗"二字释为"景龙"，确实为误。确定了司马逸客离任凉州的具体时间为景云二年（711），则郁氏判定的景龙四年（710）亦误。

弄清了司马逸客离任凉州的具体时间为景云二年（711），再来看其继任者的继任时间。史书记载的贺拔延嗣出任凉州的时间为睿宗景云二年（711）四月。上引《唐会要》卷七八记："景云二年四月，贺拔延嗣除凉州都督，充河西节度使，此始有节度之号。"结合《司马逸客墓志》来看，应该是贺拔延嗣于景云二年（711）四月受任凉州，从长安到凉州赴任，再完成交接，大约需要一个月时间。而司马逸客交接以后回京，时间自然已经到了五月以后，正好已进入农历夏季，符合其墓志所谓"景云二年夏，追入京"之说。可见，二人接替时间衔接，史书、碑记所记史事皆合。

司马逸客早在中宗神龙年间已经继郭元振之后任职凉州，而贺拔延嗣又是在睿宗景云二年（711）四月继司马逸客之后任职凉州，而据前引史书记载考证，赵彦昭在睿宗朝亦有出任凉州都督的经历。据《旧唐书》其传所记，直至唐中宗景龙四年（710），赵彦昭尚在中央任宰相，时任中书侍郎、同中书门下三品，兼修国史，充修文馆学士，而且景龙四年（710）在中宗挑选护送金城公主出嫁吐蕃

---

① 《新唐书》卷112《员半千传》，第4162页。

的人选时还考虑到他，曾命他为使，但后因"彦昭以既充外使，恐失其宠，殊不悦……阴托安乐公主密奏留之"①。此进一步说明，赵彦昭出任凉州，不可能在中宗朝，而只能是在如史书所记的睿宗上台以后。而由司马逸客与贺拔延嗣接替时间衔接的史实，说明赵彦昭出任凉州都督的时间，就不可能在二人之间，而只能是在二人之前或之后，而此也是与史书记载不合，因司马逸客前任为郭元振，后任为贺拔延嗣。那么有没有第三种情况呢？

今由明代复刻的《凉州卫大云寺古刹功德碑》与《司马逸客墓志》相互印证，司马逸客出任凉州都督实为先后两次，而赵彦昭应该正是在司马逸客两任凉州都督之间曾短暂出任凉州都督。尽管该碑因明代复刻多有讹误，但基本内容与反映的史事是比较完整的，其中记唐代凉州大云寺的修缮过程先后都是由司马逸实（客）主持。前称"时有明牧右武卫将军、右御史中丞内供奉……检校凉州都督河内司马名逸实（客）……加以宿植善因，深究玄理，按部余睱，虔诚净土，重兴般若之台，广塑真如之像"②。此已指出正是作为地方长官的司马逸实（客）主持下开始修缮该寺。后又记就在修缮后期资金紧张之际，"后司马公复典军州，共为营构"③。说明后期又是司马逸实（客）鼎力支持，完成了修缮。而且由"复典军州"句，说明司马逸客出任凉州都督应该为先后两次，而此今有其墓志可为印证。该墓志记志主在中宗朝出任凉州都督以后，经过神龙二年（706）抗击突厥立功，之后又记："遂得玉关时泰，金方告静。君以圣德遐覃，边方无事，刻日迁奉上表请归，上资其重守，优制答曰：'朕已赠卿父襄州司马，封卿母为河内郡太君，仍令卿子起葬。差本州上佐专制葬事，兼赐紫袍金带，授右武卫将军、中丞、

---

① 《旧唐书》卷92《赵彦昭传》，第2967页。
② 《凉州卫大云寺古刹功德碑》，王其英主编：《武威金石录》，兰州大学出版社2001年版，第41页。
③ 《凉州卫大云寺古刹功德碑》，王其英主编：《武威金石录》，第42页。

凉州余使并如故。仍加旌节兼知秦、凉仓库事。'"由所谓"上表请归""上资其重守""仍令卿子起葬""差本州上佐专制葬事"等句，可知在此期间志主有因丁忧去职或为改葬父母而归家守制事。但应该是守制未满，便被朝廷夺情起复。在二次委任志主出任凉州都督时，除了追赠志主父母官爵外，还为志主加官，"兼赐紫袍金带，授右武卫将军、中丞、凉州余使并如故。仍加旌节兼知秦、凉仓库事"。再结合前引两《唐书》中《赵彦昭传》，他在睿宗朝有出任凉州都督的经历，说明其任职凉州都督的时间就在睿宗朝，而且很短暂，具体时间应该正是睿宗景云元年（710）至二年之间，在司马逸客归家守制期间。睿宗朝赵彦昭短暂出任凉州都督之后回京，又先后有吏部侍郎、刑部尚书与持节安边等经历，至开元元年（713）十月，史书又记："己酉，以刑部尚书赵彦昭为朔方道大总管。"[1] 而河西节度使自景云二年（711）夏贺拔延嗣接替司马逸客后，应该是直至玄宗开元初又由杨执一继任。据贺知章撰写的《杨执一墓志》称："今上载怀王业，将幸晋阳，起府君为汾州刺史……征拜凉州都督兼左卫将军、河西诸军州节度督察等大使……殆五六年矣……乃加兼御史中丞……久之，转原州都督，未赴，复授凉州。"[2] 唐玄宗上台以后，于开元二年（714）幸晋阳，则征拜志主杨执一为凉州都督、河西节度使的时间又在其任汾州刺史以后，郁氏考为开元二年至三年（714—715），应该为是[3]。

---

[1]《资治通鉴》卷210唐玄宗开元元年（713），第6691页。
[2] 周绍良主编：《唐代墓志汇编》，上海古籍出版社1992年版，第1337页。
[3] 郁贤皓：《唐刺史考》，江苏古籍出版社1987年版，第411页。需要指出的是，作者这里将贺拔延嗣离任凉州的时间考为太极元年（712），而将杨执一赴任凉州的时间考为开元二年（714），二者之间有两年空缺。作者依据的史料，因《册府元龟》卷二五九载："睿宗太极元年二月，命皇太子送金仙公主往并州，令……凉州都督贺拔延嗣节度内发三万兵赴黑山道。"此条说明至太极元年（712）二月，贺拔延嗣尚在凉州任上，但不代表这一年就是其任职凉州的最后时间。所以，此后两年里，在尚未发现他人出任河西节度使或凉州都督之前，应该将贺拔延嗣离任凉州的时间认定在杨执一赴任凉州的开元二年，应该是二人之间曾有河西节度使的交接；其次，杨执一离任河西节度使的时间，依据其墓志所记，应该是持续到了开元七年或八年，而郁氏考为开元三年亦误。

三 首任河西节度使与节度使之名辨

前文已论，唐睿宗景云二年（711），新任命的凉州都督贺拔延嗣始兼河西节度使。那么其前任是不是节度使，究竟如何界定节度使以及首任河西节度使呢？这就涉及节度使之名号的问题与唐代行军制向镇军制转化的问题。

关于唐代节度使的名号与制度问题，《唐会要》记："贞观三年已后，行军即称总管，本道即称都督。永徽已后，除都督带使持节，即是节度使；不带节者，不是节度使。"①《新唐书·兵志》亦云："其军、城、镇、守捉皆有使，而道有大将一人，曰大总管，已而更曰大都督。至太宗时，行军征讨曰大总管，在其本道曰大都督。自高宗永徽以后，都督带使持节者，始谓之节度使，然犹未以名官。景云二年，以贺拔延嗣为凉州都督、河西节度使。自此而后，接乎开元，朔方、陇右、河东、河西诸镇，皆置节度使。"②都督加"使持节"之号而称节度使。由此说明，早在唐高宗永徽以后，都督作为州一级的最高地方行政长官，其获得节度使的旌节，就在地方最高行政长官的职权之外，获得了由中央正式任命的军事长官的头衔。但在无事兵散于府、将归于朝的府兵制与有事则命将以出的行军制下，拥有军事指挥权的标志往往是行军总管或诸军事之类的临时性的，也是附加性的官职，地方真正掌握实权的最高长官还是都督或刺史。

今由《司马逸客墓志》可知，在武则天时期他曾出任兰州刺史，职衔为："兰州诸军事、兰州刺史，兼右肃政台中丞，节度秦、成、河、渭、洮、岷、叠、宕、文、武、鄯、廓、积石、河源、武始等州诸军事。"显然，在他担任兰州刺史期间，兼有陇右道中兰州以东的秦、成、河、渭、岷、叠、宕、文、武、鄯、廓十一州与积石、

---

① （宋）王溥：《唐会要》，第1686页。
② 《新唐书》卷50《兵志》，第1329页。

河源、武始等军的军事节制权。而到了中宗、睿宗两朝,他先是"检校凉州都督,兼赤水军及九姓、陇右诸军州节度等大使、同城道大总管,兼右御史中丞"。在神龙二年(706)冬,在突厥大举南侵之际,身为凉州都督的司马逸客与朔方军大使张仁亶等共为表里,联合抗击突厥并取得胜利。之后其因丁忧去职,但很快被起复,第二次被委任时"授右武卫将军、中丞、凉州余使并如故。仍加旌节兼知秦、凉仓库事",直至"景云二年夏,追入京,授刑部侍郎"。可见志主确实持有旌节,但始终非"河西节度使"衔,而为"凉州都督兼赤水军及九姓、陇右诸军州节度等大使"。第二次委任时"凉州余使并如故",依然为赤水军及九姓、陇右诸军州节度等大使。也就是,在他的凉州都督外,重要的是又加了军事职衔,而且从"仍加旌节"句可知,当时他是得到节制诸军的旌节的,拥有朝廷授予的旌节是拥有军事指挥权的标志。从这里我们可以看出,该时期整个陇右道的军事节制权是不统一的,被分成了几个军区,在武则天时期,兰州以东的军事节制权一度归兰州刺史管,而兰州以西又归凉州都督等节制,而也是在武则天时期郭元振在大足元年(701)起任凉州都督时,又兼任陇右诸军州大使,拥有整个陇右的军事指挥权,到了司马逸客任凉州都督时,他又是兼任陇右诸军州节度大使。所谓"同城道大总管"更是行军制的继续,而非节镇长官的称号。尤其说明该时期,整个陇右道时而划分为两个军区,时而合并为一个军区,尚不稳定。

前文又论及,按照《唐会要》"节度使"条、《通典·职官》与《新唐书·兵志》等文献的说法,似乎是自唐睿宗景云二年(711)任命贺拔延嗣为河西节度使之后,自此全国范围内开始有了节度使的名号。但对此司马光有异议,《资治通鉴》卷二一〇睿宗景云元年(710)记:"(十月)丁酉,以幽州镇守经略节度大使薛讷为左武卫大将军兼幽州都督,节度使之名自讷始。"《考异》曰:"《统记》:景云二年四月,以贺拔延嗣为河西节度使,节度之名自此始……按讷先已为节度大使，则节度之名不始于延嗣也。今从《太上皇实录》。"① 有意思的是，薛讷担任幽州镇守经略节度大使兼幽州都督的时间在睿宗景云元年（710）十月，而前文我们考证的唐朝中央出台设置河西节度使的决议，也是同年十二月。加之，当时在后东突厥的威胁之下，幽州与凉州皆为大镇，幽州为抵抗突厥、契丹、奚的大镇，凉州为防御突厥、吐蕃，隔绝突厥与西南的吐蕃、吐谷浑政权联合的大镇。说明该时期，在睿宗父子的主政之下，唐朝中央为应对边疆危机，在军事制度上已经开始调整，开启了行军制向镇军制的转换，为确保边疆有一定规模的常驻军，以及确保驻军的高效与统一，开始突出边疆大员的军事大权，凸显其节度使的职衔。也就是说，在这种逐步推广的镇军制下，节度使不再是战时对地方最高行政长官的加官，而是变为职权、地位明显高于一般地方行政长官的常设官，已经为更高一级地方最高军政长官的称号。自此边镇大员的职衔中突出节度使衔，而淡化州郡都督、刺史衔已成为常态。

由此，具有新的意义之节度使的出现，并非偶然或孤立事件，而是唐朝中央有计划、系统性的统一行为，随后边疆各地的节度使相继出现就是明证。因之，相比较于贺拔延嗣，薛讷获此称号的时间应该在前。也就是，全国范围内新的节度使制，应该正是从睿宗景云元年（710）十月薛讷任幽州镇守经略节度大使兼幽州都督开始的。而正是因为睿宗景云元年（710）出台了河西节度使的分设决议，但并没有在时任凉州都督的司马逸客的职衔上落实，直至次年四月在新任命凉州都督贺拔延嗣之际方得到贯彻落实，贺拔延嗣成为名副其实的首任河西节度使，其继任者杨执一的官衔为"凉州都督兼左卫将军、河西诸军州节度督察等大使"，也是明确有"河西节度使"之衔，正说明从贺拔延嗣开始，新的节度使制开始在河西推行。

---

① 《资治通鉴》卷210唐睿宗景云元年（710），第6656页。

四 《凉州卫大云寺古刹功德碑》之价值与原碑竖立

现存《凉州卫大云寺古刹功德碑》为明代的复刻碑，结合碑文内容来看，原唐碑额应该为"重修凉州大云寺功德碑"或"大唐凉州大云寺功德碑"。碑文内容涉及凉州大云寺的沿革与参与修缮大云寺的僧俗主要官员，尤其重点记述了司马逸客主政凉州期间绵历数年的修缮过程及修缮后寺院的宏大规模和富丽堂皇。原唐代大云寺碑今已不存，因为是对原唐碑的复刻，可能复刻之际原碑许多字迹已经漫漶不清，以至于复刻碑出现了许多讹误，前贤指出的已经很多①，此不再赘述。在此需要说明的是，将该碑与新出《司马逸客墓志》相互参照，前人释读碑文的许多错误便可以得到校正。如碑文所记志主官职，"右武将军"即"右武卫将军"，"持节西河诸军节度大使"应为"持节陇右诸军州节度大使"。而墓志所记的"中丞"即"右御史中丞"。加之碑文词句典雅，与唐代许多碑志文风及敦煌藏经洞所出唐代发愿文、功德碑文风极为相似，说明碑文为唐代大云寺原碑文无疑，而现存明代的复刻碑因保留了原唐碑文的主要内容，仍具有很高的文献价值与文物价值。

对于大云寺名称的来历，碑文称："大云寺者，晋凉州牧张天锡升平之年所置也，本名宏藏寺，后改名大云。因则天大圣皇妃临朝之日，创诸州各置大云，随改号为天赐庵。"② 首先可知，大云寺之最早为晋凉州牧张天锡时所建的宏藏寺。其次，需要指出的是这里"随改"二字后必有误漏，因按照前面的句意，是讲大云寺名称的来历，称武则天临朝之际于天下各州置大云寺期间改此寺名为大云寺。

---

① 该碑《金石萃编》《陇右金石录》《武威金石录》皆有著录并指出其中的多处讹误，另外罗振玉《〈敦煌本摩尼教经〉残卷跋》、岑仲勉《〈元和姓纂〉校记》皆有征引与辨误。

② 《凉州卫大云寺古刹功德碑》，王其英主编：《武威金石录》，第41页。

至于"号为天赐庵"即"天授庵"的别称①，而武则天时改名大云，乃全国性的运动。众所周知，唐天授元年（690）七月，为利用佛教而神话自己，武则天在全国颁《大云经》，十月下诏各州郡修建大云寺，应该是同时凉州遂将宏藏寺改名为大云寺。至于文中称武则天为"妃"，又肯定为"后"或"太后"之误。因神龙元年（705）冬十一月，武则天临终之际，已经遗制去帝号，称则天大圣皇后。至睿宗即位，又"诏依上元年故事，号为天后，未几，追尊为大圣天后，改号为则天皇太后"②。

至于原碑的竖立时间，碑尾记为唐景云二年（711），碑尾另有"前澦（领）修文阁（馆）学士刘秀撰"字样，所谓的修文馆，即唐初的弘文馆，神龙元年为避高宗长子李弘讳改名昭文馆，次年改修文馆，至睿宗景云二年（711）二月又改为昭文馆，可知原立碑时间在景云二年（711）一二月间，即在大云寺的修缮工作竣工之际。

大云寺的兴盛是在武周时期，中宗至睿宗朝几经拨乱反正，就在睿宗改元"景云"之际，诏命"天下州县名目天授以来改为'武'字者并令复旧。废武氏崇恩庙，其昊陵、顺陵并去陵名"③。匪夷所思的是，何以在此拨乱反正之际再兴武周遗风呢？其实，尽管原碑立于景云二年（711）一二月间，但从碑文内容来看，这次大云寺的修缮绵历数载，应该是从中宗朝神龙元年至二年（705—706）司马逸客初任凉州都督之际就已经开始。该时期唐朝统治者继续推崇佛教，利用佛教为己所用，或为树立形象、博取民心。司马逸客初任凉州都督的时间为武后与中宗权力交接之际，神龙元年（705）正月，张柬之等人发动神龙政变，唐中宗即位，随即大赦天下，二月"甲寅，复国号，依旧为唐"，二月"丙子，诸州置寺、

---

① （清）俞正燮《癸巳存稿》云："天赐即天授也。天授元即载初元……所谓天授者，授《大云》也。"见氏著《癸巳存稿》，辽宁教育出版社2003年版，第347页。
② 《旧唐书》卷6《则天皇后纪》，第132—133页。
③ 《旧唐书》卷7《睿宗纪》，第155页。

观一所，以'中兴'为名"①。至景龙元年（707）二月，唐中宗采纳右补阙张景源的奏请，"咸请除'中兴'之字，直以'唐龙兴'为名"②，二月"庚寅，敕改诸州中兴寺、观为龙兴"③。神龙二年（706），中宗为武后追冥福在洛阳改设圣善寺，至"景龙四年正月二十八日制：'东都所造圣善寺，更开拓五十余步，以广僧房。'计破百姓数十家"④。睿宗上台以后，"景云元年九月十一日，敕舍龙潜旧宅为寺，便以本封安国为名"⑤。当时的人向睿宗进谏："今天下佛寺盖无其数，一寺堂殿倍陛下一宫，壮丽甚矣……是十分天下之财而佛有其七八。"⑥ 可见整个武周朝的大兴佛教与建筑佛寺之风，后经唐中宗朝的继承，直至睿宗朝景云年间（710—712）仍在风行。加之，今依据司马逸客墓志考察其一生官宦履历，也正是在武周时期大受重用，"垂拱二年（686），应制举，通乙科，敕授郑州管城尉，转缑氏主簿……寻加朝散大夫，行陕州司功。俄拜洛州司户参军事"。之后在武周革命而滥杀无辜之际，司马逸客审时度势，适时公正审理了张光辅及杜儒童等案，拨正了许多冤假错案，从此受到武则天的赏识而显达，先是转夏官员外郎，后出为泽州司马，又转杭州长史、兰州诸军事、兰州刺史兼右肃政台中丞，节度秦、成等州与积石、河源、武始等军之诸军事，后又相继为银州刺史兼灵武军长史，定州诸军事、定州刺史兼充岳岭守捉使，直至中宗神龙元年至二年（705—706）受任为凉州都督。可见，司马逸客先后主持修缮大云寺应与武周以来的宠佛遗风有关，也与司马逸客对武则天的个人崇拜有关。

（本文原载于《西域研究》2022年第4期）

---

① 《旧唐书》卷7《中宗纪》，第137页。
② 《唐会要》卷48《议释教下》，第992页。
③ 《资治通鉴》卷208 唐中宗景龙元年（707），第6610页。
④ 《唐会要》卷48《议释教下》，第993页。
⑤ 《唐会要》卷48《议释教下》，第992页。
⑥ 《唐会要》卷48《议释教下》，第997页。

《唐故容管经略招讨处置等使李行素墓志》跋

唐李行素墓志为近年在西安出土的一方墓志，碑石近入藏大唐西市博物馆，初做考释，颇感史料价值极高，谨为之跋，刊布于众，供同仁研究。墓志盖无存，仅从志文拓帧来看，该墓志高、宽各54厘米，楷书35行，满行35字，实有1092字。个别字迹漫漶不清，大部分保存完整。谨将志文迻录并标点如下：

唐故容管经略招讨处置等使检校右散骑常侍兼御史大夫上柱国陇西县开国男食邑三百户赠工部尚书李公墓志铭并序

岭南东道节度观察处置等使充诸道供军粮料使中大夫检校礼部尚书使持节都督广州诸军事兼广州刺史御史大夫上柱国赐紫金鱼袋郑愚撰

大丈夫处世，根本于忠孝，约束以仁义，其取进也，必以当时所重。国朝文明照天下，事先于词科，始大于秀才，而盛于进士。其栋梁鼎鼐之选，多由于是。故今进士员不出三十，而驰骛京师，岁千有余，其有得也，则公以为是。故其徒老死甘心而坎轲穷阨不知自返。圣人所称：君子见机而作，不俟终日。又曰：文武之道未坠于地，夫子何常师之有？则负鼎、版筑、屠钓、饭牛，哀歌而率能济时利物。夫岂谓是老死甘心一志而不知变者哉！我则于故容帅李公见之矣。公讳行素，字垂之，陇西人，北朝冠族，而大于申国公穆，国史有传袭。其后支皆称申公房。后其家世播迁南裔，而风范益高，岭服敬之。五代祖玄璋，云麾将军、郴州刺史。高祖重霁，殿中监。曾祖宿，以御史丞为循州刺史。皇祖淮，以气高不能下人，不仕。皇考匡符，举进士高第，命屈于时，官不及大，卒赠秘书省著作郎。夫人东平县君刘氏，生公。公外祖述古，进士及第，汝州刺史。汝州之弟遵古，俱登进士第，大理卿、金吾将军、京兆尹、湖南观察、邠宁东川二节度，官钜人伟，闻显于时。公内外豪英而材不世出，连举进士，有司失人。恐日月之不与，拂衣杖剑而游，乘桴于海，安南奏知唐林州军州事。后海贼裘甫，寇制（浙）东而窥府城，公以偏师殄之，擒甫以献。恩授当州刺史。冀未再落，又除藤州刺史。蛮蜒方挠，移公以备用故也。未几，又授琼州而招讨儋耳朱（珠）崖五郡事。哀牢益暴，又以公官御史丞，副邕州节度。寇果围朗宁，王师不振。公亲擐甲开垒而出，首敢死之士，捐不贵之身，奋而走之，裒斩无数。又上其功，加御史大夫。既罢来朝，授太府少卿。未逾月，使西凉州，和断嗢末羌与张议潮，语议潮执笏入觐，奉使称旨。未及返也，除容州经略招讨使。延英奉辞，面加检校右散骑常侍。到任，大兴利物之策，政用是成。不幸疡生于面，以迄捐馆。其西导交阯、南喉百越，立功立事，目击皆是。幽志不书，以付外史。有男绍孙，前固安令。次曰裔孙，未仕。二女皆贤，配必嘉耦。公之季弟，前右卫兵曹道暮，孝友惇节。以公之为容州也，褒诏溢美，乃余时为中书舍人，之词也熟。公材德令，作镇联壤，方恸其变，且又老于承学，以事见属，乃言。公以咸通十年二月二日薨于普宁官署，春秋卌七。用其年十二月一日葬于京兆府万年县龙首乡南陈村，祔先茔，礼也。宜有志云：

李之世载，马坠猿臂。今为唐宗，姓无与贰。冠婚既

《唐故容管经略招讨处置等使李行素墓志》跋　　275

大,德积人戴,是生申公,明不可晦。

揭揭云麾,处士承之。皇考蓬丘,高第是宜。公生俊奇,君子知机,服岭鹊起,会稽虎咸。

献俘象魏,当藤来刺,猎黎岛夷,招讨余类。邕江毒波,哀牢舞歌,副彼师帅,春喉以戎。

归朝羁旅,贰乎长官,单车西凉,慄彼羌股,系羁侯王。式是循携,镇以普宁,犀甲沉枪,四稔之勤,事莫无臻。

忧血不行,疡生浃辰,物数无遽,况乎有土,公薨之惜。

实备文武,连寇纷纷,甲马如云,九原可作,公胡不军。

他诔唯褒,我志其实。陵谷之变,彰乎白日。

亲舅朝议郎守国子春秋博士柱国刘道贯书。

志主李行素,大约生活在晚唐宣宗、懿宗朝,两《唐书》无立其传,有事迹见于《资治通鉴》卷二百五十懿宗咸通五年(864),时任唐邕州节度副使。今由其志文可知,唐懿宗咸通八年至十年(867—869),志主官至容州经略招讨使。

关于李行素的家世渊源,志文称:"陇西人,北朝冠族,而大于申国公,穆国史有传袭,其后支皆称申公房。"申国公是北朝勋臣李穆,自称为陇西成纪(今甘肃天水)人,西汉骑都尉李陵之后,一生战功卓著,历侍北周数帝及隋文帝杨坚,生前被封申国公。李穆一门数朝贵宠,史书言:"穆之子孙,特为隆盛,朱轮华毂,凡数十人。"[1] 然而李穆子孙骄奢,第十子李浑袭爵以后,史书记"日增豪侈,后房曳罗绮者以百数",隋炀帝大业十一年(615)被告谋反,"于是诛浑、敏等宗族三十二人,自余无少长,皆徙岭外"[2]。说明

---

[1] 《隋书》卷37《李穆传》,中华书局1973年版,第1129页。
[2] 《隋书》卷37《李穆子浑传》,第1121页。

该家族在隋大业十一年（615）被告谋反治罪以后，幸存的家族成员确实是被流放岭南，从此落户岭南，对此墓志与史书记载合，所谓："后其家世播迁南裵而风范益高，岭服敬之。"

进而志文言志主"五代祖玄璋，云麾将军、郴州刺史。高祖重霁，殿中监。曾祖宿，以御史丞为循州刺史"。此二人事迹亦不见于史书，云麾将军在唐、宋为武散官，可知其家族早年一直为武官世家，而其高祖重霁的"霁"，原字在志文中为上下结构，上为"日"，下为"齐"字，查考书籍无此字，疑为"霁"的异体字。而殿中监为魏晋以后在门下省所设一官。隋代设殿内省，唐代改称殿中省。殿中省有监一人（从三品）、少监二人（从四品），殿中监多以皇帝之亲戚、贵臣担任，掌管皇帝生活起居之事。但志主父李匡符，志文谓举进士高第，后得赠秘书省著作郎。说明至志主父李匡符，该家族已经文武兼修。

但志主本人却多年连举进士不及第，只好"拂衣杖剑而游，乘桴于海，安南奏知唐林州军州事"。安南，是指安南都护府，治所在宋平（今越南河内）。唐林州，是唐初设在安南的一个州，治所大约在今越南河内市西北红河南岸山西城一带。"知军州事"，为主持一州的军队和民政事务。说明志主阐扬其将门家风，从此投笔从戎，以武官仕进，多年任职安南。后历任知唐林州军州事、当州刺史、藤州刺史、琼州刺史招讨儋耳朱（珠）崖五郡事、御史丞、邕州节度副使等职。在任御史丞邕州节度副使期间，又因功卓著被朝廷加御史大夫，并令其罢镇来朝任职，又授太府少卿。在朝廷任太府少卿期间，李行素一度被委任专使出使西凉。咸通八年（867）出使回来后，又被委任为容州经略招讨使检校右散骑常侍任职岭南，直至咸通十年（869）病逝于容州刺史任上。在墓主的生平事迹与以上任职中，窃以为明显具有印证或补正史书的有以下几项：

其一，擒获浙东海贼裘甫事。在志主知唐林州军州事期间，志文谓："后海贼裘甫，寇制（浙）东而窥府城，公以偏师殄之，擒

《唐故容管经略招讨处置等使李行素墓志》跋 277

甫以献，恩授当州刺史。"裘甫起义史书有载，发生于唐大中十三年（859）十二月至次年（860）六月，地点在江南东道的浙东一带。这次起义以裘甫为首领，起义最初在象山爆发，随之攻克县城，经宁海，过奉化，在剡县境内的桐柏山打败唐军。后冲破剡县，取得郯溪大捷，唐军几乎全军覆灭。起义军曾连续攻下上虞、余姚、慈溪、奉化、宁海等县。一时间，"山海诸盗及他道无赖亡命之徒，四面云集，众至三万，分为三十二队……甫自称天下都知兵马使，改元曰罗平，铸印曰天平。大聚资粮，购良工，治器械，声震中原"[1]。裘甫起义为唐末黄巢农民大起义的前奏，起义爆发后，唐王朝极为恐慌，急忙调派安南都护王式担任浙东观察使调集各路大军镇压。其中将流放在江淮的回鹘人和吐蕃人编成骑兵，向起义军进行疯狂的反扑。最终，咸通元年（860）六月，裘甫和刘暀等起义军首领在突围中被俘，八月被斩于长安。

结合志主生平事迹，在唐军镇压裘甫起义之际，志主恰好在安南都护府管辖的唐林州任知军州事，说明他是随即跟随安南都护王式调往浙东前去镇压，人事皆合，说明他确实是镇压裘甫起义军的主要军将。志文谓其"以偏师擒获裘甫"，应该属实，并因功受赏，相继得授当州刺史、藤州刺史、琼州刺史兼招讨儋耳朱（珠）崖五郡事，后又至御史丞、邕州节度副使。

其二，咸通五年（864）于邕州抢修城防保全唐军。对于志主担任邕州节度副使期间的功绩，志文谓："哀牢益暴，又以公官御史丞，副邕州节度。寇果围朗宁，王师不振。公亲擐甲开垒而出，首敢死之士，捐不赀之身，奋而走之，裹斩无数。又上其功，加御史大夫。"哀牢，指哀牢山，位于今云南省中部大山，这里代指岭南邕州一带。邕州朗宁郡，治宣化县（今广西南宁市南、郁江南岸），辖境相当今右江中下游及邕江流域一带。前文提及，志主任唐邕州节

---

[1] 《资治通鉴》卷 250 懿宗咸通元年（860），第 8080 页。

度副使的事迹亦见于正史。《资治通鉴》卷二百五十记载：咸通元年（860），就在唐朝全力调集安南等处精兵镇压浙东裘甫起义之际，"安南土蛮引南诏兵合三万余人乘虚攻交趾"，随后相继攻陷唐交趾与邕州，安南告急。咸通四年（863），南诏进犯邕州，为了镇压南蛮的叛乱及南诏的进攻，朝廷调派义武节度使康承训为邕州节度使兼领安南及诸军行营前往邕州。咸通五年（864），康承训至邕州，但随之发生了唐军大败而康承训虚奏捷报的闹剧。上引书载："康承训至邕州，蛮寇益炽，诏发许、滑、青、汴、兖、郓、宣、润八道兵以授之。"但康承训自恃兵众而不设备。五年三月，南诏率群蛮六万再攻邕州，将及州境，承训方遣万人出战，以獠人为向导。结果，因康承训仓促应战，唐军猝不及防，致使唐军受南诏、群蛮大军袭击，伤亡八千余人，唐兵大败，惟兖海军迟一日到而免。志文亦谓："寇果围朗宁，王师不振"，正是唐军大败的真实写照。消息传来，承训闻讯惊慌失措。而正是在危难之际，幸有邕州节度副使李行素的抢修城防工事，才避免了全军覆灭的惨剧。史书所谓："节度副使李行素帅众治壕栅，甫毕，蛮军已合围。"后经诸将夜半分兵出营袭击蛮军，"小将率三百勇士夜出烧蛮营，杀伤五百余人。蛮兵大惊，遂解围退去"。随之，"承训命诸军追击，杀蛮兵胁从不过三百。而飞表告捷，称大破蛮兵。朝廷赏功，加康承训检校右仆射，赏破蛮之功也"①。在这次战役中，康承训不言唐军的大败，而以之后的侥幸小胜虚奏捷报的闹剧留为了史书笑柄，而李行素因及时抢修城防工事而保全了唐军，却留名史册。而今结合史书与志文可知，这次战役中李行素功绩不仅在此，之后还能身先士卒，主动出击，杀敌立功。所以，随后因功被朝廷加官御史大夫，并令其罢镇来朝任职。

其三，咸通八年（867）出使西凉，完成重大使命。咸通五年（864）于李行素在任邕州节度副使立功的事迹之后，志文记：

---

① 以上所引正史文献，皆见《资治通鉴》卷250唐懿宗咸通五年（864），第8108—8109页。

既罢来朝，授太府少卿，未逾月，│使│西凉州和断嗢末羌与张议潮，语议潮执笏入觐，奉使称旨。未及还也，除容州经略招讨使……面加检校右散骑常侍……

墓志最后的铭文中又赞曰：

贰乎长□，单车西凉，慄彼羌胡，系羁侯王。

李行素来朝任职的具体时间不详，史书不载，志文亦未明言。但结合相关史书及敦煌文书来看，应该是咸通七年（866）。此正好与前引其事迹相合。因咸通五年（864）之后，唐朝继续调集大军围剿，咸通七年（866），南蛮与南诏的这次叛乱方得到镇压。

在朝廷任太府少卿期间，李行素一度被委任专使出使西凉。而他的这次西凉之行，竟然关涉张议潮入朝事及张议潮归义军与嗢末争夺凉州的史事。沙州归义军首任节度使张议潮入朝事与该时期凉州的政局，为近年来根据敦煌文献研究归义军史与晚唐凉州及西北政局等问题中的难点，因文献不足，争议很大。今依该志文，便可大大推进对以上问题的研究。据笔者考证，李行素这次代表中央出使西凉州，斡旋"和断"嗢末羌与张议潮的应该正是对凉州的控制权；而志主李行素这次单车西使，完成的另一个出使任务，就是要软硬兼施，说服势力逐渐做大的归义军节度使张议潮奉笏入朝，这样就实现了唐朝中央对他的羁縻控制，并通过分割凉州而实际削弱了归义军的势力，从而解除了唐朝中央对张议潮归义军政权的后顾之忧。李行素墓志不仅弥补了正史及敦煌文献之不足，厘清了相关史事，而且对于嗢末的族属及晚唐凉州的政局也有了新的认识。

除以上诸问题外，墓主李行素最后的职任是容州经略招讨使，志文所谓其凉州之行"奉使称旨。未及│返│也，除容州经略招讨使"，到任后还"大兴利物之│策│，政用是成"，直至咸通十年（869）二月"不幸疡生于面,以迄捐馆"。唐中后期容管经略等使兼容州(治北流县,今广西北流市)刺史,领容、白、禺等十四州。李行素担任此职正史缺载,《唐方镇年表》与《唐刺史考》亦缺。前书作者吴廷燮在考察该职至咸通五年(864)以后言:"按容管咸通年多阙,曹唐《送严大夫再领容府》诗……按年分恐非严公素,更俟博考。"[1] 今由李行素墓志可知,咸通八年至十年(867—869),李行素担任该职。此可补正史与《唐方镇年表》和《唐刺史考》之阙。而由《新唐书·南蛮传》可知,严公素任职容管经略使是早在唐穆宗长庆年间。李行素任职容州前后必另有人选,待考。

志文撰者郑愚,两唐书无其传,但史书多处提及其事迹,为唐文宗开成二年(837)进士,做过朝廷里秘书省校书郎(主管校勘史籍和订正文书讹误的官员)。咸通初年授桂管观察使。咸通三年(862),南诏与南蛮五万攻唐安南,都护蔡袭告急,郑愚临危受命,曾任邕州节度使。咸通四年(863),邕州告急,"郑愚惧,自言儒臣无将略,请任武臣",朝廷召义武节度使康承训代郑愚任邕州节度使[2]。应该是在这期间,与志主李行素共事相知多年。另根据志文,大约在咸通八年(867)后志主初任容州刺史期间,郑愚曾任中书舍人。隋唐时,中书舍人在中书省掌制诰,正与志文称作者熟悉朝廷颁发褒奖志主的诏书时的身份相符。而在撰写该志文之际,郑愚已经再次调任岭南,为岭南东道节度观察处置等使、充诸道供军粮料使、中大夫、检校礼部尚书使持节都督广州诸军事兼广州刺史御史大夫上柱国赐紫金鱼袋。唐僖宗乾符三年(876)、四年(877)间,郑愚一度晋升为中书门下平章事,为实际上的宰相。唐僖宗中和元年(881),黄巢起义军攻入广州,随后又移师直指京城长安,他再度临危受命,被召回京,官拜尚书左仆射,在任三年,病故于任上。郑愚也是见诸诗史的第一位香山籍诗人。《全唐诗》辑录了他

---

[1] (清)吴廷燮:《唐方镇年表》,中华书局1980年版,第1084页。
[2] 《资治通鉴》卷250懿宗咸通四年(863),第8104页。

的一首题为《泛石岐海》的诗,这也是历史上的第一首用白描手法吟咏香山风物的诗歌。他还写过一首《醉题广州使院》:"昔年百姓受饥荒,太守贪残似虎狼。今日海隅鱼米贱,大须惭愧石榴黄。"诗中表达了对民生疾苦的体恤与对丰年的由衷喜悦,深受读者喜爱。

志文书者为志主亲舅朝议郎守国子监春秋博士柱国刘道贯。唐朝国子监分设六馆,每馆均设博士及助教。五经博士为正五品上。志文提及刘道贯的父亲,志主外祖刘述古,以及刘述古弟刘遵古事迹,谓:"公外祖述古,进士及第,汝州刺史。汝州之弟遵古,俱登进士第,大理卿、金吾将军、京兆尹、湖南观察邠宁东川二节度。"刘述古为唐德宗贞元十八年(802)的进士。据《唐摭言》卷八《通榜》的记载:该年的进士考取中,"权德舆主文,陆傪员外通榜帖,韩文公荐十人于傪"[①],经韩愈推荐录取的进士中,其中就有刘述古。刘述古的弟弟刘遵古,《宣室志》记载其事迹:"故刑部尚书沛国刘遵古,大和四年(830)节度东蜀军……"[②] 其人工行书,元和九年(814)裴度所撰《唐兴元节度使裴玢碑》即为其所书。今由李行素墓志,可知刘遵古兄弟皆进士及第,前者曾任汝州刺史,后者历仕大理卿、金吾将军、京兆尹、湖南观察邠宁东川二节度,可见志主舅家刘氏一门也是文脉传承的官宦世家。

最后,关于志主的葬地京兆府万年县龙首乡南陈村,京兆府万年县龙首乡因龙首原而得名,又叫东龙首乡,以区别于长安县的西龙首乡。此乡横跨浐河,大致位于长安城东,宋敏求《长安志》谓:"龙首乡,在县东一十五里,管村三十五。"[③] 根据已经发现的墓志,已有学者考证出,唐代京兆府万年县龙首乡有东陈村、西陈村[④],今

---

① (五代)王定保:《唐摭言》,中华书局1959年版,第82页。
② (唐)张读撰,侯志明点校:《宣室志》,中华书局1983年版,第125页。
③ (宋)宋敏求撰,辛德勇、郎洁点校:《长安志》,三秦出版社2013年版,第357页。
④ 徐畅:《唐万年、长安县乡里村考订补》,《唐史论丛》(第二十一辑),三秦出版社2015年版,第158页。

由此志文又可知，该乡尚有南陈村。

李行素墓志

（本文原载于《唐都学刊》2016年第6期）

《唐陆耽墓志》考释

唐陆耽墓志是陕西师范大学历史博物馆藏的一盒包括墓盖与志文在内的墓志拓片。根据墓盖拓片，墓盖为覆斗形，中间为篆书阴刻"唐故泾原节度陆尚书墓志铭"数字，四周刻团花纹。墓志呈正方形，楷书阴刻，文字清晰，志文完整。志文标题为："唐故四镇北庭行军泾原渭武等州节度营田观察处置等使中散大夫检校左散骑常侍使持节泾州诸军事兼泾州刺史御史大夫上柱国赐紫金鱼袋赠工部尚书吴郡陆公墓志铭。"撰者为："翰林学士承旨尚书兵部侍郎知制诰赐资金鱼袋蒋伸撰。"该墓志涉及晚唐时期的边事颇多。此将墓志志文录文标点如下：

  唐故四镇北庭行军泾原渭武等州节度营田观察处置等使中散大夫检校左散骑常侍使持节泾州诸军事兼泾州刺史御史大夫上柱国赐紫金鱼袋赠工部尚书吴郡陆公墓志铭
  翰林学士承旨尚书兵部侍郎知制诰赐紫金鱼袋蒋伸撰
  公讳耽，字载之，其先出自帝舜，至田齐，宣王封曾孙于陆乡，因以命氏。后数世避秦乱，适吴，遂为吴郡人。南朝冠冕，焯俗绵延。国初十八学士德明，字元朗，于公为六代祖。学士生敦信，高宗朝宰相。公大父讳桂，杨州海陵丞。父讳子野，江陵府荆门县令，娶河东薛氏女，生公。公少孤贫，刻自立，举进士三不第。辇下益乏资，李进贤为泗州团练使，愿公为佐，公以李名出军中，从之非所乐，即不从，穷无以为活。

乃相与约署，摄名居府，秋复举籍。比秋至，李把手坚留，遂表授团练判官。徐将王智兴，喜公伟士，闻李罢，即走币马，辟为观察推官，奏授兼监察御史。乘駔请事，语直忤宰相，贬袁州司户，移江陵法曹。度支司急材，自犀浦令奏为殿中侍御史知商州洛源监。搜出铜穴，铸钱溢数倍，其长上言，诏发中贵人覆视而验，特赐绯衣银鱼转侍御史，改灵盐榷税供军使。寻迁检校司封员外郎，考上下。又浃岁，迁检校职方郎中，悉以奏课，轶等用敕例，而升阆州刺史。阆人方悦，复为度支司奏授检校兵部郎中，河东、振武、天德营田供军使。河东师以邻疆，熟其理，拜章请为节度副使，授检校秘书少监兼御史中丞、赐紫金鱼袋，入朝为少府少监。吐蕃东部尚恐热请献陇右故地，诏公宣喻。洎还，迁太仆卿。当是时，发数道兵讨逐叛羌，命公领供军粮料使前往西蕃。时其副犯新敕，上怒及公，贬韶州司马，再移晋州别驾，未至部，诏迁赴阙。盐州乌池，利滋边食，是时羌族盗占，朝廷病之，思得一人，付其事。皆曰无如陆某比。公至，□相□相视曰："五原济矣！"上诏公别殿，与语，公剖擘精悉。翌日，授太子少詹事，往乌池制置。及还，拜盐州刺史、御史中丞兼度支乌池榷税使。到数月，威凛惠滂，虏辈感伏，筑三城乌池畔，实以戎卒，羌望见缩颈远遁。公以州在御遏地，不宜庳陋，命郭衙门、峻军城，巍嵬坚完，势益以壮。开挽粮旧道，往来坦坦。前以道梗，商惧不至，州人懦者馁死，壮者族逃。及是，寄声相呼，负挈来复，皆曰："微中丞，吾其为他土之鬼矣。"制加右散骑常侍，益其衔曰防御使。盐榷浸复，年减省供布之端，帛之疋者九十万。宰臣累陈其事，上曰："天下有土者，得如斯人，吾复何虑！当以一节镇赏之。"数月，擢为泾原节度使、检校左散骑常侍兼御史大夫。始即路，疾弥，舆至郊，二日薨，实大中十一年九月廿五日，享年六十二。上嗟惜废朝，赠工部尚书，发廷臣吊问，人皆曰："得驻公命于旬岁间，泾政既提，戍人必且掷戈而捧耒矣。"

公为官，先以严，条约其僮使，犯果治之。骨类傍，见承事惕息。泉货出入，善计，吏持筹覆校，方笔于牍，比持来，公目掠囗攒，辄得差失。繇是群吏绝心不敢谩欺。性疏、健肠，府无局，开与人为和，不交隙怨。夫人河东县君裴氏，荆南节度使冑之女，门清于本族，先公十三年殁。公有子八人，率谨强有立，长曰璆，前泾州录事参军；曰璨，前舒州太湖县尉；曰威，以能文举进士；曰璘；曰咸；曰戬；曰鹰儿；曰龙儿。女子三人，长适穆，季和，次适姚，求各有宜序。季女出家，号道严，囗用来年。二月廿一日甲申，葬公于万年县义善乡少陵原，裴夫人祔。将葬，吏传诸子，意来请铭，余与公亲且知，不宜让。铭曰：

儒为其基，吏为其才；以斯以剸，物迎刃开。边庸以张，将节在持。遂仆于道，一一不设，施聚厥徽，芳而刻此词。

堂侄文林郎前守汝州襄城县尉汉卿书

一 墓主生平事迹考述

墓主陆耽，字载之，吴郡人，两唐书不见其传，但《新唐书·宰相世系表》记："耽，泾原节度使、检校工部尚书。"[①] 此记与墓志所记其最后的任职同。墓志称唐初十八学士之一的陆德明为其六代祖。陆德明为唐初大儒，荣列两唐书《儒学传》，曾历仕陈、隋、唐三朝。陈、隋俱授国子助教，著名当世。隋唐之际，曾割据洛阳的王世充为其子汉王署德明为师，但德明刚肠嫉恶，坚辞不从，传为佳话。唐太宗在做秦王时建"文学馆"，收聘贤才，邀杜如晦、陆

---

① 《新唐书》卷73《宰相世系表》，第2967页。

德明、孔颖达等十八人常讨论政事、典籍,当时称之为"十八学士"。贞观初年陆德明又被聘为太学博士,封爵为吴县男,太宗召对顾问,荣极一时。德明子敦信,史书称:"龙朔中官至左侍极,同东西台三品。"①而墓志记"为高宗朝宰相"。则陆敦信应该是曾任侍中,因玄宗朝一度改侍中为左相,所以史书称"左侍极"。墓志记陆耽祖父讳桂,"杨州海陵丞",但《新唐书·宰相世系表》记为"工部员外郎",应该为其先后的两个任职,二者彼此补正;其父子野,墓志记为江陵府荆门县令,《新唐书·宰相世系表》与之同。

从墓志得知,陆耽早年失怙,家境贫苦,刻苦自立,曾三次科考进士,不及第后,在欲去益州而无旅费的窘迫之际,时任泗州团练使的李进贤延揽其为幕府僚佐。但陆耽一心科考,无意投军,勉强与李进贤约定暂时留用军中,等秋季再去赶考。但等秋季欲离开时,却被李"把手坚留",遂表授团练判官,从此走上了军宦生涯。墓志之所以要渲染这一点,应该是在晚唐重科举,鄙薄武人的风气下,是对其出自行伍身份的一种粉饰。

继之,墓志谓:"徐将王智兴,喜公伟士,闻李罢,即走币马,辟为观察推官,奏授兼监察御史。"这应该是指,后来任振武节度使的李进贤,在宪宗元和八年(813),因不恤士卒,导致兵变,屠其家,李进贤被迫奔云州(今山西大同)而被罢官。当听到李进贤失势的消息以后,曾任徐州镇将的王智兴因赏识陆耽,赠其车马玉帛,聘为观察推官,后奏请朝廷授其官"兼监察御史"。但随后,根据墓志得知,陆耽在乘驿骑到朝廷请事,因语直忤逆了当时的宰相,被贬官为袁州司户,后移江陵,任法曹参军事,这样一度被贬官做了两任刺史下属的小官。但不久,掌管全国财赋的度支司,因急需人才,经奏请,将其从犀浦令调为"殿中侍御史知商州洛源监"。尽管这时他的品阶仍只是从七品下的小官,但他在任期间,寻找铜矿,铸造大量钱币,经其上司奏明朝廷,皇帝特派中使验视后,对其大

---

① 《旧唐书》卷189《陆德明传》,中华书局1975年版,第4945页。

加赏赐和重用,"特赐绯衣银鱼转侍御史,改灵盐榷税供军使"。这是他人生的一大转折。"寻迁检校司封员外郎",司封员外郎已是尚书省吏部从六品上的朝官,陆耽在任期间"考上下",课考优良;"又浃岁,迁检校职方郎中,悉以奏课。""浃"为"浹"的俗字,有"周匝""遍及"之意,即又过了一年,官迁检校职方郎中。职方郎中为兵部从五品上的高官。在任期间,他也是课考全部合格而随即升任阆州刺史。阆州(治今四川阆中),在唐代为上州,上州刺史为从三品的大员。而就在阆人因有陆耽这样的州官而喜悦的时候,他却为"度支司奏授检校兵部郎中,河东、振武、天德营田供军使",再度上调朝廷任职兵部,但以检校兵部郎中的朝衔受兵部指派去做河东、振武、天德三军的营田供军使。此时,他职辖三镇,财权在握,已经炙手可热。不久,又因其熟悉河东事务,"拜章请为节度副使,授检校秘书少监兼御史中丞、赐紫金鱼袋,入朝为少府少监"。"拜章"为拜受表彰的意思。即经河东节度使奏请,朝廷拜授他为河东节度副使,还检校秘书少监兼御史中丞、赐紫金鱼袋,入朝为少府少监。

正是在任河东节度副使期间,正值吐蕃东部尚恐热请献陇右故地,陆耽受朝廷指派,作为宣谕使出使吐蕃,他的这一事迹以及随后升任盐州刺史兼度支乌池榷税使的事迹,下文专做考论。

至于陆耽被提升为泾原节度使,据墓志所记,当他在任盐州刺史后政绩突出被加衔为"防御使",但随之"宰臣累陈其事,上曰:'天下有土者,得如斯人,吾复何虑!当以一节镇赏之。'数月,擢为泾原节度使、检校左散骑常侍兼御史大夫"。对此,史书有关记载可以印证,《旧唐书·宣宗本纪》记载,唐宣宗大中十一年(857)八月,唐朝廷曾调换了全国部分方镇节帅,其中"以盐州防御押蕃落诸军防秋都知兵马使、度支乌池榷税等使、检校右散骑常侍、盐州刺史、上柱国、赐紫金鱼袋陆耽代(卢)简求为泾源节度使"。这里所记其先后官职与墓志皆同,而且与墓志反映的陆耽在染疾病终前夕受任泾源节度使的事实相符。

对于陆耽逝世，墓志记"始即路，疾弥，舆至邠，二日薨"，即在被朝廷擢为"泾原节度使、检校左散骑常侍兼御史大夫"以后，应该是在他去赴任的路上已经染疾弥留。"舆至邠"即是染疾以后，用肩舆抬至邠州（治所在今陕西彬县），二日而死。陆耽死于大中十一年（857）九月廿五日，享年六十二。夫人为原荆南节度使裴胄女。裴胄两《唐书》有传，为官宦世家，正直为官，闻名于代宗、德宗两朝。陆耽八子三女，其墓志提及八子名，其中记其第三子名威，"以能文举进士"，但《新唐书·宰相世系表》记："威，字歧，兵部侍郎"，说明以文学举进士的陆威，后来官至兵部侍郎；其第五子陆咸，因年幼墓志无记有何官职，而上引表记官至云阳令；另外，墓志记其第七子鹰儿、第八子龙儿，均年幼尚无学名，上引表记其一子名虬，官至侍御史。"虬"即"虬"，为虬龙，古代传说中有角的小龙，则其应是墓志记载的陆耽第八子龙儿，学名为"虬"。这些都是墓志与史籍互为补正的例证。该墓志可补两《唐书》等史籍的地方还有很多，下文再论。

二 吐蕃尚恐热献陇右故地事迹

《陆耽墓志》涉及墓主人陆耽在唐宣宗大中初年任河东节度副使期间受命出使吐蕃与唐朝接管陇右故地事迹。其中曰："吐蕃东部尚恐热请献陇右故地，诏公宣喻。洎还，迁太仆卿。当是时，发数道兵讨逐叛羌。命公领供军粮料使，前往西蕃。"

对于唐宣宗大中初年陆耽受命出使吐蕃与唐朝接管陇右故地事迹。《资治通鉴》卷二百四十六宣宗大中三年（849）记："吐蕃秦、原、安乐三州及石门等七关来降；以太仆卿陆耽为宣谕使，诏泾原、灵武、凤翔、邠宁、振武皆出兵应接。"这里，史书将陆耽受命应接吐蕃来降事记在宣宗大中三年（840），时间大致可信。但记受命为宣谕使的陆耽身份已为太仆卿，却与墓志记载不合，应该墓志所记为是，即在出使前陆耽担任的官职实际是河东节度副使，出使回来以后，方才被任命为太仆卿。至于墓志所记唐宣宗大中初年吐蕃因发生内乱，尚恐热反戈投唐，前来献唐陇右故地的史事，正好可补正史书记载的不足，并可解决学界已有的争议。

众所周知，吐蕃王国在唐穆宗长庆二年（822）与唐朝举行长庆会盟以后，已走过了自己的巅峰时期，逐渐衰落。赞普赤祖德赞因大力弘佛导致国内矛盾加剧，被反佛大臣所杀。继任赞普朗达玛毁灭释教，又被僧人刺死，结果引发二子争位，朝中大臣及国内各级地方势力也随之分成两派分别支持二者，最终爆发了吐蕃境内大规模的内战。从唐会昌二年（842）起，驻扎在吐蕃东境的两派也卷入了这场内讧，反对乞离胡政权的论恐热集团与支持乞离胡政权的尚婢婢部在陇右一带展开了厮杀。《资治通鉴》卷二四六会昌二年（842）十一月丙戌条记载：

  洛门川讨击使论恐热，性悍忍，多诈谋，乃属其徒告之曰："贼舍国族立綝氏，专害忠良以挟众臣，且无大唐册命，何名赞普！吾当与汝属举义兵，入诛綝妃及用事者以正国家。天道助顺，功无不成。"遂说三部落，得万骑。是岁，与青海节度使同盟举兵，自称国相。至渭州，遇国相尚思罗屯薄寒山，恐热击之，思罗弃辎重西奔松州。恐热遂屠渭州，思罗发苏毗、吐谷浑、羊同等兵，合八万，保洮水，焚桥拒之，恐热至，隔水语苏毗等曰："贼臣乱国，天遣我来诛之，汝曹奈何助逆！我今已为宰相，国内兵我皆得制之，汝不从，将灭汝部落！"苏毗等疑不战，恐热引骁骑涉水，苏毗等皆降。思罗西走，追获，杀之。恐热尽并其众，合十余万。

对于这里提到的论恐热，《考异》曰："《补国史》曰：恐热姓末，名农力。吐蕃国法不呼本姓，但王族曰论，官族曰尚，其中字即蕃号也。热者，例皆言之，如中华呼郎。"这里所记吐蕃河陇地区的洛门讨击使论恐热出自吐蕃贵族末氏（vbal），今据学界研究认为论（blon）实为吐蕃语官员之意，尚（zhang）则为外戚。① 总之，论恐热，也就是尚恐热。而在吐蕃陇右二将领的争战中，时任洛门讨击使的论恐热是反对乞离胡（𤩽德云丹）政权的，大败宰相尚思罗的八万大军，一度成为青藏高原上最有实力的一大势力，自称宰相。而此时驻扎陇右的另一支吐蕃军事力量，为支持乞离胡政权的吐蕃鄯州节度使尚婢婢。在二人陇右争战期间，论恐热的势力曾远远大于尚婢婢，曾占据了自安史之乱爆发以来吐蕃乘机占领的河陇大部分地区。就在吐蕃东道两将领之间的战争愈演愈烈之际，唐宣宗大中二年（848），唐军乘机正式拉开了反攻吐蕃，收复河陇旧地的帷幕，同年十二月，唐凤翔节度使崔珙奏破吐蕃，跨越唐蕃两军多年抗衡的陇山，克复了秦州属县清水县。而在吐蕃论恐热控制的陇右西端沙州，又爆发了张议潮领导的反对吐蕃统治的起义暴动，而且在起义成功以后的大中三年（849），张议潮很快进而收复了张掖、酒泉，且再次向唐朝廷遣使献捷。正是在这复杂的政治、军事形势背景下，《册府元龟》就明确记载："宣宗大中三年（849）正月泾原节度使沈季荣奏，吐蕃论恐热以安乐三州及石门七关等归国。"②《资治通鉴》亦记："吐蕃秦、原、安乐三州及石门等七关来降；以太仆卿陆耽为宣谕使，诏泾原、灵武、凤翔、邠宁、振武皆出兵应接。"③ 但《通鉴考异》记曰："《实录》：'泾原节度使康季荣奏，吐蕃宰相论恐热杀东道节度使，奉表以三州、七关来降。'《献祖纪年录》亦云：'杀东道节度使，奉表。'按《补国史》叙论恐热事甚详。至五年（851）五月始来降，此际未详也。又不云杀

---

① 何峰：《吐蕃尚论沿革研究》，《中国边疆史地研究》2006年第4期。
② 《册府元龟》卷977《外臣部·降服》，中华书局影印本1960年版，第11483页。
③ 《资治通鉴》卷248宣宗大中三年（849），中华书局1956年版，第8038页。这三州七关分别是秦州（治今天水市）、原州（治高平，今宁夏固原）、安乐州（治今宁夏同心县韦洲镇红城水古城），七关是唐原州境内的石门、驿藏、木靖、木峡、制胜、六盘、石峡七关。

东道节度使。且论恐热若以三州、七关来降，朝廷必官赏之，何故但赏边将而不及恐热。盖三州、七关，以吐蕃国乱，自来降唐，朝廷遣诸道应接抚纳之，非恐热帅以来，《实录》误耳。"①

这里，对于《宣宗实录》与《献祖纪年录》确切记载的该年泾原节度使康季荣上奏吐蕃宰相论恐热杀东道节度使，奉表以三州、七关来降事迹，司马温公因《补国史》无详细记载论恐热是否有献三州、七关事，以及此后唐朝"但赏边将而不及恐热"等信息，认为《实录》所记为误，即不认为三州、七关是论恐热所献，今亦有学者附会。今由前引陆耽墓志所记，可证《宣宗实录》与《献祖纪年录》的记载是正确的，司马温公及后世部分学人的怀疑是不适当的。

其实，正如我们所论②，从当时论恐热投唐的背景来分析，自唐会昌二年（842）以来，论恐热因反对乞离胡政权，杀宰相尚思罗，与支持乞离胡政权的吐蕃鄯州节度使尚婢婢争战多年，实力已经大为消耗。加之大中二年（848），唐军乘机正式拉开了反攻吐蕃、收复河陇旧地的帷幕，跨越唐蕃两军多年抗衡的陇山，克复秦州属县清水县。在此前后在论恐热控制的陇右西端沙州，又爆发了张议潮领导的起义。形势的发展对论恐热十分不利，不仅众叛亲离，无所归属，而且处在了唐军与吐蕃支持乞离胡政权的尚婢婢势力两面夹击的不利局面，为了寻找出路，换取唐朝廷的支持，只有向唐朝献地投降，将靠近唐朝的三州七关首先献出，这都在情理当中。在这个过程中，自大中三年二月论恐热提出进献以后，唐朝方面一方面及时派出宣谕使前去谈判交接，另一方面数道同时出兵前去军事接管。该年六月，史载："泾原节度使康季荣取原州及石门、驿藏、木峡、制胜、六盘、石峡六关。秋，七月，丁巳，灵武节度使朱叔明

---

① 《资治通鉴》卷248宣宗大中三年（849），第8038页。
② 李宗俊：《唐代中后期唐蕃河陇之争与疆域变迁》，《唐史论丛》第十五辑，陕西师范大学出版总社有限公司2012年版，第155页。

取长乐州。甲子，邠宁节度使张君绪取萧关。甲戌，凤翔节度使李玭取秦州。诏邠宁节度权移军于宁州以应接河西。八月，乙酉，改长乐州为威州。"①这里所记，重新取得三州七关，似乎是唐军各路将领的功劳，今结合陆耽墓志可知，应该首先是吐蕃论恐热献地的功劳，唐朝诸将领只不过是完成了接管。也正因此，这次去应接交涉的使命非常重要，陆耽在这次作为宣谕使回来以后，因功被加官为太仆卿。

也正是因为吐蕃论恐热献地示好，双方交涉谈判以后，论恐热稳定了后方，于是大中四年（850）全力向吐蕃尚婢婢势力发起了反攻。该年论恐热遣其僧将莽罗蔺真将兵于河州鸡项关南跨河造桥，以击尚婢婢，并屯军于白土岭。最终，于临蕃军城与牦牛峡两次大战，连败尚婢婢部将尚铎罗榻藏、磨离羆子、烛卢巩力。在情况危急之际，尚婢婢粮乏，只好留部将拓跋怀光守鄯州，自己率领部落三千余人就水草于甘州。论恐热自将轻骑五千紧追至瓜州，"大掠河西鄯、廓等八州，杀其丁壮，劓刖其羸老及妇人……五千里间，赤地殆尽"②。

但吐蕃论恐热率众大掠河西鄯、廓等八州，荼毒生灵，残虐百姓，大失人心，致使部军事下纷纷叛离。拓跋怀光乘机使人进行招降分化，使其势力很快衰落瓦解。大中五年（851），论恐热前来唐朝朝见宣宗，企图得到唐朝的封赏和支持而继续维持对河、渭等州的统治。岂不知，此时唐朝方面已经掌握了主动，具有了反攻吐蕃和收复河陇故地的优势，而论恐热的割据已经成为阻碍唐朝完成统一的力量。结果，史载："吐蕃论恐热残虐，所部多叛；拓跋怀光使人说诱之，其众或散归部落，或降于怀光。恐热势孤，乃扬言于众曰：'吾今入朝于唐，借兵五十万来诛不服者，然后以渭州为国城，请唐册我为赞普，谁敢不从！'五月，恐热入朝，上遣左丞李景让就礼宾院问所欲。恐热气色骄倨，语言荒诞，求为河渭节度使；上不

---

① 《资治通鉴》卷248宣宗大中三年（849），第8039页。
② 《资治通鉴》卷249宣宗大中四年（850），第8044页。

许,诏对三殿,如常日胡客,劳赐遣还。恐热怏怏而去……会久雨,乏食,众稍散,才有三百余人,奔于廓州。"①

可见,论恐热最终的结局是众叛亲离,走投无路。至于其最后的死亡,《新唐书·吐蕃传》记:"咸通二年(861),义潮奉凉州来归……鄯州城使张季颙与尚恐热战,破之,收器铠以献。吐蕃余众犯邠、宁,节度使薛弘宗却之。会仆固俊与吐蕃大战,斩恐热首,传京师。"②这里先记咸通二年(861),鄯州城使张季颙与尚恐热战,但又记回鹘"仆固俊与吐蕃大战,斩恐热首,传京师",似乎尚恐热是在咸通二年(861)被西域回鹘首领仆固俊所杀,语焉不详;而《资治通鉴》却明确记载:咸通七年(866)十月,已经降唐的拓跋怀光,"以五百骑入廓州,生擒论恐热,先刖其足,数而斩之,传首京师。其部众东奔秦州,尚延心邀击,破之,悉奏迁于岭南。吐蕃自是衰绝,乞离胡君臣不知所终"③。相比较而言,后者的记述比较明确可信,即一度飞扬跋扈的论恐热寿终正寝的时间应该是咸通七年(866)。

三 墓志反映的盐州榷盐业及诸城修筑

大中三年(849),陆耽受唐朝派遣,以宣谕使的身份出使吐蕃论恐热部,为唐朝收复三州七关立下了汗马功劳,回来后曾被加官为太仆卿。而由其墓志可知,继之他再次受唐朝委派,"命公领供军粮料使,前往西蕃"。应该是随军前往接管论恐热进献的三州七关及投降事宜。但很快,因其副手违反朝旨受到株连被贬官,所谓:"时其副犯新敕,上怒及公,贬韶州司马,再移晋州别驾。"但不久,陆耽再次受到唐朝起用而受命盐州。墓志曰:"未至部,诏迁

---

① 《资治通鉴》卷249宣宗大中五年(851),第8047页。
② 《新唐书·吐蕃传》卷216,第6108页。
③ 《资治通鉴》卷250懿宗咸通七年(866),第8115页。

赴阙。盐州乌池，利滋边食，是时，羌胡盗占，朝廷病之，思得一人，付其事。皆曰无如陆某比。公至，□相□相视曰：'五原济矣。'上召公别殿与语，公剖擘精悉。翌日，授太子少詹，事往乌池制置。及还，拜盐州刺史、御史中丞兼度支乌池榷税使。"可见，曾先后任灵、盐榷税供军使、营田供军使、河东节度副使等职的陆耽，因熟悉盐州榷盐业及朔方地区的军事、民族等边政情况，在朝野的推荐之下，再次受到了唐宣宗的重用而被擢为盐州刺史、御史中丞兼度支乌池榷税使，受命盐州。

陆耽在盐州刺史兼度支乌池榷税使任上政绩突出，墓志记载到陆耽上任后加强对盐池的管理及提高盐州军事防御能力的事迹，所谓："到数月，威凛惠滂，房辈感伏，筑三城乌池畔，实以戎卒。羌望见缩颈远遁。公以州在御遏地，不宜庳陋，命郭衙门，峻军城，巍嵬坚完，势益以壮。"可见，陆耽在任盐州刺史期间曾在盐州加强了对盐池的管理，增筑和加筑了多城，贡献颇多。

史书记载，当时盐州州治所在的五原县境内有盐池四所：一乌池，二白池，三细项池，四瓦窑池。但至晚唐宪宗元和年间（806—820），据李吉甫撰写《元和郡县图志》时记载，当时只有乌、白二池出盐，谓："今度支收榷，其瓦窑池、细项池并废。"① 据考证，乌池即今定边县北部的苟池，白池即今鄂托克前旗的北大池。② 在唐代，国家实行盐铁专卖，政府对盐铁垄断经营，直至唐元和年间（806—820），盐州的榷盐业不仅是盐州定期向中央进献的重要土贡，更是地方财政收入和边境驻军得到给养的一主要经济来源。尤其在唐代中后期，榷盐税收很长时间为国家重要的赋税来源，至大历末年，盐利岁得六百余万缗，所谓："天下之赋，盐利居半，宫闱

---

① （唐）李吉甫撰，贺次君点校：《元和郡县图志》卷4盐州条，中华书局1983年版，第99页。
② 何彤慧、王乃昂：《毛乌素沙地——历史时期环境变化研究》，人民出版社2010年版，第154页。

服御、军饷、百官禄俸皆仰给焉。"① 至长庆二年（822），唐朝颁发的一道诏书仍称："兵革初宁，实资权筦……如闻淄青、兖、郓三道，往来槖盐价钱，近收其实万贯，军资给费，优赡有余……"② 说明当时青、兖、郓三道的军队给养全靠槖盐。而从陆耽在此前曾任的"灵、盐榷税供军使"一职看，当时朔方灵、盐等州的榷盐税收入也主要就是用来供军，即提供军队给养和军饷。

为了有效管理盐州乌池的榷盐业，唐朝政府为乌池配备了专门的管理机构和人员，史书记载："乌池，在盐州，置榷税使一员，推官一员，巡官两员，胥吏一百三十人，防池官健及池户四百四十人。"③ 今由陆耽墓志可知，榷税使一职还可由刺史兼任。

从陆耽上任后，经过加强对盐州盐场的管理，盐州"盐榷浸复"，"年减省供布之端帛之匹者九十万"，即节省了中央政府为供给军队装备及消费的布帛价值有九十万匹之多。可见，当时的榷盐业的确是盐州地方经济的一大支柱，为军队给养的主要来源。

前文提到，自从唐至德（756—788）、乾元年间（758—760）以后，吐蕃不仅乘安史之乱的危局，占领了唐河西、陇右的大部分土地，而且往往越过原州清水河一线向东威逼灵、盐、夏诸州。从代宗大历年间至穆宗长庆二年（822），近半个世纪以来吐蕃不断地进攻盐州或其周边地区。贞元三年（787）平凉劫盟后盐州城池被吐蕃占领，同年六月，占领盐州的吐蕃守军因粮运不继，疫病流行，乃焚毁盐州城池，掠民西去，盐州重新回到唐朝手中，但此后数十年间，吐蕃多次大军兵临盐州城，对乌、白二盐池长期控制，"塞外无复保障，吐蕃常断灵武与朝廷往来之路"，并侵扰鄜州（今陕西富县）、坊州（今陕西黄陵）。贞元九年（793）唐廷下诏修筑盐州城池，加强了盐州城的防御能力，元和八年（813）盐州曾改隶夏州。

---

① 《新唐书》卷45《食货志四》，中华书局1975年版，第1378页。
② 《唐会要》卷88《盐铁》，上海古籍出版社2006年版，第1905页。
③ 《唐会要》卷88《盐铁·盐铁使》，第1910页。

贞元九年（793）二月，唐朝颁发《城盐州诏》，下令重新修筑盐州城，其规模之大，堪称安史之乱以后最大的一次筑城活动。其间，唐廷几乎动用了能动员的京西北各种军事力量，诏发兵三万五千人筑盐州城。为了配合筑城，又诏泾原、山南、剑南各发兵深入吐蕃，以牵制其势。筑城二十余日而毕，命盐州节度使杜彦光成之，命朔方军都虞候杨朝晟帅兵戍木波堡（今甘肃环县东南），由是灵武、银夏、河西等地才不受吐蕃侵扰。

盐州城的第二次修筑是在宪宗元和十五年（820）。元和十四年（819）十月吐蕃共出动十五万大军，党项也发兵助战，围攻盐州城达二十七日之久。元和十五年（820）冬，吐蕃再出动十五万大军围攻盐州，盐州刺史李文悦奋力抵抗，昼夜防拒，城防设施毁坏甚多，在打退吐蕃的围攻后，唐廷又下诏修复盐州城，在修筑城池的同时，唐廷还不遗余力地加强盐州城的相关配套设施建设，力争强化对盐州的控制和增强其防边御敌的能力，大约在该时期盐州境内已经置立了保塞军，盐州的战略位置更见突出。对于盐州境内置有保塞军，以及该军设置于何年，其他史书缺载，但据《册府元龟》贞元十九年（803）盐州境内已设有保塞军，其中记："李兴翰（乾）为盐州兵马使，贞元十九年以为盐州刺史，保塞军使，左神策行营兵马使，其剑南东川西川兵在州者，皆俾兴翰（乾）主焉。盐州军使便宜得专达于上，盐州自此不隶夏州。"① 经与《通鉴》及两唐书有关记载比对，此记载"翰"为"乾"的误抄，李兴乾始任盐州刺史的时间，也的确在贞元十九年（803），说明《册府元龟》关于保塞军的记载是可信的。而今由陆耽墓志所记其上任盐州刺史后有"命郭徇门，峻军城"的事迹，正说明盐州境内是设有保塞军的，至于始建于何时无考，史书前代无见，但从吐蕃攻占河陇以来盐州地位的凸显来分析，很可能就是在唐贞元年间（785—805）始建。

唐代中后期，朔方地区除受到来自吐蕃的威胁外，党项也是叛

---

① 《册府元龟》卷78《帝王部·委任二》，第899页。

附无常而时时威胁朔方及关中安全的一大势力。大中年间（847—860），党项对盐州盐池的威胁，史书有记载，其中曰："自大中四年（850），党项叛扰，馈运不通，供军使请榷市河东白池盐供食。其白池属河东节度使，不系度支。"① 陆耽上任盐州刺史的时间大约就在大中三年（849）至大中十一年（857）之间，则墓志所谓此时盐州面对的"羌"主要就指党项。而且由上引史料可知，当时的白池是属于河东节度使所管，尽管盐州白池县地近白池，但白池并不属于盐州，此也为陆耽所任盐州刺史度支乌池榷税使这一职务并不包括白池所印证。

从陆耽墓志可知，在他上任盐州刺史以后，首先加强了对乌池的控制管理，"筑三城乌池畔，实以戎卒。羌望见缩颈远遁"。而此也反映出，对于盐州乌池榷盐业的争夺，实乃当时各民族或政权争夺盐州的一重要原因。

另外，针对盐州的战略位置，陆耽"以州在御遏地，不宜庳陋，命郭衙门，峻军城"。因盐州位处南北交通要冲，军事交通位置极其重要，所以陆耽上任后不仅为州衙门所在的州城建筑了外郭城，还进而加筑了在州境内的保塞军军城。正是因为陆耽整体上强化了对盐州的控制和增强了其防边御敌的能力，并重新开通了挽粮旧道，于是道路开始畅通，背井离乡的盐州人民重归家园，墓志所谓："前以道梗，商惧不至，州人懦者馁死，壮者族逃。及是，寄声相呼，负挈来复。"

唐代盐州城的旧址，是多年来学界颇有争议的问题。② 近年来学术界将唐盐州城的位置较普遍地确定在今定边县境内。但至今已在定边县境内找到包括定边县县城新区、沙场古城、营盘台古城在内的多个古城遗址。由陆耽对于盐州乌池筑城防御的史事及其增筑州

---

① 《唐会要》卷88《盐铁·盐铁使》，第1910页。
② 学界对于唐代盐州城址的争议，参见何彤慧、王乃昂《毛乌素沙地——历史时期环境变化研究》，第152—156页；艾冲《唐蕃争夺的盐州治城新考》，《唐史论丛》第十六辑，陕西师范大学出版总社有限公司2013年版。

衙所在的州城郭城，加筑保塞军城的史事，我们得知，唐代对于盐州城的修筑，不仅包括已知的贞元九年（793）及元和十五年（820）的两次，还应该包括大中年间陆耽在任盐州刺史期间的大规模修筑，而且由此也得知，今天我们见到的唐代的盐州古城遗迹，应该是包括州治城、军城，及三座乌池环卫城在内的多个城址。而且从贞元年间与吐蕃对峙的形势来分析，保塞军城应该是为保卫州治城而设，其方位应该是在吐蕃东犯盐州的要道上，即军城在西，州城在东。州城地处总挽东西南北交通之要冲，应该是该地区水源充足、地势开敞、自然条件相对较好的位置。综合考察定边县境内的多个古城遗址，结合县城新区古城址的位置、时代特点、文物遗存等，笔者还是倾向于贞元九年（793）以后修筑的唐代盐州治城为今定边县城新区之说。

陆耽墓志

（本文原载于《中国边疆史地研究》2014 年第 3 期）

《唐丞相孙偓墓志》考释

孙偓墓志拓片已公布①，据拓片墓志呈长方形，长约100厘米，宽约70厘米。墓志较完整，文字清晰，楷书阴刻。志文共50行，满行36字。全文共计1604字，标题为："唐丞相梁司空致仕赠司徒乐安孙公墓志铭并序"，书丹者为孙偓长孙孙璨。根据志文，墓主孙偓逝后与其妻燕国夫人合葬祖茔，葬地应该在"河南府河南县平乐乡杜郭村"，即今河南省洛阳市孟津县平乐镇一带。因墓志涉及唐末、五代史颇多，可以补正史书之缺。兹将墓志录文标点如下：

唐丞相梁司空致仕赠司徒乐安孙公墓志铭并序
凤翔四面行营都统、金紫光禄大夫、门下侍郎、兼礼部尚书、同中书门下平章事、监修国史、判度支盐铁诸道转运等使、上柱国、乐安郡开国侯、食邑一千户，讳偓，字龙光，魏郡武水人也，故属乐安。盖齐大夫书之后，至晋长秋卿道恭，有子曰顗，避地河朔，后世居焉。顗五世孙，魏光禄大夫惠蔚，为本朝大儒。自时厥后，不陨其业。光禄玄孙之孙嘉之，开元年

---

① 墓志拓片《洛阳新获墓志》（二〇一五）已刊，墓志录文、标点参考此书略有修改。参见齐运通、杨建锋主编《洛阳新获墓志》（二〇一五），中华书局2017年版，第368页。此墓志所涉史事学界已有考释和疏证，但各有侧重，颇多不同，参见夏婧《孙偓行实考》，《唐研究》第二十四卷，北京大学出版社2019年版，第431—462页；刘亚龙、金身佳：《〈唐丞相孙偓墓志铭〉考释》，《牡丹江大学学报》2019年第10期，第80—83页。

宋州司马致仕。有子四人，逊、逷、遘、造。府君即遘之曾孙也，皇任左补阙、赠工部侍郎。祖起，皇任滑州白马县令，赠右仆射。父景商，皇任天平军节度使，谥曰康。府君乃第五之嫡子也。统冠擢第，释褐丞相府。僖宗幸蜀孔公辟户部巡官，首状监察，太常博士，朱绂自工部员外，出牧集郡。历比、勋二员外、刑户司封三正郎。太师崔公节镇许、滑，兼领租庸，署为判官，奏御史中丞。时博野、奉天久积嫌疊，密迩行在，动系安危。僖宗召以谏议大夫，将命和解。振儒服而冒白刃，同列皆相为戢栗。曾未浃旬，竟排其难。又以初平襄邓，将还旧都。两蜀交锋，贡输不入。始命大臣张浚，自左绵告疾而回，中外佥论非府君不可。皇帝临轩慰勉，面锡金紫，奔一车之命，践不测之地。凤驾载燧，复安二境。济大行山陵之用，昭宗郊天之费，皆府君之力也。后为同人所谮，左迁黔巫。居二年，拜秘少、太常少卿，再授大谏，宣抚南方数镇。时刘建锋宛陵败衄之后，因陷长沙。府君自衡、永奔程，躬往慰劳。建锋遵命，遂绝他图。通五岭之贡输，安一军之危骇。厥后以群情所属，付之于列校。楚王马殷遵奖之道，朝廷至今赖焉。复命拜给事中，每一上疏，□引国朝故事。及黄寇犯阙，蔡人跋扈十五年，乱之根本，繇是宸衷注意，竟用为相。明年，自户部侍郎转中书侍郎兼判户部。府君大拜之后，自冬及春，京畿微旱，每对扬便殿，多轸圣虑。府君引周文掩枯骨之义，请雪故宰臣李磎，及归葬之日，其夕大雪，是岁丰稔。当右辅拒命，大驾东巡，一夕初幸渭桥，苍卒莫知所诣。及决驻跸之地，乃自府君首谋。旋即三贡封章，陈乞请罪。批答不允，曰：街亭之败，罪由马谡。丞相引过，朕乃愧焉。寻又独谏亲征，请为统帅，乃署夏州节使李思谏为副，领蕃汉步骑十数万众，已压敌境，几成大功。时有朱朴者，自毛诗博士状委重任。近年以李丞相之大用，刘紫微之抱麻，贬黜屡行，雷霆未息。三署虽极测目，逾岁不敢措词，得以结构宦阁，密连磐石，既侵正道，将固深根。府君率首座徐公同署论奏，议不比肩，上旨未回，徐公一状而退。府君坚执三表，终罢剧权。凡所力定中外，再安兆人。不顾一时危亡，以全社稷大计。复为邪佞所嫉，竟窜逐荒。皇帝明年谒庙霈泽，移归州刺史。东迁三岁，复资大议，其秋转太常卿。梁朝禅位，七诏急征。初以御史大夫迁刑部尚书，转右仆射。坚卧不行，卒全素志。府君忠孝之道，两不亏焉。咸通以都尉叔舅秉权，府君首率诸弟兄，扶持板舆，东避洛、沘。及于公南迁，瓜葛无有免者，独府君昆仲不挂纤毫。时论喧然，莫不称誉。亲兄储，咸通十五年及第，七任丞郎尚书，三移重镇。是以季仲同时将相，朱紫相映，登朝籍者七人，鲜矣。自国初盛词科之后，手足迭升五榜者，又鲜矣。繄是棣萼之盛，友爱之分，首出士族。府君爰立之日，仲兄方任礼部尚书。三表推让，恩诏不许。府君初丁先夫人之忧，居丧刺血，写佛经苫庐前，乃产芝草，志秘其事。府君自丁巳之后，二十年间，栖必云水。约钱朗少卿为诗酒之友，约王屋僧遁凞为琴松之友。或衣短褐，或泛扁舟。自匡庐远抵罗浮，出桂岭再之衡岳。五老峰下，创无碍之居，仙洞禅庵无不游历，皆有题纪。丞相登绝顶者，自元和中李泌先生，府君继焉。府君亦称方广居士。方广寺者，罗汉旧居，车辙原至今存焉。府君顷受道箓于杜先生，尤精释氏，少探玄理，有诗集一千余首。故丞相仆射崔公为序，每一言一咏，未尝不歌颂唐德。超悟了达，多与南方善知识语话，或形于问答，深尽性宗。丁丑岁，自南岳拜司空致仕。明年，沿汉北归，遇蒲华之难，退于邓州西界，寝疾，逾月，贞明五年岁在己卯，三月七日薨于淅川院避地，春秋七十有六。家人出其遗书，乃去年六月十二日真迹，曰：久住劳人，吾欲他去。府君自簪仕至悬车，扬历三十九任，而乃葆光用晦，体道安贞。直以全诚，未尝忤物。勇于为善，不好立名。天佑之后，大臣全名节寿终者，一人而已。前娶姑臧李氏，再郑氏，薨于长沙，汉衡护丧先归。长子溥，进士及第；次汉衡，娶郑氏。长孙璨、次孙瑚，娶老舅女。汉衡其月十六日与璨扶护东归，四月廿四日合祔燕国夫人，礼也。文公撰五代祖墓志云：北据岗阜，南瞻城阙。今卜真宅，永从先茔。小子号奉遗命，泣血而书。临难致君，慷慨忠烈。避贵养亲，昭彰孝节。辞荣乐道，冲□英哲。销磨奸邪，见事明澈。远害全身，始终无缺。谷变陵迁，令问不灭。

璨书

一 孙偓家世及其生平事迹考

志主孙偓，《新唐书》有传。志文标题："唐丞相梁司空致仕赠司徒乐安孙公墓志铭"，由"乐安孙公"可知墓志主出自乐安孙氏一支。志文曰："讳偓，字龙光，魏郡武水人也，故属乐安。盖齐大夫书之后，至晋长秋卿道恭，有子曰顗，避地河朔，后世居焉。顗五世孙，魏光禄大夫惠蔚，为本朝大儒。自时厥后，不陨其业。光禄玄孙之孙嘉之，开元年宋州司马致仕。有子四人，逖、通、遘、造。""齐大夫书"即为"孙书"，为田齐后代，是妫姓孙氏的得姓始祖，孙书之孙即为孙武，亦是志主孙偓的祖先。《元和姓纂》卷四载"安乐孙氏"所记与之合。孙偓先祖孙惠蔚，为北魏光禄大夫，精通经学，曾任北魏宣武帝元恪侍讲。其在《魏书·儒林传》中有载，"孙惠蔚，字叔炳，武邑武遂人也，小字陀罗。自言六世祖道恭为晋长秋卿，自道恭至惠蔚世以儒学相传"[1]。孙惠蔚初名孙蔚，宣武帝正始年间，因侍讲佛经有功，由宣武帝加"惠"字，号"惠蔚法师"。志文云孙惠蔚为北魏大儒，其家"自时厥后，不陨其业"，可谓是以经学传家。乐安孙氏在唐代中后期更是人才辈出，自孙嘉之之后，其家族多出文士、官员，颇有文学士族之风。

---

[1] 《魏书》卷84《儒林传》，中华书局2017年版，第2001页。

孙嘉之有子四人，即孙逖、孙遹、孙遘、孙造，其中以孙偓曾伯祖孙逖最为知名。孙逖大约生活在开元年间（713—741），曾任考功员外郎，多有俊才出其座下，史书记载，经其荐拔者，"初年则杜鸿渐至宰辅，颜真卿为尚书。后年拔李华、萧颖士、赵骅登上第，逖谓人曰：'此三人便堪掌纶诰。'"① 志主孙偓曾祖父孙遘，志文称其为左补阙、赠工部侍郎。《唐故滑州白马县令乐安孙府君（起）墓志铭》中记："左补阙、亳州长史讳遘之第二子也"②，可知孙遘还曾任亳州长史。孙偓祖父孙起任滑州白马县令，史籍无载。《新唐书·孙偓传》载："孙偓，字龙光。父景商，为天平军节度使……兄储，历天雄节度使，终兵部尚书。"《新唐书·宰相世系表》记载孙景商七子为：备、储、伾、俭、偓、伉、侑③，与志文"府君乃第五之嫡子也"相合。

孙偓在《新唐书》有传，但十分简略："孙偓，字龙光。父景商，为天平军节度使。偓第进士，历显官，以户部侍郎同中书门下平章事，迁门下，为凤翔四面行营都统。俄兼礼部尚书、行营节度诸军都统招讨处置等使。"④ 由志文"统冠擢第，释褐丞相府"可知，孙偓为状元及第。此事于徐松《登科记考》中有载：（乾符）五年（878）戊戌"进士三十人：孙偓，状元"⑤。根据墓志记载，孙偓死于贞明五年（919），享龄七十六岁，可知其状元及第时年三十五岁，正值风华正茂之时，释褐丞相府。丞相府任官后，孙偓又在尚书省任职，其先后任户部巡官、工部员外郎、比部员外郎、司勋员外郎、司封郎中，皆为从六品上或从五品上的清要之官。但以上孙偓所任郎官不见于劳格、赵钺《唐尚书省郎官石柱题名考》，志

---

① 《旧唐书》卷190《文苑传中》，第5044页。
② 吴钢主编：《全唐文补遗（第七辑）》，三秦出版社2000年版，第89页。
③ 《新唐书》卷73《宰相世系三下》，第2959—2961页。
④ 《新唐书》卷183《孙偓传》，第5386页。
⑤ （清）徐松：《登科记考》卷23《唐僖宗惠圣恭定孝皇帝》，中华书局1984年版，第875页。

文内容可补石柱题名之缺。

志文称："太师崔公节镇许、滑，兼领租庸，署为判官，奏御史中丞。""太师崔公"当为镇压王仙芝、黄巢的崔安潜，其死后被追赠太子太师。按其本传云："咸通中，累历清显，出为许州刺史、忠武军节度观察等使。乾符中，迁成都尹、剑南西川节度等使。黄巢之乱，从僖宗幸蜀。王铎为诸道行营都统，奏安潜为副。"① 据史书记载，至少在乾符三年（876）、四年（877），崔安潜仍在许州任上负责镇压农民起义，"（乾符三年）八月，（王）仙芝陷阳翟、郏城，诏忠武节度使崔安潜发兵击之"②。随后，黄巢挥师西进，于广明元年（880）十二月占据长安，崔安潜随僖宗仓促幸蜀。中和元年（881）七月，"（僖宗）车驾至西蜀……以侍中王铎检校太尉、中书令，兼滑州刺史、义成军节度、郑滑观察处置，兼充京城四面行营都统；以太子太保崔安潜为副……遣郎官、御史分行天下，征兵赴关内"③。从此段记载中可以看出，孙偓作为郎官亦随驾幸蜀，并被派遣出蜀，征兵镇压起义军。乾符三年（876）崔安潜在许州任上时孙偓尚未释褐，从时间上考虑，其在崔安潜幕府中担任判官当是在中和元年（881）崔安潜"节镇许、滑"之后。志文称崔安潜"兼领租庸"。众所周知，唐自德宗之后，改租庸调制为两税法，租庸使一职便废。此时兼领租庸，自然是为了战争军粮需要。孙偓于崔安潜幕府中担任判官并检校御史中丞，在幕府中应该负责"租庸"之事，志文如此安排，应该正是为下文征收两蜀贡输一事张本。

志文云："时博野、奉天久积嫌衅，密迩行在，动系安危。僖宗召以谏议大夫，将命和解。振儒服而冒白刃，同列皆相为战栗。曾未浃旬，竟排其难。"《旧五代史·李茂贞传》有载："唐乾符中，

---

① 《旧唐书》卷177《崔慎由传弟安潜附传》，第4580页。
② 《资治通鉴》卷252僖宗乾符三年（876），第8306页。
③ 《旧唐书》卷19《僖宗本纪》，第711页。

镇州有博野军，宿卫京师，屯于奉天"①，"博野、奉天"即为驻扎在奉天的博野军。唐僖宗时，此军由奉天镇使齐克俭所领。中和二年（882），齐克俭为"左右神策内外八镇兼博野、奉天节度使……（十二月）加奉天节度使齐克俭……同平章事"②。齐克俭史籍记载较少，唯《新唐书》中记载了其守兴平，起义军不克之事。至于志文所谓"久积嫌疐"，揆诸史籍可以发现，广明元年（880）十二月，博野奉天军曾有叛变行为。时黄巢军攻占潼关，奉天援军二千救援不及，遂返渭桥，"博野、凤翔军还至渭桥，见所募新军衣裘温鲜，怒曰：此辈何功而然，我曹反冻馁！遂掠之，更为贼向导以趣长安。"③博野军此番行为，直接导致了关中门户大开，京师沦陷，可谓"久积嫌疐、动系安危"！动乱之际，博野奉天军的兵变行为绝不止一次，志文所载或许是其中之一。齐克俭后为使相，拥兵一方，其中应有孙偓调和之功。

　　黄巢起义后中原大乱，藩镇割据，贡赋时常难达中央。两川之地历来为唐廷重视，其贡赋对维系唐王朝统治至关重要。正是有之前在崔安潜幕府里的理财经验，此次两川征收贡赋一事才"中外佥论非府君不可"。僖宗崩于文德元年（888）三月，十二月葬靖陵；昭宗龙纪元年（889）十一月，"己丑朔，将有事于圜丘"。据志文记载，这两次大型活动的开支都是孙偓于两川征收贡输所得。但随后志文称，孙偓被人所谮而贬官，两年后任秘书少监、太常少卿、谏议大夫，后宣抚南方数镇，这些经历均不见于史籍。志文云："时刘建锋宛陵败衄之后，因陷长沙。府君自衡、永奔程，躬往慰劳。"据《旧唐书》载，乾宁元年（894）五月，"蔡贼孙儒部将刘建峰攻陷潭州，自称湖南节度使"④。"蔡贼"一词多见于两《唐书》，是对蔡州地区作乱藩镇的称呼，如秦宗权、孙儒、刘建锋、马殷等人，

---

① 《旧五代史》卷132《世袭列传》，第1737页。
② 《资治通鉴》卷254 僖宗中和二年（882），第8370、8385、8405页。
③ 《资治通鉴》卷254 僖宗广明元年（880），第8360页。
④ 《旧唐书》卷20《昭宗本纪》，第751页。

他们相互之间多为上下属关系，为人残暴，多行烧杀抢掠之事，唐廷对其多采取恩威并施的举措。孙偓此时正在湖南节度使境内，负责宣慰节镇。志文称"建锋遵命，遂绝他图"，难免有夸大之处，不过是相互之间的暂时妥协而已。随后，唐廷在乾宁二年（895）四月"戊戌，以刘建锋为武安节度使。建锋以马殷为内外马步军都指挥使"①。武安节度使治所在潭州（今长沙），可见唐廷被迫承认了刘建锋强取的节度使地位。次年，"湖南军乱，杀其帅刘建锋"②，三军立其部将马殷为兵马留后。马殷为五代十国时期南楚的开国君主，其武安节度使兵马留后的身份也成为其后来割据一方的政治资本。后马殷称臣于后梁，朱温封其为楚王，加天策上将军、尚书令，故志文称"楚王马殷遵奖之道，朝廷至今赖焉"。

按照志文说法，湖南事情平息后，孙偓便回朝任给事中，后拜为相。志文未载孙偓任京兆尹一事，根据时间推测，他为京兆尹应是回京任给事中之后的事情。因《新唐书》载，乾宁二年（895）十月，"京兆尹孙偓为户部侍郎、同中书门下平章事"③。可见孙偓是以京兆尹的身份拜相，这与志文稍有出入。但据《旧唐书》载，乾宁三年（896）九月，"以京兆尹孙偓为兵部侍郎、同平章事"④。两书关于孙偓拜相的时间相差近一年，恐有一误。《资治通鉴》将此事记为乾宁二年（895）十月，与《新唐书》一致，但其内容却是引自《旧唐书》⑤。结合志文分析，李茂贞进犯京师是在孙偓拜相之后，换言之，乾宁三年（896）七月之前孙偓已为宰相。《旧唐书》关于孙偓拜相的时间记载恐有误，其错误应该是在后世传抄、刊刻中才出现的。至于其本官不一致的问题，或是其迁官过频，两书引

---

① 《资治通鉴》卷260昭宗乾宁二年（895），第8589页。
② 《旧唐书》卷20《昭宗本纪》，第758页。
③ 《新唐书》卷10《哀宗本纪》，第292页。
④ 《旧唐书》20《昭宗本纪》，第760页。
⑤ "以京兆尹武邑孙偓为兵部侍郎、同平章事。"参见《资治通鉴》卷260昭宗乾宁二年（895），第8597页。

用材料不同所致。

志文曰："当右辅拒命,大驾东巡,一夕初幸渭桥,苍卒莫之所诣。及决驻跸之地,乃自府君首谋……寻又独谏亲征,请为统帅,乃署夏州节使李思谏为副,领蕃汉步骑十数万众,已压敌境,几成大功。"此为征讨李茂贞之事,下文再论。后梁建立后,李茂贞并未臣服,仍用唐代年号。墓志撰者以此官冠孙偓名,用意明显。志文所记李思谏与宰相孙偓出兵征讨李茂贞一事惜未成行,但也是党项忠心事唐的重要表现。

按《资治通鉴》说法,乾宁三年(896)九月,孙偓任凤翔四面行营都统,"又以前定难节度使李思谏为靖难节度使,兼副都统"①,此皆与志文合。李思谏为党项族的首领李思恭的弟弟,领定难军节度使,驻夏州。思恭原姓拓跋,因协助唐王朝平定黄巢起义有功而被赐姓李。彼时唐廷能控制的军队所剩无几,志文所谓"蕃汉步骑十数万众"当是指李思谏的军队无疑。按照吴广成《西夏书事》的说法,李思谏"(乾宁四年)秋九月奉诏讨李茂贞,授凤翔行营四面副都统,当时兴元、邠宁、鄜坊、河中、同华诸镇之兵并起交争,惟夏州不为唐患,朝廷宠锡优异。时凤翔李茂贞复以兵逼京畿,神策诸军不能御,昭宗奔华州,诏加思谏副都统,命帅师与凤翔四面行营都统孙偓会诸道军讨之,茂贞寻上表请罪,愿得自新,师不出"②。可见,在藩镇相继为乱的时候,党项部并未乘人之危,反而屡次出兵勤王,这从数年前黄巢起义中党项部的表现中可见一斑。黄巢进入长安后,党项部便"纠合夷、夏兵会鄜延节度使李孝昌于鄜州,同盟讨贼"③。因夏绥节度使诸葛爽已投降黄巢,朝廷以"拓跋思恭权知夏绥节度使",屯兵武功,后与黄巢军战于土桥。中和元年(881)七月,拓跋思恭与李孝昌屯兵东渭桥,黄巢遣朱温

---

① 《资治通鉴》卷260昭宗乾宁三年(896),第8614页。
② (清)吴广成:《西夏书事》卷一,北平隆福寺文奎堂1935年版,第12页。
③ 《资治通鉴》卷254僖宗中和元年(881),中华书局2011年版,第8370页。

相拒。战事起后拓跋思恭败退，后至富平亦败于朱温，党项部"奔归本道"。① 党项拓跋思恭率部忠诚事唐，为表彰其勤王之举，朝廷特赐夏州军号为定难军。中和二年（882）正月，以拓跋思恭为京城西面都统，定难军屯于渭桥。据《西夏书事》载，中和三年（883）夏四月，"定难军节度使拓跋思恭从雁门节度使李克用复长安。思恭奉诏从克用讨贼，连败贼将尚让、黄揆兵。进军渭南，与克用将杨守宗、河中将白志迁等击贼，一日三捷，贼众奔溃。诸军自光泰门入京城，黄巢焚宫阙遁"②。可见党项部在镇压黄巢起义的过程中立下大功，其与唐廷的关系曾经可谓休戚与共，所以唐昭宗此次欲征讨李茂贞，在神策诸军不能行的情况下，又一次将勤王的重任交予党项部。然而此次孙偓、李思谏并未行军，此事亦见于《新五代史》李茂贞本传，"昭宗出居于华州。遣宰相孙偓以兵讨茂贞，韩建为茂贞请，乃已。久之，加拜茂贞尚书令，封岐王"③。由于韩建担心诛灭李茂贞后无法牵制河东李克用势力，威胁华州安危，遂替其求情，征讨李茂贞一事暂罢。乾宁四年（897）正月"罢孙偓凤翔四面行营节度等使，以副都统李思谏为宁塞节度使"，胡三省注云"赦李茂贞，故罢凤翔四面行营"④。这也与志文所言孙偓"已压敌境，几成大功"相合。按照志文说法，此次征讨李茂贞一事为孙偓所谏，计划流产之后不久，孙偓即被罢相，这其中由韩建、李茂贞沆瀣一气，共同运作是显而易见的。

志文又曰："时有朱朴者，自毛诗博士状委重任。"按《旧唐书》载，乾宁四年（897）"五月乙亥朔，以国子博士朱朴为右谏议大夫、同平章事"⑤，《旧唐书》朱朴任相时间记载恐有误。《新唐书》、《资治通鉴》乾宁三年（896）八月当是确载。朱朴"腐儒木

---

① 《资治通鉴》卷254 僖宗中和元年（881），第8378—8382页。
② （清）吴广成：《西夏书事》卷1，北平隆福寺文奎堂1935年版，第6—7页。
③ 《新五代史》卷40《杂传》，中华书局1974年版，第431页。
④ 《资治通鉴》卷261 昭宗乾宁四年（897），第8620页。
⑤ 《旧唐书》卷20《昭宗本纪》，第762页。

强，无他才技"，按照志文说法，其"贬黜屡行，雷霆未息。三署虽极，测目逾岁"，是个颇为强硬的官员，而且勾结宦官，败坏政治。《资治通鉴》也记载其"为人庸鄙迂僻，无他长。制出，中外大惊"①，可见朱朴确实不堪相才。乾宁四年（897）二月，在韩建的诬陷下，孙偓、朱朴同时被罢相，孙守本官，朱为秘书监。八月"贬礼部尚书孙偓为南州司马。秘书监朱朴先贬夔州司马，再贬郴州司马"②。从此记载来看，孙、朱二人好像在政治上共进退，颇有盟友之嫌，但志文给我们提供了新的视角，即孙、朱二人并不和，且朱朴的倒台，孙偓功莫大焉。志文载孙偓"率首座徐公同署论奏……府君坚执三表，终罢剧权"，很明显是说孙偓在宰相任上，三次上书反对朱朴乱政，最终使其罢相。孙偓与朱朴的不和被韩建利用，藩镇得以借此除掉了昭宗身边的左膀右臂。

至于志文所云"复为邪佞所嫉，竟窜遐荒"，当是指孙偓被远贬南州一事。《唐大诏令集》中收有贬孙偓为南州司马的制文《孙偓南州司马制》③从制文可以看出官方对于此事的态度，孙偓被罢相的理由是未能匡救艰危，这显然是一种托词。而其由礼部尚书贬为南州司马的理由为谏臣云其"取戾不已"，但却未明言是何罪过。孙偓为何被罢相，前文已述应是韩建的计划，其有挟天子以令诸侯之便，对于不服从于自己的朝官，即便宰相亦能罢之。韩建向来反对昭宗利用亲王典兵，乾宁四年（897）八月，其勾结枢密使刘季述矫诏杀十一王，权势进一步扩大。孙偓亦在同月被远贬南州，显然是韩建在政治上的打压。

志文云："皇帝明年谒庙霈泽，移归州刺史"，当是指光化元年（898）李茂贞、韩建与李克用暂时休兵，八月昭宗返京，赦天下，

---

① 《资治通鉴》卷260 昭宗乾宁三年（896），第8613页。
② 《资治通鉴》卷260 昭宗乾宁三年（896），第8627页。
③ （宋）宋敏求：《唐大诏令集》卷58《孙偓南州司马制》，商务印书馆1959年版，第311页。

改元光化，孙偓遇赦改迁归州刺史一事①。从任归州刺史到"东迁三岁"之间，志文无载，笔者推测孙偓当一直在归州任上。天祐元年（904）昭宗在朱全忠挟持下迁都洛阳，八月朱全忠弑昭宗，更立唐哀帝。唐哀帝不过十三岁，政权完全落入朱全忠手中，朱氏篡位之心日显，急于传禅，然由于此前为了便于控制朝政，朱全忠大量贬黜朝官，以至于"或门胄高华，或科第自进，居三省台阁，以名检自处，声迹稍著者，皆指为浮薄，贬逐无虚日，搢绅为之一空"②。在此背景下，志文所云"复资大议，其秋转太常卿"，很可能是朱全忠招笼人心的手段，太常卿为正三品高官，掌"邦国礼乐、郊庙、社稷之事"③，朱氏欲受禅，必然想借重其影响力来号召人心。不过，通过对志文的分析，笔者推测孙偓应该未赴太常卿之任。唐梁易代之际，士人对于新朝的态度不一，有积极参与传禅的唐官，如柳璨、蒋玄晖、薛贻矩等人；亦有如杨凝式等反对禅让的官员。而后梁对于唐官的态度亦有差别，朱全忠即皇帝位后，以薛贻矩为相，来表彰其在传禅之中的功劳；但对于曾任传禅册礼副使的苏循却以其卖国求利之由而令致仕，其子苏楷斥归田里。可见在此复杂背景下，官员的任免极为随意，从志文可知，孙偓被后梁"七诏急征。初以御史大夫迁刑部尚书，转右仆射"。按照志文说法，孙偓并未出仕梁朝，其自罢相贬官后"二十年间，栖必山水"，似与朝政无涉。笔者也未在史籍中找出孙偓曾任后梁官的记载。但考虑到墓志惯常的掩饰之语，我们亦不能断言孙偓完全"不食梁粟"。他于丁丑岁（贞明三年，917）拜司空致仕，可知其并未完全远离仕途。他二十年游山玩水，结交佛、道、士人，可能得益于后梁政权的巧妙周旋，所谓"天祐之后，大臣全名节寿终者，一人而已"，应该是对他的溢美之词。

---

① 查郁贤皓《唐刺史考全编》山南东道归州条，未见孙偓，志文可补其缺。其书归州刺史记至乾宁初为止，根据志文描述，孙偓任归州刺史或从光化元年（898）八月至天祐三年（906）。
② 《资治通鉴》卷265昭宣帝天祐二年（905），第8762页。
③ （唐）李林甫：《唐六典》卷14，中华书局2014年版，第394页。

墓志后部分叙述孙偓生平之事，与政事无涉。志文云："咸通以都尉叔舅秉权，府君首率诸弟兄，扶持板舆，东避洛、汭。及于公南迁，瓜葛无有免者，独府君昆仲不挂纤毫。时论喧然，莫不称誉。""都尉叔舅、于公"即咸通年间宰相于琮。据孙偓父亲孙景商墓志铭载："夫人河南于氏……敖之女"①，可知孙偓母亲为于敖之女，《旧唐书》于敖本传载："四子：球、珪、璹、琮，皆登进士第"②，于琮娶唐宣宗之女广德公主，授驸马都尉，咸通八年（867）于琮为相，此与"咸通以都尉叔舅秉权"合。志文所言"于公南迁"为咸通十三年（872）于琮为韦保衡所谮而贬官一事，于琮被贬案涉及人员颇多，皆是与其为善之人，确是"瓜葛无有免者"，但孙偓家族作为姻亲却能够幸免，多亏孙偓率诸兄弟逃到洛阳。彼时孙偓尚未释褐，不及而立之年。志文提及此事，应是称赞其临危不乱的品质。

志文云："府君自丁巳之后，二十年间，栖必山水"，乾宁四年（897）为丁巳年，此年孙偓南贬，至其身死共22年，大致相符。志文云其云游山水，志于佛道、文章，似是连年战乱，其早已不在南州、归州任上。后梁建立后，孙偓有右仆射的加官，生活上应该较为优渥。志文云："丁丑岁，自南岳拜司空致仕"，时在后梁贞明三年（917）。次年孙偓，"沿汉北归，遇蒲华之难，退于邓州西界……贞明五年岁在己卯，三月七日薨于淅川院避地"。邓州西有淅水，在今河南省淅川县境内，孙偓当殁于此处。贞明五年"扶护东归，四月廿四日，合祔燕国夫人，礼也"。孙偓死后，其子孙"扶护东归"，当是与其夫人合葬，且应从父兄葬河南县祖茔。

二　孙偓与党项李氏的关系及与晚唐政局

本志文的一大价值，就在于印证和补正晚唐政局的波诡云谲与

---

① 吴钢主编：《全唐文补遗》（第六辑），三秦出版社1999年版，第173页。
② 《旧唐书》卷149《于休烈传于敖附传》，第4010页。

更多内幕。而且有意思的是，几次重大事件，都有孙偓与党项李氏的重要参与及默契配合。

其一，僖宗幸蜀与镇压黄巢起义。在黄巢占据长安，僖宗仓促幸蜀之际，孙偓作为郎官随驾幸蜀，后被派遣出蜀，征兵镇压起义军，为唐王朝的救亡图存立下了汗马功劳。孙偓与党项李氏最初建立关系，应该正是在孙偓这次出蜀征兵期间。而作为唐朝属蕃兼方镇的党项李氏，也正是在这次镇压起义军的过程中力挽狂澜而显著史册。就在广明元年（880）十二月黄巢进入长安后，党项李氏便及时出兵平叛。《资治通鉴》僖宗中和元年（881）三月记："宥州刺史拓跋思恭，本党项羌也，纠合夷、夏兵会鄜延节度使李孝昌于鄜州，同盟讨贼……以拓跋思恭权知夏绥节度使。"①

随后，拓跋思恭成为平叛的主要力量，不断被委以重任并频频立功。随之，"鄜延节度使李孝昌、权夏州（绥）节度使拓跋思恭屯东渭桥"②，紧逼黄巢军，同时切断了黄巢军东面的补给线。中和元年（881）八月，"以权知夏绥节度使拓跋思恭为节度使"③；十二月，"赐夏州号定难军"④。次年正月，唐朝再委其重任，"以右神策观军容使西门思恭为诸道行营都都监。又王处存、李孝昌、拓跋思恭为京城东北西面都统"⑤，完成了对黄巢军的包围。此后经一年时间的围困，朱温降唐，李克用等大军力战，黄巢退出长安并最终被绞杀。结合《新唐书·党项传》记来看，在平叛的关键时刻，党项拓跋思恭不仅被任命为都统，还不断被加官晋爵，所谓："中和二年（882），诏为京城西面都统、检校司空、同中书门下平章事。俄进四面都统，权知京兆尹。贼平，兼太子太傅，封夏国公，赐姓

---

① 《资治通鉴》卷254 僖宗中和元年（881），第8249页。
② 《资治通鉴》卷254 僖宗中和元年（881），第8256页。
③ 《资治通鉴》卷254 僖宗中和元年（881），第8257页。
④ 《资治通鉴》卷254 僖宗中和元年（881），第8261页。
⑤ 《资治通鉴》卷254 僖宗中和二年（882），第8262页。

李。"① 可见，在平定黄巢之乱中，党项拓跋思恭其实是自始至终平定叛乱的主要力量，唐朝廷对他的封赏也是很高的，而李克用、朱温的作用自然不小，但从整个平叛过程来看，也可以说他们或为抢夺胜利果实者，或为政治投机者。正因此，若干年之后，唐昭宗即位，在《改元天复赦文》中亦重新评定了拓跋思恭收复京师的功勋，称"关畿不守，先帝西巡，惟我辅臣，首图义计。故能收复京城，西面行营诸军都统鄜夏节度使李思恭，扬威北鄙，决胜东桥……其李思恭宜委中书门下特与加赠，仍配享僖宗皇帝庙庭"②。后来李思恭去世以后，其兄弟或继掌定难军，或任它镇节度使，势力更加发展，"以弟思谏代为定难节度使，思孝为保大节度、鄜坊丹翟等州观察使，并检校司徒、同中书门下平章事。王行瑜反，以思孝为北面招讨使，思谏东北面招讨使。思孝亦因乱取鄜州，遂为节度使，累兼侍中。以老荐弟思敬为保大军兵马留后，俄为节度使"③。

其二，彼此配合，二靖国难。对于孙偓拜相，志文仅记"府君大拜之后……"其实，孙偓拜相与党项李氏的关系很大。有迹象显示，二者曾经休戚与共，进退联手而且皆能衷心维护唐王室。唐昭宗乾宁二年，宰相崔昭纬与邠州王行瑜、凤翔李茂贞、华州韩建相互勾结，挟制朝廷，最后三帅还各率精甲数千人入觐逼宫。危难之际，李克用与李思孝、李思谏兄弟共同引兵入靖国难。结果，在大军压境的背景下，李茂贞因畏罪而暂时假装悔过自新，"上表请罪"④，昭宗被迷惑而赦其罪，"以李克用为邠宁四面行营都招讨使，保大节度使李思孝为北面招讨使，定难节度使李思谏为东面招讨使"⑤。后王行瑜被斩杀，叛乱被平息。巧合的是，就在叛乱被平息之际，乾宁二年（895）十月，唐朝廷先是"贬右仆射崔昭纬为梧

---

① 《新唐书》卷221《党项传》，中华书局1975年版，第6218页。
② 宋敏求编：《唐大诏令集》卷5，商务印书馆1959年版，第32页。
③ 《新唐书》卷221《党项传》，中华书局1975年版，第6218页。
④ 《资治通鉴》卷260昭宗乾宁二年（895），第8474页。
⑤ 《资治通鉴》卷260昭宗乾宁二年（895），第8474页。

州司马"①，随之又颁诏"以京兆尹武邑孙偓为兵部侍郎、同平章事"②。在叛乱平息，党项李思谏兄弟大军入京的背景下，志主孙偓能够顺利晋升、继掌朝政，充分说明他与李思谏兄弟是休戚与共，互相配合，共同翼赞王室的，志主的晋升确是受到党项李思谏兄弟以及沙陀李克用的鼎力相助。乾宁三年（896）七月，凤翔李茂贞对唐昭宗任命诸王领兵不满，引兵进逼京畿。昭宗不得不离开长安。

其三，大驾东巡，猜忌被疏。志文所谓的"右辅拒命，大驾东巡"之事，乃乾宁三年（896），李茂贞继续跋扈，借口引兵进逼京畿，昭宗被迫离开长安东走。对此，史书记："初，李克用屯渭北，李茂贞、韩建惮之，事朝廷礼甚恭。克用去，二镇贡献渐疏，表彰骄慢。"③该年六月"丙寅，茂贞引兵逼京畿"④，七月"茂贞遂入长安，自中和以来所葺宫室、市肆，燔烧俱尽"⑤。

就在这次李茂贞反叛荼毒长安之际，志文又记："当右辅拒命，大驾东巡，一夕初幸渭桥，苍卒莫知所诣。及决驻跸之地，乃自府君首谋。旋即三贡封章，陈乞请罪。批答不允，曰：街亭之败，罪由马谡。丞相引过，朕乃愧焉。"说明在叛军攻入长安的仓促之际，是志主孙偓首谋昭宗东走。但具体是原计划走哪儿呢？志文没有明言，但史书记载却有所透露。"辛卯，诏幸鄜州；壬辰，上出至渭北；韩建遣其子从允奉表请幸华州，上不许……而建奉表相继，上及从官亦惮远去，癸巳，至富平，遣宣徽使元公讯召建，面议去留……"⑥可见，当日孙偓首谋昭宗出走的方向是渭北鄜州，则原计划去投奔的是时为保大节度使的李思孝。鄜州为李思孝所取，鄜坊以北，又有定难节度使李思谏控制的夏州。而鄜州、夏州又或在东

---

① 《资治通鉴》卷260昭宗乾宁二年（895），第8476页。
② 《资治通鉴》卷260昭宗乾宁二年（895），第8477页。
③ 《资治通鉴》卷260昭宗乾宁三年（896），第8489页。
④ 《资治通鉴》卷260昭宗乾宁三年（896），第8490页。
⑤ 《资治通鉴》卷260昭宗乾宁三年（896），第8491页。
⑥ 《资治通鉴》卷260昭宗乾宁三年（896），第8490—8491页。

去河东的道上，或地近河东，一旦危机，还可以投靠李克用。这又清楚地显示，昔日孙偓与党项李思谏兄弟的关系的确非同一般。

遗憾的是，唐昭宗这次一再犹豫以后，还是没有听从孙偓的建议继续北上，而是到了富平以后，便派人前去联系、召唤韩建以商讨去向。结果在韩建的花言巧语之下，昭宗改而去了韩建盘踞之华州。昭宗不听孙偓的建议，君臣之间自然出现了矛盾，对此史书没有反映，但从墓志可以看出，二人当时的争执很激烈，"旋即三贡封章，陈乞请罪，批答不允，曰：街亭之败，罪由马谡。丞相引过，朕乃愧焉"。"封章"为大臣言机密事之章奏，皆用皂囊重封以进，故名封章。孙偓三进封章昭宗不听，只好"陈乞请罪"，却遭到昭宗"批答不允"，显然孙偓又是以自请罢相来施压进谏，但昭宗终究没有听从孙偓的建议，还以刘备不以马谡之过归罪孔明的典故来搪塞孙偓。其实，这里唐昭宗对于孙偓与党项李氏兄弟，乃至对于李克用的分歧与不信任已经初步显露，对他们的防范已经显露。

如果说，因没有听从孙偓而投奔党项李氏兄弟乃至李克用的正确建议为昭宗的一大失误，那么随后的不听从孙偓与党项李思谏的西征计划，又是错上加错，进而表明，双方的分歧和不信任已经至为明显。继上文之后，志文又载："寻又独谏亲征，请为统帅，乃署夏州节使李思谏为副，领蕃汉步骑十数万众，已压敌境，几成大功。"对此，史书亦有记载，就在乾宁三年（896）七月驻跸华州以后，该年九月，唐昭宗"以孙偓为凤翔四面行营都统，又以前定难节度使李思谏为静难节度使，兼副都统。以保大留后李思敬为节度使……冬，十月，壬子，加孙偓行营节度、招讨、处置等使"①。结合墓志来看，在孙偓的极力建议之下，昭宗曾同意西征，分别任命孙偓与李思谏作为正副都统，率领"蕃汉步骑十数万众"西讨李茂贞，而且"已压敌境，几成大功"。只是可惜，就在大军再次压境之际，唐昭宗又是听信李茂贞、韩建的花言巧语与缓兵之计而休兵罢

---

① 《资治通鉴》卷260昭宗乾宁三年（896），第8494页。

甲。史载："戊午，李茂贞上表请罪，愿得自新，仍献助修宫室钱；韩建复佐佑之，竟不出师。"①

昭宗因猜忌、防范孙偓与党项李氏兄弟而一错再错，结果很快陷入韩建与朱温魔掌。而孙偓和党项李氏兄弟前遭昭宗的猜忌和不信任，随之自然又变成了韩建、朱温极力排斥的对象。韩建先是逼迫解除护卫昭宗诸王的兵权与禁卫军，杀领军诸王于石提谷，随后撺掇昭宗罢孙偓凤翔四面行营节度使，解除了其兵权，又"以副都统李思谏为宁塞节度使"②，不仅解除了李思谏的副都统，而且将其从夏州调离至延州，令其罢兵归镇；而孙偓尚不顾大势已去的个人处境，三次上书反对朱朴乱政，最终令韩建借故挑唆昭宗将其与朱朴一起罢相，进一步剪除了昭宗的左右臂。在朱温劫持昭宗东幸之际，昭宗之威权早已荡然无存，唐朝的灭亡已经指日可待了。

有意思的是，在晚唐中央内外交困之际，唐廷多用沙陀、党项，甚至用甘州回鹘等周边民族势力来挽回昔日权威。除党项外，据我们研究，甘州回鹘与唐王朝的关系亦很紧密，昭宗曾颁赐册礼甘州回鹘，甘州回鹘亦曾上奏唐朝廷欲出兵帮助平定叛乱，亦遭藩镇的阻挠。③ 而从这个角度来看，昔日韩建、朱温之所以挟持昭宗东迁，除了因他们个人的势力范围使然外，远避西北的党项及回鹘的势力也是重要的原因。可见，晚唐藩镇角逐中，党项已经成为一支强劲的新兴势力。

（本文为与沈传衡合写，原载于《宁夏社会科学》2020 年第 3 期）

---

① 《资治通鉴》卷 260 昭宗乾宁三年（896），中华书局 1956 年版，第 8495 页。
② 《资治通鉴》卷 260 昭宗乾宁三年（896），第 8500 页。
③ 参见李宗俊《敦煌文书 P.3931 两〈表本〉所见甘州回鹘与中原王朝之关系等史事考》，《西域研究》2017 年第 3 期。

《释童真墓志铭》与隋朝二帝崇佛相关问题

释童真为隋代高僧，其生平事迹见《续高僧传》之《隋西京大禅定道场释童真传》，其墓志近年在西安出土，由刘文先生编著的《陕西新见隋朝墓志》收有其墓志拓片图版及录文。据是书介绍，志盖盝顶，盖顶方形，边长40厘米×39厘米。志盖分4行，16字，篆书"大隋大禅定道场主童真法师之墓志铭"。志石方形，边长45.5厘米。志文楷书，分14行，满行14字，共194字[1]。

因《续高僧传》其传没有提及童真圆寂后的葬地，刘氏书亦没注明墓志出处，仅从志文可知，志主圆寂以后于大业十年（614）三月十三日葬于京兆郡大兴县义阳乡之原。尽管隋代的大兴县义阳乡尚不能确定其位置，但唐代的京兆郡长安县义阳乡却是在高阳原上，大体方位在隋唐长安城的西南郊，距长安城遗址约8千米，地势高亢轩敞，南枕秦岭、北望长安，近年来在该原发现了大量隋唐墓葬，由此判定释童真墓旧址应该也就在高阳原上。

童真墓志的发现，增添了研究其生平事迹的新资料。众所周知，隋朝二帝皆崇佛，佛教因之在隋朝得到了飞速的发展，而童真一生先后受到隋朝二帝的宠信，在他们数次崇佛事件中扮演了重要的角色。窃以为，今结合其墓志与《续高僧传》其传，对其事迹与隋朝二帝数次崇佛事件的动机和背景作一探究，似乎颇能诠释其中的一

---

[1] 刘文编著：《陕西新见隋朝墓志》，三秦出版社2018年版，第97—99页。

些关联。兹先将志文迻录并标点如下：

粤以大隋大业十年岁次甲戌三月己亥朔，大禅定道场主沙门童真法师，春秋七十有一。是知四节若驰，瞥逾隟（古同"隙"）马。百年如幻，脆甚藏舟。加以构疾弥隆，遂登大渐。其月九日迁神于大禅定伽蓝。法师俗姓李氏，陇西敦煌人也。后居河东之虞乡县焉。可谓哲人继轨，道播神州，开士传风，名流震旦。即以其月十三日葬于京兆郡大兴县义阳乡之原。弟子法该千余人等，慕情罔极，嗟重奉之难期；孝思逾深，痛还咨之无日。今乃勒此贻铭，永惟玄范；庶使池灰屡起，海水频移。刊德迹而无穷，记芳猷而不绝。

一　大兴善寺译经与隋文帝兴佛

志文称："法师俗姓李氏，陇西敦煌人也。"《续高僧传》其传亦云："释童真，姓李氏，远祖陇西。"陇西李氏，自十六国时的西凉李暠建国，至北魏太和中分定姓族，大选群官，李氏宗族成为盛极一时的显贵。强调其为"陇西敦煌人"与"远祖陇西"，正是与北朝至隋唐对于陇西李氏的尊崇风气有关。而由"后居河东之虞乡县焉，可谓哲人继轨"之句，可知他应该是早年为追随著名高僧昙延学习佛法而至河东。

河东蒲州有著名的仁寿寺，而昙延乃隋唐佛教史上的重要人物。昙延俗姓王，蒲州桑泉（今运城市临猗县）人，生于北魏孝明帝熙平元年（516），卒于隋开皇八年（588），出身于北朝世家豪族。昙延早年师承北朝著名高僧释僧妙（一名道妙），曾在蒲州仁寿寺习授《涅槃经》，后又先后受到西魏权相宇文泰、北周明帝及隋文帝的尊崇，做过北周僧统、隋朝大昭玄统，统管全国僧尼事务。昙延一生弘法，传授其著作《涅槃义疏》十五卷及《宝性》《胜鬘》《仁王》等疏。而童真法师继承昙延衣钵，精通大小乘，尤其擅长《涅槃经》

的讲授，上引其传称其"通明大小，尤善涅槃"。

北朝以来，许多高僧往往穷其一生精研一经，而且相互传习，以为宗派。其中的《大般涅槃经》自公元421年由昙无谶翻译以后，被南北朝高僧广为研习。《涅槃经》的中心教义，是"一切众生悉有佛性"，认为不但一切众生悉有佛性，而且人人皆能成佛，因此受到普罗大众的广泛欢迎。隋代统一后，就当时的佛教义学立为"五众"（即五个佛学研究集团），而《涅槃》居五众的第一位，童真法师即为隋代任职涅槃众主的三位高僧之一。

大兴善寺始建于晋武帝泰始二年（226），原名"遵善寺"，这里是中国"佛教八宗"之一"密宗"的祖庭，为隋唐帝都长安三大译经场之一，位于长安城东靖善坊内（今西安市小寨兴善寺西街），是西安现存历史最悠久的佛寺之一。该寺占城内靖善坊一坊之地，隋文帝开皇年间新建大兴城，先置此寺，取城名"大兴"二字，取坊名"善"字，赐名大兴善寺。整个隋朝，大兴善寺为第一国立译经馆，也是一座具有国寺性质的寺院，后经唐朝继续营建，规模宏大。《长安志》称："寺殿崇广，为京城之最。号曰大兴佛殿，制度与太庙同。"[1] 隋开皇初，文帝集名僧于大兴善寺组织译经，印度僧人阇那崛多、达摩笈多等也先后来长安，在大兴善寺译经弘法。直至唐代，由印度来长安传教及留学的僧侣在寺内翻译佛经和传授密宗，唐玄宗开元初期，印度佛教密宗传播者"开元三大士"：善无畏、金刚智和不空，就在这里译出密宗经典五百多部，大兴善寺因之也成为中国佛教密宗圣地。

历史上隋文帝曾以世俗王权者的身份率先信教崇佛，每月请高僧大德读经，率领皇后及宫人亲听读经，十分虔诚。而正是因为隋文帝对于佛教的重视及与大兴善寺的关系，才有了他与昙延、童真师徒的密切关系。据上引昙延其传，前因北周武帝灭佛而隐居山林

---

[1] （宋）宋敏求撰，辛德勇、郎洁点校：《长安志》卷7大兴善寺条，三秦出版社2013年版，第260页。

的昙延，初闻隋文登基改政的消息以后，随即削发，著袈裟执锡杖来到京城面见文帝，申明弘扬佛法的道理。随之，文帝接受昙延奏请，开皇元年（581），"普诏天下，任听出家，仍令计口出钱，营造经像"①。这是隋朝佛教度化的开端。隋开皇二年（582），文帝任命昙延为大昭玄统（管理全国僧尼事务的官员），此后昙延多次奏请度僧，先后应有四千余人经其奏请出家，北周时毁废的伽蓝寺院，也经其奏请兴建修复。他还奏请遣使到突厥，迎天竺犍陀罗沙门阇那崛多来华，主持翻译佛经之事。佛法再次兴盛，昙延既有建言开创之功德，又有推动发展之劳绩。大兴城建成之初，文帝便敕令于广恩坊为其建寺，开皇四年（584），下敕改名延兴寺，后又改名光明寺，又令京城东西二门，亦取昙延之名为延兴、延平。上引昙延其传称："其名为世重，道为帝师，而钦承若此，终古罕类"，看来确实如此。

紧随昙延法师之后，童真法师在京城的影响力也是很大的。据上引其墓志及其传可知，童真法师出家以后，先学律宗，后追随昙延学习《涅槃经》，后来精通大小乘，其讲经出神入化，听众往往是成千上万，信徒对其追随及赞誉之盛况可谓步其师之后尘，所谓："议其词理恒处延兴敷化不绝。听徒千数各标令望。详真高誉继迹于师。"昙延法师于隋开皇八年（588）八月圆寂以后，童真法师继承其师衣钵，"开皇十二年（592），敕召于大兴善对翻梵本。十六年（596），别诏以为涅盘众主，披解文义，允惬众心。而性度方正善御大众，不友非类唯德是钦"②。

开皇十二年（592），童真法师受敕于国家性质的大兴善寺对翻梵本，可见童真法师精通梵语，佛学造诣很深。四年之后，便受诏敕委任为涅槃众主，应该是他的译经事业迎合了隋文帝及普罗大众，

---

① 《隋书》卷35《经籍志四》，中华书局1973年版，第1099页。
② （唐）道宣撰，郭绍林点校：《续高僧传》卷12《隋西京大禅定道场释童真传》，中华书局2014年版，第411页。

得到了隋文帝的充分肯定，也足见当时他在京城佛教界地位之高。那么，隋文帝对童真师徒在大兴善寺译经事业高度重视的动机究竟何在呢？

其实，译经事业可谓隋唐佛教盛事。而北朝以来兴起的翻译佛经之风，以及佛典的章疏之风，能够不断得到政府和皇家的推动，是有其深刻的政治动机的。有学者就曾指出："假托翻译，实是创作的所谓伪经伪论，是补充外来佛籍的不足，满足中华本土特殊需要的重要表现。"而"章疏本来是用来注解佛教圣典的，只负责解释文义的通俗化任务，但事实上，大多数是借题发挥，用来表达章疏者自身思想"[1]。而考察童真师徒在大兴善寺译经之际，也正是隋王朝建国伊始，为了塑造其政权的正统性与合法性而大兴佛教。

众所周知，佛教在南北朝分立之际，得到了前所未有的发展。至北周武帝灭佛之前，史书记载："魏自正光以后，四方多事，民避赋役，多为僧尼，至二百万人，寺有三万余区。"[2] 在这种情况下，早在周武帝灭佛以前，"东魏始诏'牧守'、令长擅立寺者，计其功庸，以枉法论"[3]。说明佛教的发展确实严重威胁到了世俗王权的经济利益与政治统治。正是在以上背景之下，北周武帝宇文邕不听昙延等规劝，颁诏禁断佛教，史书记载建德三年（574）五月，"丙子，初断佛、道二教经像悉毁，罢沙门、道士，并令还民。并禁诸淫祀，礼典所不载者，尽除之"[4]。佛教遭到前所未有的打击。其间昙延亦避世隐居太行山。建德六年（577），北周灭北齐后，针对继续发展的佛教实体，又立即推行灭佛政策，毁寺4万，强迫300万僧、尼还俗，"三方释子减三百万，皆复军民，还归编户"[5]，相当于当时总人口数十分之一的人重新成为国家编户，这对急需兵源和

---

[1] 杜继文主编：《佛教史》，江苏人民出版社2006年版，第218页。
[2] 《资治通鉴》卷158 梁武帝大同四年（538），第4899页。
[3] 《资治通鉴》卷158 梁武帝大同四年（538），第4899页。
[4] 《资治通鉴》卷171 陈宣帝太建六年（574），第5335。
[5] （隋）费长房：《历代三宝记》卷12，《大正藏》卷49，第94页。

财力的封建朝廷来讲，其意义之重要不言而喻。

可是，在北魏以来佛教已经深入人心、大行其道的背景下，周武帝反其道而行之，似乎也是冒天下之大不韪。巧合的是，周武帝很快又遇疾英年暴崩。在当时的宗教气氛与迷信思想的影响之下，似乎正是冥冥之中的报应。这对统治者的刺激和震慑又是不言而喻的。于是，在宣帝时又开始恢复佛、道等宗教。大成元年（579），"初复佛像及天尊像。至是，帝与二像俱南面而坐，大陈杂戏，令京城士民纵观"①。但是，在宗教徒的眼中，作为世俗君主，宣帝与二像俱南面而坐，此无疑还是一种妄自尊大、藐视佛法的行为，佛教的地位还需提高。此后周静帝宇文阐继续崇佛，开立佛、菩萨、明王、诸天、护法神等诸尊之像，并且给一百二十人发度牒为菩萨僧，令留头发，在陟岵寺为国行道。大象二年（580）六月，"庚申，周复行佛、道二教。旧沙门、道士精志者，简令入道"②。昙延在其中属于高等僧官行列，但他不满菩萨僧的俗相，仍避于山林不出。

大象二年（580），周宣帝暴崩，北周外戚杨坚借助刘昉、郑译等的帮助入朝辅政，被任命为大丞相、都督内外诸军事，入总朝政。静帝大定元年（581）杨坚代周称帝，建立隋朝。在这期间，相州总管尉迟迥、益州总管王谦和郧州总管司马消难等相继起兵，激烈反抗，都被杨坚迅速平定。杨坚还大杀北周宗室诸王，尽灭宇文氏之族。但是，为了取得其政权的合法性和权威性，不能全用武力平息反叛者，还必须借助新的思想理论和精神武器取得民众认可。正是在这样的背景下，隋文帝顺应北朝以来佛教的发展，大兴佛教。北宋宋敏求就曾指出："隋文承周武之后，大崇释氏，以收人望。"③

据载，杨坚少时受尼智仙的养育，故即位后，"每以神尼为言，

---

① 《周书》卷7《宣帝本纪》，第121页。
② 《资治通鉴》卷174陈宣帝太建十二年（580），第5413页。
③ （宋）宋敏求撰，辛德勇、郎洁点校：《长安志》卷7大兴善寺条，三秦出版社2013年版，第259页。

云'我兴由佛'"。其实，这正是隋文帝登基之初，为了神化自己而特意制造的舆论宣传。隋开皇二年（582），文帝任命昙延为大昭玄统（管理全国僧尼事务的官员），上引开皇五年（585），隋文帝在大兴善寺"爰请大德经法师师受菩萨戒，因放狱囚"。开皇十一年（591），文帝下诏曰："朕位在人王，绍隆三宝，永言至理，弘阐大乘"①，明确提出要以世俗皇权的权威来弘扬佛法。开皇十三年（593）又称："弟子往藉三宝因缘，今膺千年昌运。"后来隋文帝在给天台宗领袖智𫖮的一封诏书中，就明确申述了自己利用佛教"为国行道"的指导思想，要求智𫖮"宜将劝励，以同朕心"②。

为了制造政权的合法性，文帝不仅求助于佛教，还通过制造和附会大量所谓的祥瑞，来特意营造其政权的合法性和神秘性。隋开皇元年（581）二月甲子，杨坚登基称帝，"三月辛巳，高平获赤雀，太原获苍乌，长安获白雀，各一"③。可见，隋朝建国伊始，隋文帝大力崇佛，大力支持童真等于大兴善寺的译经事业，目的就是利用佛教为其鼓吹宣扬，神化其政权，或为其政权寻找有力的精神武器，塑造其政权的权威性和合法性。正如有学者指出的："佛教的传入，带来了新的意识形态。它改变了中国人对宇宙的看法，在新的世界（时间、空间）中，为世俗界的君主们提供了将自己统治神圣化的新理论，也为君主权力在世俗和神圣两界的扩张提供了条件。"④

与之相呼应，隋朝建国之初的崇佛重道之举，也是与周、隋之际的去胡化与对中原王朝正统性的重新塑造是一脉相承的。西魏、北周政权自宇文泰以来，文物典章曾效法周礼，已经是继魏孝文帝改革以来，鲜卑贵族政权的进一步汉化。至北周灭北齐以后，周武

---

① （隋）费长房：《历代三宝记》卷12，《大正藏》卷49，第108页。
② （隋）灌顶编纂：《国清百录》卷2，《大正藏》卷46，第802页。
③ 《隋书》卷1《高祖本纪》，第14页。
④ 孙英刚：《转轮王与皇帝：佛教对中古君主概念的影响》，《社会科学战线》2013年第11期。

帝"以李德林为内史上士,自是诏诰格式及用山东人物,并以委之"①。也是一次对北齐境内的汉文化典章制度的积极吸收;而至周宣帝登基后的大成元年(579)正月,癸巳,"周主受朝于露门,始与群臣服汉、魏衣冠",已是在杨坚等主政大臣的倡导下开启的进一步去胡化;至周静帝大象二年(580)十二月,在杨坚已经完全掌握政权准备禅代之际,"癸亥,周诏诸改姓者,宜悉复旧"②。随之于开皇二年(582),隋文帝下诏效法周、汉,以"有当代而屡迁,无革命而不徙"的恢宏气度,摒弃魏、晋,"乃末代之宴安,非往圣之宏义"③的因循守旧,建皇王之邑,合大众所聚,于龙首原修建新都大兴城。这一系列的举动,都是在杨坚主导下,明确、彻底而环环相扣的去胡化和对中原王朝正统性的重新塑造。

二 仁寿元年分送舍利事与隋朝政局

隋朝自建立伊始,为了摒弃鲜卑政权遗留的胡风,以及重新塑造自己作为中原王朝的正统形象,隋文帝做了种种努力。在这样的背景下,隋朝开皇初年,整个新建成的大兴城自然弥漫着浓厚的宗教气氛,这不仅从民众的精神信仰得以管窥,从整个城市广建的佛寺、道观,以及宫殿、门、坊、里与街道的命名都可清晰地感受到。而上引《续高僧传》卷第十二《隋西京大禅定道场释童真传》在记载了童真法师于大兴善寺主持译经和讲经事迹之后,还记载童真参与了隋文帝仁寿元年分送舍利事,其中曰:"仁寿元年,下敕率土之内普建灵塔。前后诸州一百一十一所,皆送舍利,打刹劝课缮构精妙。"这次由隋文帝皇家发起的建造佛祖灵塔与分送舍利事,规模很大,可以说又是一次国家性质、全国规模的佛事活动。那么至仁寿

---

① 《资治通鉴》卷174 陈宣帝太建九年(577),第5378页。
② 《资治通鉴》卷174 陈宣帝太建十二年(580),第5430页。
③ 参见隋开皇二年六月颁发的《营建新都诏》,《隋书》卷1《高祖本纪》,第17页。

元年（601）前后，在隋朝政权已经稳固之际，隋文帝何以再度大肆崇佛呢？

巧合的是，就在仁寿元年（601）分送舍利事件前一年，即开皇二十年（600），隋朝不仅再次掀起了崇佛高潮，还在国内发生了废立太子、废除学校教育及改元等重大事件。过去对于该时期隋文帝发起的崇佛及分送舍利事的动机，许多学者做了研究①，但如果结合该时期发生的一系列事件来看，窃以为这些事件之间有着紧密的联系，循此线索去寻找，各事件背后的原因与动机似乎都能豁然开朗。

其实，仁寿元年（601）以分送舍利事件为标志的崇佛事与该年的皇朝改元及废除学校等大事件是一脉相承的，都是与该时期的上层政治斗争有关，与之前的废立太子事件有关，与隋文帝转移民众的政治视线及引导舆论、加强对民众的思想统治之需要有关，而此正是仁寿元年（601）开始的隋文帝分送舍利事件的真实背景。

该时期，隋王朝经历了建国以来至为重大的一次政治变故。隋文帝开皇二十年（600）十月，隋文帝夫妇因对原太子杨勇不满而废黜太子，十一月改立次子杨广为太子。在中古社会，有关皇位继承的嫡长子继承制早已为不可改易的规矩，废长立幼被视为违背天命的取乱之道。加之，隋王朝昔日代北周篡立，多年来隋文帝为其统治的合法性与权威性费尽了心力。这一次又要背弃儒家纲常伦理，冒天下之大不韪变易皇储继承的旧秩序，隋文帝内心的顾虑和担忧应该说是不言而喻的。而且就在废除太子之际，就曾遭到许多朝臣的极力反对，为此隋文帝还杀戮了一些人。史书记载：该年十月，"乙丑，皇太子勇及诸子并废为庶人。杀柱国、太平县公史万岁。已

---

① 杨曾文《隋唐的佛舍利供养和法门寺》，杜斗城《隋文帝分舍利建塔的意义及其有关问题》，二文参见韩金科主编《法门寺文化研究·佛教卷》（编辑本），陕西省法门寺博物馆，1993年；韩昇：《隋文帝传》，人民出版社1998年版，第471—477页；游自勇：《隋文帝仁寿颁天下舍利考》，《世界宗教研究》2003年第1期；杜斗城、孔令梅：《隋文帝分舍利建塔有关问题的再探讨》，《兰州大学学报》（社会科学版）2011年第3期；李建欣：《佛教传说中的转轮圣王阿育王对隋文帝的影响》，《宝鸡文理学院学报》（社会科学版）2017年第5期。

巳，杀左卫大将军、五原郡公元旻。十一月戊子，天下地震，京师大风雪。以晋王广为皇太子"①。对于这些事件和现象之间的因果关系，以及当时造成的朝野思想混乱，史家没有明言，但将这些事件集中记载在一起应该说是已经表达了一定的观点和看法。

而正是因为再次背弃了儒家的纲常伦理，为了及时安抚人心，消除由该事件造成的严重的思想混乱与消极影响，隋文帝不得不再次乞灵于佛教。于是紧随废立太子事件发生之后，该年十二月，隋文帝再次下诏尊崇佛教，史书记载："辛巳，诏曰：'佛法深妙，道教虚融，咸降大慈，济度群品，凡在含识，皆蒙复护。所以雕铸灵相，图写真形，率土瞻仰，用申诚敬。其五岳四镇，节宣云雨，江、河、淮、海，浸润区域，并生养万物，利益兆人，故建庙立祀，以时恭敬。敢有毁坏偷盗佛及天尊像、岳镇海渎神形者，以不道论。沙门坏佛像，道士坏天尊者，以恶逆论。'"②从这里可见，隋文帝这次不仅尊崇佛教，而且还尊道教，将自己装扮成了一个崇佛敬道的形象，无形之中也在暗示其贬低曾备受北周尊崇的儒家思想，尤其在这时候下诏废除学校，更是在赤裸裸贬低儒家教育，为其数次违背儒家伦理辩护。同年十月至十一月废立太子，其间还大开杀戒，清除了朝臣中对于此事的反对者，十二月又大兴崇佛敬道之风，说明当时朝野的反对声音及该事件对民众的思想认识造成的混乱影响一定不小，有可能就是朝野一片哗然，于是及时打起了崇佛敬道的大旗。顺带指出的是，隋文帝虽然崇佛、敬佛，但自始至终对于反对他的人照样违背佛教教义大开杀戒，说明他的佛教观多么的务实，对自己有用者就提倡，对自己不利者照样不遵从；同样，在北魏以来不断汉化的背景下，隋文帝既要以汉魏王朝正统身份自居，不断推进去胡化，以迎合以汉人为主的政权，但在皇位问题上却一再违背儒家的纲常伦理，这种看似矛盾的举动，也是他政治上的务实和

---

① 《隋书》卷1《高祖本纪》，第45页。
② 《隋书》卷1《高祖本纪》，第45—46页。

狡黠。

如果说这次崇佛行为就是为了利用佛教来转移民众的视线和引导舆论、消除不利影响，那么同时发生的皇朝改元，也是起到了同样的效果，以含蓄委婉的方式消除不利影响，转移民众的政治视线。

巧合的是，紧随前一年十月至十一月的废立太子事件之后，文帝下诏次年改元，"仁寿元年春正月己酉朔，大赦，改元"①。这其中的关联在哪里呢？其实解读"仁寿"二字的含义与出处便可了然。此二字出自《孔子家语·五仪解第七》，其中曰：

> 哀公问于孔子曰："智者寿乎？仁者寿乎？"孔子对曰："然！人有三死，而非其命也，行己自取也。夫寝处不时，饮食不节，逸劳过度者，疾共杀之；居下位而上干其君，嗜欲无厌而求不止者，刑共杀之；以少犯众，以弱侮强，忿怒不类，动不量力者，兵共杀之。此三者，死非命也，人自取之。若夫智士仁人，将身有节，动静以义，喜怒以时，无害其性，虽得寿焉，不亦可乎？"②

在这里，对于鲁哀公的提问，孔夫子先是没有做正面回答，而是列举了人们普遍死于非命而不得寿终的三种情况，而且称这三种情况都是自作自受，为"行己自取也""人自取之"。其中第二种情况所谓："居下位而上干其君，嗜欲无厌而求不止者，刑共杀之。"即是说作为臣子和普通老百姓，就不要去干涉君王的事情，如若不然，再加上人们固有的贪得无厌的欲望，必然会招来刑杀之祸。那么哪些人才能长寿呢？孔夫子最后的正面回答是"智士仁人"。是因为这些人"将身有节，动静以义，喜怒以时，无害其性，虽得寿焉，

---

① 《隋书》卷1《高祖本纪》，第46页。
② 陈士珂辑：《孔子家语疏证》卷1《五仪解》，上海书店1987年版，第37页。

不亦可乎？"也就是说这些人懂得审时度势与明哲保身的道理。结合隋朝刚刚发生的太子废立事件来看，隋文帝这时候不正是借用儒家圣人之言，在正告天下人：废立太子之事是君王的事，做臣子的就别去干涉了！

现在来看发生在仁寿元年（601）六月的废除学校教育与分送舍利事件。前文提到，隋文帝先后违背儒家的纲常伦理，当时一定遭到了朝野的一致反对。其中的非议和抨击，除了朝臣之外，最为激烈的应该就是来自各级各类学校的儒生。具有讽刺意味而且巧合的是，隋文帝下诏颁送舍利于诸州事就发生在下诏废除学校教育的同一天，二事件皆为振聋发聩的大事件，而且距离废立太子事件仅仅半年时间。史书记：仁寿元年（601）六月，"乙丑，诏曰：'儒学之道，训教生人，识父子君臣之义，知尊卑长幼之序，升之于朝，任之以职，故能赞理时务，弘益风范。朕抚临天下，思弘德教，延集学徒，崇建庠序，开进仕之路，佇贤隽之人。而国学胄子，垂将千数，州县诸生，咸亦不少。徒有名录，空度岁时，未有德为代范，才任国用。良由设学之理，多而未精。今宜简省，明加奖励。'于是国子学唯留学生七十人，太学、四门及州县学并废。其日，颁舍利于诸州。秋七月戊戌，改国子为太学"[①]。这里隋文帝寻找的借口是诸生"徒有名录，空度岁时，未有德为代范，才任国用。良由设学之理，多而未精"，即是说学校生员不学无术，要精简，于是太学、四门及州县学并废。其实，这个理由仅仅是为表面的搪塞，真正的理由文帝用同一天颁发分送舍利诏书的举动已经做了响亮的回答。即儒家的学校教育不能起到教化人的作用，儒家的理论不可靠，隋王朝治国依据的不是儒家的伦理，而是佛教，是佛教的"因缘"和"无常"。这就是"一切有为法而皆无常"，"一切有漏皆苦"！也就是说：太子的废立皆是因缘，而儒家的固执、愚昧和偏见皆是漏，皆是苦。

[①] 《隋书》卷1《高祖本纪》，第46—47页。

至于分送舍利事件的缘起，据《广弘明集》卷十七《佛德篇》第三隋著作郎王邵《舍利感应记》一文记载：

> 皇帝（隋文帝）昔在潜龙，有婆罗门来诣宅，出舍利一裹曰："檀越好心，故留与供养。"沙门既去，求之不知所在。其后皇帝与沙门昙迁，各置舍利于掌而数之，或少或多，并不能定。昙迁曰："曾闻婆罗门说，法身过于数量，非世间所测。"于是始做七宝箱以置之。神尼智仙言："佛法将灭，一切神明，今已西去，儿当为普天慈父，重兴佛法，一切神明还来。"其后，周氏果灭佛法。隋室受命，乃兴复之。皇帝每以神尼为言云"我兴由佛"。故于天下舍利塔内，各作神尼之像焉。①

据上引文，似乎是说隋文帝与佛祖舍利之间的缘分真是渊源有自，在他登基之前，已经得到一包来自天竺婆罗门赠送的神异佛祖舍利。具体何时何地得到婆罗门佛祖舍利不详，因本来隋文帝分送舍利就是为了引导舆论，麻痹人心所特意制造的事件。至于后来与昙迁共数舍利数，应该为开皇七年（587）与昙迁结识以后的事。

释昙迁也是当时高僧，二十一岁于北齐定州贾和寺出家，曾于五台山和北齐邺都学习或讲学，北周灭北齐以后，南逃至南朝金陵。开皇七年，隋文帝下诏，迎其北还，来至京城，与洛阳慧远等五大德一并在长安大兴殿得到了隋文帝的接见，随后被安置于长安大兴善寺，备受文帝及王公贵族的礼敬和供养。

隋文帝自与昙迁结识以后，对他非常器重和信任，相互之间投桃报李配合得很好。至于奉送舍利的过程，《广弘明集》卷十七王邵《舍利感应记》中又记：

---

① （唐）道宣：《广弘明集》卷17《舍利感应记》，《大正藏》卷52，第213页。

皇帝皇后于京师法界尼寺，造连基浮图佛塔以报旧愿，其下安置舍利，开皇十五年季秋之夜，有神光自基而上，右绕露盘，赫然若冶炉之炎，一旬内四如之。皇帝以仁寿元年六月十三日，御仁寿宫之仁寿殿。本降生之日也，岁岁于此日，深心永念，修营福善，追报父母之恩，故迎诸大德沙门与论至道，将于海内诸州选高爽清静三十处，各起舍利塔。①

依此，隋文帝夫妇是将他们得到的这包舍利最初安置在京师法界尼寺，何以安置在此寺呢？据研究此寺应该是隋文帝出生的尼寺。至于何以选择该年的六月十三日，又是因为这一天是隋文帝的出生日。另据《续高僧传》的记载，从仁寿元年（601）开始的奉送舍利事，应该是先后分了仁寿元年、二年（602）和四年（604），共三次。其中曰：

文帝昔在龙潜，有天竺沙门以一裹舍利授之，云：此大觉遗身也。檀越当盛兴显，则来福无疆……仁寿元年，追惟昔言，将欲建立，乃出本所舍利与迁，交手数之……即请大德三十人，安置宝塔为三十道，建轨制度，一准育王……二年春，下敕于五十余州分布起庙，具感祥瑞……四年，又下敕于三十州造庙，遂使宇内大州一百余所皆起灵塔。权物崇善，迁寔有功。②

可见，隋文帝是将仁寿元年发起的奉送舍利事，不断升级渲染，仁寿元年（301）应该是分送于三十个不同方位的州，二年（602）又加了五十州，四年（604）再加三十州，总共应该是于一百一十州分送了舍利；至于所谓"建轨制度，一准育王"，又标明隋文帝确

---

① （唐）道宣：《广弘明集》卷17《舍利感应记》，《大正藏》卷52，第213页。
② （唐）道宣撰，郭绍林点校：《续高僧传》卷18《隋西京禅定道场释昙迁》，第665—666页。

实是以佛教所推崇的护法明王阿育王的崇佛事迹为其榜样的,转轮圣王阿育王的传说对他影响巨大,说明他在之前因窃取北周政权以及执政以来屡犯杀戒,内心已经背负了沉重的思想包袱,备受煎熬,现在要学阿育王放下屠刀,笃信佛教,为他摆脱思想包袱找到了出路,同时为重新树立自己在国人心中的权威找到了榜样。

在仁寿元年(601)六月十三日,内史令豫章王杨暕代宣诏书而布告天下。其诏文见于《广弘明集》卷十七,其文曰:

> 朕归依三宝,重兴圣教,思与四海之内,一切人民,俱发菩提,共修福业,使当今现在爰及来世,永作善因,同登妙果。宜请沙门三十人谙解法相兼堪宣导者,各将侍者二人并散官各一人,熏陆香一百二十斤,马五匹,分道送舍利,往前件诸州起塔。其未注寺者,就有山水寺所,起塔依前山。旧无寺者,于当州内清净寺处,建立其塔,所司造样,送往当州。僧多者三百六十人,其次二百四十人,其次,一百二十人。若僧少者,尽现僧为朕、皇后、太子广诸王子孙等及内外官人、一切民庶,幽显生灵,各七日行道并忏悔。起行道日,打刹莫问同州异州,任人布施,钱限止十文已下,不得过十文。所施之钱,以供营塔。若少不充,役正丁及用库物。率土诸州僧尼,普为舍利设斋,限十月十五日午时,同下入石函。总管刺史以下,县尉已上,息军机停常务七日,专检校行道及打刹等事,务尽诚敬,副朕意焉。主者施行。仁寿元年六月十三日内史令像章王臣谏宣。①

这里,隋文帝将兴教的目的、分送的人数、参加的寺院僧众数,以及建塔经费筹资渠道与瘗埋舍利的时间等都做了详细说明。特别强调地方官总管与刺史以下,县尉以上,全部停止办公,全力监护

---

① (唐)道宣:《广弘明集》卷17《舍利感应记》,《大正藏》卷52,第213页。

办理此事,"务尽诚敬,副朕意焉",可见其重视的程度。另外,从上面诏书可知,隋文帝首次选择的三十州,护送的法师都是"暗解法相兼堪宣导"之人。这就是说这三十位僧人,都是当时的高僧大德,特别强调"谙解法相兼堪宣导者",即不仅要深通佛法,还要能领会文帝旨意和善于宣讲,而能被选中者,都可以说是荣幸至极。分送之日,也是盛况空前,"四部大众容仪齐肃,共以宝盖蟠幢华台像輦佛帐佛舆香山香钵种种音乐,尽来供养……投财赅衣物及截发以施者不可胜数"①。加之,隋文帝三次分舍利建塔,各州都纷纷上表献瑞。可见,这一次分送舍利事,确是隋唐佛教史上的一次盛事,也是隋王朝皇家权威的一次集中展示。

在其诏文的前面还具体列出了首次分舍利建塔的三十州名和一些州的寺院名称。据《广弘明集》的作者道宣言,此三十州中有十六州是隋文帝亲自注的,故其州后有寺名者应是。诏文前的州名和寺名具体有:

岐州凤泉寺、雍州仙游寺、嵩州嵩岳寺、泰州岱岳寺、华州思觉寺、衡州衡岳寺、定州恒岳寺、廓州连云岳寺、牟州巨神山寺、吴州会稽山寺、通州大兴国寺、蒲州栖岩寺、苏州虎岳山寺、泾州大兴国寺、并州无量寿寺、隋州、益州、秦州、扬州、郑州、青州、亳州、汝州、瓜州、番州、桂州、交州、相州大慈寺、襄州大兴国寺、蒋州。②

以上所选的三十州与部分寺院,可谓当时天下之大州名寺。可见选择特殊的地点、特殊的时间,以国家行为和皇帝诏敕的名义,对此事大事操办,不断升级,同时将自己精心装扮成一个放下屠刀、虔诚佛教的阿育王似的护法明王,就是在有计划、有针对性地制造

---

① (唐)道宣:《广弘明集》卷17《舍利感应记》,《大正藏》卷52,第213—214页。
② (唐)道宣:《广弘明集》卷17《舍利感应记》,《大正藏》卷52,第213页。

崇佛、敬佛的声势，在民众中树立自己虔诚佛教的良好形象，一方面在转移民众对废立太子事件的继续关注，另一方面旨在积极主动地将民众的注意力吸引到崇佛、敬佛事务中来，进而起到借重佛祖的力量统治人民，最终起到引导舆论和麻痹人心的作用。在这个过程中，隋文帝可谓整个事件的总导演，而志主童真与昙迁等佛教高僧都先后很好地配合了隋文帝，从而上演了这次轰动全国的大事件。

当然，仁寿元年（601）奉送舍利的举动，与隋文帝重塑其政权的合法性与正统性的努力也是相一致的，正如有学者已经指出的："三次接受舍利、起塔的地方基本上是不重复的一百余州，三次安放舍利、起塔又是在同一时间，因此，其效果是空前的，突出了隋文帝君临天下的正当性、合法性，只不过是充分利用了佛教这一工具而已。而这些措施，其实并不是隋文帝的独创，不过是对阿育王的模仿。"[①]

三 志主与仙游寺、大禅定寺

前文提及，隋文帝首次选择了三十位高僧将佛舍利送往天下三十个州，能被选中的高僧，都是荣幸至极。其中排到第一位的是昙迁，奉诏奉送舍利到岐州凤泉寺。原藏于凤泉寺舍利塔下的铭石，于清嘉庆五年（1800）在陕西扶风县西北五十里龙泉寺出土，现陈列于陕西扶风法门寺博物馆。另外，青州逢山县胜福寺（唐代改为广福寺），由僧智能奉敕奉送舍利于此寺并建宝塔，该寺《舍利塔下铭》亦已出土，后几经辗转，完好保存了下来，现存于青州市博物馆。该塔铭内容与凤泉寺舍利塔铭文几乎一致，只是后者加"孟弼书"及尾部用小字多刻文字曰："敕使大德僧智能、长史邢祖俊、侍者昙辩、司马李信则、侍者善才、录事参军邱文安、敕使羽骑尉李

[①] 李建欣：《佛教传说中的转轮圣王阿育王对隋文帝的影响》，《宝鸡文理学院学报》（社会科学版）2017年第5期。

德谌、司功参军李佶。"①从多刻的这些文字可见，这次各州奉送舍利者，除敕使高僧大德领衔外，尚有长史、侍者、司马、录事参军、敕使羽骑尉、司功参军等七八个人，若再加上随行的护驾兵卒及奴仆随从，人数规模一定不小。

根据上引《广弘明集》罗列的三十州，雍州仙游寺被排在第二位，而担任奉送任务的正是志主童真。对于其奉敕奉送舍利事，《续高僧传》其传有详细的记载，其中曰：

> 仁寿元年，下敕率土之内普建灵塔，前后诸州一百一十所，皆送舍利，打刹劝课，缮构精妙。真以德王当时，下敕令往雍州创置灵塔，遂送舍利于终南山仙游寺，即古传云秦穆公女名弄玉习仙升云之所也。初，真以十月内从京至寺，路逢雨雪，飞奔滂注，掩渍人物，唯舍利舆上独不沾润，同共异之。寺居冲谷，日夕风震，自灵骨初临，迄于藏瘗，怗然恬静，灯耀山谷。兼以阴云四塞，雨雪俱零，冀得清霁见日，有符程限。真乃手执熏炉，兴发大愿，恰至下期，冬日垂照，时正在午，道俗同庆。及安覆讫，还复云合。大众共叹真心冥感之所至也。②

雍州仙游寺在隋代属京畿之地，位于秦岭终南山北麓，始建于隋文帝开皇十八年（598），原来是"仙游宫"，系隋文帝行宫，是隋文帝在巡幸天下之际在此地观风景秀丽而修建，相传此地为秦穆公之女弄玉与萧史升仙之地。仁寿元年（601），隋文帝为了安置佛舍利，于十月十五日命大兴善寺的高僧童真送佛舍利至仙游宫，建舍利塔安置，易宫为塔，改称仙游寺。后来该寺在唐代达到鼎盛，

---

① （清）王昶：《金石萃编》卷40《青州舍利塔下铭》，嘉庆十年青浦王氏经训堂刊同治十年补刊本，1861年，第684页。

② （唐）道宣撰，郭绍林点校：《续高僧传》卷12《隋西京大禅定道场释童真传》，第411—412页。

有白居易在此写下不朽的诗篇《长恨歌》，还有岑参、吴道子等众多文人墨客在此留下墨笔。此后的仙游寺饱经岁月的洗礼，在明、清多次修葺，现存隋代"法王塔"、清代大殿及配殿等。

仙游寺位处京畿近郊，而童真高僧道高术深，在京城已经享有很高的声望，加之开皇十二年（592）"敕召于大兴善对翻梵本。十六年（596），别诏以为涅槃众主。披解文义，允惬众心"，多年来受隋文帝的敬重和赏识，这也是选择童真高僧送舍利往仙游寺的原因所在。舍利作为佛家至圣之物，童真一路也是尽心护持，之后所记埋瘗过程出现的种种灵异，似多出童真之言，时时处处不忘宣扬佛教，适时夸大舍利的神异和自己的佛法之高深。尽管明显有虚构夸张的成分，但足见童真护送舍利的精诚以及当时僧俗对于此事件的狂热。

仁寿元年（601）修筑的仙游寺法王塔，从仁寿元年（601）六月十三下诏令开始修建到同年十月十五日建成并安奉舍利入石函，时间仅仅四个月。这座千年古塔，原位于西安市周至县城之南15千米的黑河之滨终南山麓，是国家级文物保护单位。由于西安市黑河引水工程的兴建，经国务院批准，将它整体拆除迁建至2.8千米外的金盆湖畔。1998年10月，考古工作者在仙游寺法王塔地宫内发现有双面刻纹石碑一块、石函一具，打开函盖，见内藏鎏金铜棺一座。后金铜棺被打开，棺中琉璃瓶内存放着国内首次发现的10粒隋代舍利子。而这通阴阳两面均有铭文的方形石碑，碑阳刻隋代《舍利塔下铭》，兹谨将铭文迻录并标点如下：

> 维大隋仁寿元年岁次辛酉十月辛亥朔十五日丁丑，皇帝普为一切法界，幽显生灵，谨于雍州周至县仙游寺奉安舍利，敬造灵塔，愿太祖武元皇帝、明元皇后、皇帝、皇后、皇太子、诸王子孙等，并内外群官，众多民庶，六道三涂人、非人等，生生世世，值佛问法，永离苦空，同升妙果。

碑阴为唐代《仙游寺舍利塔铭》曰：

此塔即大隋仁寿元年十月十五日置也。至大唐开元四年重出舍利，本寺大德沙门敬玄，道门若节，远近谢其精诚，神机尔朗，合寺钦其高行。乃眷彼前修，情深仰正，谨舍衣钵之资，用崇斯塔。奉为开元神武皇帝、太子、诸王、文武百官，及含识，并同沾福，共结妙因。至开元十三年岁次乙丑十二月十五日甲子朔，庄严事毕，重入灵塔。其塔乃莹以丹青，饰以朱漆，致使固齐天地，峭然独存。①

从以上碑阴阳两面隋唐两代文可知，仙游寺法王塔初建于隋仁寿元年（601）。而隋仁寿元年安奉在塔基地宫中的舍利，历时115年后于唐开元四年（716）被发现重出。重出后仙游寺沙门敬玄在隋塔的基础上舍资修葺建成新塔，修葺后的法王塔"乃莹以丹青，饰以朱漆"，原藏舍利子亦于开元十三年（725）岁次乙丑十二月十五日甲子朔，在新塔建成完工以后，被重新安放于地宫，所谓："庄严事毕，重入灵塔。"据有关报道，开元十三年（725）修葺建成的仙游寺法王塔高近30米，为七级密檐式砖塔。塔下部作方形台基，塔身各层密檐用砖叠涩砌成，檐层间距较大，无仿木构枋拱装饰，每层向上递减收分，塔刹不存，造型简朴大方，与现存大雁塔风格相似。

仁寿元年（601），童真完成了敕命奉送佛祖舍利的使命，随之应该是返回长安，继续主持大兴善寺的译经工作。但其晚年最后的时光，却是在大禅定寺度过的。《释童真墓志铭》记："粤以大隋大业十年岁次甲戌三月己亥朔，大禅定道场主沙门童真法师，春秋七

---

① 有关该塔铭文及发掘情况，请参阅刘瑞《法王塔地宫发现的重大意义》，《西北大学学报》（哲学社会科学版）1999年第2期；林通雁《仙游寺法王塔的风格》，《华夏文化》1999年第2期。

十有一。是知四节若驰,瞥逾隙(古同"隙")马。百年如幻,脆甚藏舟。加以构疾弥隆,遂登大渐。其月九日迁神于大禅定伽蓝。"《续高僧传》卷第十二《隋西京大禅定道场释童真传》中亦记:"大业元年,营大禅定,下敕召真为道场主。辞让累载,不免登之。存抚上下,有声僧网。又以涅槃本务,常事弘奖。言令之设,多附斯文。大业九年,因疾卒于寺住,春秋七十有一。"由此可知,童真高僧最后是于大禅定寺圆寂的。

大禅定寺为隋炀帝即位后建立的第一座寺院,占永阳坊与和平坊两坊的西半部,并建有与禅定寺高度形制相当的木塔,该寺可以说是与隋文帝所立之大兴善寺、禅定寺有同等地位的皇家大寺院,但关于该寺建立的时间却存有争议。唐代以来,大禅定寺修建的时间就有大业元年(605)和大业三年(607)两种说法。《增订唐两京城坊考》卷四:"(禅定寺)西,大总持寺。隋大业三年(《两京新记》作'元年')炀帝为文帝所立,初名大禅定寺,寺内制度与庄严寺正同,亦有木浮图,高下与西浮图不异。武德元年改为总持寺。庄严、总持即隋文献后宫中之号也。"[1] 上引道宣《续高僧传·童真传》亦记:"释童真,姓李氏,远祖陇西……大业元年,营大禅定,下敕召真为道场主。"又据《续高僧传·灵幹传》:"释灵幹,姓李氏,金城狄道人……大业三年置大禅定,有敕擢为道场上座。"

大禅定寺既然为隋炀帝即位后所建,那就要根据其执政之初的政局与营建动机去寻找建立原因。众所周知,仁寿四年(604)隋文帝驾崩之际,隋炀帝是否有弑父的宫廷政变,学术界是有争议的。窃以为,根据文帝驾崩前后的一系列突发怪异事件来看,其中必有蹊跷,当时应该是发生了激烈的宫廷斗争的。但政变的原因绝非文帝于临终之际再次要废立太子所致,应该是另有原因。作为雄才大略的隋文帝,当年废长立幼,改立次子杨广为太子,绝非史书所记

---

[1] (清)徐松撰,李健超增订:《增订唐两京城坊考》卷4,三秦出版社2006年版,第256页。

的出于独孤皇后一时的撺掇和自己的轻信，而是在长期权衡两个儿子的优缺点后做出的慎重抉择，目的就是托付得人，保全自己苦苦经营的社稷江山。而且正史记载，在仁寿四年（604）正月文帝幸仁寿宫之际，已经将政事交付皇太子，之后四月不豫，直至七月甲辰，"上以疾甚，卧于仁寿宫，与百寮辞诀，并握手歔欷。丁未，崩于大宝殿"，可见文帝临终之际皇储问题已经做好了安排，绝无再次更换太子的反复之举。那么何以解释当时的一些怪异事件呢？当时废太子杨勇与被剥夺王爵的蜀王杨秀皆委新立太子杨广看管，幼子杨谅远在并州，史书皆无见文帝召见，一无交代，还遗诏赐故太子勇死，绝情至极，于理不通。加之文帝身边近臣如兵部尚书柳述、黄门侍郎元岩随后无故被系大理狱，后并遭除名、流放，其中柳述还是前朝驸马，炀帝姐夫，此二人皆为文帝近臣，肯定知悉宫廷内幕并参与其中，尤其汉王谅在得知文帝驾崩后又起兵反叛。这一系列的反常事件，说明当时一定是发生了仁寿宫政变的。窃以为，仓促之际，文帝应该没有更换太子之意，但在处置两个儿子的前途命运问题上与太子发生了冲突。因废太子杨勇及三子杨秀尚未得到妥善安置，弥留之际，不仅是亲情难以割舍，更担心的是他们的性命与前途，所以对诸子必有交代，应该是因欲召见废太子及诸子而遭到了杨广及其党羽的恐慌猜忌，为此父子之间可能有激烈冲突，于是才有杨广发动宫廷政变之举。可以肯定的是，尽管不能确定杨广是否有弑逆之举，但文帝于弥留之际遭到了软禁应该情况属实。由此，炀帝登基之初，已经背负背父弑兄之心理包袱，为了忏悔和及时消除消极影响，以树立自己的良好形象，所以要为乃父营建寺院以追冥福。如此，大禅定寺的营建应该就在炀帝登基后的次年，即大业元年（605）。而且就在这一年，炀帝效仿圣人贤王做了一系列的仁义之事，如大业元年（605）正月"壬辰朔，大赦，改元"，同月"戊申，发八使巡省风俗"，并下诏书命宣扬风化，赈济鳏寡孤独等。该年七月丁酉，又"制战亡之家给复十年"。闰七月丙子下诏："其国子等学，亦宜申明旧制，教习生徒，具为课试之法，以尽砥砺之道。"可见，炀帝这一系列做法都是在树立自己的贤君仁政形象。按照隋唐惯例，在先皇忌日，新皇帝要大赦，还要举行盛大的国忌行香。那么该年七月颁发的给复战亡之家与恢复学校教育的两份诏书，应该就是在文帝忌日前后发布，为文帝追冥福，为自己树立良好形象，也是炀帝上台伊始兴佛崇教所为。由此亦说明，为乃父追冥福而营建的大禅定寺应该正是在大业元年（605）建成，其开光大典应该就是选在七月文帝忌日，应该是炀帝亲自到场。考察炀帝行程，大业元年（605）七月前后他确实是在京城长安，而到了大业三年（607）六月辛巳至九月己巳，炀帝车驾北巡，并不在长安。

隋文帝为独孤皇后修建的禅定寺和隋炀帝为其父修建的大禅定寺，二寺都是有着追冥福之用。至唐初，因唐王室与隋朝的特殊关系，在佛教上又大多保留了隋的痕迹。在唐武德元年（618），大禅定寺改名总持寺。武德六年（624），禅定寺改名庄严寺。至于改后的名字，又有文献记载："隋主（隋炀帝）自立法号，称总持，呼萧后为庄严。"① 有学者怀疑文献后的"庄严"应为独孤皇后受戒之后使用的法号，并由此推测"总持"与"庄严"乃隋文帝与文献皇后之法号②。其实，据《续高僧传》记载，开皇十一年（591），时为扬州总管的杨广遣使招请天台山智凯法师来扬州，智凯授杨广"总持菩萨"（意谓功德圆满的菩萨）法号，杨广则赐智凯"智者"大师称号③。可见，由炀帝修建的大禅定寺之所以后来改名为总持寺，应该是因炀帝曾有此法号而改。

总之，禅定寺与大禅定寺，皆为皇家寺庙，隋炀帝上台伊始便任命童真高僧为大禅定寺的道场主主持该寺，足见其在当时佛教界的地位以及在世俗皇家中的声望。

---

① （清）徐松撰，李健超增订：《增订唐两京城坊考》卷4，第256页。
② 杜斗城、吴通：《隋代独孤皇后与佛教关系述论》，《新疆师范大学学报》（哲学社会科学版）2014年第3期。
③ （唐）道宣撰，郭绍林点校：《续高僧传》卷6《隋国师智者天台山国清寺释智凯传》，第630页。

童真法师大禅定寺主持寺务，讲授涅槃，备受敬重，声望日隆，所谓："存抚上下，有声僧网。又以涅槃本务，常事弘奖。言令之设，多附斯。"后因疾病，圆寂于寺中，由其弟子法该等一千余人为他送终勒铭，追思缅怀，词气恳切。前引《续高僧传》其传与其墓志，皆称法师圆寂时享年七十一，但其究竟是圆寂于大业九年（613）还是大业十年二者记载不一，前者称"大业九年，因疾卒于寺住，春秋七十有一"。而今据其墓志可知，他是隋大业十年（甲戌年）三月初一圆寂，九日迁神于大禅定伽蓝，十三日葬于京兆郡大兴县义阳乡高阳原。应该以墓志所记为是，正可纠文献之错误。

童真墓志

（本文原载于《唐都学刊》2019 年第 1 期）

《杨卓墓志》与唐代帝陵的风水理念等相关问题

唐杨卓墓志近年在西安出土，笔者对其墓志拓本初做考释，志主为一风水先生，殊为稀见。拓本无见志盖，墓志四边边长约48厘米，楷书26行，共606字。个别字迹漫漶不清，大部分保存完整。兹谨将志文迻录并标点如下：

  唐故朝散大夫权知吉州长史翰林待诏上柱国赐紫金鱼袋杨公墓志铭并序
  承务郎前都水监丞上骑都尉郑义方撰
  公讳卓，字执礼，其先周宣王子尚父，受封诸阳，实曰杨侯，晋灭其国，因以为氏，厥后代济勋德，遂为名家。源流广派，远矣盛矣，于是根蒂旁薄，枝叶蕃昌，有望表弘农，或居天水，则公之先弘农人也。曾祖思齐，银青光禄大夫，瀛州刺史；祖古期，雅性闲逸，道高不仕；父頵，朝散大夫，殿中省尚药奉御，赐绯鱼袋。公即奉御之长子也，少有名誉，雅量冲和，静然居贞，风尘不杂，解褐试太子家令寺主簿。早岁好属文，意在典籍，晚年尤善阴阳悬艺，为时辈之先。至于辨别山川形胜，相识岗原气候，时所比量，未之有也。贞元中，德宗皇帝闻而嘉之，召入翰林祗奉诏命，授夔州都督府仓曹参军。元和元年，以顺宗皇帝山陵优劳，授洪州都督府兵曹参军，赐绯鱼袋，秩满改岳州长史，又拜右金吾卫长史，转袁州司马。

今上御宇，特奉诏命，按幸宪宗皇帝山陵事，勋绩转著，渥泽弥深，特恩赐以紫绶金章，旋又拜吉州长史。声价振扬，郁尔芳茂，方将整辔长衢，逸翩云汉，无何遘疾有加，无瘳，以八月廿一日终于胜业里之私第，享年五十有七。皇上称念，中外惊嗟，以其年十月廿七日归葬于长安县龙首乡，祔于先茔，礼也。夫人陇西李氏，即故左卫率府长史勋之女也，习训成性，禀和德柔，志在女功，婉修妇道，宜媲贤哲，实其祷也。有子三人，长曰师周，前试太常寺奉礼郎；次曰师素，前洋王府参军，翰林待诏；季曰师简，才始弱冠，未有禄仕。皆泣血尽哀，披榛卜兆，以余曾陪攸□，行义素谙，息托斯文，敢不书实。铭曰：

岳渎钟秀，代有其伦，克生杨公，为国之珍，二纪尽萃，三朝□臣，悬艺独步，无与比邻，如何不淑，天夺斯人，及葬有期，夜台无春，千载之后，道将贞泯。

一 按幸三代皇帝山陵的风水大师

根据志文，志主家世源流不足称道，加之志主一生官爵不高，亦无文武之能或奇功伟绩，生平似亦无足道者，但因为志主晚年作为唐朝皇家御用的风水先生，先后为三代皇帝按幸山陵，事迹颇引人注意。借此可让我们得以管窥唐代风行的风水理念，以及帝陵的选址与制度渊源等相关问题。

志主杨卓，字执礼。郡望为魏晋以来十分贵显的弘农杨氏。其父杨頵，生前官至朝散大夫，殿中省尚药奉御，赐绯鱼袋。尚药奉御应该是正五品下的文官。由志文谓志主早年"解褐试太子家令寺主簿"，可知志主早年起家时应该为太子家臣，为太子东宫文官。这一点可与志文后面提及的其岳丈李勋的职任相呼应，志文谓："夫人陇西李氏，即故左卫率府长史（勋）之女也。"左卫率府长史也是太子属官，说明志主与其岳丈曾为太子幕僚，为时任太子的李诵之家臣。

顺宗李诵任太子的时间很长，从大历十四年（779）十二月立为太子以后，直至贞元二十一年（805）德宗驾崩，抱病于德宗灵柩前即位，先后二十六年。可能早年任太子家令寺主簿期间，因太子久久不能登基，志主亦很长时间不得升迁，只好沉湎文学，后又钻研堪舆阴阳术数，结果学术精进，声誉鹊起，时人无与为比。志文所谓："早岁好属文，意在典籍，晚年尤善阴阳悬艺，为时辈之先。至于辨别山川形胜，相识岗原气候，时所比量，未之有也。"

正是因为志主杨卓在风水堪舆和阴阳术数方面的不凡造诣，志文称："贞元中，德宗皇帝闻而嘉之，召入翰林祇奉诏命，授夔州都督府仓曹参军。""翰林祇奉诏命"是翰林院待诏之意。所谓："其待诏者，有词学、经术、合练、僧道、卜祝、术艺、书弈，各别院以虞之，日晚而退。"[①] 唐代翰林院初设时为供职具有艺能人士的机构，自唐玄宗后，翰林分为两种，一种是翰林学士，供职于翰林学士院；一种是翰林供奉，供职于翰林院。晚唐以后，翰林学士院演变成了专门起草机密诏制的重要机构，有"天子私人"之称。在院任职与曾经任职者，被称为翰林官，简称翰林。可见，能够被召入翰林祇奉诏命，在当时已是荣宠备至。其"翰林待诏"亦成为志主终身的荣耀，其墓志标题不忘予以特书的意义就在这里。志主因有风水堪舆和阴阳术数的声望，荣幸被德宗召入翰林待诏，随即应该是参与了其皇陵的风水"按幸"，即德宗贞元年间（785—805），他应该是参与了德宗皇帝陵寝的选址工作的。

唐德宗陵为崇陵，位于陕西省泾阳、三原、淳化三县交界处的嵯峨山之阳。崇陵是中晚唐帝陵中因山为陵的典型代表，其寝宫位于嵯峨山南麓中峰的山腰间，即九条山脉的交汇处，恰似一株九瓣莲花的中心，故谓之为"莲花穴"。嵯峨山，主峰海拔高1405米，又名乔茂山，古名荆山，北五台山，亦称笔架山，为关中之名山，

---

① 《旧唐书》卷43《职官志二》，中华书局1975年版，第1853页。

有诗曰："终南之北太华东，千仞嵯峨峙其中。峦突峰兀丘壑壮，山明水秀民物雄。"宋代诗人程公许作诗《监亭登高山庙》盛赞曰："嵯峨山叠云，窈窕江横练。"王际在《登嵯峨》一诗中也曾描绘嵯峨山的奇伟："溪蒸水气生云影，石滑苔底常雨踪。半壁空中翔白鹤，千岩天际舞苍龙。"崇陵玄宫居高临下，山环水抱，陵冢高突，风景旖旎。嵯峨山的秀美之名甚至传到了日本，日本将京都的一座山命名为嵯峨山，公元809年，神野亲王继位后，取名"嵯峨天皇"，以表仰慕神往之意，由此可见嵯峨山的神奇瑰丽和风水之好[①]。

贞元年间（785—805），志主参与了德宗皇帝陵寝的选址工作，德宗驾崩以后，崇陵的丧葬事宜是由中唐著名宰相杜佑主持的，《旧唐书》其传称："德宗崩，佑摄冢宰"，志主应该是作为阴阳先生参与其间。继德宗崇陵之后，志主又参与了顺宗皇帝山陵的选址工作，志文谓："元和元年，以顺宗皇帝山陵优劳，授洪州都督府兵曹参军，赐绯鱼袋，秩满改岳州长史，又拜右金吾卫长史，转袁州司马。"唐顺宗李诵为德宗长子，备位储君二十余年，不幸贞元二十年（804）九月，正当德宗病重弥留之际，时为太子的他患中风病，不能言语，"诸王亲戚皆侍医药，独上卧病不能侍"。德宗驾崩后，顺宗勉强登基，但同年八月，宦官俱文珍等以其多病，口不能言为借口，逼其退位，并于次年，即宪宗元和元年（806）正月驾崩。

顺宗丰陵也是晚唐帝陵中因山为陵的代表，亦以风水之好而著称。其陵位于今陕西富平县城东北约20千米处的金翁山之阳（今曹村乡陵前村）。金翁山海拔851米，山势雄姿，极似卧虎，故俗称虎头山。顺宗驾崩仓促，志主忠诚其事，圆满完成了顺宗山陵的选址与丧葬等工作，并因之而再受嘉奖升迁，所谓"以顺宗皇帝山陵优劳，授洪州都督府兵曹参军，赐绯鱼袋，秩满改岳州长史，又拜右金吾卫长史，转袁州司马"。

[①] 张燕军：《风水思想与汉唐帝陵选址研究》，《兰台世界》2013年第21期。

继顺宗丰陵之后，志主还参加了宪宗景陵的选址。志文谓："今上御宇，特奉诏命，按幸宪宗皇帝山陵事，勋绩转著，渥泽弥深，特恩赐以紫绶金章，旋又拜吉州长史。"由宪宗之后可知，"今上"是指穆宗。说明是在宪宗驾崩，穆宗即位之后，志主还参加了宪宗景陵的选址。唐宪宗李纯为唐顺宗李诵的长子。贞元二十一年（805）八月，宦官俱文珍等逼迫重病中的顺宗退位，拥立太子李纯即位。但即位后的宪宗是晚唐时期颇有作为的一个皇帝，自从登基以后，他立志削藩，使唐王朝重新恢复了中央集权和短暂的统一，宪宗因之被称为"中兴之主"，甚至将其与唐太宗李世民、唐玄宗李隆基一并誉为"唐羡三宗"。

宪宗景陵，位于陕西蒲城县西北13千米处的金帜山上（今三合乡义隆村）。金帜山，海拔872米，成书于清乾隆四十七年的《蒲城县志》称其"山势高耸铺张，有如悬旆"，是说山势突兀挺拔，直入青冥，犹如一面旗帜悬挂在空中。可见，宪宗景陵也是风水很好的皇家陵园。那么，当时特奉诏命，按幸宪宗皇帝山陵事的志主杨卓，事后因功再次被嘉奖，"特恩赐以紫绶金章，旋又拜吉州长史"，也就成了情理之中的事。

结合志文载"今上御宇"等句，以及志主有按幸宪宗山陵之事，可以推测出杨卓死于唐穆宗长庆元年（821），享年五十七，则志主当生于唐代宗永泰元年（765）。这里对其死因大有深究的必要。据史书记载，就是在宪宗景陵葬事结束后，有人告发时任景陵山陵使的令狐楚在葬事期间，与专知景陵工程的京兆府户曹参军韦正牧、石作专知官奉天令于翚及翰林阴阳官等共同贪污工徒钱，克扣伙食，所谓："其年六月，山陵毕，会有告楚亲吏赃污事发，出为宣歙观察使。楚充奉山陵时，亲吏韦正牧、奉天令于翚、翰林阴阳官等同隐官钱，不给工徒价钱，移为羡余十五万贯上献。怨诉盈路，正牧等下狱伏罪，皆诛，楚再贬衡州刺史。"[①] 宪宗驾崩为元和十五年

---

① 《旧唐书》卷172《令狐楚传》，第4460—4461页。

（820）正月，随之穆宗即位，"诏楚为山陵使，仍撰哀册文"，六月葬事结束，有人告发。巧合的是，志主正是按幸宪宗皇帝山陵事结束以后，先是因功受新即位的穆宗的恩赐与加官，但很快，志文称："无何遘疾有加，无瘳，以八月廿一日终于胜业里之私第，享年五十有七。"说明其生病去世的时间又正是被告发追查之际，很可能就是因为与令狐楚一伙贪赃枉法，被揭发以后，畏罪惧怕暴病而终。那么，此正好说明史书所记在宪宗景陵的葬事中因贪赃枉法的令狐楚一伙中之"翰林阴阳官"就指志主杨卓等人。由此，碑志与史书相互印证，说明史书记载的时任景陵山陵使的令狐楚一伙在宪宗葬事案中的贪赃枉法是属实的。

纵观志主一生，之所以受到尊崇，是因其"尤善阴阳悬艺，为时辈之先。至于辨别山川形胜，相识岗原气候，时所比量，未之有也"，也就是他通晓堪舆之术。正由于此，墓主受到德宗嘉奖，并先后参与顺宗丰陵、宪宗景陵的选定，因功而获得奖赏与升迁，但其身份地位并非显赫。因其姓名并未在《丰陵礼成优劳德音》中，《德音》中仅有"挽郎代哭、诸司职掌工巧杂设、人夫车牛，并询其劳绩，各以等级赐官，及出身、赐勋爵、进阶、减劳选、各有差"[1] 一句来代指除显赫朝臣之外的所有人员，可见杨卓身份、地位不显，并不能在《德音》文中写其姓名。同样在《景陵礼成优劳德音》中未提及墓主，也以"诸色行事官，及斋郎、礼生、并阴阳官，三品以上各赐爵一级，四品以下各加一阶，合选人前资见任，各减一选，白身各减二年劳，考满人并放出身"[2] 一句带过，又可证志主作为翰林阴阳官地位并不算高。根据其事迹可以断定，杨卓一直留在京城长安待诏翰林，由于翰林待诏为其职，其一系列官职都是志主本人所带的本官秩阶，其迁转仅表示本人官品待遇的升降。

---

[1] （宋）宋敏求编：《唐大诏令集》卷77，中华书局2008年版，第434页。
[2] （宋）宋敏求编：《唐大诏令集》卷77，第436页。

二 唐代的堪舆理念与帝陵选址

前文提到，志文所谓："晚年尤善阴阳悬艺，为时辈之先。至于辨别山川形胜，相识岗原气候，时所比量，未之有也。"显然志主为一代风水大师。"风水"，又称为堪舆学、相地术、地理、相宅术、青乌、青囊术、形法等。以往人们利用堪舆术数挑选阴宅阳宅，以趋吉避凶。自先秦以来，堪舆术一直在不断地丰富和发展，经过魏晋南北朝时期的过渡与完善，到唐代，风水理念已经深入人心，其理论体系臻于完善，更是形成了"宗庙""江西"两大流派[1]，出现了许多在中国风水史上名声显赫、留名青史的人物。但也是因为阴阳风水风气弥漫，无稽邪说泛滥，于是唐太宗为了强调权威，统一思想，甚至下诏让吕才等人整理风水学经典，颁行天下，史书记载："太宗以阴阳书近代以来渐致讹伪，穿凿既甚，拘忌亦多。遂命才与学者十余人共加刊正，削其浅俗，存其可用者。勒成五十三卷，并旧书四十七卷，十五年书成，诏颁行之。"[2]

中国历代皇朝多设置堪舆部，但名称不同。周朝有太史，秦汉以后有太史令，其职责主要体现在观天象、主祭祀，掌国史。隋代设太史监，唐代设太史局，后又改司天台，隶属秘书省，后似又归翰林院，称翰林阴阳官。宋、元两朝有司天监，元代又设太史院，下设三个局：推算局、测验局、漏刻局。元代至元十七年（1280）又设有回回司天监，任务"观像衍历"。明初有司天监和回回司天监，有天文、漏刻、大统历、回回历四科；洪武三年（1370）改称钦天监，清代循称钦天监，并设监正、监副等官，主要负责皇陵的堪舆、择日等工作。但是，通检史料，唐代并没有设置专门的堪舆官，而是临时任命一些擅长堪舆之术的官员，如翰林待诏、太卜、

---

[1] 陈永正主编：《中国方术大辞典》，中山大学出版社1991年版，第16、17页。
[2] 《旧唐书》卷79《吕才传》，第2720页。

太史等来临时充任此职，事毕即归本职，而且，在相关文献记录中，也不记载其精确官职，而是代之以"阴阳官"等模糊的称号来表示相关从事人员。这些官员大都以精于某种伎术而得官受宠，服务于皇家的各项事务。

从墓志信息可以看出伎术官世袭的影子。墓主的父亲任尚药奉御，墓主本人以精通堪舆任职翰林待诏，墓主的儿子杨师素同样任职翰林待诏，都是以伎术来任职，祖孙相袭，虽然他们所习掌的伎术并不一致，但依然选择了伎术官这一条路。以伎术入官在传统中国社会中是为士人所不齿的。但是，赖瑞和曾将唐代的文职事官细分为三种，并认为唐代政府机构中有至少三分之二的官员（指流内官）并非士人，而是流外杂色出身者、伎术官、宦官和武官[1]。由此可见士人任官仅占唐朝官员的三分之一，他们中大都被列入唐代的正史列传。那些同样才能卓越，荣膺功勋的伎术官、宦官、武官由于出身等问题想要留下传记是何等的困难。

唐时精通堪舆的人才很多，在社会上、宫廷中都很活跃，李淳风为中国古代著名的天文学家、数学家，相传为世界上第一个给风定级的人，传世作品有《推背图》《甲子元历》《乙巳占》等；另外一位就是为李世民卜选过宝地的袁天罡，相传也是占卜高手，与李淳风一样，被时人奉为神人。两唐书中的《吕才传》还为我们描述了一个精通堪舆之术的人——吕才。史传中称其"少好学，善阴阳方伎之书"，所述《宅经》篇中载："殷、周之际，乃有卜宅之文，故《诗》称'相其阴阳'，《书》云'卜惟洛食'，此则卜宅吉凶，其来尚矣"，后又对隋唐以来的五姓之说和《堪舆经》进行了阐释[2]。

唐代风水堪舆之风风靡全国，大量的需求并不可能凭借仅仅几个人来完成，所以，大多数风水大师都被淹没于历史的尘埃之中，一般

---

[1] ［马来西亚］赖瑞和：《唐代中层文官》，中华书局2011年版，第450—452页。
[2] 《旧唐书》卷79《吕才传》，第2719—2722页。

的正史是不可能为他们留名立传的，即使有，也仅仅如《吕才传》一样，寥寥数笔而已。因此，保存了志主阴阳堪舆先生身份信息的墓志，可谓为唐代堪舆的研究提供了一份重要的原始史料。

晋代郭璞《葬书》中说："葬者乘生气也。气乘风则散，界水则止。古人聚之使不散，行之使止，故谓之风水。"自此，"风水"二字成了阴阳堪舆之术的代称，也成了其核心，风水学说对唐朝帝陵选址与营建影响颇深。李唐王朝的先代祖陵位于河北隆尧。唐太祖李虎为李渊的祖父，陵为永康陵，位于今陕西省三原县陵前乡石马道村北及侯家堡村西南100米处，为李渊建唐以后迁葬所建。唐世祖李昞，为李渊的父亲，陵为兴宁陵，位于今陕西省咸阳市渭城区正阳镇后排村之北塬上，其陵亦为李唐建国后扩建而成。唐高祖李渊陵为献陵，位于陕西三原县城东北约20千米处的徐木原上。以上三陵皆"积土为陵"，陵园制度依汉魏制度。

从高祖以下，唐诸帝陵，除昭宗和陵和哀宗温陵分别位于河南偃师、山东菏泽外，其余都葬于关中地区，号称"唐十八陵"，在长安以北呈扇形分布，散布在咸阳、渭南两市的乾县、礼泉、泾阳、三原、富平、蒲城六县。其分布各自独立，完全是按照山川形胜和岗原气候的风水理念建造分布的，相互之间并没有任何关联。首先是陵园与都城之间的方位，除了看好渭北的风水外，主要是受到了传统的"葬者宜在国都之北"思想的影响，《礼记·檀弓下》称，"葬于北方，北首，三代之达礼也，之幽之故也。"[1] 这些陵园均位于唐长安城的北方，一并遵循了这一原则；另外，陵墓的选址完全符合防水防盗的原则，《吕氏春秋》云："古之人有藏于广野深山而安者矣……葬不可不藏也。葬浅则狐狸抇之，深则及于水泉。故凡葬必于高陵之上，以避狐狸之患、水泉之湿。"[2] 唐陵中，"封土起

---

[1] 杨天宇：《礼记译注·檀弓下》，上海古籍出版社1997年版，第148页。
[2] （战国）吕不韦著，陈奇猷校释：《吕氏春秋新校释》卷10《节葬》，上海古籍出版社2002年版，第531页。

冢""因山为陵"这两种陵墓形式同时存在，基本上承袭了秦汉时期帝王陵寝的特征。但国力强盛时期、有条件的唐朝皇帝基本将自己的寿宫选择了因山为陵。"十八陵"中只有高祖李渊的献陵、敬宗李湛的庄陵、武宗李炎的端陵、僖宗李儇的靖陵是"封土起冢"。

陵地选定以后，还有具体的葬地，即玄宫位置还要进行甄选，此称"筮宅"。颜真卿撰写的《大唐元陵仪注》是唐代帝王陵寝礼仪制度的范本，该书中有《将葬筮宅》一节，就详细记述了专业官员从事卜筮陵寝之地的一系列章程礼仪，所谓："既定陵地，择地，使就其所卜筮之。将卜，使者吉服。掌事者先设使以下次于陵地东南。使者至陵地，待于次。太常卿莅卜，服祭服。祝及卜师、筮师，凡行事者皆吉服……遂卜筮，讫，兴各以龟筮东面占曰从，还本位。赞者进使者之左，东面称礼毕。赞者遂引使者退，立于东南隅，西面。若不从，又择地卜筮如初仪。"①

贞观十年（636）长孙皇后死后，李世民即有意派堪舆师到九嵕山察看地理。李世民之所以"因山为陵"，史书上认为与长孙皇后有关，《旧唐书》记载，长孙皇后临死时嘱李世民"因山而葬，不需起坟"，希望葬事从简②。与昭陵陵址是李世民自选九嵕山不同，据说乾陵的择选是很专业的，由当时掌管大唐阴阳和天文历法的太史令李淳风敲定。唐玄宗之所以选定泰陵，也是因他本人看到了金粟山有所谓龙盘凤翔之势，极其符合堪舆术对陵寝之地的要求，于是授意按察。史载开元十七年（729），玄宗因拜桥陵至金粟山，观冈峦有龙盘凤翔之势，谓左右曰："吾千秋后，宜葬于此地。"之后就根据玄宗的意愿按察选址，逝后葬于金粟山③。之后，典型者如上文提到的德宗崇陵、顺宗丰陵、宪宗景陵也同样是选择山水秀丽、独具特色的风水宝地。可见风水思想对于唐代帝陵选址的影响之深。

---

① （清）董诰等编：《全唐文》，《唐文拾遗》卷20《颜真卿》，中华书局1983年版，第10583—10584页。

② 《旧唐书》卷51《太宗文德皇后长孙氏传》，第2166页。

③ 《唐会要》卷20《陵议》，上海古籍出版社2006年版，第459页。

三　堪舆与隋唐社会生活

　　魏晋时期的玄学、佛教等思想学说的碰撞与交融，使得儒学内容更加丰富，形成新的思想体系。到了隋唐，学校科举的创立，进一步促进了儒学的兴盛，风水学说也因此而大行其道，与主流文化一起流行于隋唐社会的各个角落，服务于唐朝社会的各个阶层。此外，风水思想成功地实现了对儒家文化的渗透，尤其是在"孝"的问题上与儒家提倡的天人感应之说相结合，使得为先人、逝者寻找风水宝地不但成为单纯表达孝心和福佑子孙的理念问题，更上升到封建伦理纲常的社会规范之高度，在这一点上，风水学说无疑是十分成功的。因此，唐朝精通堪舆之术的名家辈出，更是受到了统治者的赞赏与重用，他们在政治文化上所产生的影响更是极大地促进了唐代风水思想的广泛流布。

　　隋唐是一个堪舆之术盛行的时代，都城、宫殿、皇帝陵寝的选址与建造都体现了其人重视"风水"祈求平安的强烈意愿。根据敦煌吐鲁番文书所遗存的大量《宅经》残卷[1]我们也可以得知，无论是在京师还是在西陲，也无论是阴地还是阳宅，堪舆之术一直广泛应用于上至皇家下至民间的生产生活当中。在科学技术高度发展的今天，我们仍然无法忽视"风水"这一学说对于我们社会生活的影响程度。

　　李约瑟曾高度评价说："'风水'在很多方面都给中国人带来了好处，比如它要求植竹种树以防风，以及强调住所附近流水的价值。但另外一些方面，它又发展成为一种粗鄙的迷信体系。不过，总的看来，我认为它体现了一种显著的审美成分，它说明了中国各地那么多的田园、住宅和村庄所在地何以优美无比。"[2]

---

[1] 黄正建：《敦煌占卜文书与唐五代占卜研究》，学苑出版社2001年版，第72—80页。
[2] ［英］李约瑟：《中国科学技术史》第二卷，科学出版社、上海古籍出版社1990年版，第388—390页。

就像墓主服务于皇家帝陵的建造一样，还有许许多多个浪迹于民间的堪舆术士，服务于社会大众。民众普遍都敬畏鬼神、视死如生，并都渴望趋吉避凶，这就为堪舆术的流行提供了广阔的生存空间，人们生前的住宅和死后的坟墓就是堪舆术运用最为集中的两处。余欣就希望通过对敦煌地区生活空间的观察，将其提升到信仰作用下的礼俗的层次，这种尝试确实可谓："小心翼翼地往一个可能具有诱人前景的方向踏出了一步。"① 敦煌文书遗留的一系列《宅经》中最具有代表性的就是 P. 3865《阴阳宅经》②，余欣、黄正建等学者均进行了录文与探讨，其文曰："凡人所居，无不在宅，唯只大小不等，阴阳有殊。纵然客居一室之中，犹有善恶，大者大说，小者小论，犯即有灾，镇而祸止，亦犹药病之义也。故宅者，人之本，人者以宅为家。居若安，即家代昌盛；若不吉，即门族衰微，坟墓川岗，并同兹说。上至军国，次及州县郡邑，下至村落、堡栅乃至山居，但人所处，其皆例焉。"③

又曰："夫辩宅者，皆取移来相数定之。不以街南、街东为阳（不妨是阳位作阴宅，居之吉），街南、街西为阴位（不妨作阳宅，吉）。凡移来不勒远近，一里与百千里同，十步与百千步同。又此二宅修造，唯看天德、月德、天道，生气到，即修之，不避将军、太岁、豹尾、黄幡、黑方及五姓宜忌。但随顺阴阳二气为正，此诸福煞，依阴阳而立，故不能。若为灾，避之亦不妨……又宅有五虚令人贫耗，五实令人富贵。宅大人少，一虚；宅门大内小，二虚；院墙不完，三虚；井竃不处，四虚；宅地多屋少，五虚。宅小人多，一实；（宅）大门小，二实；院墙完全，三实；宅小六畜多，四实；

---

① 余欣：《神道人心：唐宋之际敦煌民生宗教社会史研究》，中华书局 2006 年版，第 252 页。

② 关于 P. 3865 的定名，学术界尚存在不同的看法，本文从陈于柱《阴阳宅经》说，见陈于柱《敦煌写本宅经校录研究》，民族出版社 2007 年版，第 401 页。

③ 余欣：《神道人心：唐宋之际敦煌民生宗教社会史研究》，第 166 页。

宅中水渎东南流，五实。"① 引文第一段主要讲述了住所对于人的重要性，是人之本。无论是宫殿、堡栅还是坟墓川岗，良好安稳的居住条件会使得家代昌盛，反之则祸乱丛生。第二段则讲述辨别宅之阴阳的方法与修造，讲究顺应阴阳，趋吉避灾。第三段则讲述一座宅院的五虚五实，从一些侧面来反映宅院的实际情况，并以虚实来辨别吉凶，非常实用，且有一定的指导意义。这三段内容有不同的侧重点，但最终目的都是强调好的住宅能给人带来好运这一观点，辨别阴阳与虚实，都在于希望人们能够通过适当的方法来调理，以求和谐，而这一点正是《宅经》中所包含的堪舆思想所能实现的。

堪舆对于隋唐政治生活的影响同样深远。隋朝宇文恺奉命营建大兴城的时候，"以朱雀门街南北尽郭有六条高坡，象乾卦，故于九二置宫阙，以当帝之居。九三立百司，以应君子之数。九五贵位，不欲常人居之，故置玄都观、兴善寺以镇之"②。整个都城的建造都是按照风水堪舆的理念来设计的。长安城内永嘉坊，隋朝末年有方士云贵气特盛，"自武德、贞观之后，公卿王主居之多于众坊"③。唐德宗朝宰相杨炎在曲江南立家庙，"有飞语者云：'此地有王气，炎故取之，必有异图。'"④ 结果使得德宗更加恼怒，将其贬官赐死。可见，堪舆之术不仅影响着隋唐长安城里坊的布局修造，而且影响着长安城内所有居民的生死荣衰。

堪舆深刻地影响着隋唐社会的政治、经济生活，导致人们在选择住宅和坟墓之地时无不小心谨慎，以免招致灾祸。在科学技术并不发达的当时，除了前文中屡屡提及的一些堪舆名士和高僧之外，大多数方士就成为普罗大众趋吉避凶的精神指导，人们趋之若鹜，奉若神灵，方士等群体的神秘色彩也就更加浓厚。

---

① 金身佳编著：《敦煌写本宅经葬书校注》，民族出版社2007年版，第6—9页。
② （宋）王溥：《唐会要》卷50《观》，第1026页。
③ （清）徐松撰，李健超增订：《增订唐两京城坊考》，三秦出版社2006年版，第146页。
④ 《旧唐书》卷118《杨炎传》，第3425页。

唐代堪舆的盛行也极大地助长了唐代墓葬的厚葬风气。虽然唐代帝陵大多"因山为陵",以求简约,但这样的陵墓形式并没有达到薄葬的效果,反而广为崇饰,务求华丽。为了迎合堪舆,在选择墓葬时必须精细考究,审察山川形势和墓穴、宫室的方位、向背以及排列结构,葬地的选址要格外留意,多在山水秀美,地势高爽之地,在建造的时候浪费了大量的人力物力。尤其在社会上层,堪舆与厚葬联系更加密切,企图借此供奉先祖、福及后人,唐朝帝王诸陵的修造(特别是唐前期),就极其重视堪舆术的运用,如前文提及的唐昭陵、乾陵就是最突出的例证。

总之,隋唐是中国古代历史上的高峰,各种文化思想异常活跃,不断的交流与碰撞,更是形成了隋唐时代特有的精神面貌。堪舆之术在隋唐时代被广泛应用于社会生活的方方面面,风水学说大行其道。上至天子皇家,下至黎民百姓,都需要利用堪舆来达到趋吉避凶的目的。《杨卓墓志铭》的主人正是服务于唐朝皇室的"阴阳官",为皇家勘验风水宝地。但堪舆在传统士大夫眼里又被视为方伎,君子不齿,方伎之士亦难刊之于史传,今凭借极少的墓志与敦煌吐鲁番地区所保存大量《宅经》,或可管窥堪舆风行于唐代各个社会阶层的盛况。

(本文原载于《文博》2018 年第 3 期)

《唐李无亏墓志》二题

《文物与考古》2004年第1期刊载了王团战的《大周沙州刺史李无亏墓及征集到的三方唐代墓志》一文，详尽报道了李无亏墓的清理情况与墓志录文，为研究这一时期的历史又提供一份极其宝贵的新资料。同一期上还发表了李慧、曹发展合撰的《陕西杨陵区文管所四方唐墓志初探》一文，文中也有对李无亏墓志的探讨。本文就该墓志所涉另外两个可以补正史事的问题作一探讨，以就教于学界。

一 一场惊心动魄的沙州保卫战

李无亏为唐前期沙州历史上一位很有影响的人物，敦煌文书P.2005、P.2695《沙州都督府图经》中多次记载李无亏的事迹。从武周载初元年（689）至延载元年（694）李无亏曾任沙州刺史，其间颇多建树。然而遗憾的是，其详细事迹却不为史书典籍所载，如今其墓志的发现正好弥补此缺憾，其中有关李无亏战死的那场战争，即是补史之一例。

关于李无亏之死，据《李无亏墓志》所载，他是延载元年八月，在领导沙州军民抗击外来势力的战争中，因身负重伤壮烈殉国的，在他死后，朝廷极为重视，甚至"天子闻而伤之"。那么，那场战争究竟是一场怎样的战争？

载初元年，李无亏上任沙州刺史时沙州已危机四伏。《沙州都督府图经》有歌谣曰："黄山海水，蒲昌沙场。地邻蕃服，家接浑乡；昔年寇盗，禾麦调（凋）伤；四人扰扰，百姓遑遑；圣人哀念，赐以惟良，既扶既育，或引或将"；《李无亏墓志》载："四郡遐蕃，三危极裔。北邻白虏，南接青羌，式遏疆垂，允归人杰"。可以看出，沙州此时处在三面环敌的危险境地。北面为"白虏"，即突厥；南面和西南面为"青羌"，即青海一带的吐蕃与吐谷浑。而且，在载初元年（689）前，沙州已不断受到这些民族的掠夺，故出现了农业凋零、人心不稳、"式遏疆垂"的危机。从史籍看，自唐以来，威胁西北边疆的力量主要有突厥、吐蕃、吐谷浑以及先后胁从于突厥和吐蕃的西域诸政权。至唐高宗与武周时期，威胁西北的首先是吐蕃。吐蕃自禄东赞主政以后迅速强大，高宗初期，吐蕃一面继续与唐修好，一面积极控制吐谷浑。据吐蕃《大事记》[①]载，在吐谷浑与吐蕃相互攻伐中，禄东赞指挥吐蕃军队于高宗龙朔三年（663）攻灭了吐谷浑国。吐谷浑可汗慕容诺曷钵被迫率数千帐走依凉州，大批的吐谷浑百姓从此沦于吐蕃统治之下，直至圣历三年（700）"余部诣凉、甘、肃、瓜、沙等州降"[②]。由此时吐谷浑力量的衰落可知，此时来寇沙州的绝非吐谷浑。相反，随着吐蕃力量的进一步强大，吐蕃开始觊觎西域。史载，咸亨元年（670），"夏，四月，吐蕃陷西域十八州，又与于阗袭龟兹拔换城，陷之。罢龟兹、于阗、焉耆、疏勒四镇"[③]。调露元年（679），裴行俭智取四镇，唐又暂时恢复了对四镇的统治，但垂拱二年（686）又被吐蕃大军攻陷，史载吐蕃"大入西域，焉耆以西，所在城堡，无不降下，遂长驱东向，逾高昌壁，历车师庭，侵常乐县界，断莫贺延碛，以临我敦煌"[④]。直到长寿元年（692），王孝杰率大军击败吐蕃，再次克复了安西四镇。

[①] 王尧、陈践译注：《敦煌本吐蕃历史文书》，民族出版社1992年版。
[②] 《新唐书》卷221《西域传上》，第6227页。
[③] 《资治通鉴》卷201咸亨元年（670）四月，第6363页。
[④] 《全唐文》卷219《拔四镇议》，中华书局1983年版，第2216页。

由以上可以看出，在载初元年（689）李无亏上任沙州刺史前，安西四镇已沦陷于吐蕃，沙州成了与吐蕃对垒交锋的前哨。正如墓志中言，沙州"北邻白虏，南接青羌，式遏疆垂"。

但是，是不是由此便可说明这次来寇沙州的就是吐蕃呢？我们认为还不尽然。一是考虑此时吐蕃的主要力量还在西域前线；另外，墓志中有"匈奴遁迹，魏尚之在云中；先零殄丧，段颖之征陇外"句，这里是用"魏尚攻匈奴""段颖征先零"的典故来说明长寿二年（693）之前李无亏击退的是两股力量。再结合墓志"北邻白虏，南接青羌"和"悠哉塞垣，胡尘夕暗，羌笛朝喧"句，以及李无亏墓墓门线刻两天王脚踩小鬼，其中东门扇天王踩的小鬼为高鼻深目，疑为突厥形象，说明此次来寇沙州的另一势力可能就是突厥。

隋唐以后，突厥是威胁中原王朝的一支重要力量，后虽经中原王朝的数次分化瓦解和连续征讨，到唐高宗及武周时期其势力已大不如从前，但其余威尚存。唐高宗时期突厥"谋取西、庭二州"[1]，又与吐蕃交通，屡次攻掠安西四镇和西北各地。突厥与吐蕃这种遥相呼应、互通消息的关系，从高宗以来其与唐之间的数次战争可明显看出。《通鉴》卷二〇二载，调露元年（679）"初，西突厥十姓可汗阿史那都支及其别帅李遮匐与吐蕃连和，侵逼安西，朝议欲发兵讨之。吏部侍郎裴行俭曰：'吐蕃为寇，审礼覆没，干戈未息，岂可出师西方'"。

吐蕃与突厥的这种联合到了长寿元年（692）王孝杰克复安西四镇时进一步明朗化，而且此时突厥各部对吐蕃的支援，从东到西，从西域前线到北部边疆皆有。尤其长寿元年由原唐朝册立的兴昔亡可汗阿史那元庆为酷吏来俊臣所鞫，定罪见诛，其长子阿史那俀子遂亡奔吐蕃，吐蕃册立其为西突厥可汗，以之号令十姓，实际统治西域诸城。[2]而也就在长寿元年（692）武周政权经过周密策划，任

---

[1] 《新唐书》卷215《突厥下》，第6060页。
[2] 薛宗正：《吐蕃王国的兴衰》，民族出版社1997年版，第49页。

命谙熟蕃情的将领王孝杰为武威道行军大总管,与原西突厥首领阿史那忠节联兵,大破阿史那俀子,吐蕃钦陵赞婆统兵来救,复为所败,"一举而取四镇,还先帝旧封"①,"复龟兹、于阗、疏勒、碎叶镇"②。延载元年(694)吐蕃与阿史那俀子再次联兵犯西域,又遭惨败。史载,延载元年"二月,武威道总管王孝杰破吐蕃勃论赞刃、突厥可汗俀子等于泠泉及大岭,各三万余人,碎叶镇守使韩思忠破泥熟俟斤等万余人"。同年又载"突厥可汗骨笃禄卒,其子幼,弟默啜自立为可汗。腊月,甲戌,默啜寇灵州;庚午,以僧怀义为代北道行军大总管,以讨默啜。三月,甲申……更以僧怀义为朔方道行军大总管,以李昭德为长史……等十八将军以讨默啜,未行,虏退而止"③。由此可见,此时中原王朝与突厥各部关系之紧张。而对于武周政权来说,为什么与吐蕃的战事尚未结束,就要急于去攻打突厥呢?尤其王孝杰692年和延载元年(694)在西域同时与吐蕃、突厥皆发生战争,随后就去专攻突厥,此正好说明,在王孝杰克复四镇的战役中,突厥不仅在前线直接支援吐蕃,而且在其他各处亦在用兵,以牵制和分散武周政权的力量。

692年王孝杰克复四镇时打败的是吐蕃与突厥联兵,694年再次打败吐蕃与突厥联兵,而这两个时间又正好与《李无亏墓志铭》所记长寿二年(693)前李无亏击败两股来犯之敌、被朝廷加爵为长城县开国公和延载元年(694)李无亏再次与来犯之敌作战、最终战死于沙场的时间相吻合,这就充分说明这两次进攻沙州者皆为吐蕃与突厥联兵,而且都与安西四镇之争夺有关。沙州处于通向西域的咽喉要道,且为直接供给西域前线的大后方,只要攻下沙州,就可切断王孝杰军队的归路,置其于分兵作战、首尾不能相顾的境地。加之,沙州所处又在吐蕃与突厥之间。这样,此时的沙州肩负着十

---

① 《新唐书》卷216《吐蕃传上》,第6079页。
② 《旧唐书》卷6《则天本纪》,第123页。
③ 《资治通鉴》卷205则天顺圣皇后延载元年(694),第6493—6494页。

分艰巨的防御任务。正因如此，李无亏才顽强据守，主动出击，积极配合着西域前线，并取得了击退突厥与吐蕃联兵的重大胜利，李无亏也因此受到了朝廷的嘉奖，墓志载："长寿二年，加太中大夫，又进爵长城县开国公，并赏懋功也。"但是，突厥与吐蕃的进攻并未至此罢休，而是重新发起了更大规模的进攻，墓志载："虽频剪逆徒，而余氛尚梗，狡虏数万来犯城池。"此次来犯的时间从墓志中来看是在长寿二年（693），为李无亏加爵之后、延载元年（694）八月李无亏战死之前，此说明延载元年（694）的吐蕃与突厥联兵为再次争夺四镇，对沙州亦发起了进攻。而此时的沙州防御力量主要是驻守在沙州城中的豆卢军，其兵力依《元和郡县图志》所记只有"管兵四千五百人，马四百匹"。然而，李无亏毅然"奋不顾命，甘赴国忧"。这场力量悬殊的保卫战，战斗之激烈在墓志最后的赞文中有所表露："爰整龙旗，将清蚁结，精贯飞景，心贞蛟雪。陆陌无继，浚稽箭竭，尚理温鬓，犹持向节。"在这种"箭竭援绝、敌军蚁结"的情况下，李无亏仍领导沙州军民顽强战斗，而且"斩将搴旗，雄心克振"，最终壮烈殉国。

这场惊心动魄的保卫战结果如何，墓志中没有记述。但从李无亏"终于官舍"和归葬长安的事实，可以断定沙州军民最终取得了战争的胜利。

李无亏战死于王孝杰克复安西四镇时，发生在694年的一场抗击突厥与吐蕃联合进攻的沙州保卫战中。这场保卫战，对于武周政权收复四镇发挥了巨大作用。遗憾的是，这样一场惊心动魄的有关沙州军民和李无亏英雄业绩的沙州保卫战，却不为史书典籍所载，所幸敦煌藏经洞文献《沙州都督府图经》中相关内容可与墓志中所记相印证，其中"新井驿"条中有"至证圣元年正月十四日敕，为沙州遭贼少草，运转极难，稍竿道停，改于第五道来往"[1]，这里"沙州遭贼"说的正是694年吐蕃与突厥联兵对沙州的再次进犯和劫

---

[1] 郑炳林：《敦煌地理文书汇辑校注》，甘肃教育出版社1989年版，第10页。

掠。此后因沙州缺少维持和运转驿道所需草料而停稍竿道,可以想见当时战争的旷日持久和艰苦卓绝。

二 豆卢军的建置时间

关于豆卢军的建置时间,《新唐书·地理志》沙州条云:"豆卢军,神龙元年(705)置";《唐会要》卷七十八称:"豆卢军,置在沙州,神龙元年九月置军";《元和郡县图志》卷四十凉州条载:"豆卢军:沙州城内,以当匈奴要路,山川回阔,神龙初,置立豆卢军以镇之。管兵四千五百人,马四百匹,去理所一千七百里。"在这些典籍里,统一将豆卢军的建置时间记为神龙元年(705)。

然而,近年来中外学者先是根据日本藏大谷《长安二年十月豆卢军牒敦煌县为军司死官马事》所钤印文为"豆卢军兵马使之印",认为长安二年(702)已有豆卢军。1972年,新疆考古工作者在吐鲁番阿斯塔那225号墓中发现了一批来自敦煌的文书,陈国灿先生根据墓中所出圣历二年(699)文书钤有"豆卢军经略使之印",认为在圣历年间,已存在着豆卢军的建置。陈国灿先生还根据《唐大诏令集》中有关墨离军使兼瓜州都督,以及《沙州都督府图经》中"张芝墨池"条所载"开元二年九月正议大夫使持节沙州诸军事行沙州刺史兼豆卢军使上柱国杜楚臣赴任",认为"此条虽为开元初事,仍可证沙州刺史也是兼豆卢军使的"[1]。

新出土的《李无亏墓志》云:"载初元年(689),授公沙州刺史,兼豆卢军经略使",印证了陈国灿先生推断的正确性;而且这可将豆卢军建置时间从圣历年间推至载初元年,推前了近十年。由此,再根据史书所记咸亨元年(670)吐蕃攻陷西域十八州,唐被迫罢安西四镇;垂拱二年(686)吐蕃大军再次攻陷安西四镇,两次曾置沙州于抗击吐蕃的边疆前哨,我们进一步推断,沙州豆卢军建置

---

[1] 陈国灿:《敦煌学史事新证》,甘肃教育出版社2002年版,第185—189页。

时间很有可能就在这一时期,即咸亨年间或垂拱年间;甚至根据当时沙州处在通向西域的要道、北邻突厥南接吐蕃和吐谷浑,地理位置十分重要等因素,我们可推测,自永徽二年(651)沙州升格为都督府时,[①] 就建置了豆卢军。

(本文原载于《西域研究》2006年第2期)

[①] (宋)王溥:《唐会要》,中华书局1955年版,第1238页。